吉林工程技术师范学院教材建设基金资助
汽车构造维修系列丛书

U0887636

新型汽车电器维修简明教学图解

王 军 刘 强 主 编
丁元富 李 伟 副主编

電子工業出版社
Publishing House of Electronics Industry
北京 • BEIJING

内 容 简 介

本书以解答的形式详细讲解了新型汽车电器技术，所选图片以实物透视图、剖视图及原理示意图等为主，可以让读者清晰地看到汽车电器元件的内部构造，了解汽车电器各个部件运作的原理及检修、诊断。

本书从实际出发，将汽车电器相关的新技术重新进行了整合，具有较强的针对性和实操性。书中应用上百幅汽车电器精美图片及维修图片，提升汽车电器维修技能，突出新技术和新方法。

本书语言通俗、层次分明、条理清晰、图表结合、简单实用、易学易懂，并做到理论与实践相结合，非常适合广大汽车爱好者及相关汽车行业人员和学员使用。

未经许可，不得以任何方式复制或抄袭本书之部分或全部内容。
版权所有，侵权必究。

图书在版编目（CIP）数据

新型汽车电器维修简明教学图解/王军，刘强主编. —北京：电子工业出版社，2018.1
（汽车构造维修系列丛书）
ISBN 978-7-121-33140-4

Ⅰ. ①新… Ⅱ. ①王… ②刘… Ⅲ. ①汽车－电气设备－车辆修理－高等学校－教材 Ⅳ. ①U472.41

中国版本图书馆 CIP 数据核字（2017）第 299418 号

策划编辑：李　洁
责任编辑：刘真平
印　　刷：天津嘉恒印务有限公司
装　　订：天津嘉恒印务有限公司
出版发行：电子工业出版社
　　　　　北京市海淀区万寿路 173 信箱　邮编　100036
开　　本：787×1 092　1/16　印张：15.5　字数：396.8 千字
版　　次：2018 年 1 月第 1 版
印　　次：2018 年 1 月第 1 次印刷
定　　价：49.00 元

凡所购买电子工业出版社图书有缺损问题，请向购买书店调换。若书店售缺，请与本社发行部联系，联系及邮购电话：（010）88254888，88258888。

质量投诉请发邮件至 zlts@phei.com.cn，盗版侵权举报请发邮件至 dbqq@phei.com.cn。

本书咨询联系方式：lijie@phei.com.cn。

前　言

汽车电器技术的飞速发展给汽车维修行业带来了新的变革，新技术、新配置、新名词、新设计让人眼花缭乱。如果只认识一些车标和车名，早已不能称之为汽车爱好者了。随着汽车电子技术的进步，汽车爱好者们也需要不断学习和更新知识，对汽车应有更深层次的认识和了解；对于购车者、车主和驾车人来说，也必须掌握一定的汽车电器知识，了解电气设备的构造及其与驾驶和使用的关系。只有这样，才能轻松应对每天行车中遇到的各种问题，并不断提高对汽车新型电气设备的了解。

汽车电子技术更新换代很快，在维修人员及学员掌握其基本结构及工作原理的基础上，本书将汽车电器新技术内容进行了重新整合，把最新的汽车电器结构、工作原理、故障诊断、检修等渗透到其中，其特点为：

（1）采用最新的电气设备进行讲解和剖析；应用大量三维实物和解剖分解图使读者直观了解汽车电器的最新结构原理，掌握最新电器原理技术。

（2）采用大量新型电器图片，将其与结构原理相结合，便于读者拆装与检修。

（3）列举大量故障案例，达到举一反三的效果。

本书文字简练、通俗易懂，适合汽车学员及汽车爱好者参考阅读。全书共分 8 章，第 1 章由李伟、丁元富编写，第 2～5 章由吉林工程技术师范学院汽车工程学院副教授、吉林大学汽车工程学院博士刘强编写，第 6～8 章由吉林工程技术师范学院汽车工程学院讲师王军编写。参加本书编写的人员还有李校航、李校研、于洪燕、李春山、于洪岩、李微、于忠贵、姜春玲、马针、吕春影等，在此深表感谢。由于经验不足，书中的错误和不完善之处在所难免，恳请广大读者批评指正。

编　者

目　录

Chapter 1

第 1 章

电路识图

001 汽车电路常用部件

车辆上的电源通过保险装置、继电器、各种开关、插接器、导线及各种配电设备与用电器连接在一起，并使整个电气设备形成一个系统，它们是汽车电路中的常用部件。

1）线束

为了使汽车全车繁多的导线规整、方便安装及保护导线的绝缘层不被损坏，一般都将汽车电路中应用的各低压导线（除蓄电池导线外）用棉纱编织或用聚氯乙烯塑料带包扎成束，称为线束，如图 1-1 所示。近年来，为了检修导线方便，国外汽车将导线包裹在用塑料制成的开口软管中，检修时将开口撬开即可。

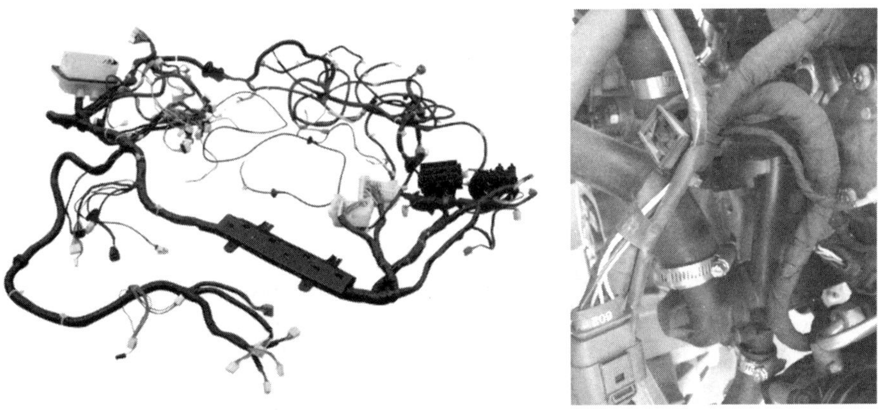

图 1-1　汽车线束

一般汽车线束都分成几部分，再通过连接器来完成电路连接。发动机前置的汽车线束常分为发动机室盖下线束、仪表板转向开关线束、底盘后车灯线束等。

有些轿车电路往往将复杂的电路分解成许多小的线束，再用连接件与中央接线盒连接。

安装汽车线束时，通常将仪表板、各开关连接好，然后安装在汽车上。根据导线的颜色分别连接到相应的电器上，每个线头连接都必须牢固可靠，且接触良好。线束不可拉得太紧，尤其在拐弯处更需注意，在绕过锐角或穿过洞口时，应用橡胶、毛毡类的垫子或护套保护，以防磨损线束。

2）连接器

目前汽车上大量采用连接器（也叫插接器）。连接器是汽车电路中不可缺少的元件，因连接可靠、检修方便而在汽车上广泛使用。为了防止汽车行驶过程中连接器脱开，所有连接器均采用闭锁装置。连接器大致可以分为以下几类：第一类是连接线束和电气元件，第二类是连接线束与线束，第三类是连接线束与车身，还有一类称为过渡连接器，将连接器中需要连接的导线用短接端子连接起来。

连接器实物如图 1-2 所示。

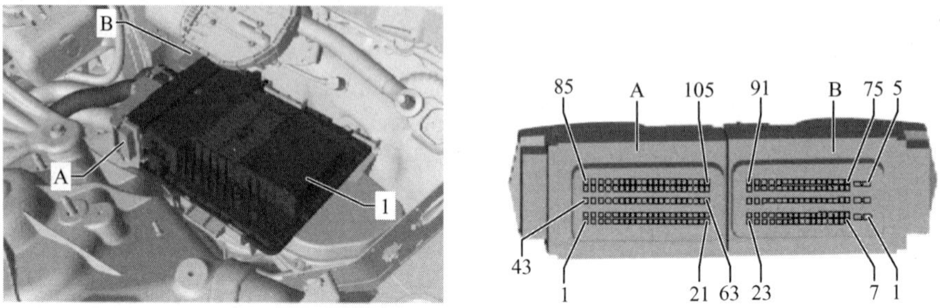

1—发动机控制单元 J623；A—插头连接，105 芯 T105，黑色；B—插头连接，91 芯 T91，黑色

图 1-2　连接器实物

连接器分解图如图 1-3 所示。连接器接合时，应先将其导向槽重叠在一起，使插头和插孔对准且稍用力插入，这样就可以十分牢固地连接在一起，如图 1-4 所示。

当要拆下连接器时，首先要解除闭锁，然后再将连接器拉开。不允许在未解除闭锁的情况下用力猛拉导线，以防止拉坏闭锁或导线。正确的方法是先压下闭锁，再把连接器拉开。

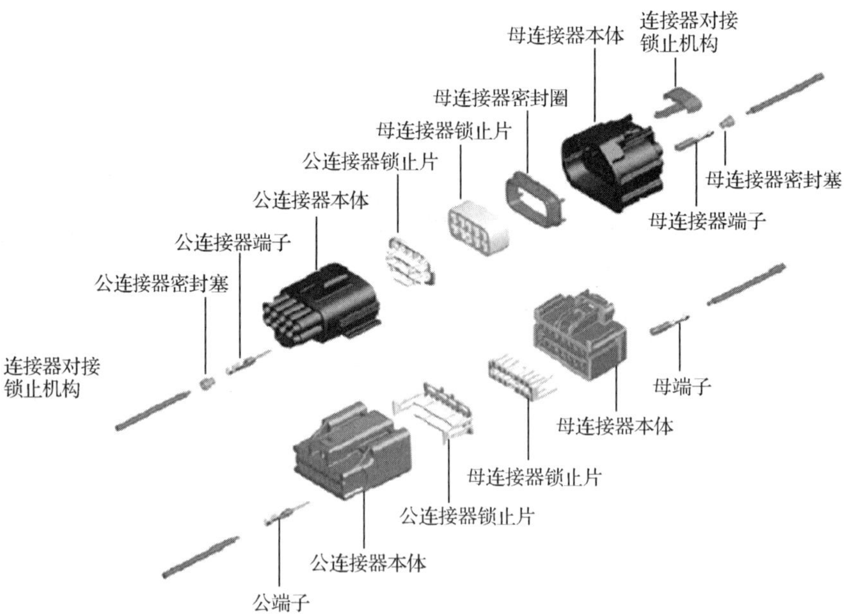

图 1-3　连接器分解图

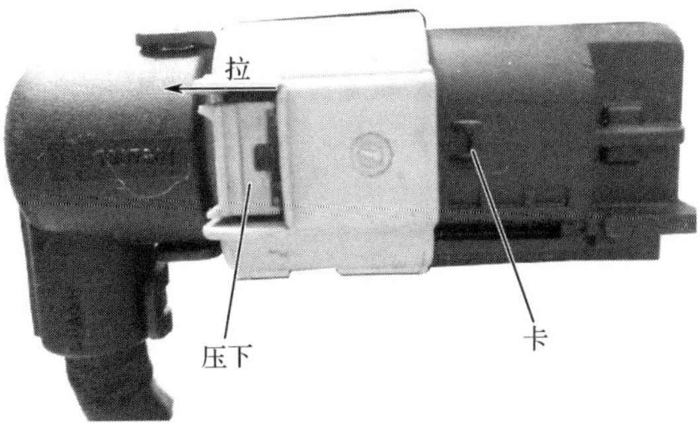

图 1-4　连接器的拆卸方法

3）开关

开关是用来控制汽车电路中各种用电设备的电气装置，它一般安装在驾驶人员容易操作的范围。按其操作方式可分为手动操纵和脚踏式两种；按其结构原理可分为机械开关和电磁开关两种；按其用途分为电源开关、点火开关及灯光开关等。

（1）电源总开关。电源总开关用来接通或切断蓄电池电路，其形式有刀式和电磁式两种，其中电磁式使用较少。

刀式电源总开关如图 1-5 所示，由手柄、外壳和刀形触点等构成。它一般用于蓄电池搭铁线的控制，向下拉动手柄，则电源断开。

（2）点火开关。点火开关用来接通启动机控制电路并且控制全车的用电器工作。汽车的点火开关装在转向柱上，通常有 5 个挡位，如图 1-6 所示。

① 锁止（LOCK）。钥匙在此位置才能拔出，也在此位置锁住转向盘，以防汽车无钥匙时被移动或被开走。

② 关闭（OFF）。在此位置全车电路不通，但转向盘可以转动，以便不启动发动机移动汽车使用。

③ 附件（ACC）。在此位置汽车附属电器的电路接通，如点烟器、收音机等，但点火系统不通。不启动发动机听收音机时应开在此位置。

④ 运转（ON）。在此位置时点火系统及汽车各用电器均接通，一般汽车行驶时均在此位置。

⑤ 启动（START）。由运转（ON）位置顺时针方向旋转钥匙即为启动位置，手放松时，钥匙又可自动回到运转（ON）位置。在启动位置，点火系统及启动系统均接通以启动发动机。

图 1-5　刀式电源总开关

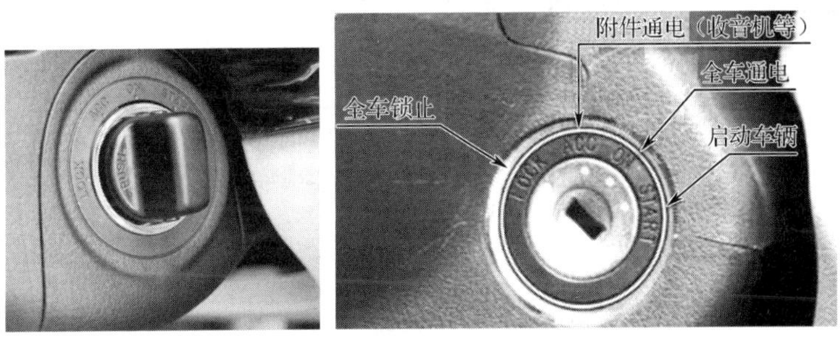

图 1-6　点火开关的位置

4）继电器

继电器是间接开关，有功能型和电路控制型两类。如闪光继电器、刮水器间歇继电器属功能继电器。在汽车上常见的电路控制继电器有卸荷继电器、前照灯继电器、雾灯继电器、启动继电器、喇叭继电器、鼓风机继电器、空调继电器等，其作用是用小电流控制大电流，以减小控制开关触点的电流负荷，保护开关触点不被烧蚀。继电器的外形和原理如图 1-7 所示。

（a）标准型　　（b）微型

图 1-7　继电器的外形和原理

继电器大部分都采用电磁继电器，它由电磁铁和触点组成，如图 1-8 所示。继电器种类有很多，按触点状态分为常开型、常闭型和开闭混合型。

图 1-8　电磁继电器

（1）常开继电器。触点在继电器不工作时是断开的，继电器线圈通电时触点才接通。

（2）常闭继电器。触点在继电器不工作时是闭合的，继电器线圈通电后触点才打开。

（3）开闭混合型继电器。在继电器不工作时，常闭触点接通，常开触点断开；当继电器线圈通电时，则变为相反状态。

各种继电器的工作状态如表 1-1 所示。

表 1-1　各种继电器的工作状态

	常开（N.O）继电器	常闭（N.C）继电器	开闭混合型继电器
正常（通常）状态	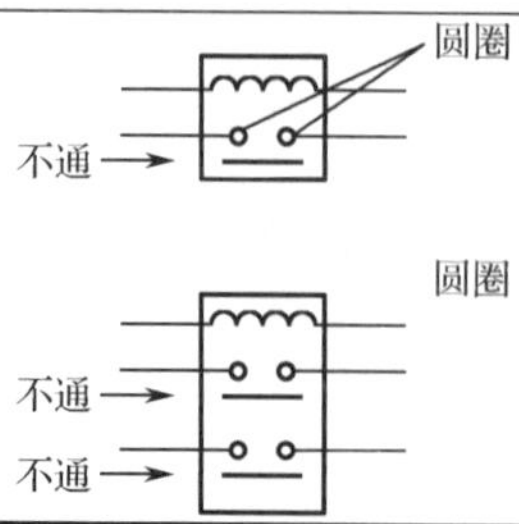	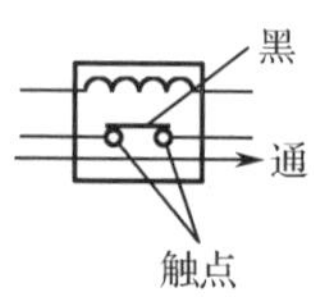	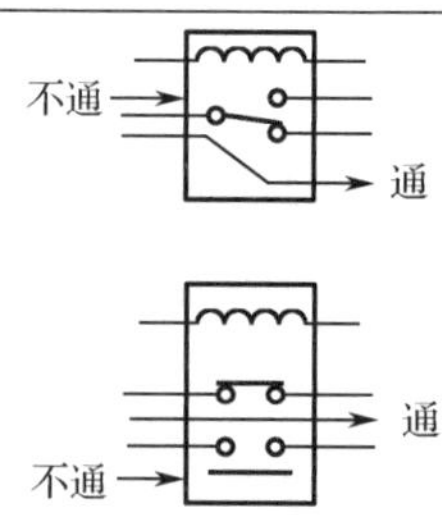

续表

	常开（N.O）继电器	常闭（N.C）继电器	开闭混合型继电器
线圈通电时的情况	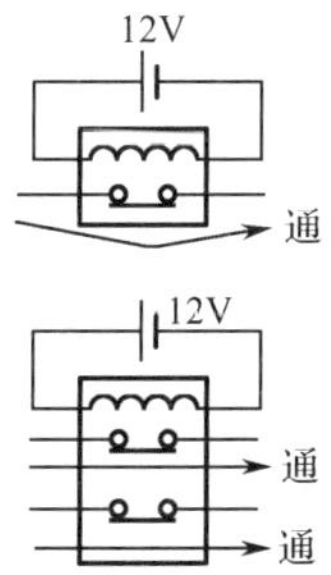	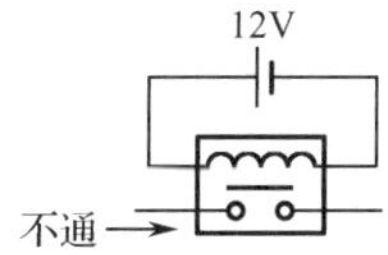	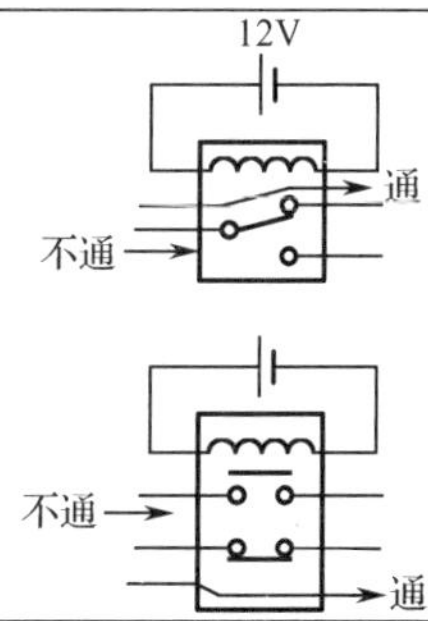

5）电路保护装置

汽车电路保护装置用于线路或电气设备发生短路或过载时自动切断电路，保证电气设备及线路的安全。汽车上常用的电路保护装置有熔断器、易熔线及断路器。

熔断器又称熔断丝（俗称保险丝），常用于保护局部电路，其额定电流较小。熔断器的主要元件是熔断丝（片），其材料是锌、锡、铅等金属的合金。熔断器属于一次性保护装置，只要流经电路的电流过大，熔断器就会熔断以形成断路，从而避免用电器因电流过大而发生损坏。每次过载熔断器都需要更换。

现代汽车常设有多个熔断器，常见熔断器有熔管式、插片式等，如图 1-9 所示。

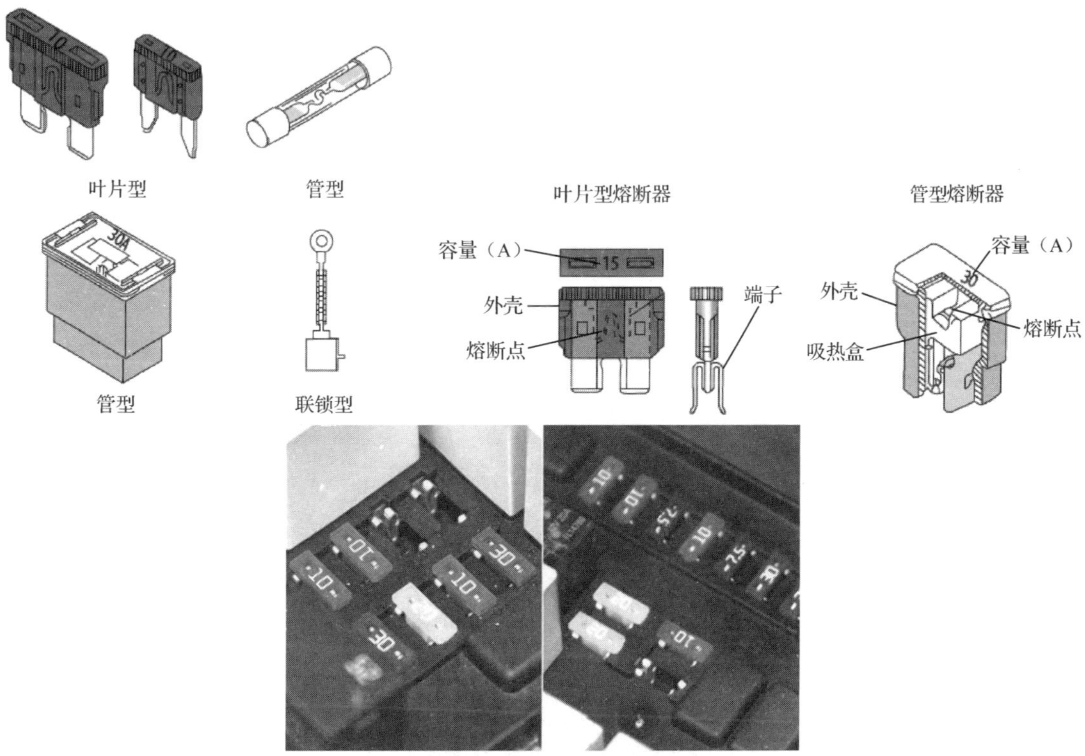

图 1-9　熔断器

新款奥迪上除了采用常见的扁平保险丝、迷你保险丝，以及自动熔断式保险丝（热型）之外，还采用了一种新型保险丝，即所谓的 J-Case 型保险丝，如图 1-10 所示。

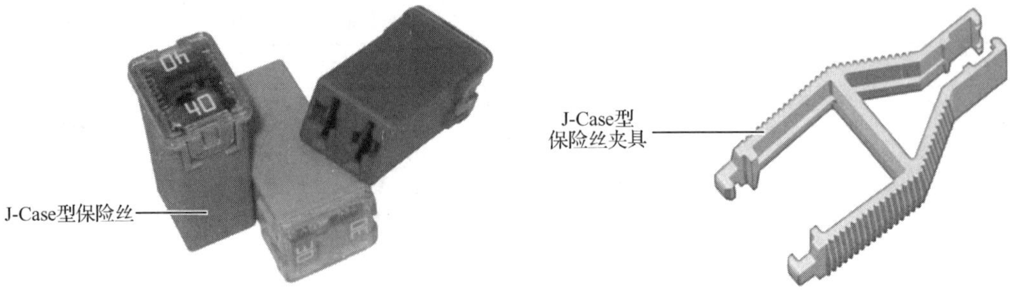

图 1-10　新型保险丝及夹具

不同的保险丝颜色对应不同的电流值，如表 1-2 所示。

表 1-2　不同的保险丝颜色对应的电流值

保险丝电流值	颜　色
20A	蓝
25A	白
30A	粉
40A	绿
50A	红
60A	黄

6）车载电源控制单元

车载电源控制单元对用电器进行更强的控制以节省电量消耗，对电气设备之间的电子通信进行管理，维修便利，带有自诊断功能。迈腾车载电源控制单元如图 1-11、图 1-12 所示。它能实现的控制功能有：带安全功能的中央门锁系统、雨刮器控制、燃油泵预工作控制、喇叭控制、发电机控制、后窗加热继电器控制、负载管理、终端控制。现在大众汽车将 J519 车载电控单元与继电器分开。

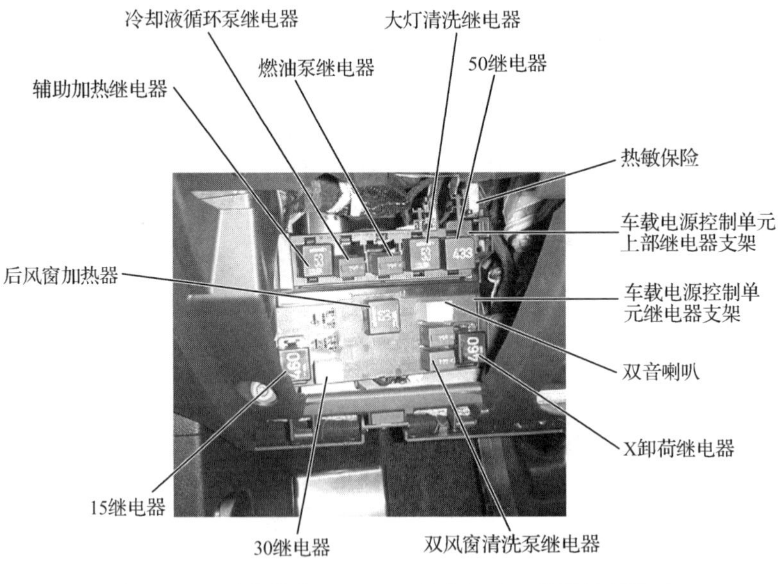

图 1-11　迈腾车载电源 J519 及继电器为一体的控制单元

图 1-12　J519 控制单元

J519 控制器还可以控制内部和外部的车灯，主要优点是：

（1）控制单个灯泡的开启和关闭（分别控制每个灯泡）。

（2）占空比控制（PWM）灯泡的最大功率（延长灯泡寿命）。

（3）通过 PWM 控制尾灯变化。

（4）诊断灯泡和线束（正极短路，回路短路和断路）。

（5）在短路或断路的情况下，将自动断开电源（代替熔断器的功能）。

002 电路图识读

1）大众汽车电路图的识读

大众汽车电路图符号说明如图 1-13 所示。

（1）采用断线带号法解决交叉问题。在线路的断开处标上要连接的线路号，例如，在断线处方框内标有 128，其线路图下端标号为 147，只要在线路图下端找到标号 128，则其上部断线处必标有 147，说明 128 与 147 两标号处为断线连接处。通过以上两个数字，上、下段电路就有机地联系在一起了。

（2）汽车整个电气系统以中央线路板为中心。中央线路板的正面插继电器和熔断器，在图纸的灰色部分画有汽车上的各种继电器，在这些继电器的右侧都有一个黄底小圆圈，其内标数字表示该继电器插在中央线路板正面板上的位置。例如，小圆圈内标数字 12，表示该继电器插在板上的第 2、12 号位置上。

（3）以分数形式标明继电器插脚与中央线路板插孔的配合。例如，第 2 号继电器有 4 个插脚，在图纸上标有 1/85、2/30、3/87、6/86，其中分子上的 1、2、3、6 是指板上第 2 号位置上的四个插孔；分母 85、30、87、86 是指继电器上的四个插脚。分子与分母对应，且工艺上已保证它们不会插错。

（4）中央线路板上的插头与线束插座有对应的字母标记。中央线路板的背面是各种形式的组合插头，每一组合插头都有一个英文字母作为它的代号，并分别和各线束上的组合式插座插接。几根主要线束各自只有一只组合式插座，在同一线束里的所有导线在同一英文字母下被编成从 1 开始的不同序号。

（5）导线颜色采用直观表达法。在总线路图上，车上的导线用什么颜色，线路图上就印什么颜色。该车导线颜色也有一定规律：红色大多为控制相线，棕色为搭铁线，白黄色线用来控制灯，蓝线大多用于指示灯或传感器，全绿、红黑或绿黑多用于脉冲式的用电器。

（6）电路图中使用了一些统一符号。除上面介绍的 30、15、X、31 四条线外，搭铁线也分三路，标有①的为蓄电池搭铁线；标有②、③、④的为中央线路板搭铁线；标有⑦的为尾灯线束搭铁线。

电路图中 J_2 为转向继电器，表示该继电器位于中央线路板上第 12 位。

S 代表熔丝，下脚标号代表该熔断器在中央线路板上的位置。例如，S_{19} 表示该熔断器处于中央线路板第 19 位，熔丝的容量可通过它的颜色判断：紫色为 3A，红色为 10A，蓝色为 15A，黄色为 20A，绿色为 30A。

A13 为中央线路板接头，说明该蓝/黑导线连接位于中央线路板 A 线束第 13 位插头上，以此类推，B28 即在 B 线束第 28 位插头上。导线上标有的数字表示线的截面积，如 1.5、1.0、2.5 分别表示该导线截面积为 $1.5mm^2$、$1.0mm^2$、$2.5mm^2$。

导线尾部标号表示该导线连接的开关接线柱号，如 15 表示开关 E3 的 15 接线柱。K_6 表示报警闪光装置指示灯。

方框内 102、128、238 表示此导线与线路图下端第 102、128、208 编号上方的导线连接。

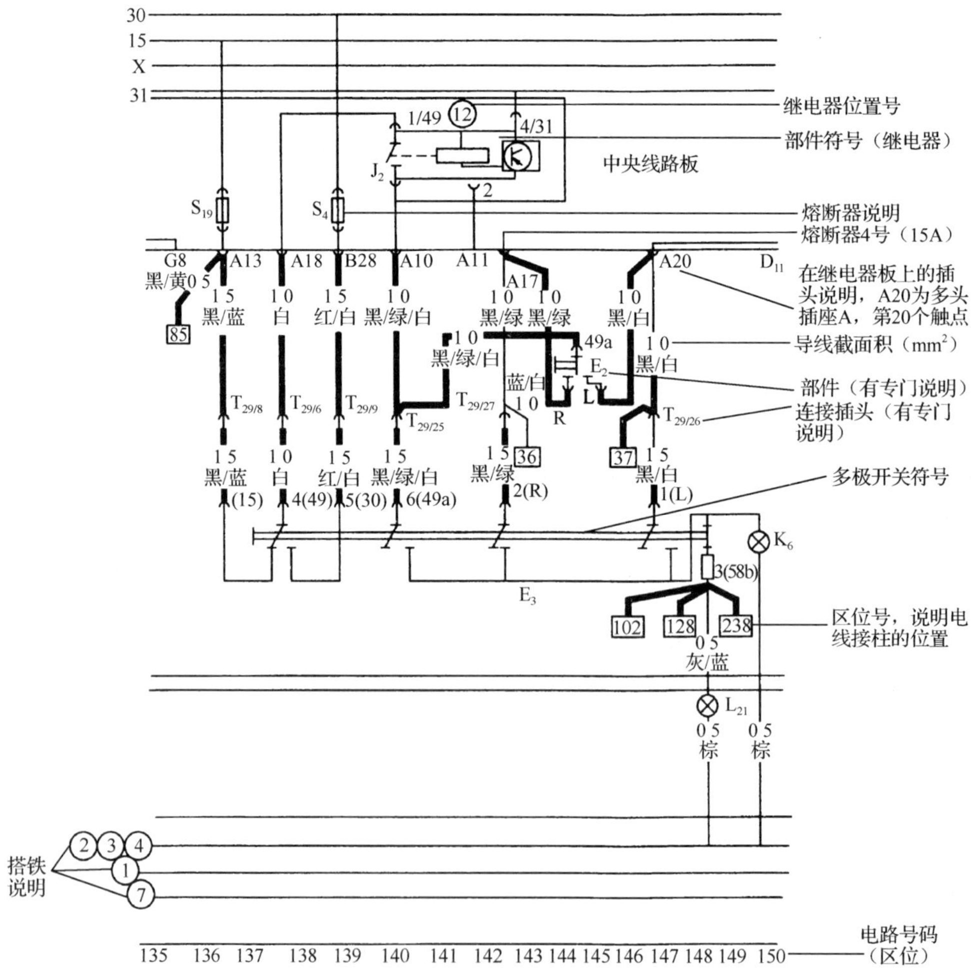

图 1-13 大众汽车电路图符号说明

2）大众车系电路分析实例

启动系统电路图如图 1-14 所示。

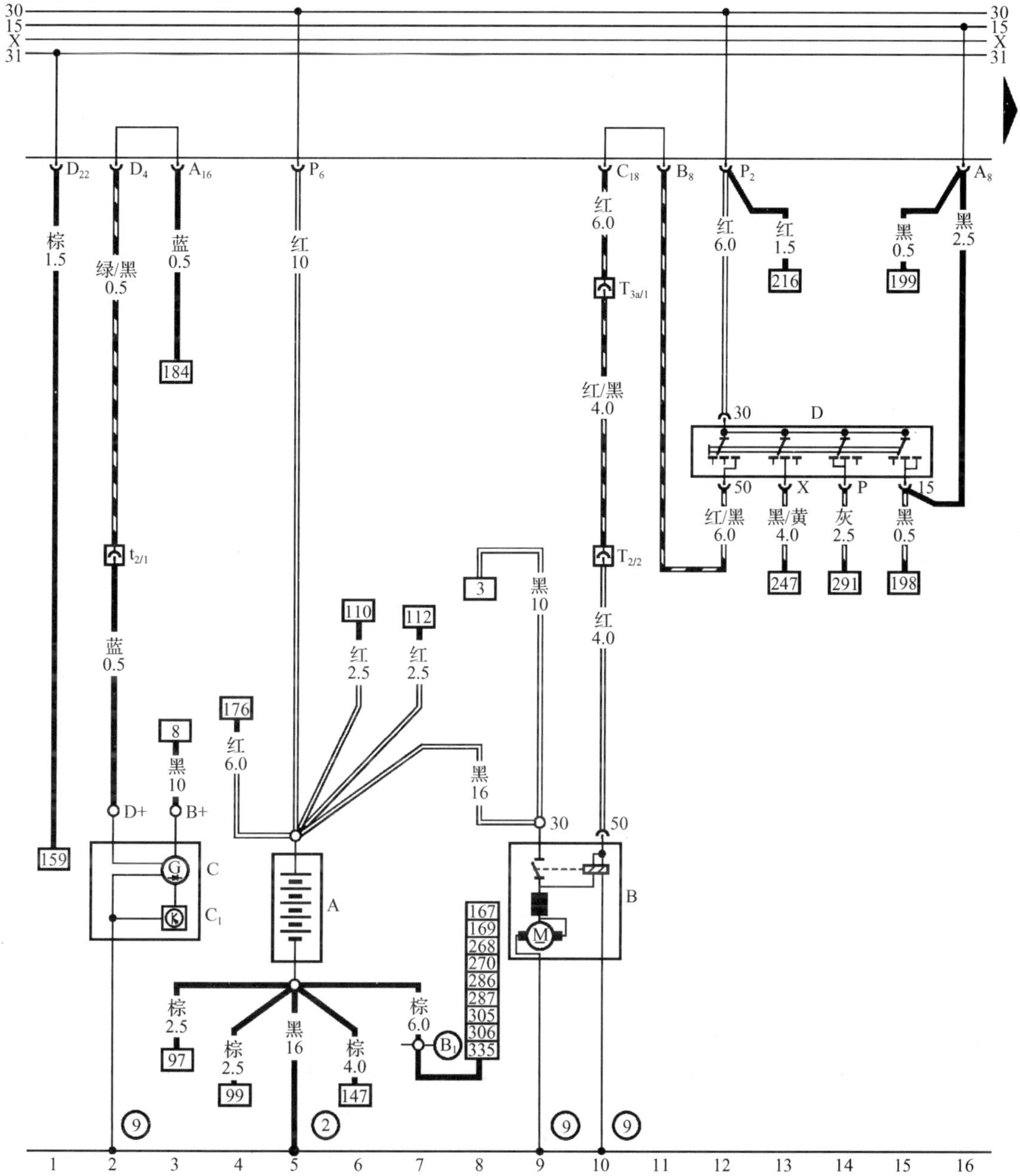

A—蓄电池；B—启动机；C—交流发电机；C_1—调压器；D—点火开关；T_2—发动机线束与发电机线束插头连接；

T_{3a}—发动机线束与前照灯线束插头连接；②—搭铁点；⑨—自身搭铁；B_1—搭铁连接线

图 1-14　启动系统电路图

启动机由点火开关的启动挡直接控制，启动系统电路一般分为启动机主电路和控制电路两部分。

点火开关置于启动挡时，其端子 30 和端子 50 接通。启动机控制电路和主电路如下：

（1）控制电路。蓄电池正极→中央接线板单端子插座 P 端子（红/10）→中央接线板内部线路→中央接线板单端子插座 P 端子（红/6.0）→点火开关 30 端子→点火开关 50 端子→中央接线板 B8 端子→中央接线板内部线路→中央接线板 C18 端子→启动机 50 端子→进入电磁开关后分为保持线圈和吸引线圈两路。

① 保持线圈电路。电磁开关→保持线圈→搭铁→电路代号 10→蓄电池负极。

② 吸引线圈电路。电磁开关→吸引线圈→启动机内部→搭铁→电路代号 9→蓄电池负极。

电磁开关产生吸力接通启动机主电路。

（2）主电路。蓄电池 A 正极→启动机 30 接线柱→启动机内部励磁绕组和电枢绕组→搭铁→电路代号 9→蓄电池负极。

3）丰田汽车电路图的识读

日本丰田汽车与大众汽车一样，是我国进口汽车中数量较多的车种，这些车型的中文维修资料都源自丰田公司的原厂资料，其电路与电子控制系统电路图通常都保留了丰田原厂资料汽车电路图的绘图风格。

丰田车系电路图的主要特点如下：

（1）电路图中的电气元件通常用文字直接标注。

（2）电路总图中各系统电路按长度方向逐个布置，并在电路图上方标出各系统电路的区域和代表该电路系统的符号及文字说明。

（3）电路图中绘出了搭铁点，并标注代号与文字说明，可以从电路图了解线路搭铁点，直观明了。

（4）电路图中有的还直接标出线路插接器的端子排列和各端子的使用情况，给识图和电路故障查寻提供方便。

识读方法如图 1-15 所示，电路图中大圆圈内的数字是注释符号，其各部分的含义如下：

1——系统标题。在电路图上方用刻线划分区域，用文字和系统符号表示下方电路系统的名称。

2——表示配线颜色。

3——表示与电路元件连接的插接器（数字表示接线端子的编号）。

4——表示插接器的接线端子编号，其中插座和插头编号的方法不同。在插座编号中，顺序为从左至右，从上至下；插头则从右至左，从上至下。

5——表示继电器盒。图中只标明继电器盒的号码，不印上阴影，以有别于接线盒。图示继电器盒号码为 1，表示 EFI 主继电器在 1 号位置。

6——表示接线盒。圈内数字表示接线盒（J/B）号码，圈旁数字表示该插接器插座位置代码。接线盒上一般印上阴影，使其与其他元件区分。不同的接线盒用不同的阴影标出，以便区分。例如，图中的 3B 表示它在 3 号接线盒内；数字 6 和 15 表示两条配线分别在插接器 6 号和 15 号接线端子上。

7——表示相关联的系统。

8——表示配线与配线之间的插接器，带插头的配线用符号“≚”表示，外侧数字 6 表示接线端子的号码。

9——当车辆型号、发动机型号或规格不同时，用括号“()”中的内容来表示不同的配线和插接器等。

10——表示屏蔽的配线。

11——表示搭铁点位置。搭铁点在电路图中用“▽”符号表示。

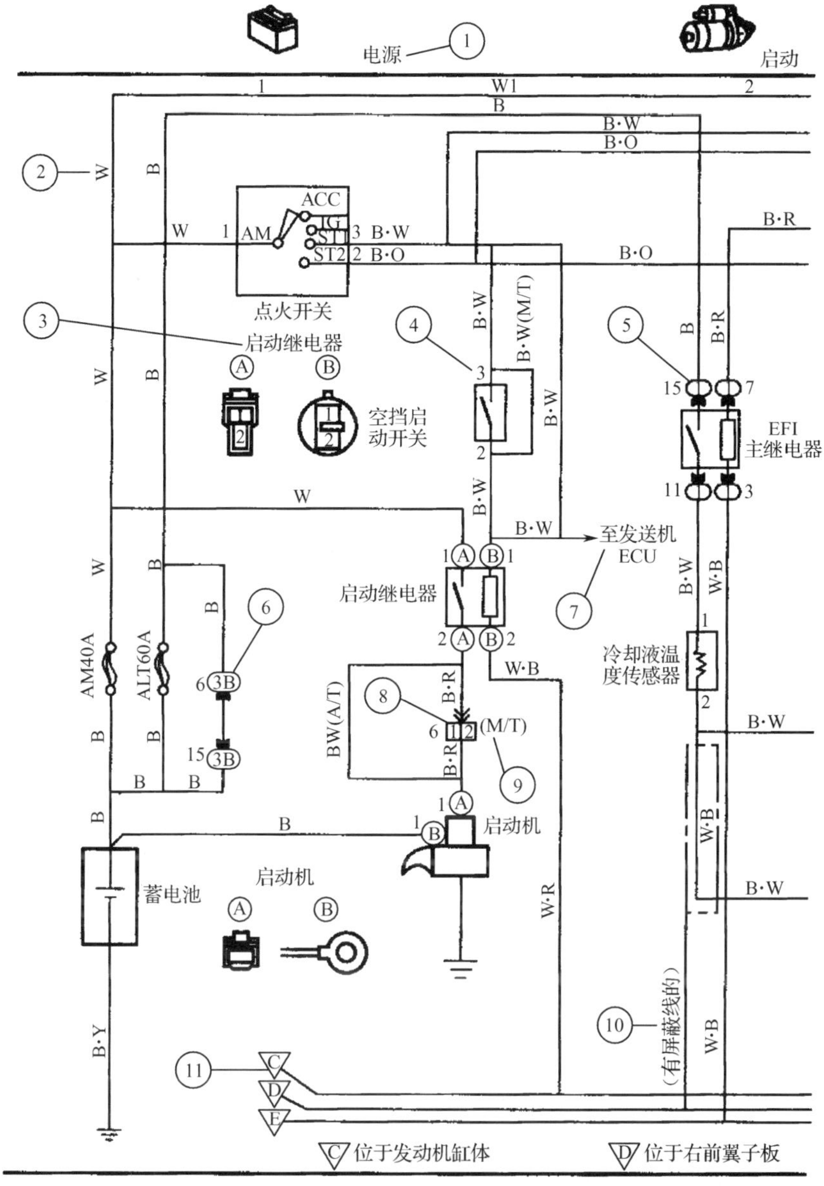

图 1-15　丰田汽车电路图的标示方法

4）丰田车系电路分析实例

下面以凌志 LEXUS LS400 UCF10 系列轿车刮水器和洗涤器电路为例（如图 1-16 所示），介绍丰田车系电路的分析方法。

以刮水器低速挡工作情况为例来介绍电路图的分析方法。

点火开关打至点火挡，刮水器开关处于低速挡位置，刮水器低速工作电流通路为：蓄电池正极→120A 熔断器→40A 熔断器→配线插接器 EA3 的 A10 端子（白/蓝线）→点火开关 I17 的 AM1 端子→点火开关 I17 的 IG1 端子→1 号 J/B（接线盒）1C 插头的 3 号端子→20A 熔断器→1 号 J/B（接线盒）1G 插头的 4 号端子→刮水器和洗涤器组合开关 C15 的 B 端子→刮水器和洗涤器组合开关 C15 的 7 号端子→刮水电动机 W5 的 3 号端子（蓝/黑线）→刮水电动机 W5 的 1 号端子（白/黑线）→仪表板左内侧 E 搭铁点搭铁→蓄电池负极。

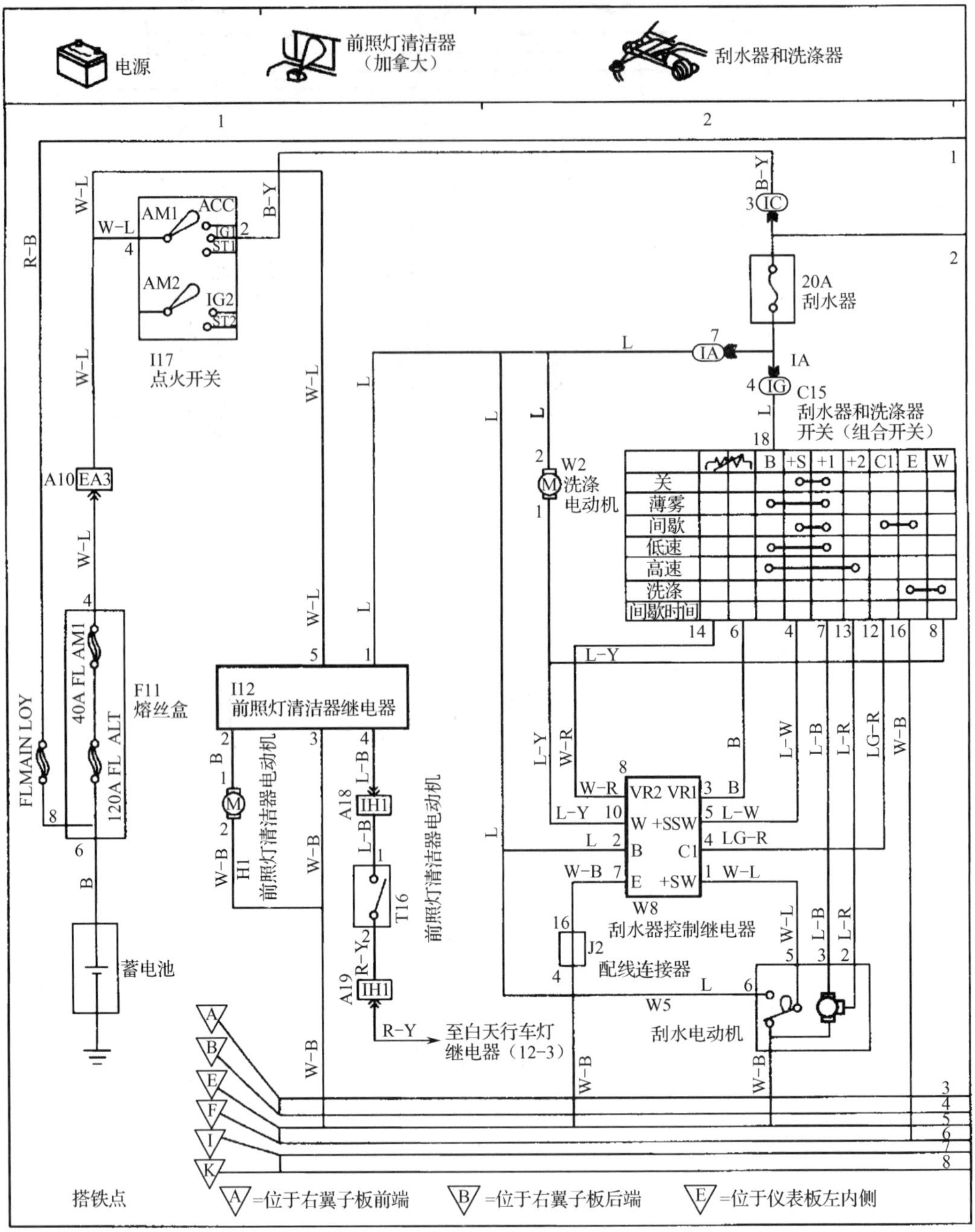

图 1-16 刮水器和洗涤器电路

Chapter 2

第2章 蓄电池

003 蓄电池的结构、型号

蓄电池一般由极板、隔板、电解液、壳体、联条等组成，如图 2-1 所示。

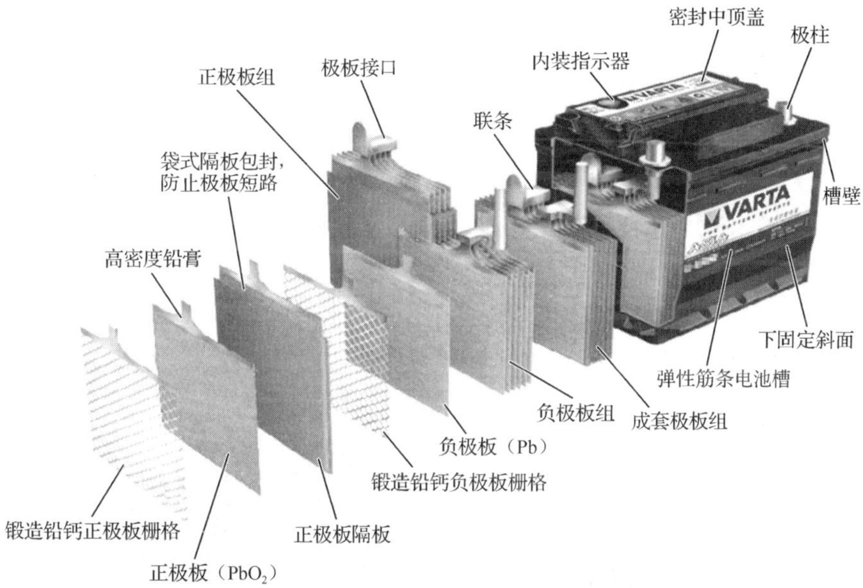

图 2-1 蓄电池结构

1）极板

极板是蓄电池的核心，它由栅架和活性物质组成，如图 2-2 所示。免维护栅架采用钙锡合金制成，消除了锑的作用。新型薄极板厚度为 1.1～1.2mm（正极板比负极板厚），单格电池中负极总比正极多一片，保持放电均匀，防止变形。

注意：锑会加速氢气的析出从而加快电解液的消耗，还会引起蓄电池自放电和栅架的腐蚀，缩短蓄电池寿命。

极板上的工作物质称为活性物质，主要由铅粉、添加剂与一定密度的稀硫酸混合形成。为了防止龟裂和脱落，铅膏中还掺有玻璃纤维等牵附着物。

蓄电池的极板分为正极板和负极板，极板上的工作物质称为活性物质。正极板上的活性物质是二氧化铅（PbO_2），呈棕色；负极板上的活性物质是海绵状纯铅（Pb），呈深灰色。

为增大蓄电池容量，蓄电池多采用薄型极板，力求在同样体积的蓄电池内通过增加极板数量来增大极板表面积。安装时，正、负极板组互相嵌入，以减小蓄电池内部体积。

注意：因为正极板化学反应剧烈，所以在单格电池中，负极板总比正极板多一片，使每一片正极板都处于两片负极板之间，保持其放电均匀，防止变形。

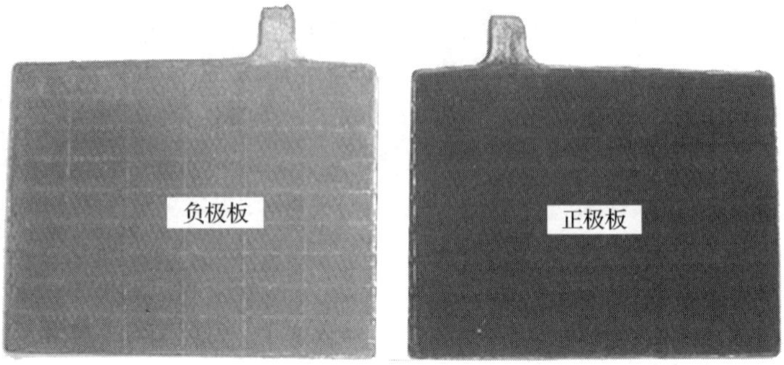

图 2-2　蓄电池正、负极板

2）隔板

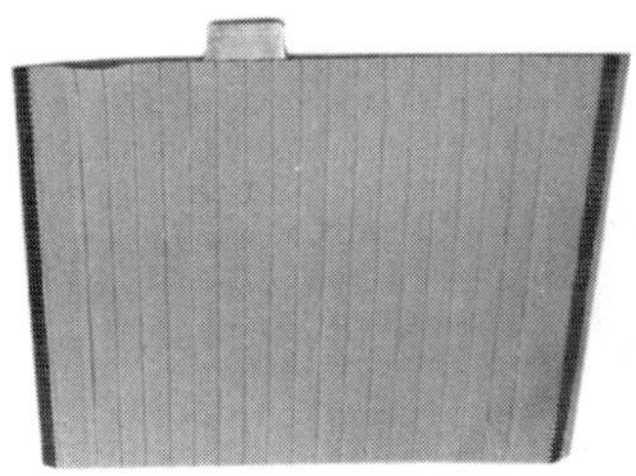

图 2-3　聚乙烯隔板

为了减小蓄电池内部尺寸，降低内阻，蓄电池正、负极板应尽可能地靠近。但是如果正、负极板相互接触，又会导致蓄电池内部短路。因此，正、负极板相互嵌入后，中间应插入隔板。隔板的材料是绝缘材料，化学性能稳定，具有良好的耐酸性和抗氧化性，而且要求多孔，以便电解液自由渗透，如图 2-3 所示。

3）联条

如图 2-4 所示，联条的作用是将分电池串联起来，提高整个电池的端电压。普通电池联条的串联方式一般是外露式，而新型蓄电池联条的串联方式是封闭式。

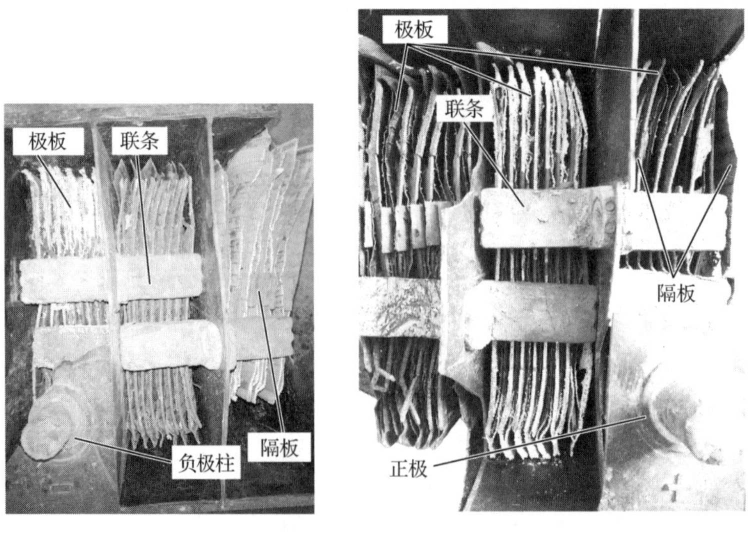

图 2-4　联条

4）蓄电池型号

按照行业标准 JB/T 2599—1993 的规定，蓄电池产品型号分为三部分，其排列形式是："□-□□-□□"，各部分的含义如表 2-1 所示。

表 2-1　蓄电池型号各部分的含义

第一部分	第二部分		第三部分	
串联的单格电池数	蓄电池的类型	蓄电池的特征	蓄电池的额定容量	蓄电池的特殊性能
用阿拉伯数字表示： 3——3 个单格，额定电压 6V； 6——6 个单格，额定电压 12V	用大写的汉语拼音表示： Q——启动用铅蓄电池； N——内燃机车用蓄电池； M——摩托车用蓄电池	用大写的汉语拼音表示： A——干荷电铅蓄电池； H——湿荷电铅蓄电池； W——免维护铅蓄电池； M——密封式铅蓄电池； S——少维护铅蓄电池； J——胶体式铅蓄电池	20h 放电率的额定容量，单位为 A・h，单位略去不写	用大写的汉语拼音字母表示： C——高启动率； D——低温性能好； S——塑料槽蓄电池

例如，6-Q-105D 表示该普通启动型蓄电池由 6 格组成，额定电压为 12V，20h 放电率的额定容量为 105A・h，低温启动性好；6-QW-90 表示该免维护蓄电池由 6 格组成，额定电压为 12V，20h 放电率的额定容量为 90A・h。

蓄电池电容量由制造商规定，以安培・小时（A・h）为单位。在室温情况下，一个充足电的新蓄电池应能连续 20h 以上提供电流值为 C_{20} : 20h（C_{20} 为额定容量）的电流。其间蓄电池的电压不能低于 10.5V。例如，对于额定容量为 60A・h 的蓄电池，有

$$60\text{A}\cdot\text{h} : 20\text{h}=3\text{A}$$

也即应该可以连续 20h 以上提供电流值为 3A 的电流，其间蓄电池电压不能低于 10.5V。

蓄电池标记如图 2-5 所示。

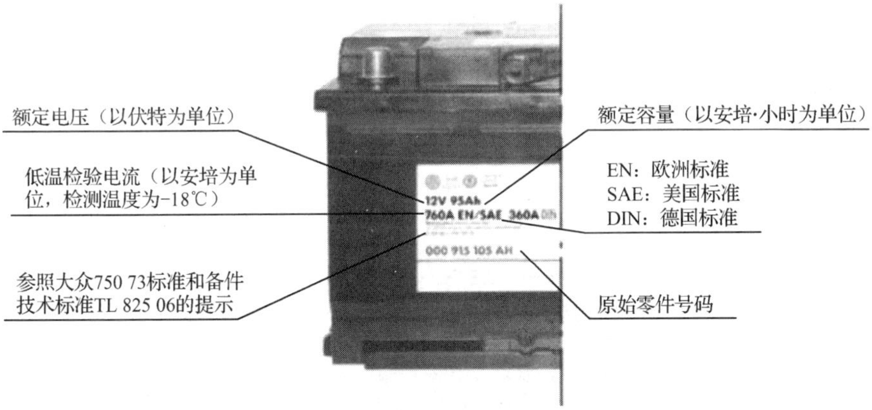

图 2-5　蓄电池标记

蓄电池铭牌如图 2-6 所示。图中描述蓄电池性能和分配的数据如下：

- 000 915 105 DE 大众汽车原厂备件编号。
- 12V 蓄电池电压，单位：伏特。
- 61Ah 额定容量（C_{20}），单位：安培・小时。
- 330A DIN 低温试验电流，根据 DIN，单位：安培，在-18℃情况下。
- 540A EN/SAE/GS 低温试验电流，根据 EN、SAE 和 GS，单位：安培，在-18℃情况下。

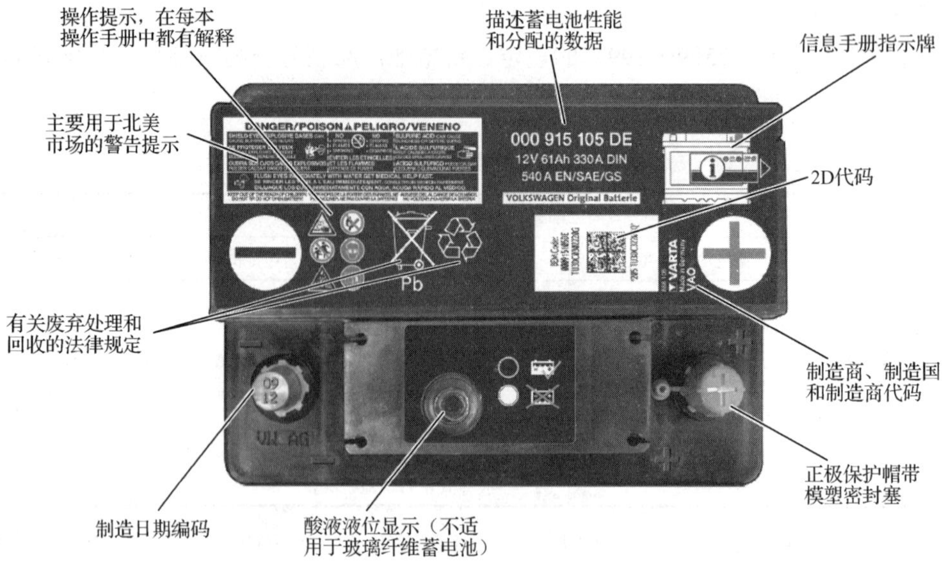

图 2-6　蓄电池铭牌

004 新型 AGM 蓄电池的结构

（1）无电眼。

（2）不得打开。

（3）电解质以液态形式储存在玻璃纤维板上。

（4）此类蓄电池也可归类为 VRLA（阀控铅酸）型蓄电池。

（5）一般用于装备启动/停止系统的车辆上。

AGM 玻璃纤维蓄电池具有更高的循环稳定性，而且在经受连续多次的电流冲击时，玻璃纤维隔板仍能对电池极板提供良好的保护。这为发动机的节能启停提供了有力的保证。其结构如图 2-7 所示。

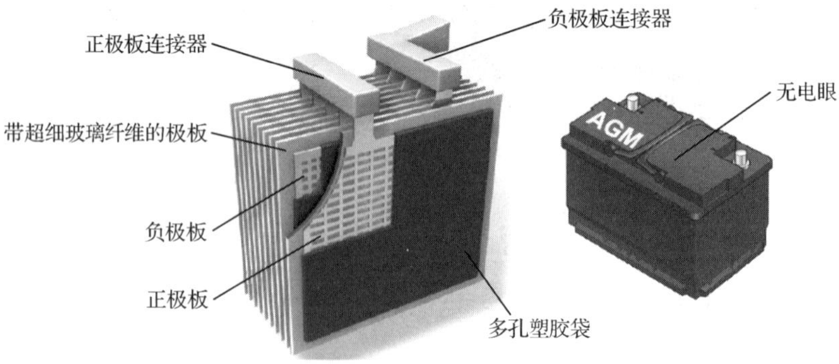

图 2-7　AGM 玻璃纤维蓄电池

吸附式玻璃纤维（AGM）隔板中微纤维玻璃棉无规则地交叉排列，形成的孔形结构平滑。隔板强度和韧性较差，易折裂和受到摩擦损伤，原因是纤维表面光滑规则，形成的微孔近似于直通孔，隔板的最大孔径和平均孔径均较大，纤维之间缺少填充物。孔的曲折度不够，孔的长度与隔板的厚度之比（曲折系数）接近 1∶1，孔径大而直通，这就使铅枝晶比较容易穿透隔板引起渗透问题。

005 蓄电池传感器的结构与原理

1）宝马智能型蓄电池传感器的结构

宝马 IBS 智能型蓄电池传感器是电源管理系统的一个组成部分，IBS 由机械、硬件和软件三部分功能元件组成，其元件分解如图 2-8～图 2-10 所示。

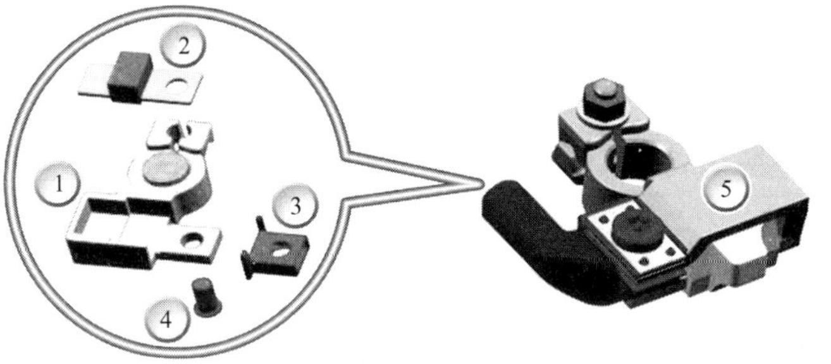

1—蓄电池接线柱；2—测量分流器；3—间隔垫圈；4—螺栓；5—接地线

图 2-8　宝马蓄电池传感器的结构

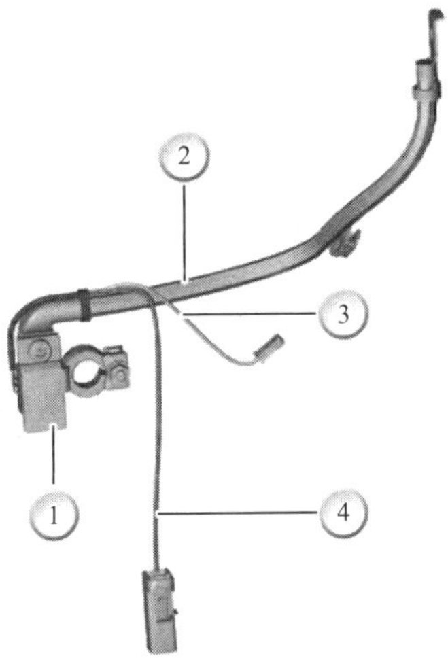

1—智能型蓄电池传感器；2—接地导线；3—位串行数据接口（BSD）；4—接口 B+

图 2-9　蓄电池传感器的结构

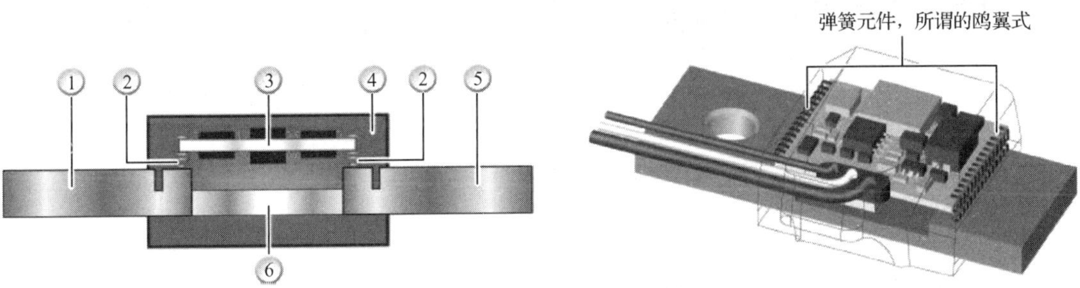

1—铜；2—弹簧元件（鸥翼式）；3—带有电子分析装置的印制电路板；4—挤压外壳；5—铜；6—锰铜

图 2-10　测量分流器的结构

IBS 的机械部分由蓄电池负极接线柱及接地线组成。

IBS 机械部分的功能是：车身与蓄电池负极的电接触；电流测量传感器元件的定位件；硬件的定位件；确保硬件温度传感器和蓄电池负极之间充足的热敏接触；保护敏感电子元件蓄电池接线柱作为 IBS 接地端。

IBS 是一个自身带有微型控制器μC 的智能型蓄电池传感器。IBS 持续测量蓄电池端电压、蓄电池充电/放电电流及蓄电池酸液温度。

2）宝马智能型蓄电池导线的结构

所有宝马车辆上都有多根蓄电池导线。其中一根蓄电池导线直接通过跨接启动接线柱通向启动机和发电机。根据宝马车型，这根蓄电池导线可装有监控装置。

为了让宝马车辆更加安全可靠，现在的宝马车辆都对蓄电池导线（蓄电池正极到启动机的导线）进行监控，受到监控的蓄电池导线的结构如图 2-11 所示。

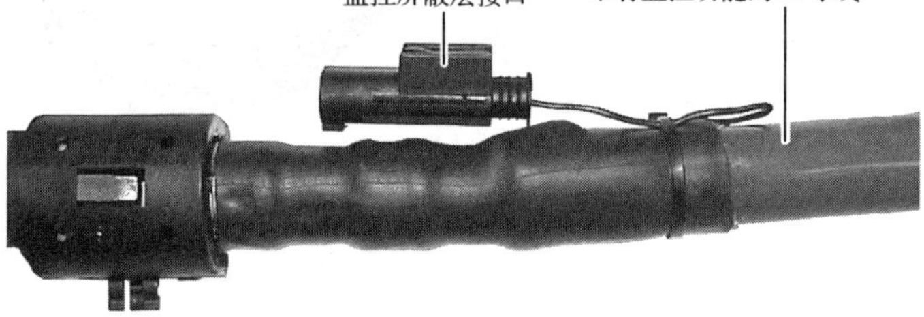

图 2-11 带有监控接口的蓄电池导线

另一根蓄电池导线连接至行李厢内的后部配电盒，然后连接至手套箱内的配电盒。这根蓄电池导线没有监控装置。

传感器导线监控蓄电池导线是否对地短路或对正极短路。在被动安全系统高级安全电子系统（ASE）内对这些信息进行监控。

蓄电池导线的监控装置由包在铝质导线塑料绝缘层外的铜制屏蔽层构成，如图 2-12 所示。

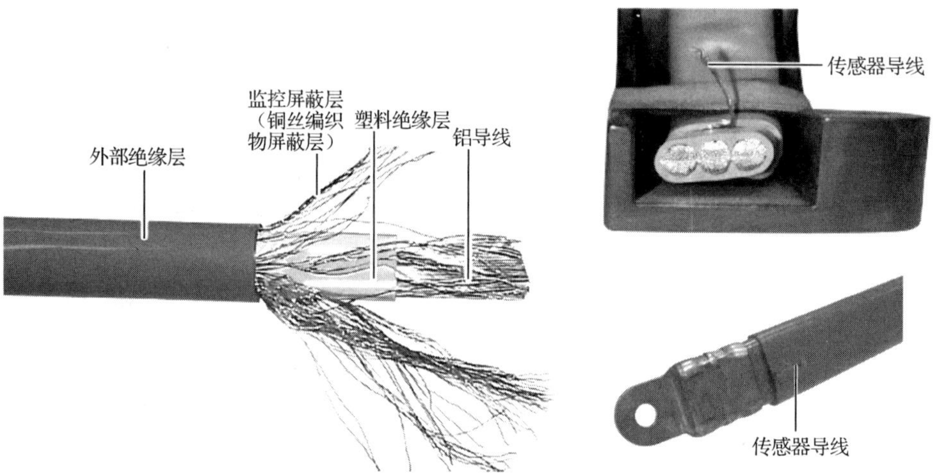

图 2-12 受监控蓄电池导线的结构

3）工作原理

智能型蓄电池传感器内部安装的智能芯片通过电源线 B+为其供电，同时提供蓄电池电压信号。它工作时可以连续测量下列数值：①蓄电池电压；②蓄电池充电/放电电流；③蓄电池电解液温度。智能芯片内部的软件还负责控制相关流程及与发动机 ECU 的通信，通过数据接口将数据传送至发动机 ECU。智能芯片通过软件和发动机 ECU 通信。电子分析装置控制原理图如图 2-13 所示。

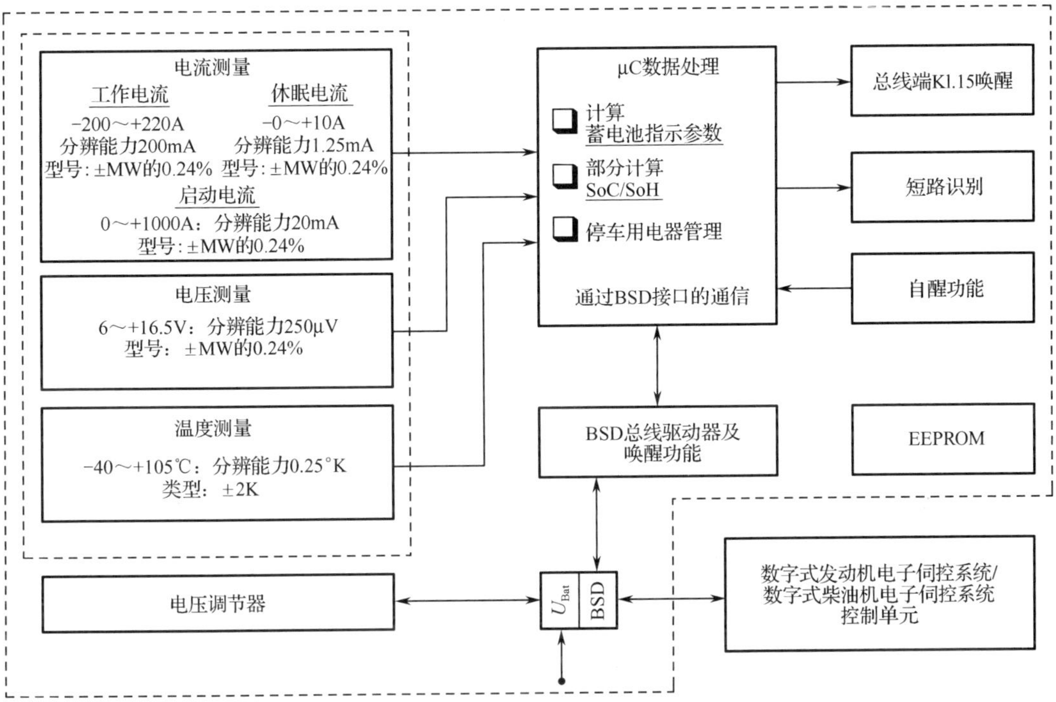

图 2-13　电子分析装置控制原理图

车辆处于驻车运行模式时，会以周期形式查询测量值，从而节省能量。IBS 的编程要求其每 40s 唤醒一次。IBS 的测量持续时间约为 50ms，测量值记录在 IBS 内的休眠电流直方图中。此外，还计算部分蓄电池电荷状态（SoC）。重新启动车辆后，DME/DDE 读取直方图数据。如果出现休眠电流错误，则在 DME/DDE 的故障存储器内进行记录。相关数据通过位串行数据接口传输。智能型蓄电池传感器（IBS）用于分析蓄电池的当前质量。IBS 带有自身的控制单元，是蓄电池负极接线柱的一个组成部分。

IBS 计算出蓄电池的指标，作为蓄电池充电和正常状态的基础。蓄电池指标是指车辆蓄电池的充电和放电电流、电压和温度。应使蓄电池的充电和放电电流保持平衡状态；始终监控蓄电池的充电状态，蓄电池电量不足时向 DME 发送相关数据；在启动发动机时计算电流特性曲线，以确定蓄电池的正常状态；监控车辆的休眠电流。IBS 具有自诊断功能。

DME/DDE 进入休眠模式之前，它会告知 IBS 目前可用的蓄电池 SoC。如果提供的 SoC 已经耗尽，IBS 会发出唤醒信号。DME/DDE 向 IBS 查询当前的蓄电池 SoC，IBS 通知 DME/DDE 蓄电池 SoC 处于临界状态。然后 DME/DDE 会要求停车用电器关闭，DME/DDE 不再允许 IBS 唤醒车辆，如图 2-14 所示。

车辆接下来重新进入休眠状态。只有车辆处于休眠状态时唤醒功能才适用。

受到监控的蓄电池导线的两端都有传感器导线，传感器导线与监控屏蔽层相连接。传感器导线可以监控蓄电池导线是否对搭铁短路或对正极短路，由被动安全系统高级安全电子系统对这些信息进行监控，其监控电路如图 2-15 所示。

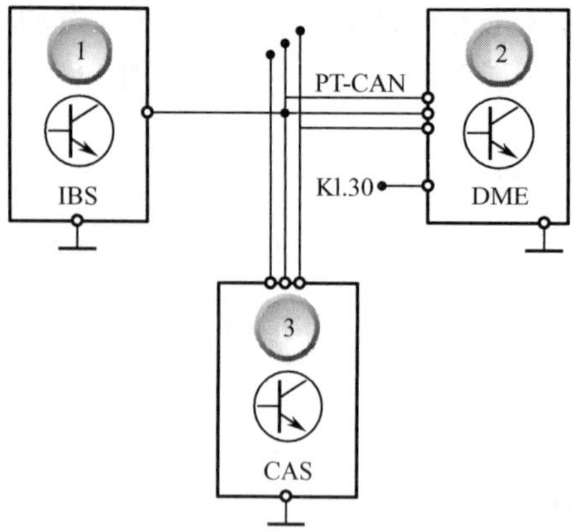

IBS—智能型蓄电池传感器；DME—数字式发动机电子伺控系统；CAS—便捷进入及启动系统；Kl.30—总线端

图 2-14 Kl.15 通过 IBS 唤醒功能原理

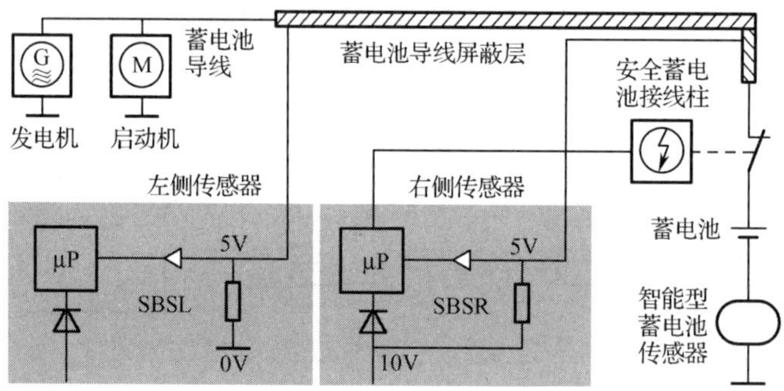

图 2-15 蓄电池导线监控电路

蓄电池正极端的监控导线连接在右侧蓄电池导线传感器（简称 SBSR）上，启动机的监控导线连接在左侧蓄电池导线传感器（简称 SBSL）上，被动安全系统高级安全电子系统通过这两个传感器对蓄电池导线进行诊断。启动后，左侧传感器通过传感器导线发出一个数字信号给右侧传感器，同时，右侧传感器也会通过传感器导线发出一个数字信号给左侧传感器，两个传感器都收到正常的信号后，产生 5V 电压信号。在蓄电池导线出现故障时，会产生差异明显的测量值，如表 2-2 所示。

表 2-2 蓄电池导线状态检测数值

状　态	SBSL 测量值（V）	SBSR 测量值（V）
蓄电池导线正常	5	5
传感器导线断路	0	10
传感器导线对搭铁短路	0	0
传感器导线对正极短路	12	12

被动安全系统高级安全电子系统检测到蓄电池导线不正常的状态参数时，通过数据线将信号传输给发动机 ECU 和仪表 ECU，并发出报警信号。

006 蓄电池充电控制策略

在传统的内燃机车辆供电系统中，长期存在着以下的问题。

（1）缺乏对蓄电池电荷状态（State of Charge，SoC）的监控功能。整车电源系统对蓄电池充电侧和放电侧无法进行实时控制，导致电能量产生与电负荷消耗不平衡，造成了蓄电池电量不足或者过充电。

（2）缺乏对重要电负载的保护。对不同的电气系统来说，没有优先级区分，即便是重要负载在低电量时也会被关闭。

（3）燃油经济性差。发电机与发动机同步运转，其输出电压为常值，即便发动机运行在低效率区，发电机也照常发电，致使燃油经济性变差。

近几年来，新型车辆将蓄电池充电控制融入到了车载电气能量管理系统中，发动机 ECU 根据蓄电池的传感器检测蓄电池的电压、电流和温度信号，计算出蓄电池 SoC 值，通过 LIN 总线控制 IC 调节器的目标电压，维持电负载供电和蓄电池充电的稳定功能。蓄电池充电控制系统电路如图 2-16 所示。

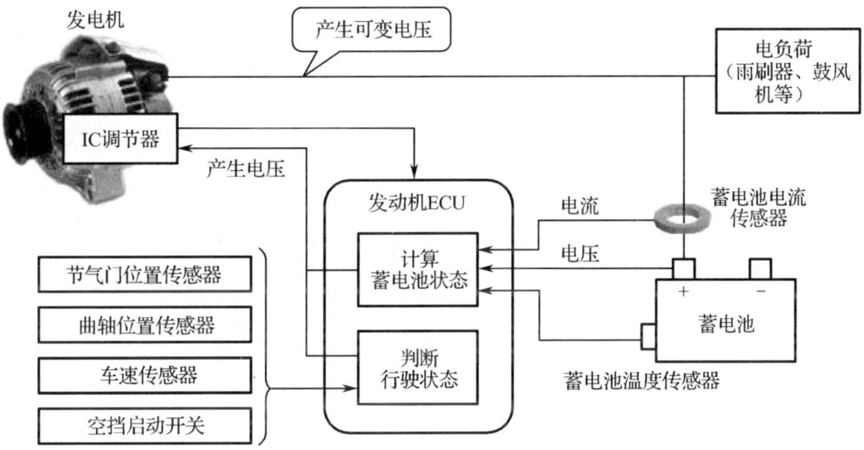

图 2-16　蓄电池充电控制系统电路

当蓄电池放电低于 SoC 阈值时，发动机 ECU 会控制 IC 调节器调整目标电压，提高发电机输出电压，加快蓄电池充电至规定的 SoC 值。另外，发动机 ECU 可以根据车辆行驶中发动机的负载设定 IC 调节器的目标电压范围。这也意味着，蓄电池 SoC 处在正常范围时，充电电压可以以提高车辆的燃油经济性为目的而不断动态调节。在加速过程中，降低充电电压，使发电机消耗的扭矩减小，让更多的发动机输出功率传递给驱动轮，保证车辆的加速性。在车辆减速过程当中，提高发电机的输出电压，使发电机消耗发动机扭矩，实现制动能量回收，提高燃油经济性。发动机 ECU 动态调节发电机充电电压如图 2-17 所示。

蓄电池传感器由霍尔式电流传感器和负热敏电阻蓄电池温度传感器组成，安装在蓄电池负极端子附近的电缆上，如图 2-18 所示。霍尔式电流传感器的工作原理是，当蓄电池充放电电流通过负极电缆时，在电缆的周围产生磁场，磁场的强弱与电缆上流过的电流成正比。由软磁材料制成的聚磁环将被测电流产生的磁场集中到霍尔元件上以提高测量灵敏度。根据霍尔效应原理，通过测量传感器上的霍尔电压，就可以获得被测的蓄电池充放电电流（如图 2-19 所示），用于发动机 ECU 计算蓄电池的 SoC 值，控制发电机输出的目标电压。

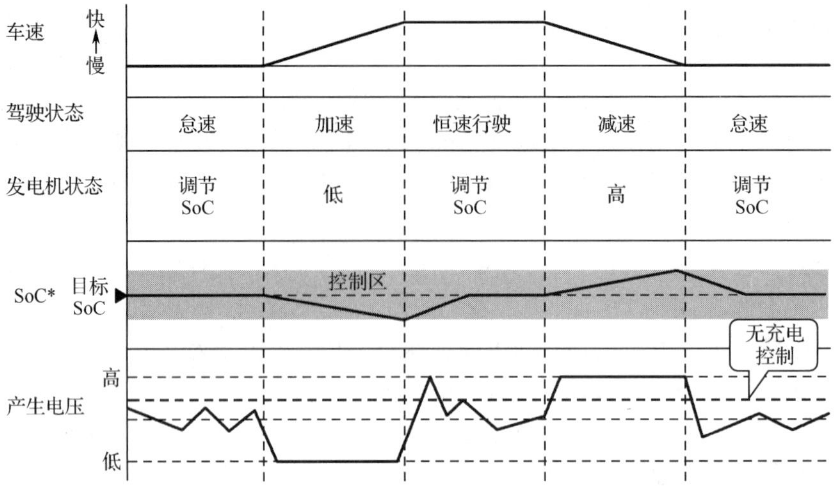

图 2-17 发动机 ECU 动态调节发电机充电电压

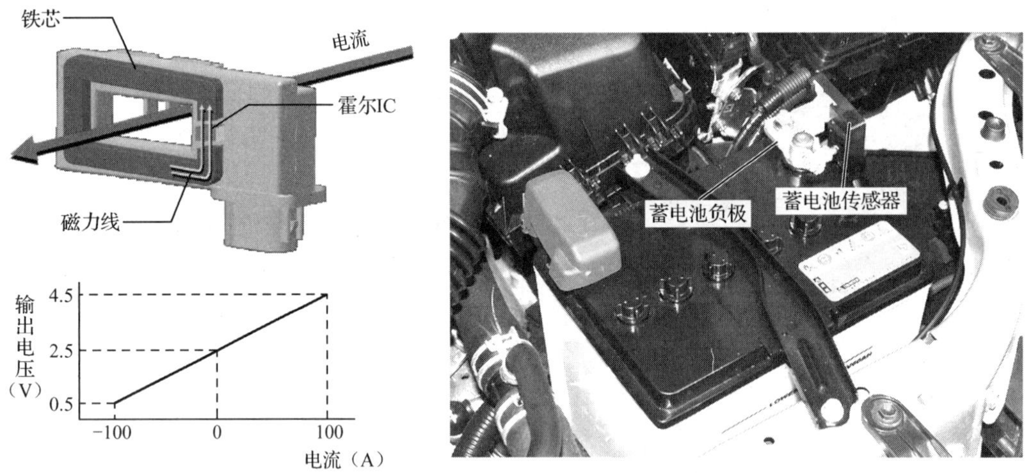

图 2-18 蓄电池传感器安装位置示意图

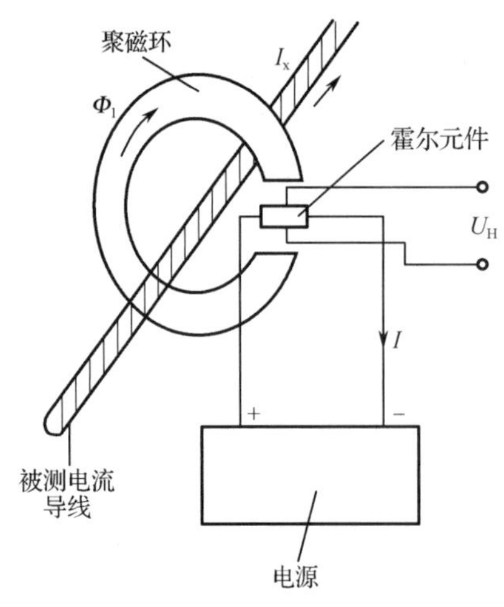

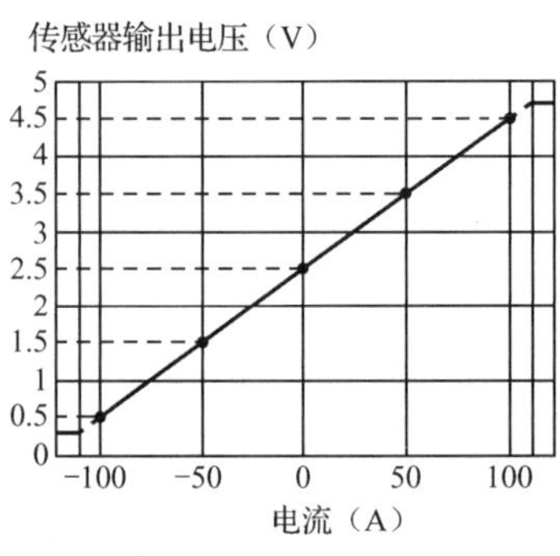

图 2-19 霍尔式蓄电池电流传感器工作原理图

同时，发动机 ECU 根据负热敏电阻蓄电池温度传感器检测到的蓄电池温度，可以及时调节蓄电池的充电电流，防止蓄电池过充电而提前老化。蓄电池温度与检测电阻值如图 2-20 所示。

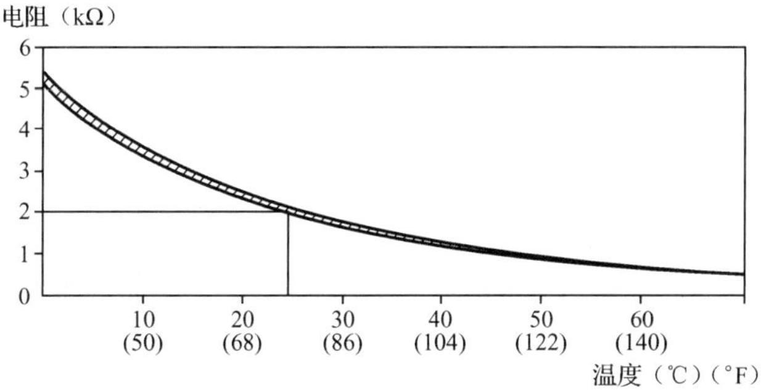

图 2-20　蓄电池温度与检测电阻值示意图

007 奔驰双蓄电池系统的结构及工作原理

1）奔驰双蓄电池系统的构成

如图 2-21 所示，奔驰车型双蓄电池系统由启动蓄电池（G1/4，为免维护蓄电池）、主蓄电池（G1/8，为加酸蓄电池）、蓄电池控制单元（N82/1）和前熔丝盒（F32）等构成。启动蓄电池（G1/4）用来给启动机提供能量；主蓄电池（G1/8）用来为全车的用电设备提供能量（甚至当发动机熄火时）。采用双蓄电池的主要目的是保证发动机的启动。特别提醒：主蓄电池 G1/8 在电量完全放空后就再也无法充电了，完全报废。

前熔丝盒 F32 与蓄电池控制单元 N82/1 和主电源线路一起，形成车载电气系统的基本结构。如图 2-22 所示，前熔丝盒 F32 是大功率用电设备的连接处，如电子扇、前 SAM（N10/1）等，并与发电机相连。

2）奔驰蓄电池系统的工作原理

蓄电池控制单元 N82/1 与主蓄电池 G1/8 通过内部车载系统相连，耦合继电器与蓄电池并联，蓄电池控制单元 N82/1 端子连接的线路如图 2-23 所示。蓄电池控制单元 N82/1 用来进行蓄电池分析（分析两块蓄电池的电量水平，在发动机启动后为启动蓄电池充电 1h，在总线休眠 6h 或系统电压小于 11.8V 时控制静态电流开关（RSS，也称 30g 开关），启动蓄电池的 DC/DC 充电转换器，在系统电压小于 9V 时或柴油机冷启动时控制耦合继电器工作使主蓄电池（G1/8）和启动蓄电池（G1/4）并联。

如图 2-24 所示，蓄电池控制单元（N82/1）中的高温熔丝接至前熔丝盒 F32，用于保护车载电气网络线路。高温熔丝在电缆温度为 140℃时被触发，被触发过的高温熔丝有故障代码存储在控制单元中。高温熔丝只在蓄电池控制单元 N82/1 未处于睡眠模式时才能被监视。高温熔丝作为单独的更换零件提供，可以更换。

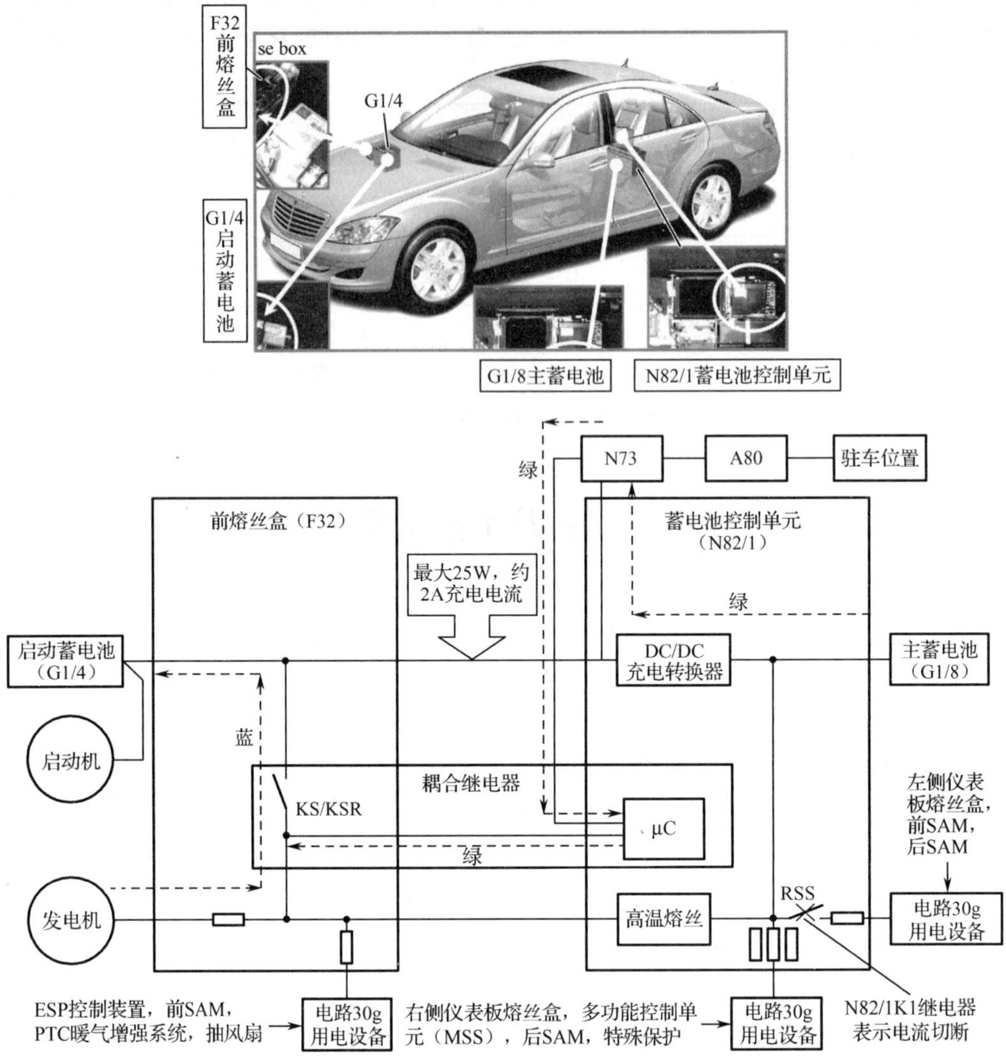

图 2-21　奔驰车型双蓄电池系统的构成

如果车辆静止，主蓄电池 G1/8 为所有用电设备供电。为延长车辆在静止状态下的供电时间，一般情况下，车辆解锁或钥匙 A80 插入 EIS（N73）后，Chassis CAN 和蓄电池控制单元（N82/1）被激活，静态电流开关如果之前是断开的，此时就会接合（接通 30g 用电设备），两个蓄电池将各自为自己的系统供电。发动机启动后，发电机为主蓄电池充电，发电机将通过蓄电池控制单元（N82/1）为启动蓄电池充电 1h（根据蓄电池的充电状态确定），主蓄电池通过 DC/DC 充电转换器为启动蓄电池充电。如果在此期间发动机熄火，只有在下列情况下 DC/DC 充电转换器才会停止工作：电路 61 断开（OFF，熄火），然后再启动着机（电路 15 接通）；主蓄电池的电压小于 10.5V（点火开关 OFF）；微动耦合开关和耦合继电器闭合（两蓄电池并联）。当主蓄电池的电压小于 9V 时，系统会转换到紧急状态，此时，车辆不可以使用遥控钥匙解锁，只能使用机械钥匙打开驾驶员侧车门；当钥匙插入 EIS 时，DC/DC 充电转换器给 EIS 发送信号，位于 EIS 中的微动耦合开关触发，使耦合继电器闭合（如图 2-21 中的绿色虚箭头线），发电机直接为启动蓄电池充电（如图 2-21 中的蓝色虚箭头线）。

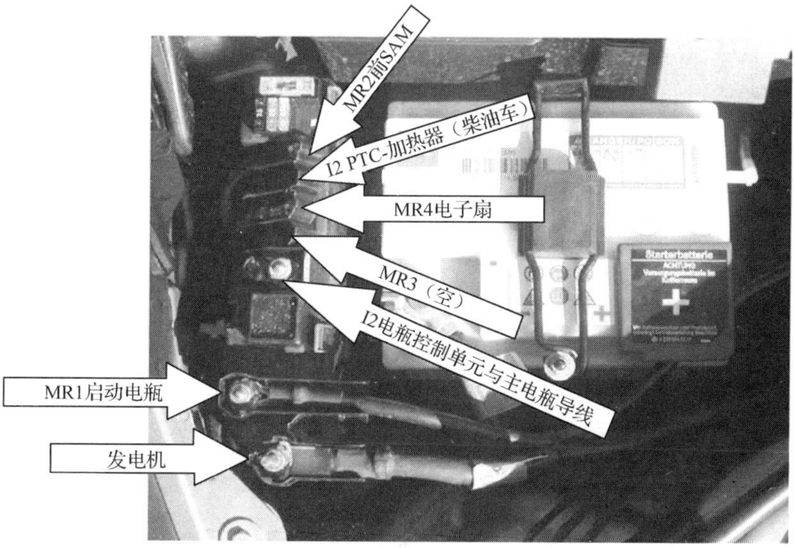

图2-22 前熔丝盒F32

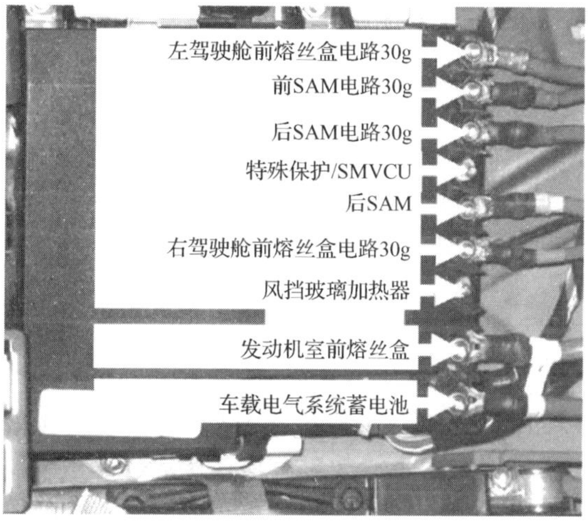

图2-23 蓄电池控制单元N82/l端子连接的线路

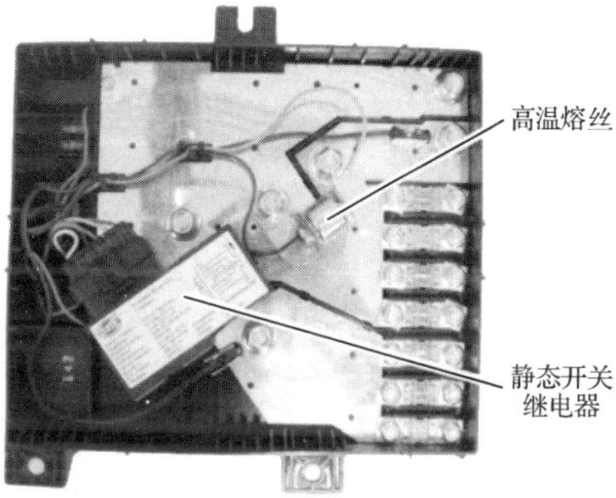

图2-24 高温熔丝和静态电流开关（继电器）

车辆如果有Keyless Go，当使用start/stop开关时EIS中微动耦合开关也会闭合；耦合继电器闭合，两个蓄电池并联5min，为启动机提供能量；当钥匙在EIS中转至ON位时（电路15接通），两个蓄电池并联提供的能量维持30s；当点火开关ON后两个蓄电池并联提供的能量由维持5min减至30s，如果不启动发动机，30s后必须将钥匙插入EIS，再次发动发动机。总线休眠6h或系统电压小于11.8V时，静态电流开关断开，防止静电流的产生消耗电量。

3）双蓄电池系统检修注意事项

（1）检修关键步骤。在将主蓄电池从车载电气系统上断开之前，车载电气系统的内部部件必须没有电压，这是通过下述步骤完成的：

①将钥匙转到位置0；②将钥匙转到位置2；③等待30s；④将钥匙转到位置0；⑤不要拔下钥匙（拔下钥匙将触发主蓄电池向启动蓄电池充电）。

（2）断开与连接搭铁线的步骤。进行系统维修和焊接工作，需断开、连接搭铁线，断开、连接搭铁线的步骤如下：

①执行“检修关键步骤”；②断开启动机蓄电池上的搭铁线；③断开行李厢横梁上主蓄电池的搭铁线；④连接时按照相反的顺序重新连接。

（3）拆除和安装启动蓄电池的步骤。启动蓄电池的安装位置如图 2-25 所示。

①执行检修关键步骤；②断开启动蓄电池上的搭铁线；③断开启动蓄电池上的正极导线；④拆卸启动蓄电池。

（4）拆除和安装主蓄电池的步骤。主蓄电池的安装位置如图 2-26 所示。

①执行检修关键步骤；②断开启动蓄电池上的搭铁线；③断开主蓄电池上的搭铁线；④断开主蓄电池上的正极导线；⑤拆卸主蓄电池。

注意：在拆装或连接/断开主蓄电池后，无须对车辆进行初始化。

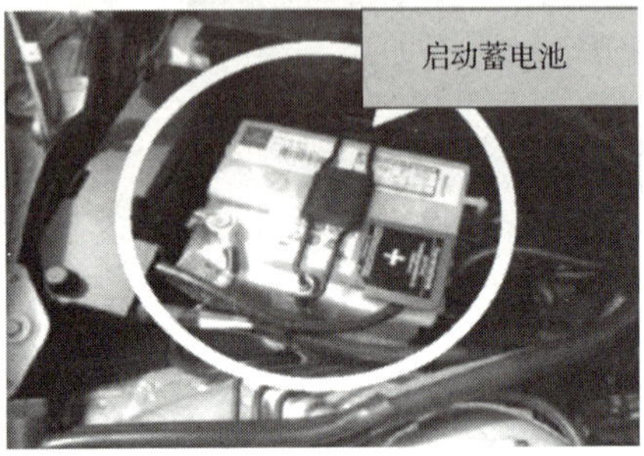

图 2-25 启动蓄电池的安装位置

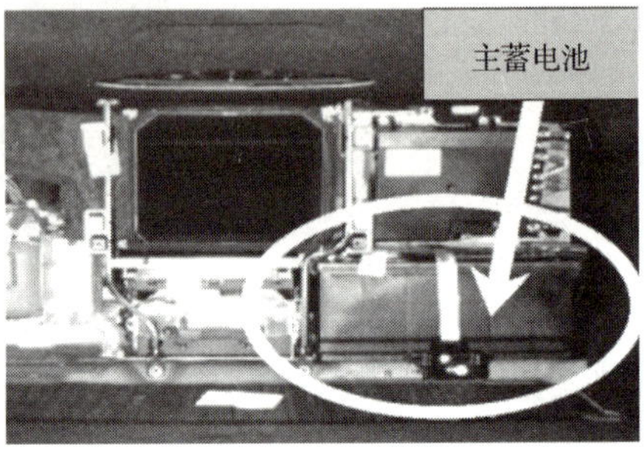

图 2-26 主蓄电池的安装位置

（5）其他注意事项。拆除/安装下列元件时，两条搭铁线必须始终处于断开状态：蓄电池控制单元（N82/1）、前 SAM、后 SAM、安全气囊控制单元 ARCADE、发电机、启动机、前熔丝盒 F32。

（6）双蓄电池系统的充电。

① 主蓄电池的充电。因为奔驰 W221 车型的耗电量很高，因此要使用最低充电电流为 30A 的充电器进行充电。充电时，正极接至充电正极的长接线柱，负极接至启动蓄电池的负极。

② 启动蓄电池的充电。为启动蓄电池充电通过启动蓄电池和车身搭铁来进行，正极接到启动蓄电池的正极，负极接到车身搭铁或发动机搭铁（如发动机汽缸体的吊耳）上，如图 2-27 所示。

图 2-27 启动蓄电池的充电

（7）主蓄电池电压参数的读取方法。

特别提醒：直接从启动蓄电池测量的电压数值不是主蓄电池的电压。主蓄电池电压能在仪表盘“车辆数据”菜单中显示，调取主蓄电池电压参数的方法如下。

① 将仪表盘显示设置为“里程”。

② 短按多功能转向盘左侧按钮块中的“OK”按钮 1 次，“复位里程表”显示在仪表盘中。

③ 再次按住多功能转向盘左侧按钮块中的“OK”按钮，同时按住多功能转向盘右侧按钮块中的“接听电话”按钮，并保持约 5s，“车辆数据”项目显示在仪表盘中。

④ 按下“OK”按钮，进入“车辆数据”菜单，“车辆数据”菜单显示的第 1 项数据就是主蓄电池（UB）的电压。

008 蓄电池常见故障

随着汽车电子技术的不断发展，汽车电气元件日益增多，经常有驾驶员抱怨车辆放置一段时间后就会出现蓄电池亏电、无法启动的故障。轿车蓄电池亏电的原因一般有三点：蓄电池充电不良；蓄电池自身故障；静态放电电流过大。其中第三种情况较为常见。

1）蓄电池充电不良

（1）故障原因。发电机到蓄电池之间的线路存在虚接；发电机发电量不足。

（2）排除方法。启动发动机，关闭所有电器，测量发电机正极与其外壳之间的电压（发电机的输出电压），应在 13.5V 以上，否则说明发电机发电量不足，需更换发电机；如发电机的输出电压正常，打开所有电器，检测蓄电池正极与发动机、车身及蓄电池负极间的电压，其中任意两电压的差值不能超过 0.3V，否则说明发电机到蓄电池之间的线路存在虚接，需仔细检查相关线路。

2）蓄电池自身故障

（1）故障原因。极板硫化；电解液过少；蓄电池内部断路。

（2）排除方法。在确定不是蓄电池充电不良的情况后，关闭所有电器，断开点火开关，用大众专用蓄电池测试仪（蓄电池电导分析仪 MCR-341P）对蓄电池进行测试，如图 2-28 所示。若测试电压低于 11V，最大电流在 200A 以下，建议更换蓄电池。

蓄电池测示仪的使用如下：①关闭点火开关和所有用电器；②检测带观察孔的蓄电池的颜色显示；③开启测试仪；④检测仪的红色接线端“+”连到正极上；⑤检测仪的黑色接线端“-”连到负极上。选择以下功能中的一个：在质保期内的蓄电池的索赔测试、保养测试（仅限于在获得许可之前，处于现有和库存维护程序的新车），过了质保期以及其他品牌的蓄电池的售后服务测试。

3）静态放电电流过大

（1）故障原因。开关故障；继电器故障；控制单元故障；加装了其他电器。

（2）排除方法。使用 VAS6150，进入“测试工具”，然后选择“50A 电流拾波器”，最后选择直流；检查车载控制单元中的所有电器是否关闭，如手套箱灯、行李厢灯、车门灯及车顶灯等；关闭行李厢、发动机盖及所有车门后，用遥控器锁止车辆，然后等待 10min 使所有系统进入休眠模式；将 VAS6150 的电流钳夹在蓄电池正极或负极导线上，要注意电流钳上的箭头如图 2-29 所示，应指向电流的方向，然后观察 VAS6150 显示的放电电流，若超出 50mA，说明蓄电池静态放电电流过大，进一步的检测步骤如下。

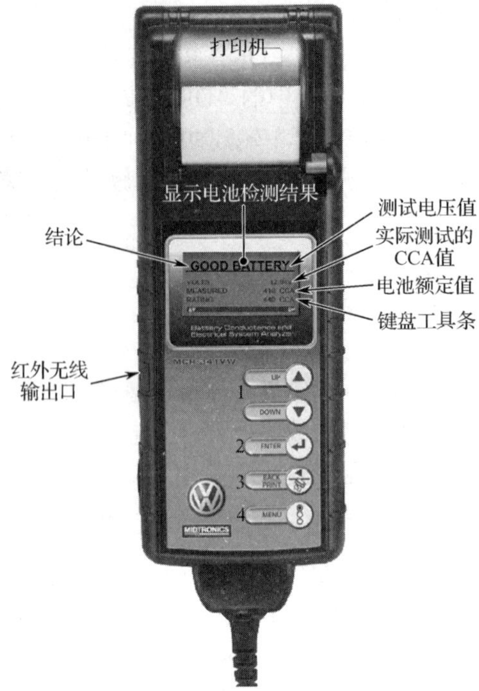

1—上/下键，用上下箭头选择测试参数或菜单选项；2—回车键，用该键确认选择；
3—后退/打印键，用该键退回到前页，也可使用该键通过内置打印机打印检测结果；
4—菜单键，按该键进入主菜单的测试选项

图 2-28　大众专用蓄电池测试仪

① 查看车辆是否加装了其他电器，如报警器、DVD 导航、防盗报警器等。若有，需断开其电源。若此时 VAS6150 显示放电电流明显变小，说明该加装电器负荷过大，需拆除。

② 逐项断开不经熔丝控制的所有电器（启动机、发电机及点火装置等）的供电线路，同时观察 VAS6150 显示的放电电流是否变化。若断开某线路后，放电电流明显变小，说明该线路或电器有故障。

③ 将发动机室左侧、仪表台左侧的熔丝盒内的熔丝逐个拔掉（拔熔丝法）。若将某一熔丝拔掉后，VAS6150 显示的放电电流明显变小，则说明该熔丝控制的线路或电器有故障。该步骤也可通过测量各熔丝两端的电压来实现，但所用万用表的精度要高，使用普通数字万用表无法测量，需使用 VAS6150 的万用表。熔丝有微小的电阻，若有电流经过，熔丝两端必定有电压，这样就可根据电压大小来确定电流大小。若 5A 熔丝两端的电压为 0.2mV，则经过的电流为 13mA；若 15A 熔丝两端的电压为 0.2mV，则经过的电流为 45mA；若 61mA 熔丝两端的电压为 0.2mV，则经过的电流为 61mA。

说明：由于汽车有些电气设备用电系统（防盗、电子钟、中控锁）等要消耗一定的电流（50mA），如果电流过大说明蓄电池有漏电现象。

（3）检查方法。断开蓄电池正极或负极串入万用表并打到电流挡，观察表的读数，若静态电流过大，说明有漏电，应逐个拔熔丝检查。若拔掉某一个熔丝电流减小，则故障在该熔断器所在的系统，应检查该用电设备、线路、开关。也可用电流钳来检测，如图 2-30 所示。

说明：所谓暗电流（之所以叫暗电流，是因为其英文名称为 Dark Current，直译为暗电流），是指点火开关在 OFF 的位置（汽车无工作状态）时，仍然在流动的电流。正因为这些暗电流的存在，以及电瓶自然的放电，车辆长期停放后会出现电瓶容量不足，从而导致汽车无法启动。这就是所说的静态电流。

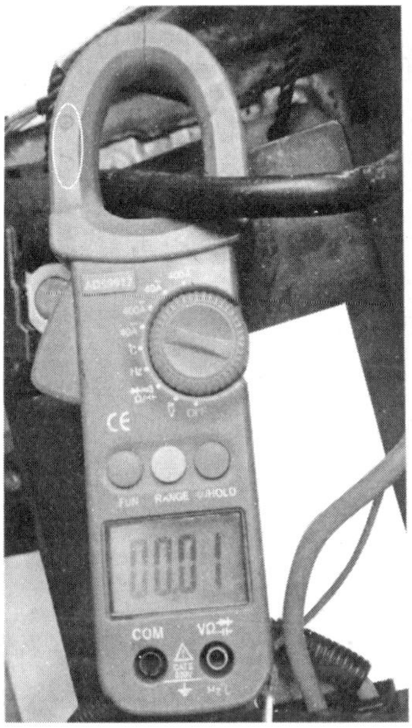

图 2-29 电流钳上的箭头

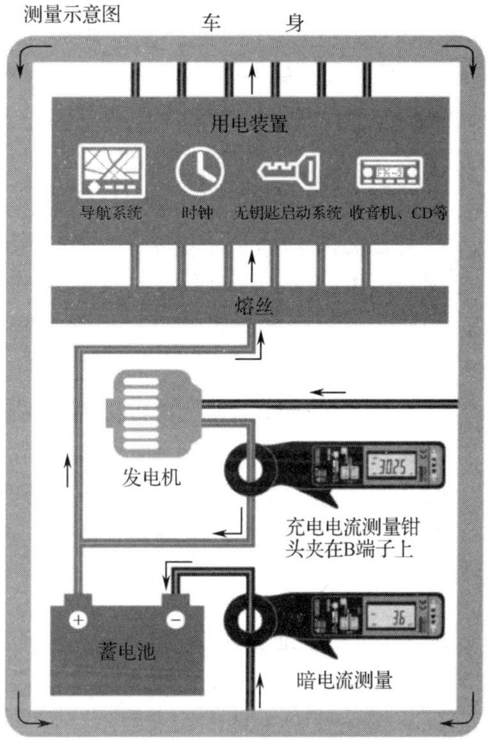

图 2-30 电流钳检测方法

009 蓄电池常见问题的处理

1）奥迪 Q5 车蓄电池电量匹配

（1）进入通道 56。

（2）进入匹配。

（3）进入通道 39 后将 65519 改为 65535。

（4）执行。

2）别克英朗轿车断电后产生故障码 C056E 解决

低配的别克英朗车型（不带车辆电子稳定系统），若经过长时间断电，可能会在电子动力转向控制模块内产生故障代码 C056E。一旦产生此故障码，用 GDS 检测确认后，需执行车角传感器的对中重学习，有如下两个办法：

方法一：①恢复车辆供电，启动发动机，车辆原地静止（车速为 0km/h），转向盘从居中位置匀速向左侧打到极限位置，再匀速向右侧打到极限位置，最后使转向盘回到居中位置；②转向盘围绕中心位置，匀速向左侧打约 90°，再向右侧打约 90°，再重复该操作一次；③车辆行驶至存放区，熄火，拔出钥匙，放置 2min 以上，即可完成全部学习。

方法二：使用 GDS，升级诊断数据包至 Chinav2012.2.0 版本，进入“电子转向控制模块”－

“模块配置”条目，然后依次完成下列步骤。

①复位动力转向软制动；②转向盘角度传感器居中；③学习动力转向软制动。GDS 诊断数据包可以在 tis2web 上自动升级，也可以从 DMS-“软件信息”内下载。

3）奔驰轿车拆过蓄电池后的设定方法

奔驰 W220、S320 轿车蓄电池电压不足或拆过蓄电池后，经常会出现仪表盘上的 ESP 指示灯或 BAS 指示灯点亮，以及车窗玻璃升降器不能自动升降等情况，此时需要进行同步设定。具体方法如下。

（1）当仪表盘上的 ESP 指示灯或 BAS 指示灯点亮时，用故障检测仪检测，在转向盘控制系统中一般会记忆关于“转向盘系统故障，转向盘角度传感器未学习”的故障代码，说明转向盘角度传感器失去记忆。此时只要将转向盘向左及向右转到底，然后放置于中央即可。

（2）如果天窗无一键触发功能（自动功能），只要将天窗开关“向上”按键压下，并持续 3s 以上即可。

（3）如果电动车窗无自动升降功能，需要按照如下步骤进行设定：将点火开关置于 ON 位；按下电动车窗开关第一段（自动降车窗），等车窗玻璃完全降到底后，按电动车窗开关第二段 5s 以上；按电动车窗开关第一段一次，等车窗玻璃完全关闭后，按第二段 5s 以上；等待 15min。

（4）如果座椅、转向盘、后视镜、椅背无法用按键操作到正常位置，只要操作相应的按健到两侧极限位置，并持续 3s 以上即可。

4）宝马汽车蓄电池更换

宝马 F 底盘系列车型的发动机系统具有蓄电池管理功能，可监控蓄电池的状态。当识别到蓄电池已严重老化或损坏时，仪表盘上会出现“蓄电池需进行充电”的警告信息，如图 2-31 所示；中控显示屏上也会有“蓄电池电量过低”的提示，如图 2-32 所示；同时，发动机控制单元中也会存储相应的故障代码。只有在更换蓄电池并“记录电池更换”后，故障代码才能被清除。下面介绍使用 X431Pro3 汽车故障检测仪更换宝马 F 底盘系列车型蓄电池的操作方法。

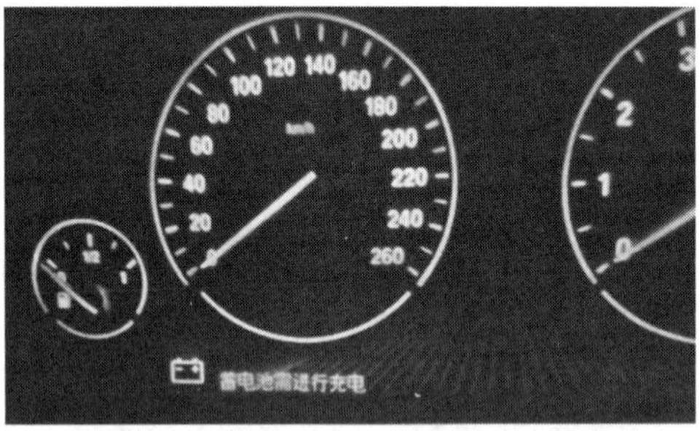

图 2-31　仪表盘提示“蓄电池需进行充电”

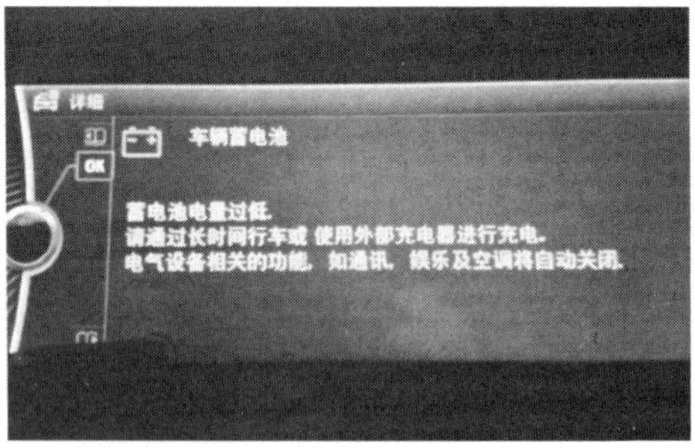

图 2-32　中控显示屏上提示“蓄电池电量过低”

（1）连接 X431Pro3 汽车故障检测仪。

（2）依次选择“宝马→手动选择→车系→底盘系列→驱动部分”，如图 2-33 所示，然后选择“ECM（发动机控制模块-DME/DDE）。

（3）依次选择“特殊功能→蓄电池→记录电池更换”，如图 2-34 所示。

（4）选择“[2]执行记录蓄电池更换”，如图 2-35 所示。

（5）选择“[2]记录电池更换”，如图 2-36 所示。

图 2-33　驱动部分界面

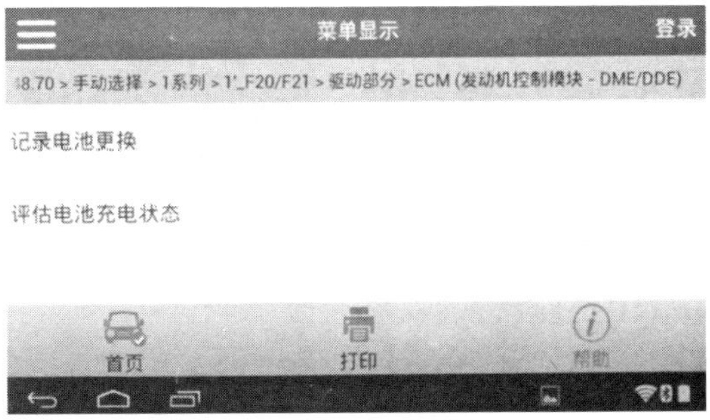

图 2-34　选择“记录电池更换”

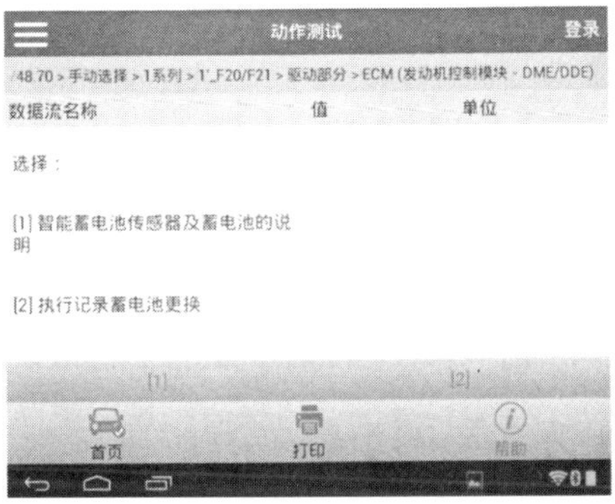

图 2-35　选择“[2]执行记录蓄电池更换”

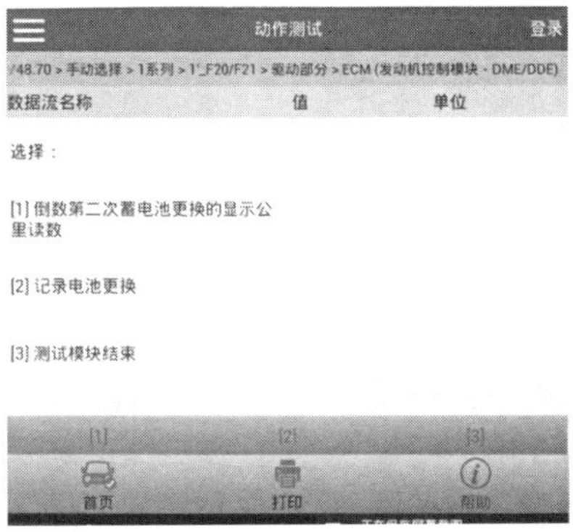

图 2-36　选择“[2]记录电池更换”

（6）在电池容量及型号选择界面（如图 2-37 所示），若更换同类型、同容量的蓄电池，则选择“[1]输入电池更换：同等容量”；若更换不同容量的蓄电池，则选择“[2]输入电池更换：更高/更低容量”；若更换不同型号的蓄电池，则选择“[3]输入蓄电池更换：从普通铅酸蓄电池更换为 AGM（采用吸附式玻璃纤维棉）蓄电池”。需要注意的是，在更换不同容量或不同型号的蓄电池时，成功记录蓄电池更换后，需要对其进行编程。F 底盘蓄电池编程（改装）暂不支持。

（7）对所选择的蓄电池容量及型号确认无误后，选择“确定”，等待约 20s，记录成功，则会出现如图 2-38 所示的信息。

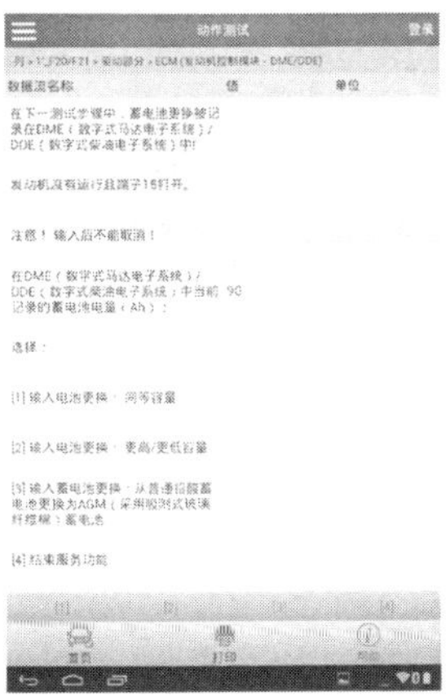

图 2-37　电池容量及型号选择界面

图 2-38　记录成功

（8）记录成功后，需清除故障代码。若故障代码无法清除或无法“记录电池更换”，则反馈该 ECM（发动机控制模块-DME/DDE）的版本信息，如图 2-39 所示。

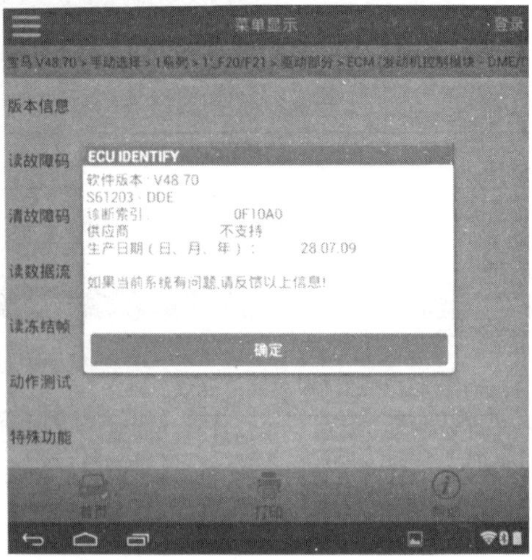

图 2-39　故障代码无法清除或无法“记录电池更换”时的反馈信息

5）测量蓄电池电压

测量时应将两钳夹紧在蓄电池的正、负极柱上，历时 5s 左右，观察大负荷放电情况下蓄电池所能保持的端电压。一般用高功率放电计测量技术状况良好的蓄电池时，单体电池电压应在 1.5V 以上，并在 5s 内保持稳定；如果 5s 内电压迅速下降，或某一单体电池的电压比其他单体电池低 0.1V 以上，表示该单体电池有故障，应进行修理，如图 2-40 所示。按说明书检查蓄电池负荷，将检测结果与表 2-3 中的值进行对比。

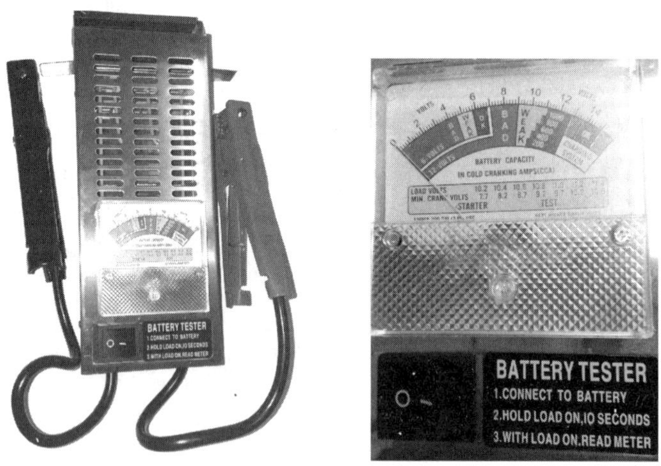

图 2-40　用高功率放电计测量

表 2-3　蓄电池容量不同时的最低电压值

蓄电池容量（A·h）	冷态检测电流（A）	负荷电流（A）	最低电压（极限值）（V）
36	175	100	10.0
40～49	220	200	9.2
50～60	265～280	200	9.4

续表

蓄电池容量（A·h）	冷态检测电流（A）	负荷电流（A）	最低电压（极限值）（V）
61～80	300～380	300	9.0
81～110	380～500	300	9.5

注：如果低于最低电压值，更换蓄电池。

说明：打开高功率放电计测试开关并保持 5s 后放开，待测试仪上的指针静止不动后读出读数（如图 2-41 所示），此读数即为蓄电池的端电压。

图 2-41　高功率放电计读数

操作步骤如下：

（1）将“电流调节旋钮”逆时针旋转至切断放电电路。

（2）将电流检测电缆上正（红）、负（黑）夹夹到蓄电池正、负极柱上。

（3）将电压检测线上正（红）、负（黑）夹夹到蓄电池正、负极柱上。

（4）顺时针转动电流调节旋钮至规定放电电流，放电 15s。

（5）观察电压表指针位置，判断蓄电池技术状况。

- 绿色区域，端电压高于 9.6V，状态良好。
- 红色区域，端电压低于 9.6V，存电不足。
- 不稳定或电流急剧减小至 0，蓄电池故障。
- 逆时针转动电流调节旋钮，停止放电。

Chapter 3

第3章 发电机

010 发电机的结构

交流发电机的基本结构主要由定子、转子、整流器 IC 控制模块和端盖五部分组成，整体式交流发电机的不同点是在基本结构的基础上增加了电压调节器，且都采用集成电路调节器。整体式交流发电机的零部件组成如图 3-1、图 3-2 所示。

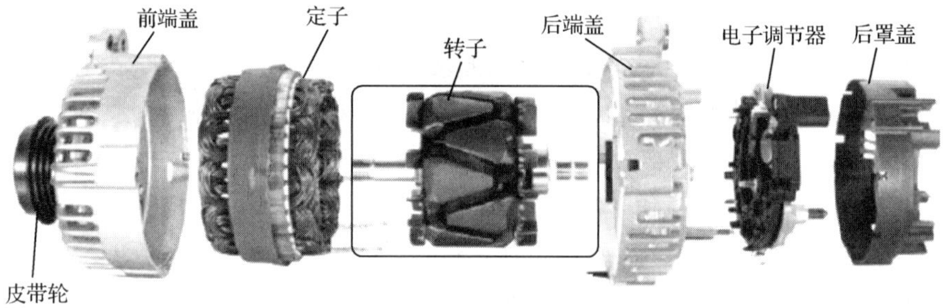

图 3-1　发电机结构一

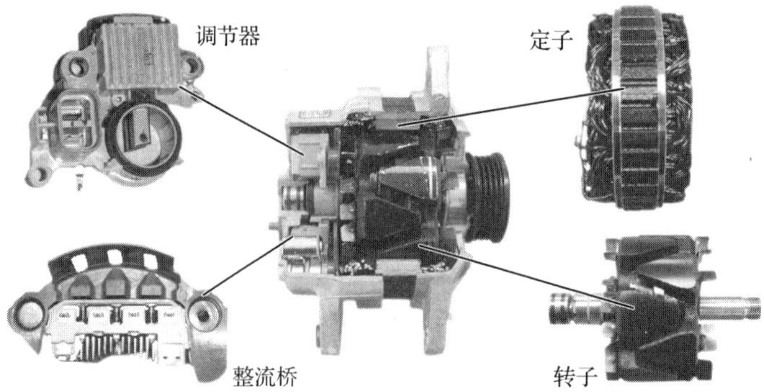

图 3-2　发电机结构二

011 定子总成

定子总成也称电枢，由铁芯和三相绕组组成，它的作用是产生和输出三相交流电。定子槽内置三相对称绕组，每相绕组匝数相等，彼此相差 120° 相位角度。三相绕组的一端共同连接在一起，形成发电机的中性点。中性点电压是发电机输出电压的一半。另外，三个端子与整流器的二极管相连，如图 3-3、图 3-4 所示。

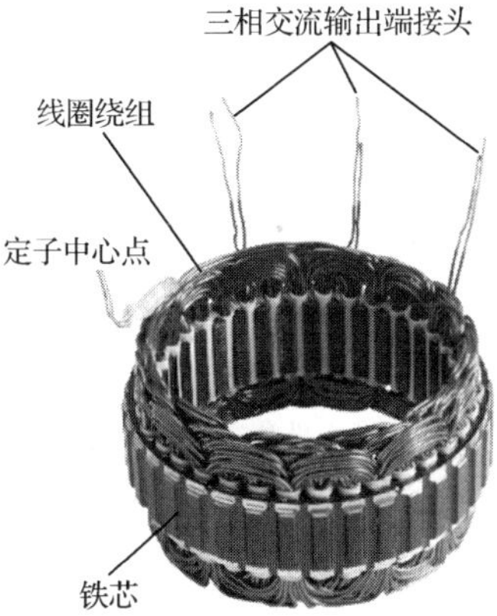

图 3-3　定子总成

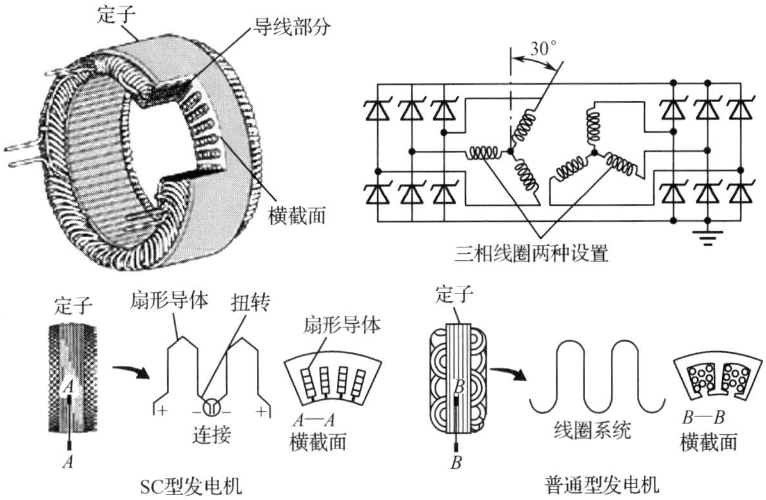

图 3-4　新型 SC 型发电机定子结构

012 转子总成

转子的作用是产生变化的磁场。它主要由爪极、磁轭、励磁绕组、滑环、转子轴等组成，如图 3-5 所示。

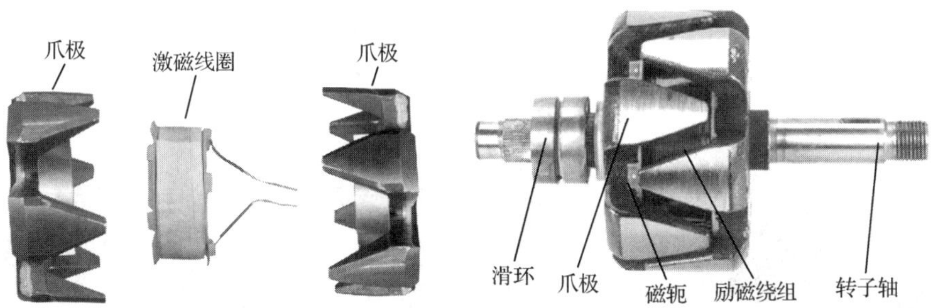

图 3-5　转子总成

013 整流器的结构

整流器一般由 6 或 12 个硅整流二极管组成，其中整流器总成分为 3 或 6 个正极管和 3 或 6 个负极管。引线为正极，壳体为负极的二极管称为正二极管；引线为负极，壳体为正极的二极管称为负二极管。3 个正二极管的壳体焊接在一块散热板上通过螺栓引出构成发电机输出端，即发电机正极；3 个负二极管的壳体焊接在另一块散热板上与发电机外壳相连构成发电机负极，如图 3-6 所示。

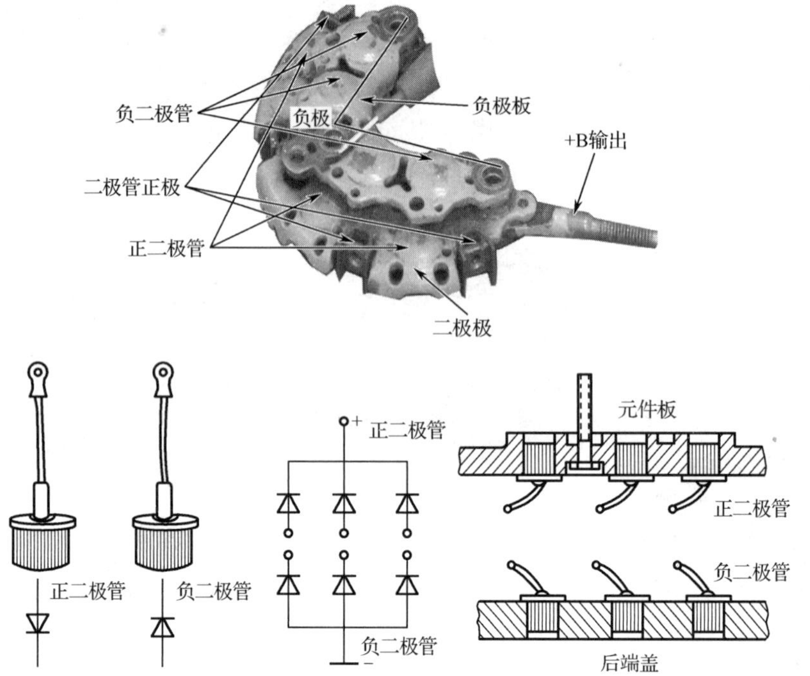

图 3-6 整流器的结构

014 电刷及电刷架的结构

电刷架的材料是酚醛玻璃纤维塑料（模压）。两只电刷装在电刷架方孔内，由弹簧保持其与集电环接触良好，如图 3-7 所示。

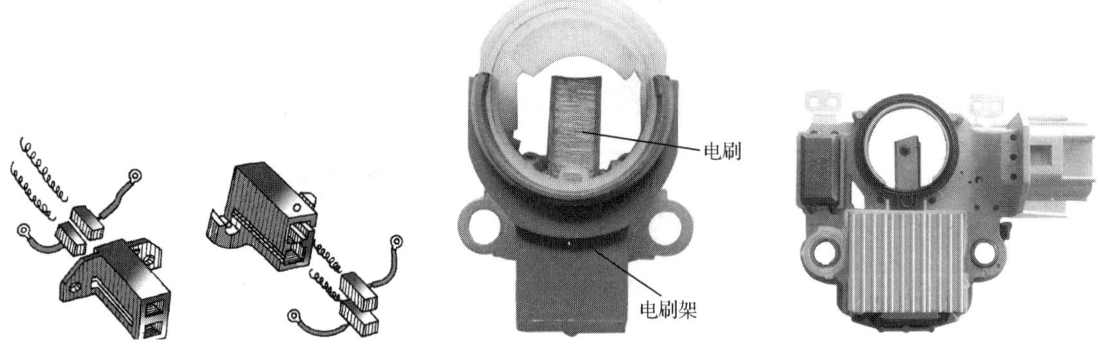

（a）外装 （b）内装 （c）本田、丰田汽车电刷及电刷架 （d）福特发电机调节器总成碳刷

图 3-7 电刷及电刷架

电刷分外装式和内装式两种。一种是拆装电刷可在发电机外部进行，另一种是拆装电刷必须在发电机内部进行。两电刷的引线分别接后端盖上的两个接线柱，按接线柱形式的不同，发电机分为内搭铁和外搭铁两种形式。

说明：电刷的标准高度应是 14mm，磨损至 7mm 时，应进行更换。

015 调节器

1）调节器的作用及结构

调节器的作用：交流发电机是由发动机带动发电的，发动机转速随车辆行驶状况的不同而变化，发电机的转速也随之不断变化，因此导致发电机发电量的变化，影响全车用电设备。设置调节器可以保证发电机电压不受转速变化的影响，保持其输出电压的稳定。

调节器分为触点式、晶体管式和集成电路式。现在主流车型大多采用整体式交流发电机，而整体式交流发电机大多采用集成电路（IC）调节器。IC 调节器主要由 IC 集成电路和散热器组成，如图 3-8 所示。

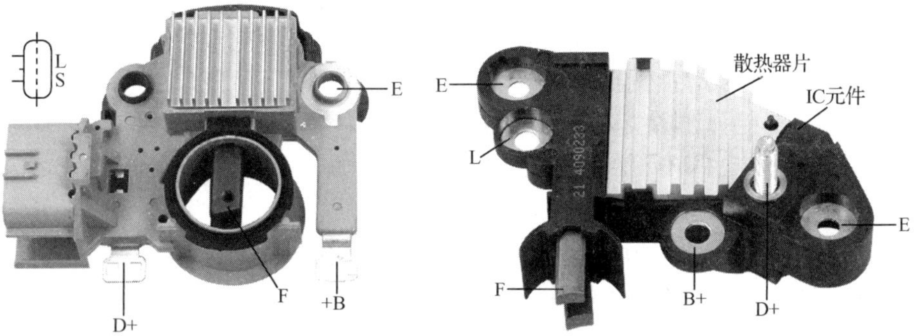

图 3-8　IC 调节器的结构

2）调节器端子说明

图 3-9 所示调节器有 6 个接线端子，F、P、E 三个端子用螺钉直接和发电机连接，B 端用螺母固定在发电机的输出端子“B”上，IG、L 两个端子用金属线引到调节器的外部接线插座上。

（1）单线。交流发电机外部接线为单线（例如，大众、依维柯此单线为充电指示灯）。新款卡罗拉单线、奥迪 A7 插脚针线 LIN 为诊断线，如图 3-10 所示。

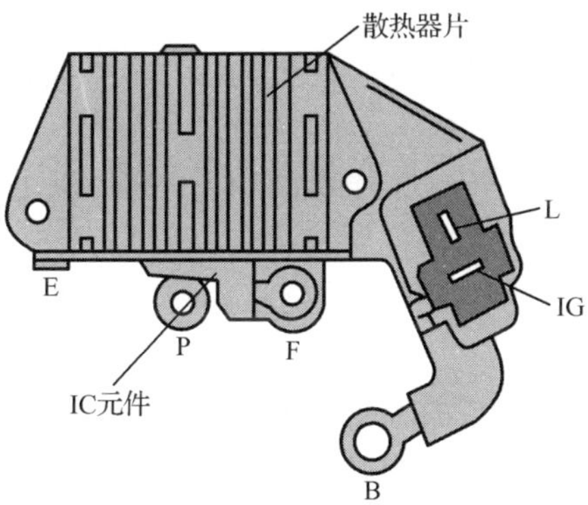

图 3-9　IC 调节器元件

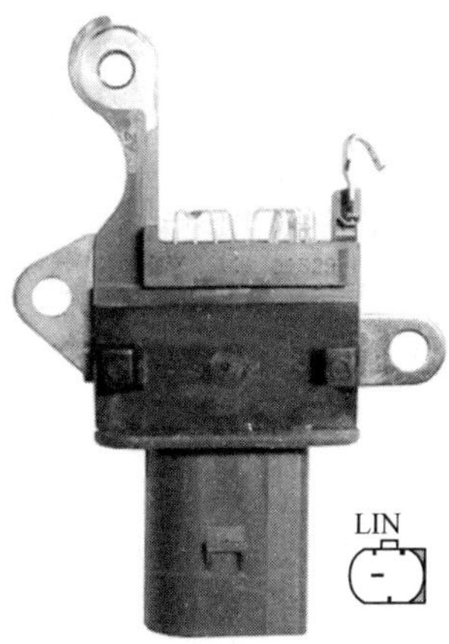

图 3-10　新款卡罗拉调节器

说明：Audi A7 Sportback 上使用的是空气冷却式发电机，其工作电流为 150～180A。这种发电机上装备一个 LIN-调节器，有两个接头：一个是螺栓接头 B+，另一个是两脚插头（但是只有针脚 1 是与 LIN-线连接的，针脚 2 未使用）。数据总线诊断接口 J533 将 LIN-总线信息发到 LIN-调节器上，如图 3-11 所示。这个信息预先确定了 12.2～15V 的电压规定值（根据车载电网的工作状态），此值随后由调节器来调节。如果没有能形成这个电压规定值（比如因 LIN-线断路），则调节器会识别出该情况，在经过了预定的时间后，会设置出 14.3V 这个恒定的发电机电压。

图 3-11 奥迪 A7 发电控制原理图

在“15 号线接通”的情况下来检测指示灯，组合仪表上的充电指示灯不会亮起。只有当发电机有故障时，这个指示灯才会亮起。发电机的检测需要使用诊断仪内的相关检测程序来进行，并由 J533 内的电能管理系统评估发电机的内部情况。

为了保证在检测发电机时不会发生“能量回收”，检测时需要接通近光灯。

注意：不要让修理用的保护垫遮住了大灯，否则大灯会过热。

（2）两线。交流发电机外部接两线，IG（点火钥匙控制的电源）、L（充电指示灯），三菱轿车用；S、L，日产马自达轿车用；L、DFM（磁场脉宽调制信号计算得到的发电机负荷状态），大众轿车用。

（3）三线。交流发电机外部接三线，IG、L、S（常火线），丰田轿车用。

（4）四线。交流发电机外部接四线，IG、L、S、F_R（发电机负荷检测信号，当用电设备增加时其电压由 5V 逐渐减小）或 IG、L、C（发电磁场控制线，其电压随发电机转速上升由 12V 逐渐下降）、F_R，本田轿车用；P（转速传导线）、S、F（磁线监测线）、L，别克轿车用。

016 发电机风扇及传动带轮

（1）风扇一般用低碳钢板冲压而成，在发电机发电工作时，对发电机进行强制通风冷却。

（2）传动带轮一般用铸铁或铝合金铸造而成，有双槽和单槽之分。

（3）途锐汽车在 V10 TDI 发动机上，发电机通过一个齿轮传动机构和一个中间轴（传动比 i=3.6 并带一个哈代式挠性联轴节）驱动。

通过该中间轴提高了发电机的驱动转速，这样也提高了发电机的功率。它能满足该电气装置很高的电流需求，即使是在怠速运行时也是如此。

通过发动机的冷却循环回路冷却发电机可防止发电机过热，延长其使用寿命并提高其效率，如图 3-12 所示。

（4）丰田内置单向离合器发电机驱动皮带轮，发动机曲轴皮带轮通过皮带传动实现车用发电机的运转。一般发电机的转速是发动机转速的 2.5～3 倍。发动机燃烧时产生循环波动，即使是微小的循环波动变化，都能引起驱动发电机运转皮带的瞬间抖动、打滑及噪声的产生。长时间的运行不仅会导致传动皮带的疲劳，甚至还会降低发电机与拖动附件带轮的使用寿命。为了解决这一问题，新型车用发电机上采用了内置单向离合器的驱动皮带轮，单向离合器发电机驱动皮带轮的结构如图 3-13 所示。

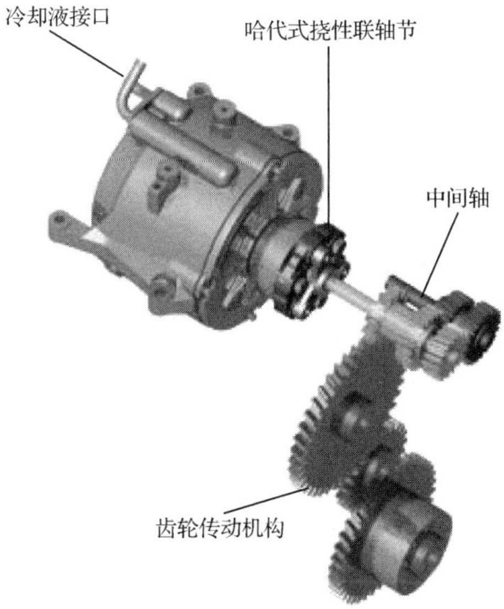

图 3-12 途锐发电机驱动形式

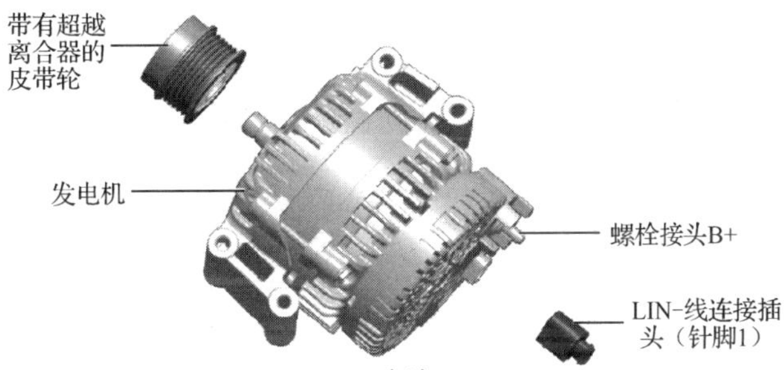

（a）奥迪A7

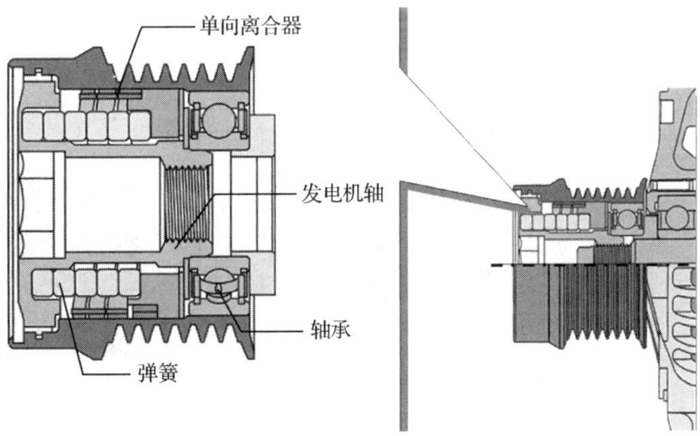

（b）丰田汽车

图 3-13 单向离合器发电机驱动皮带轮的结构

017 新款大众宝来轿车充电电路分析

发电机 L 端子与车身控制单元的 J519 号端子连接。J519 检测此信号，再通过 CAN 总线给仪表控制器发送信号，从而控制充电指示灯。新款宝来 1.4 DFM 端子与发动机控制单元 J623 的 T94/46（新款捷达 T121/13）号端子连接。发电机负荷信号可作为负荷管理的一个重要信号，如图 3-14 所示。

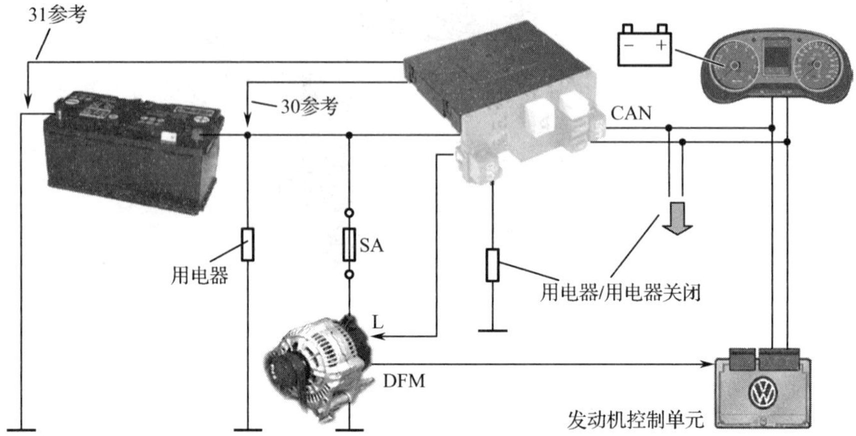

图 3-14 发电机工作原理

电路原理如图 3-15～图 3-17 所示。

（1）只有功率二极管；来自 B+的激励电流、预激励电流。

（2）调节器的过电压识别与经过接线端 L 的信息。

（3）经过发电机实时监控器 DFM 的发电机负荷。

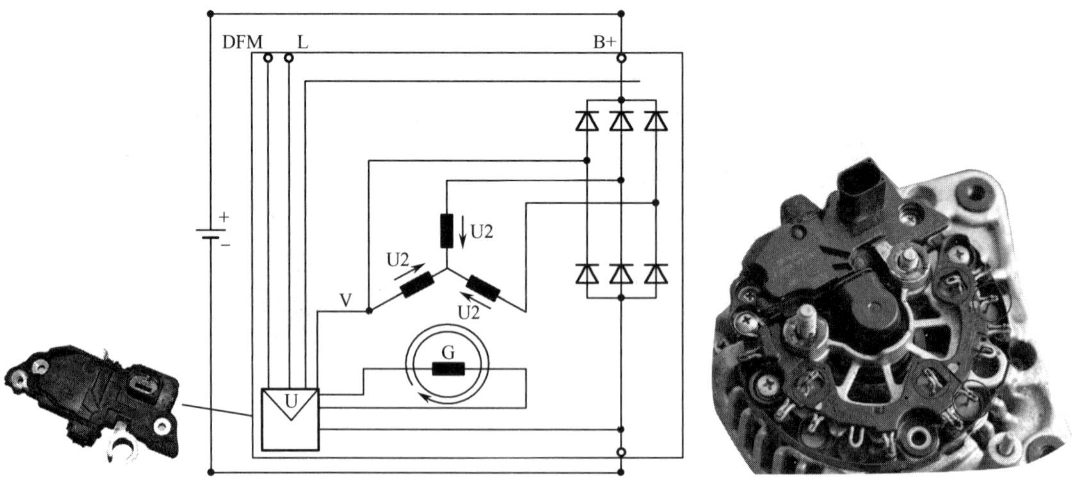

图 3-15 发电机原理图

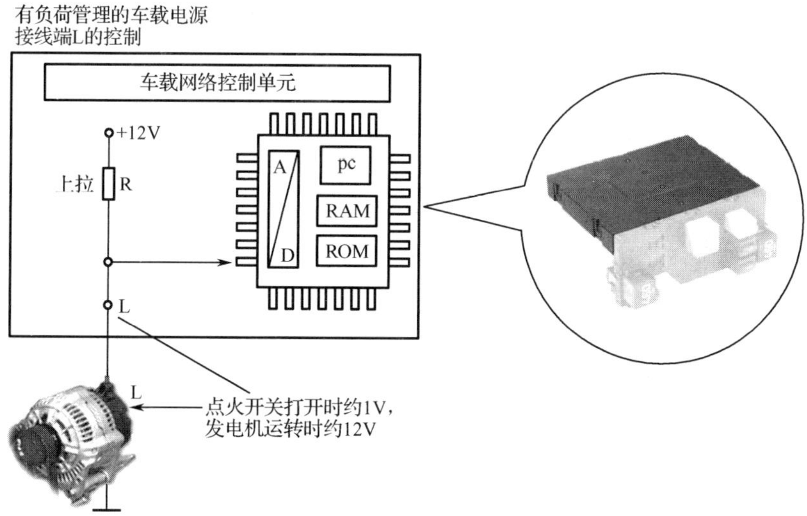

图 3-16　接线柱 L 的控制图

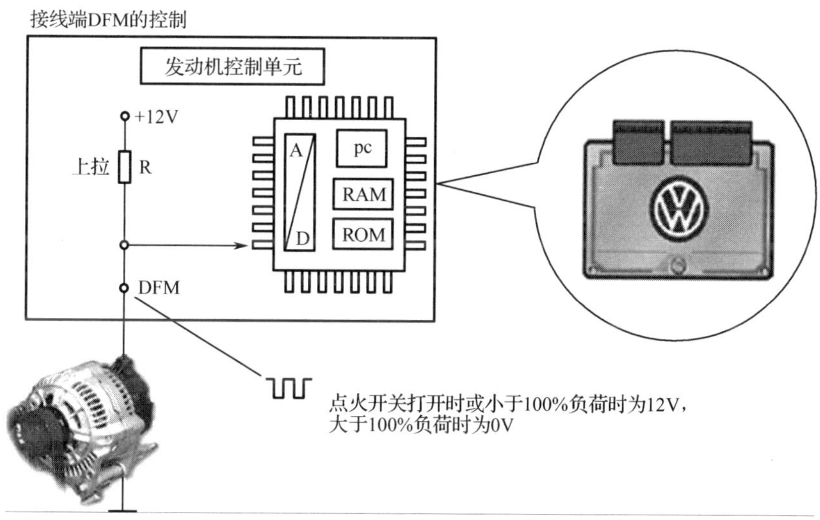

图 3-17　接线柱 DFM 的控制图

用电设备在各种转速下通过发电机 DFM 端子输出的磁场脉宽调制信号计算得到发电机负荷状态的技术数据。这些数据对分析本案故障形成机理提供了不少帮助，如表 3-1 所示。

表 3-1　不同负荷及发动机转速下的发电机负荷数据

发动机转速 / 发电机负荷状态 / 测试条件	700r/min	1400r/min	2000r/min	3000r/min	发电机 DFM 端子→发动机控制单元 T94/46 之间导线中断（从点火开关接通后任何工况下）
发动机空载	38%～47%	23%～27%	18%～20%	16.9%	80.4%
开大灯	50%～60%	29%～31%	25%～27%	16.9%	80.4%
开空调	45%～60%	32%	25%～30%	16.9%	80.4%
开大灯、空调	74%～99%	49%～51%	47%～50%	20%	80.4%

从表中可以看到：

（1）在发动机空载或有载时，发电机负荷随发动机转速升高而降低。

（2）发动机转速不变时，发电机负荷随用电设备增加而增大。

（3）发电机负荷（也是发动机的一个电气负荷）是指所有运行的电气负荷，从正在工作的发电机那里得到多少份额的功率，用百分比表示其负荷状态。由于发电机在不同的转速下有不同的最大输出功率并随转速而增大，因此同一个电气负荷在不同的发电机转速下，或多个用电负荷在发电机同一转速下，其所表现的发电机负荷都会有所不同。因此，当发动机转速升高后，本来出现的发电机负荷不能随之向小的数值变化的现象是不正常的。

电网电源管理系统对整车电源系统的管理工作就是进行全方位的跟踪，对蓄电池是监控其电压，对发电机则是监控其负载，目的只有一个，就是任何时候都必须保障这两者的运行无误。对发电机负荷来说，电网电源控制单元 J519 从发动机工作开始，通过发动机控制单元和数据总线，不断收集来自发电机 DFM 端子送出的脉宽调制信号 PWM 和发动机转速信号，并据此确定加载到发动机上的发电机负荷。如果在怠速状态下，J519 经过这些信号得到发电机负荷已经达到其所规定的最大值即峰值，为了避免发电机电压下降到蓄电池电压之下引发蓄电池放电，应立即指令发动机控制单元 J623 提高发动机原怠速转速，如图 3-18 所示。其结果是发动机功率和发电机功率均相应增加，以解决原怠速下的高电气负荷带来的供求矛盾，并可稳定或提升电网电源电压。

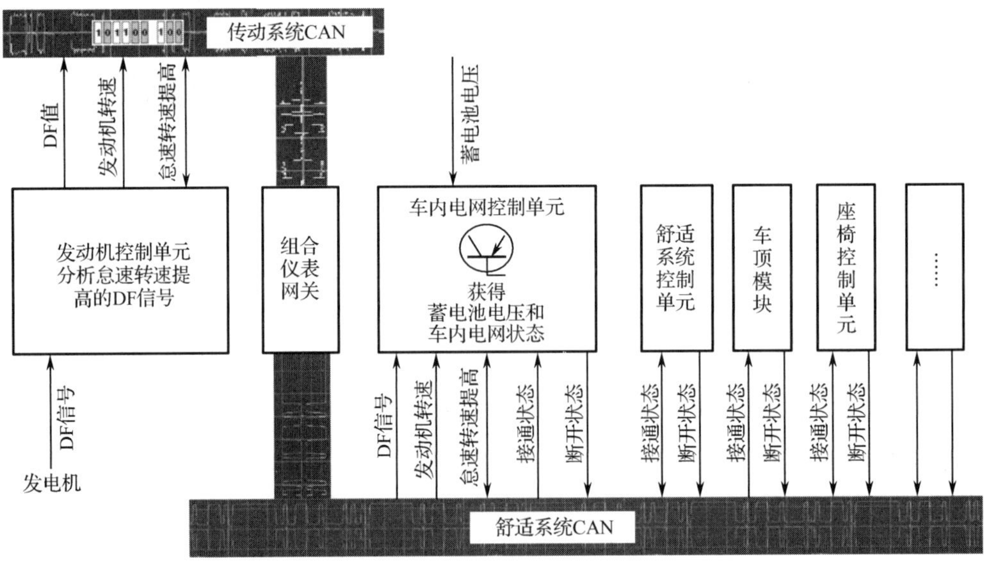

图 3-18 发电机负荷管理示意图

018 新款捷达发电机电路分析

新款捷达 J519 进行电气负荷管理的目的，是防止因蓄电池过度放电造成损坏或无法启动发动机。电气负荷管理电路如图 3-19 所示。

J519 的 T73u/59 端子与 T73/23 搭铁端子构成 J519 电气负荷信号输入电路。J519 根据 T73u/59 端子实时检测到的蓄电池端电压，确认是否需要负荷管理，其 T73/50 端子输出 PWM

占空比信号对发电机 C 励磁。发动机启动后，发电机 DFM 负荷信号传输给发动机控制单元 J623，组合仪表 J285 接收 CAN 数据总线传输的数据，以确认充电信息，决定发电机指示灯 K2 熄灭或点亮。

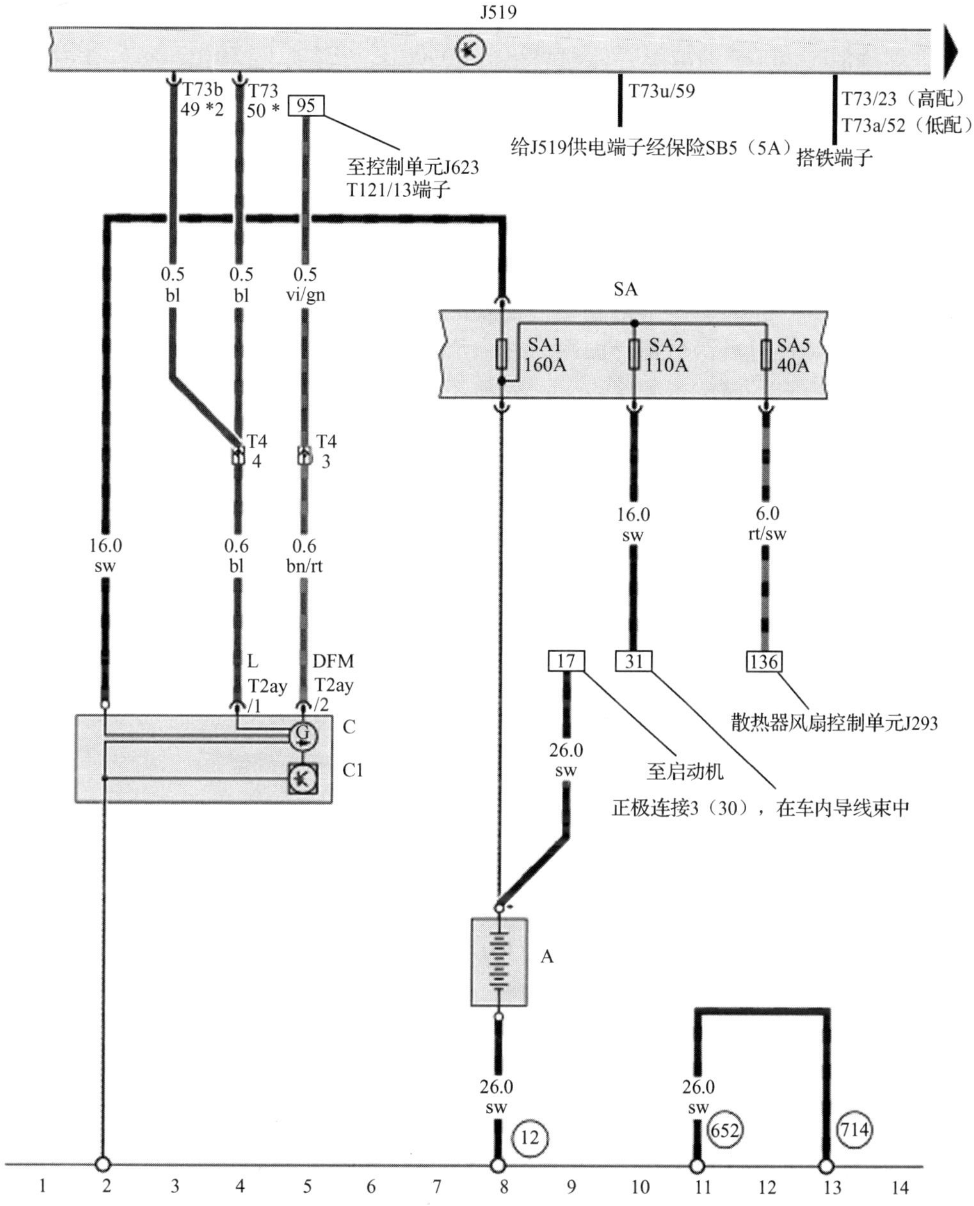

A—蓄电池；C—交流发电机；C1—电压调节器；J519—车载电网控制单元；SA—熔丝座 A；SA1—熔丝架 A 上的熔丝 1；SA2—熔丝架 A 上的熔丝 2；SA5—熔丝架 A 上的熔丝 5；T2ay—2 芯插头连接；T4—4 芯插头连接；T73—73 芯插头连接；T73b—73 芯插头连接；12—发动机舱内左侧接地点；652—变速箱和发动机地线的接地点；714—发动机上右侧接地点；

*—仅适用于带低端基本装备（AW0）的车辆；*2—仅适用于带高端基本装备（AW1）的车辆

图 3-19 电气负荷管理电路

电气负荷管理的任务如下：

（1）当点火开关 ON 时，发电机工作，但若 J519 检测到的蓄电池端电压小于 12.7V 且大于 12.2V，则要求提升发动机怠速，以提高发电机功率输出与当前电气负荷相适应，这条指令由发动机控制单元 J623 负责实施。

（2）当蓄电池端电压低于 12.2V 时，J519 将进行负荷管理干预，依次关闭座椅加热、后风窗加热、后视镜加热、空调和信息娱乐设备。

负荷管理激活时，J519 的故障存储器将记忆 00907 负荷管理干预的故障码，其状态也可通过读取 J519 数据块 31 组 1 区的测量值验证。

019 发电机转子的检修

（1）检查发电机转子是否断路。如图 3-20 所示，用欧姆挡测量集电环之间的电阻。标准电阻（约 20℃）：3.0～6.0Ω。如果结果不符合规定，则更换发电机转子总成。

（2）检查转子是否对搭铁短路。如图 3-21 所示，使用欧姆挡测量其中一个集电环与转子之间的电阻。标准电阻：1MΩ或更大。如果结果不符合规定，则更换发电机转子总成。

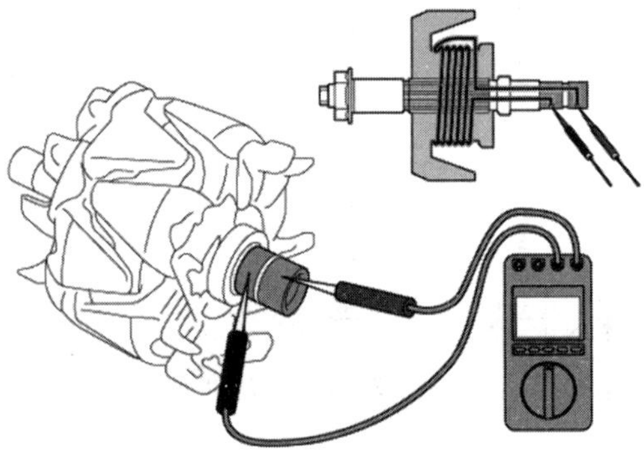

图 3-20　励磁绕组断路的检测

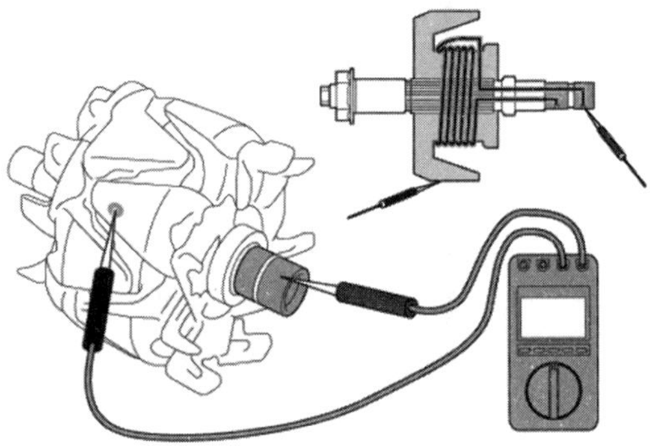

图 3-21　励磁绕组搭铁的检测

（3）如图 3-22 所示，检查并确认发电机转子轴承没有变粗糙或磨损。如有必要，更换发电机转子总成。

（4）如图 3-23 所示，用游标卡尺测量集电环直径。标准直径：14.2～14.4mm，最小直径：14.0mm。如果直径小于最小值，更换发电机转子总成。

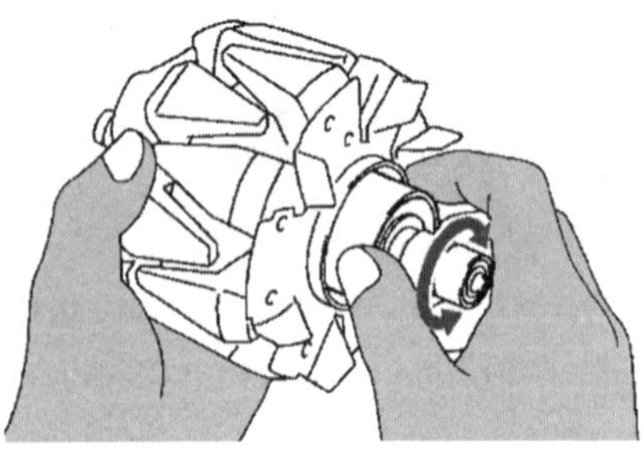

图 3-22　检查发电机转子轴承

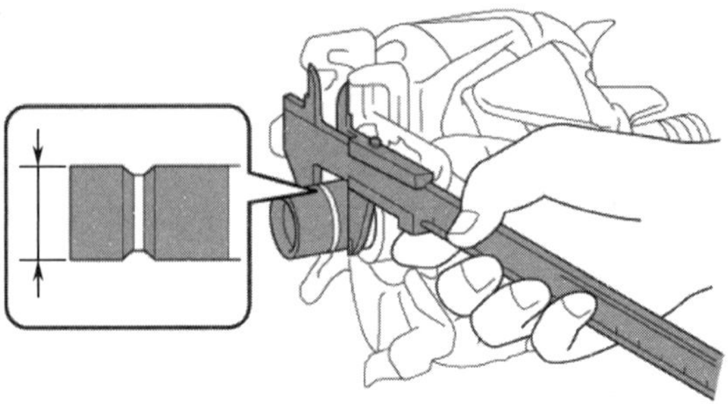

图 3-23　测量集电环直径

说明：滑环应表面光滑，无烧蚀，厚度应大于 1.5mm。

020 定子的检修

（1）检测断路。每次任取两个首端，测量三次，每次阻值都应小于 0.5Ω；若阻值为无穷大，则为励磁绕组断路，需更换定子总成，如图 3-24 所示。

（2）检测搭铁。用万用表可检测定子绕组是否搭铁，如图 3-25 所示。测量三次，阻值均应为无穷大，否则说明定子绕组搭铁，需更换定子总成。

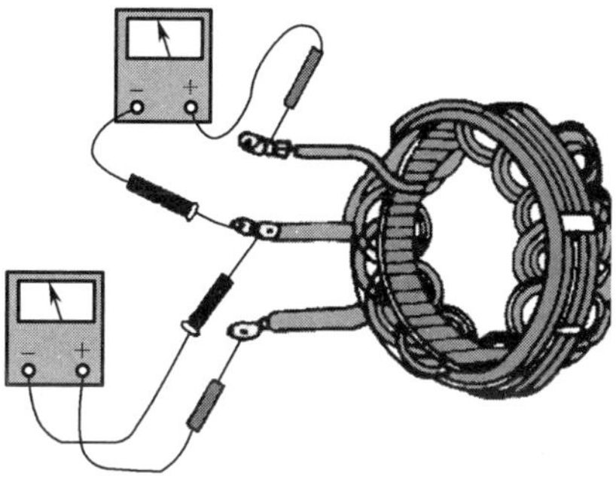

图 3-24　断路的检测

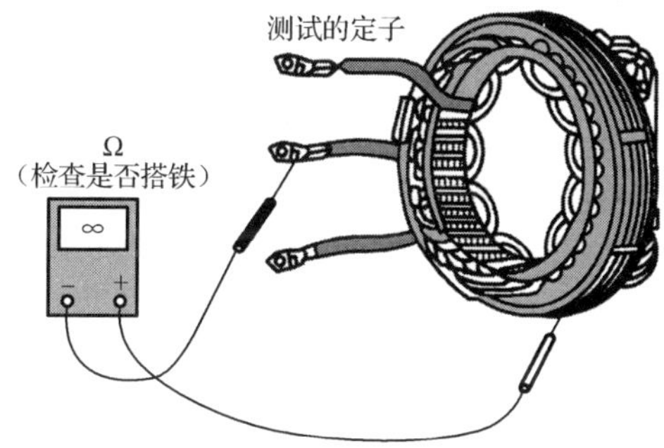

图 3-25　定子搭铁故障的检测

说明：定子绕组短路很难检测。一个正常定子绕组的阻值非常低，如果所有其他部件的检测均属正常，但输出电压却很低，其原因可能是定子绕组匝间短路。无论定子绕组是断路、短路还是搭铁，均需更换定子总成。

021 整流器的检修

（1）先把二极管与定子绕组之间的连线断开，将指针万用表两个表笔分别接到二极管的引线与壳体上，测二极管的正向与反向电阻。正向电阻应为 8～10Ω，反向电阻应在 1000Ω以上。若正、反向电阻均为 0，说明二极管短路；若正、反向电阻均为无穷大，说明二极管断路，如图 3-26 所示。更换二极管需要在压床上进行，或在台虎钳上使用专用工具，但不得使用锤子敲击，以免损坏元件。压装二极管时，过盈量控制在 0.07～0.09mm 之间。

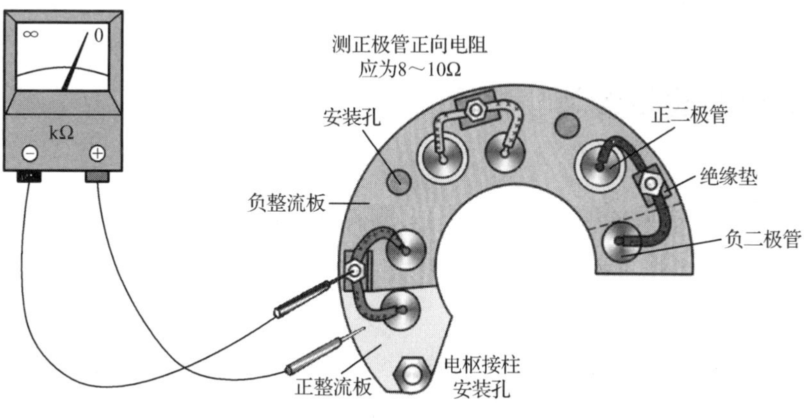

图 3-26　整流器的测量

说明：两支表笔分别压在负二极管的极板和二极管接触端上，然后更换表笔再测量。若一次导通一次不导通则正常；若两次测量都不导通，则说明二极管断路；若两次测量都导通，说明此二极管被击穿。

（2）检测正二极管。用数字万用表的导通挡位，黑表笔接整流器端子“B”，红表笔分别接整流器各接柱 P1、P2、P3、P4，万用表均应导通；调换两表笔进行测试，此时万用表均不导通，否则负二极管损坏，需更换整流器总成。

（3）检测负二极管。用数字万用表的导通挡位，红表笔接整流器负管的外壳或整流器的端子“E”，黑表笔分别接整流器各接柱 P1、P2、P3、P4，万用表均应导通；交换两表笔后再测，阻值均应为无穷大，否则负二极管损坏，需更换整流器总成，如图 3-27 所示。

（4）用二极管（数字万用表）测量整流器。

- 正二极管：正向压降为 0.4～0.6V，反向测显示 1。
- 负二极管：正向压降为 0.4～0.6V，反向测显示 1。
- 正、负二极管的元件板之间绝缘良好，阻值大于 20MΩ。

说明：分不清正、负二极管的，可调换表笔测两次，应分别显示 0.4～0.6V 和 1。

（5）不分解发电机情况下的二极管检测。用万用表的导通挡位，黑表笔接发电机电枢“B”接柱，红表笔接发电机端盖。若阻值在 40～50Ω以上，说明无故障；若阻值在 10Ω左右，说明有失效的二极管，须拆检；若阻值为 0Ω，说明有不同极性的二极管击穿。调换表笔测得电阻值为“∞”，如图 3-28 所示。

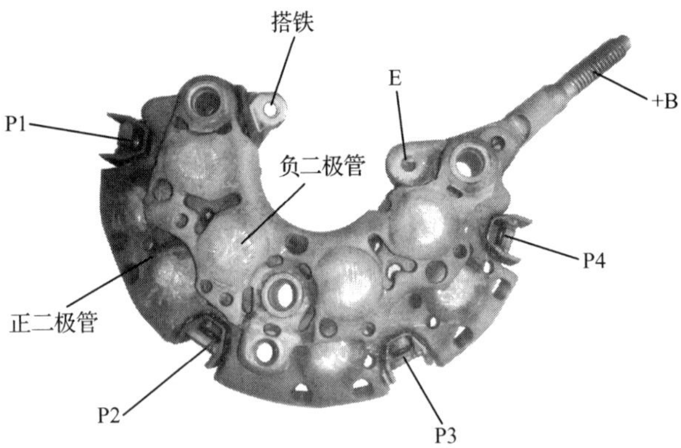

图 3-27 正、负二极管检测

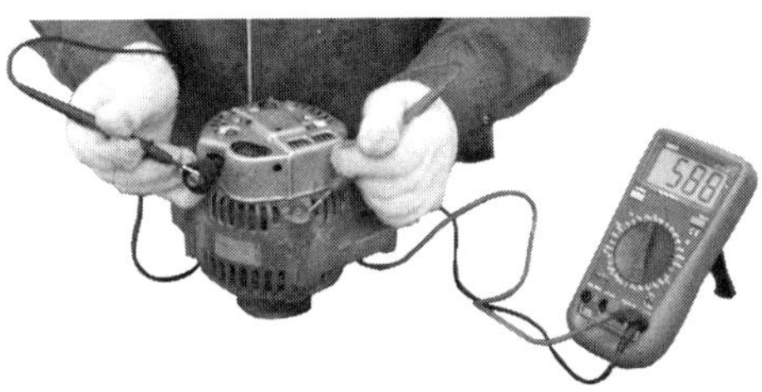
图 3-28 不分解发电机情况下的二极管检测

022 发电机的故障诊断与排除

1）故障现象

一辆大众汽车，行驶里程 30000km，最近不断出现 960r/min 的高怠速，重新启动后恢复 700r/min 的正常值，但不久怠速又开始升高。

2）故障诊断

连接大众 VAS5052 查阅各项数据指标均正常。检查影响怠速升高的各种参数及部件，如发动机温度、节气门开度、进气管密封、活性炭罐电磁阀和曲轴箱通风管路等也毫无结果。最后采取换件的方法，更换了同型号车型的进气压力传感器、氧传感器、冷却液温度传感器、发动机控制单元和车载电网控制单元，但都无法消除故障，只有重新启动发动机才能恢复

700r/min 的正常值然后又开始升高。又从电网电源系统管理开始检查，检查了蓄电池电压和带负载发电机输出电压，都没问题。再对该车进行全面检查。常规项目一切正常，但在对发电机进行检查时，以往并不注重也不知道的发电机负荷数据，这次被查看到了，发现发电机负荷在怠速不带负载的情况下就已经达到了 80.4%的负荷状态，也就是说，此时的发电机给发动机带来了极大的电气工作负荷。随着发动机转速的升高，显示发电机负荷的 80.4%丝毫没有变化，这种情况是不正常的。按照现在掌握的情况，断定从发电机 DFM 端子出来到发动机控制单元 J623 T94/46 线束之间的导线有断路，用万用表测量其阻值为∞，接着在发电机 DFM 柱和发动机控制单元柱之间接通一根导线，如图 3-29 所示。

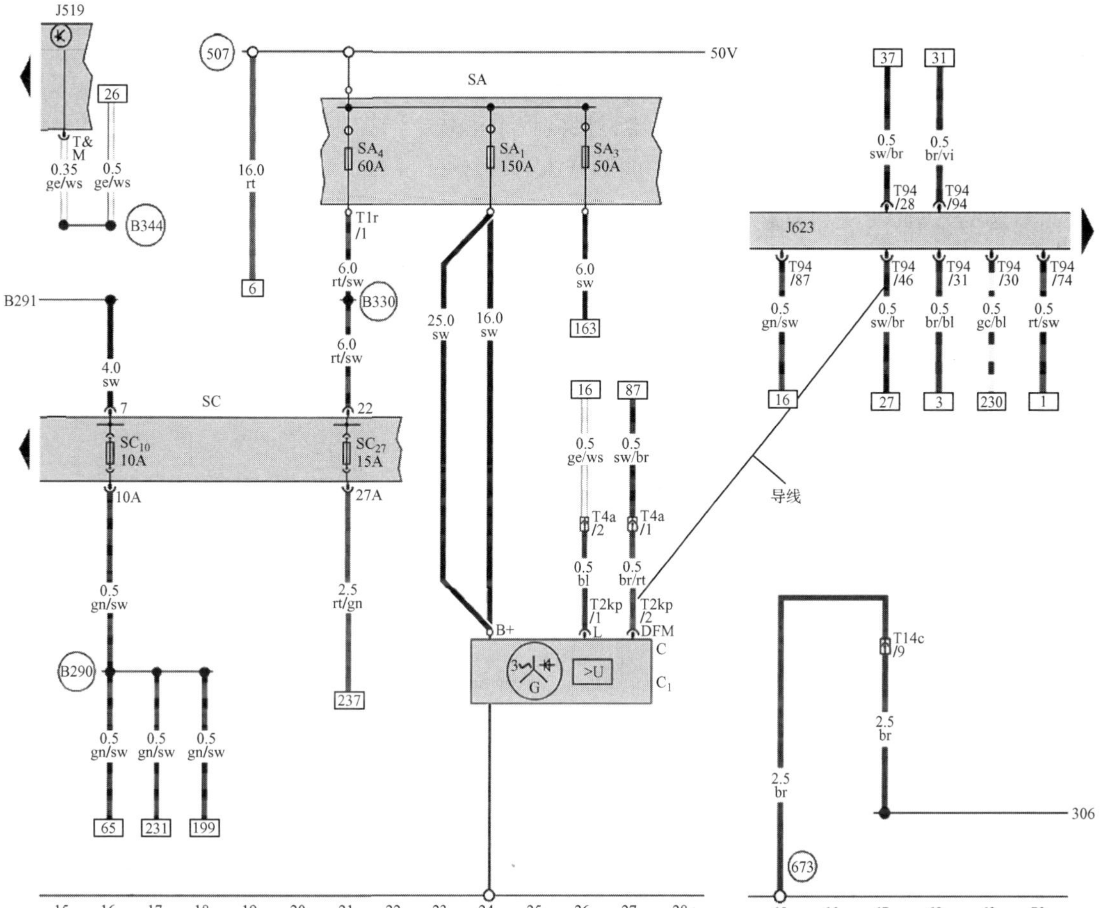

C—交流发电机；C1—电压调节器；J519—车载电网控制单元；J623—发动机控制单元，排水槽内中部；ws—白色；sw—黑色；rt—红色；br—褐色；gn—绿色；bl—蓝色；gr—灰色；ge—黄色；or—橘黄色；rs—粉红色

图 3-29　发电机与发动机控制单元相关电路图

重新启动着车后，VAS6150 诊断仪进入数据块阅读。在 01-08-03 的 4 区中，不再看到 80.4%这个数值，而是出现 38%，并随着加速踏板的不断踩下，数值不断变小。从中高速到怠速运行时，无论哪次回到怠速都是很平稳地回到 700r/min。这就说明在电源管理系统中，所有比较重要的输入信号在其丢失以后，都必须考虑相关部件不应受其影响而停止工作，因此往往会用一个具体的极限值来说明，或者用某些常数来表示，重要的是故障发生时，系统会采用某个确定的值来替代。电网电源控制单元 J519 从得到这个丢失的信号起，经过一段时间运作，以及一

些特定条件下的检测，认为丢失的信号无误，于是按照怠速时发电机已经达到其所规定的最大负荷（对外显示为不变的 80.4%）这种管理模式，指令开启提速通道，向发动机控制单元 J623 下达了提高怠速 260r/min 的工作指令，以回应当前发电机负荷状态不可知信号带来的需求。这种动态匹配，就其本质来说，应该就是电源系统出现故障时的一种失效保护。

3）故障排除

修复从发电机 DFM 端子到发动机控制单元 J623 T94/46 线束之间的导线，故障完全排除。

023 车载电网型电源电路供电总端的供电原理

在车载电网型电源电路中，供电总端包括：供电总端 15、供电总端 30、供电总端 75X、供电总端 50 等，它们对应的供电继电器直接受控于车载电网控制单元，不再直接受控于点火开关，从而彰显了车载电网控制单元功能的强大。

1）供电总端 15 正电的形成

如图 3-30 所示，点火开关 D 被置于“ON”或“START”挡位时，点火开关的 15 号端子都会将 12V 的电压送到转向柱电子控制单元 J527 的 F 位 12 孔插头的第 12 针脚（T12F/12）上，经 J527 处理，产生一个相应的控制信号，经 T20D/17 脚传到车载电网控制单元 J519 的 G11 脚，再经 J519 处理并产生一个驱动继电器 J329 线圈的电压，来控制 J329 常开触点闭合，使 30 号正电经 J329 闭合的触点输出，形成供电总端 15 的正电。

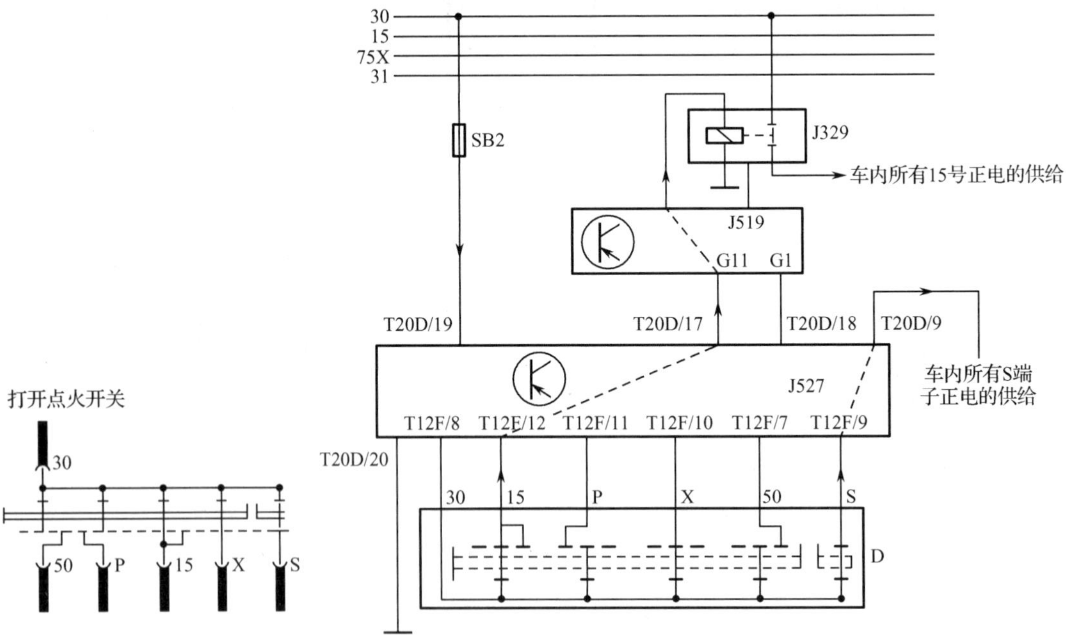

J329—15 号正电供电继电器；J519—车载电网控制单元；J527—转向柱电子控制单元；D—点火开关

图 3-30 供电总端 15 正电的形成

2）S 触点正电的形成

如图 3-31 所示，只要点火锁中有钥匙，无论钥匙处于 OFF 位、ON 位还是 START 位，点火开关 D 中的 S 触点均闭合，S 端子输出 12V 电信号，经导线传送到 J527 的 T12F/9 端子（此时，P 端子虽然也会将 12V 电信号输入 J527，但无效），经 J527 处理，再由 J527 的 T20D/9 端输出一路 12V 的电信号，即 S 端子控制信号，此信号直接通向舒适系统（或辅助电器）的控制单元，此时音响等工作，同时遥控装置失效；对于有些车型，J527 还会通过 CAN 舒适便捷数据总线，将 S 触点闭合的信息"告知"J519、防盗控制单元 J518 和与舒适便捷功能有关的控制单元等。J519 收到 S 触点闭合的信息，会通过控制 J329 闭合，使供电总线端 15 保持有电，其他控制单元也会执行相应的功能。

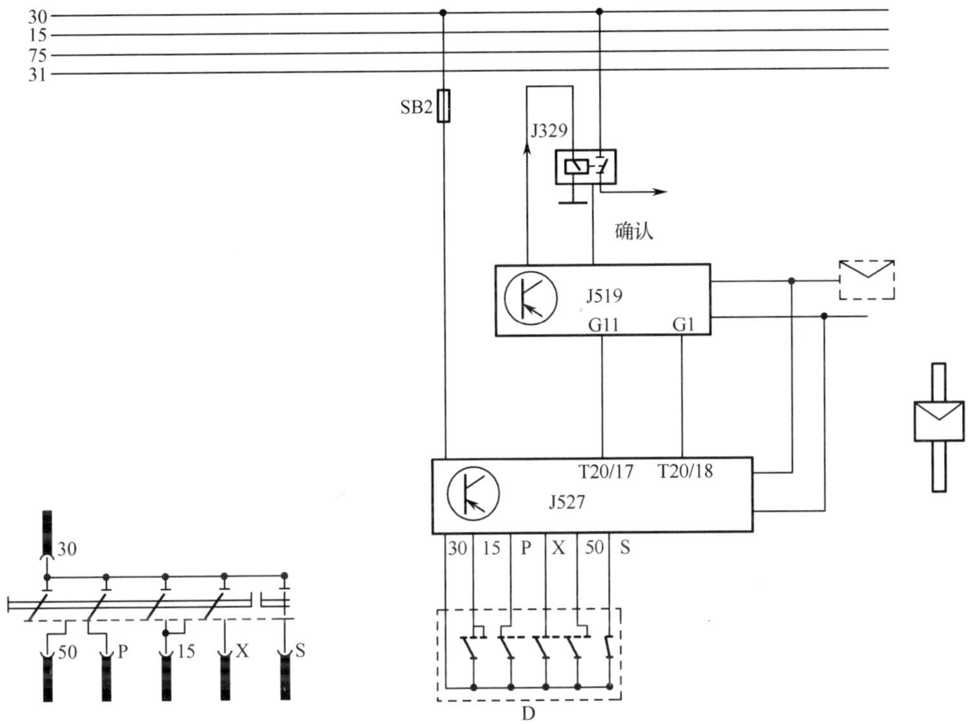

图 3-31　S 触点正电的形成（86S）

3）供电总端 75 正电的形成

如图 3-32 所示，点火开关 D 置于"ON"挡位时，D 的 X 端子向 J527 的 T12F/10 端子传输一个 12V 的控制信号，J527 对此信号进行处理，通过 CAN 数据总线向 J519 传输一条控制信息，J519 根据此条控制信息会输出一路控制电压至 J59 的线圈，此线圈产生磁力使 J59 的常开触点闭合，30 号正电经 J59 闭合的触点输出，形成 75X（X 卸荷）正电。

4）供电总端 50 正电的形成

如图 3-33 所示，点火开关 D 置于"START"挡位时，D 的 50 号端子向 J527 的 T12F/7 号端子输送一个 12V 的启动控制信号，J527 对此信号进行处理，并通过 T20D/18 号端子将这一启动信息传递给 J519 的 G1 端子；接下来，J519 会向 X 卸荷继电器 J682 的线圈输出一个控制电压，线圈产生磁力，使 J682 的常开触点闭合，30 号正电经此触点输出，形成供电总端 50 的正电。

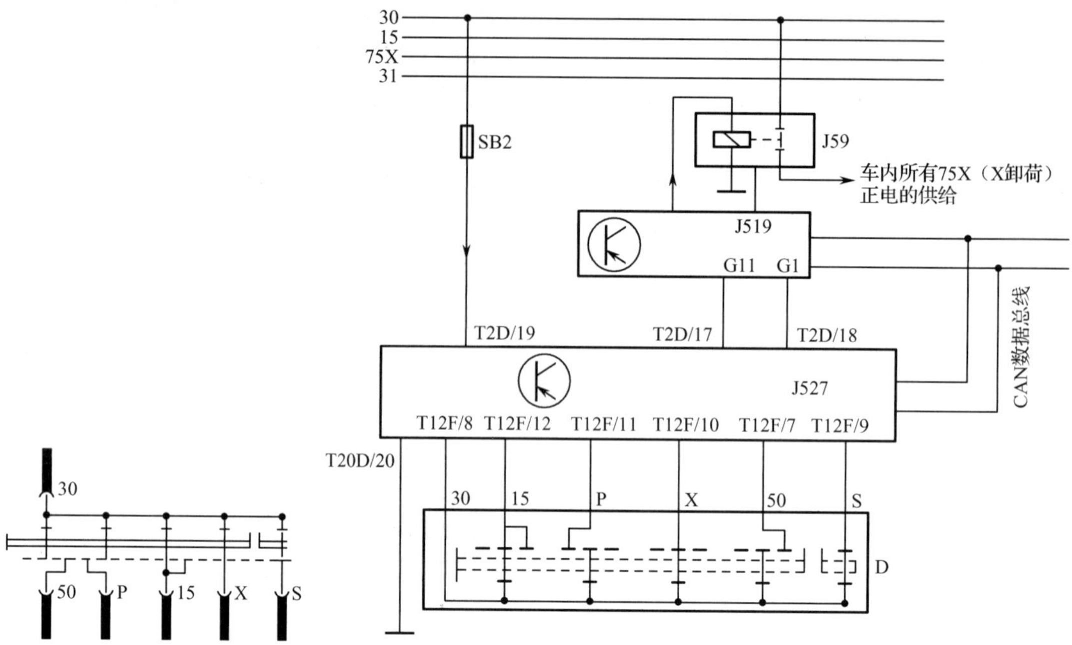

J59—X 触点卸荷继电器；J519—车载电网控制单元；J527—转向柱电子控制单元；D—点火开关

图 3-32 供电总端 75X（X 卸荷）正电的形成

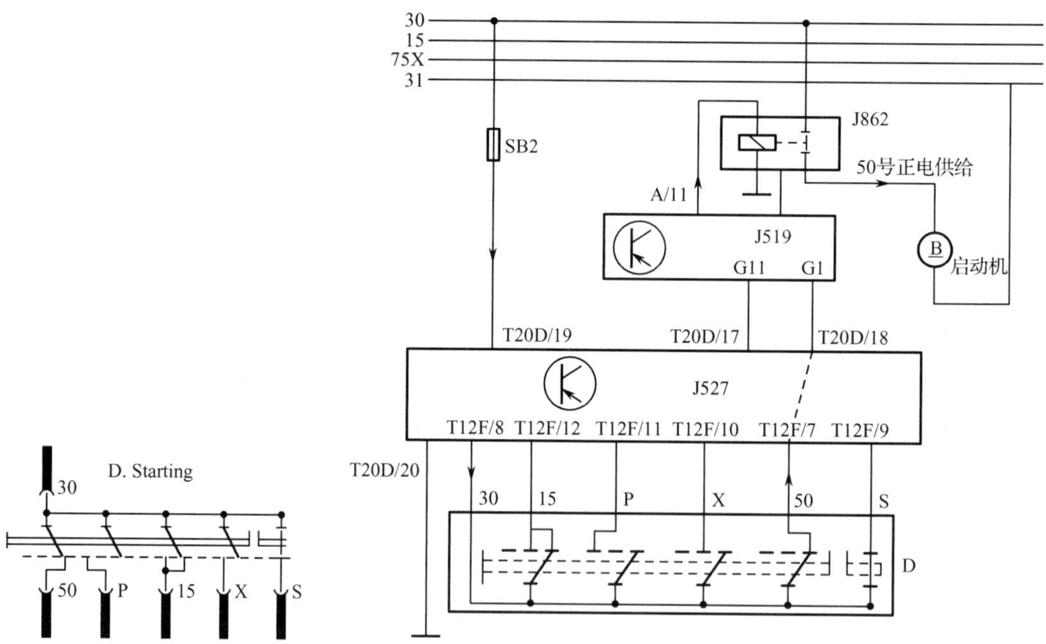

J682—50 号正电供电继电器；J519—车载电网控制单元；J527—转向柱电子控制单元；D—点火开关

图 3-33 供电总端 50 正电的形成

5）停车正电的形成（P 正电的形成）

如图 3-34 所示，当点火钥匙被拔下时，点火开关 D 中的 S 触点断开，此时 P 端子将 12V 电信号输入 J527 的 T12F/11 端子，经 J527 处理，通过 CAN 舒适便捷数据总线将 P 触点闭合的有效信息“告知”J519 和车上其他控制单元。J519 收到 P 触点闭合的信息后，会通过控制 J329 闭合一段时间，使 15 号正电总端保持一段时间有电。同时，车上其他控制单元也会利用这一信息来进行工作或改变状态：给防盗器供电，控制落锁进入防盗；给驻车灯供电；使系统由唤醒进入休眠等。

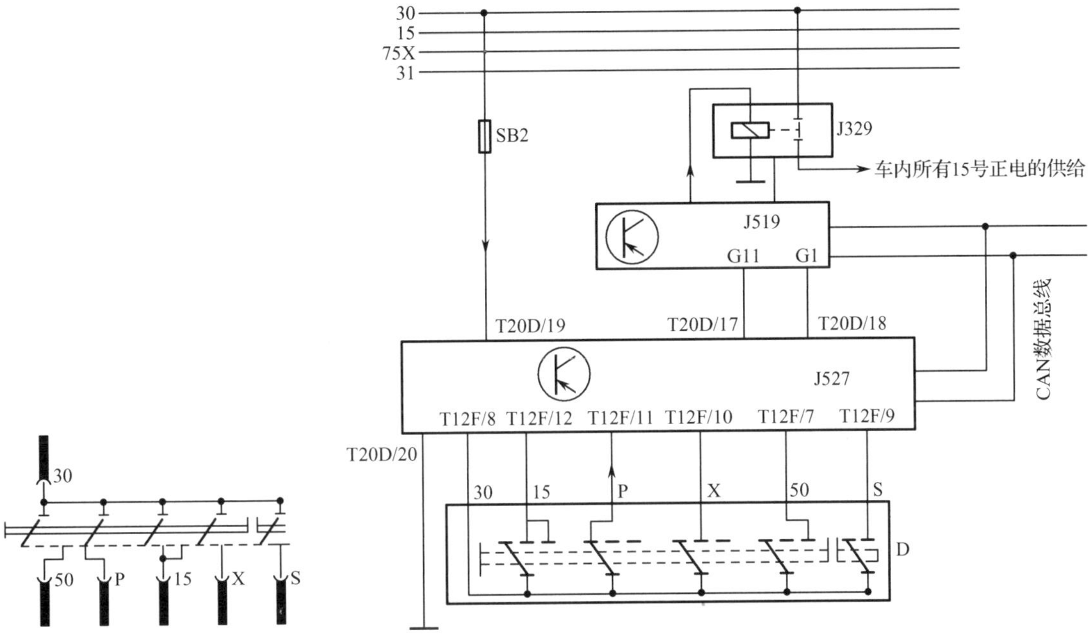

J329—15 号正电供电继电器；J519—车载电网控制单元；J527—转向柱电子控制单元；D—点火开关

图 3-34　停车正电的形成（P 正电的形成）

024 车载电网型电源电路分析

1）中央电气系统模块的结构与安装位置

该控制单元安装于仪表台左侧下部，包括控制单元和继电器支架，如图 3-35 所示。

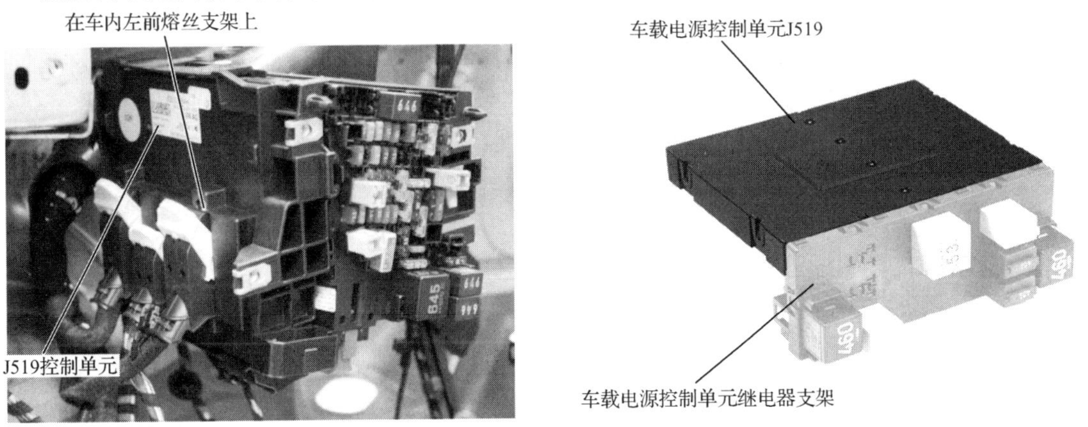

图 3-35　中央电气系统模块的结构与安装位置

按照汽车线束的配线原则，全车电器的控制中心设置在配电中心（中央配线盒）。中央电气系统模块实现了对配电中心的智能化控制。现代大众轿车用中央电气系统模块取代了中央配线盒，中央电气系统控制单元为 J519。

中央电气系统模块具有电能管理、灯光控制、燃油泵预工作、雨刷控制等多个控制系统，充分体现了总线模块的综合性和智能化。这些控制系统的众多传感器和开关信息均通过两根 CAN 总线传送到中央电气系统控制单元 J519，充分体现了网络信息共享的优势。

中央电气系统模块与传统的中央配线盒对比具有以下优势：可对用电器进行更强的控制；节省电量消耗；可实现用电器之间的电子通信；可进行电能管理；可进行程序化设置；返修便利；带有自诊断功能。

2）中央电气系统模块的组成

中央电气系统模块是全车电气系统的中心，众多的电气设备都属于中央电气系统模块，主要包括以下几个部分：

（1）控制器 J519（中央电气控制单元）。

（2）电源提供：30 正电由发电机和蓄电池直接提供，15 正电和 50 正电由 J527 提供。

（3）传感器：大灯开关 E1、倒挡开关、制动灯开关、机舱盖开关。其他传感器和开关等信息均通过 CAN 总线提供。

（4）执行单元（大多数通过继电器控制）：座椅加热元件，后窗加热元件，后视镜加热元件，方向盘加热元件，脚坑照明灯，门内把手照明灯，全自动空调耗能降低或空调关闭控制元件，信息娱乐系统关闭及关闭警示，左、右大灯，左、右尾灯，高位制动灯，室内灯，雾灯、后雾灯，转向灯，牌照灯，燃油泵（通过燃油泵继电器控制）。

（5）LIN 总线：中央电气系统模块子网络。

如图 3-36 所示，下雨时，雨滴/光强传感器信息通过 LIN 总线传递到 J519，J519 通过 LIN 总线给雨刷电机控制单元 J400 提供信息，雨刷根据控制信息工作。

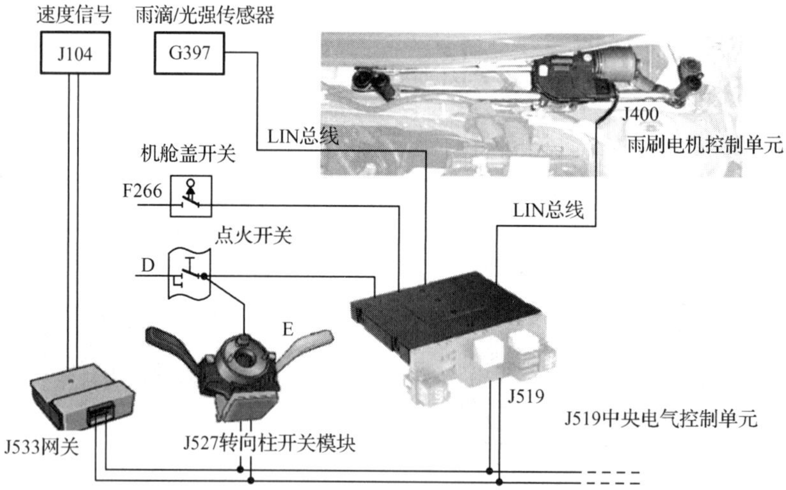

图 3-36　大众速腾雨刷控制系统

025 中央电气系统模块工作原理

1）中央电气系统模块的功能

中央电气系统模块的总线设备和控制功能非常多，管理功能包括：用电负荷管理；外部灯光的控制及灯光缺陷的检测；内部灯光的控制；后风窗加热控制（无电路）；舒适灯光控制（离家、回家功能）；转向信号控制；供电端子控制（75、15、30）；燃油泵预工作控制；照明灯的控制；发电机准备功能（励磁）；雨刷电机控制。

2）模块电能管理系统工作原理

如图 3-37 所示，大众速腾中央电气系统模块电能管理系统没有传感器，J519 通过舒适 CAN 总线获得各种有用信息，模块工作原理为电能管理系统管理策略。

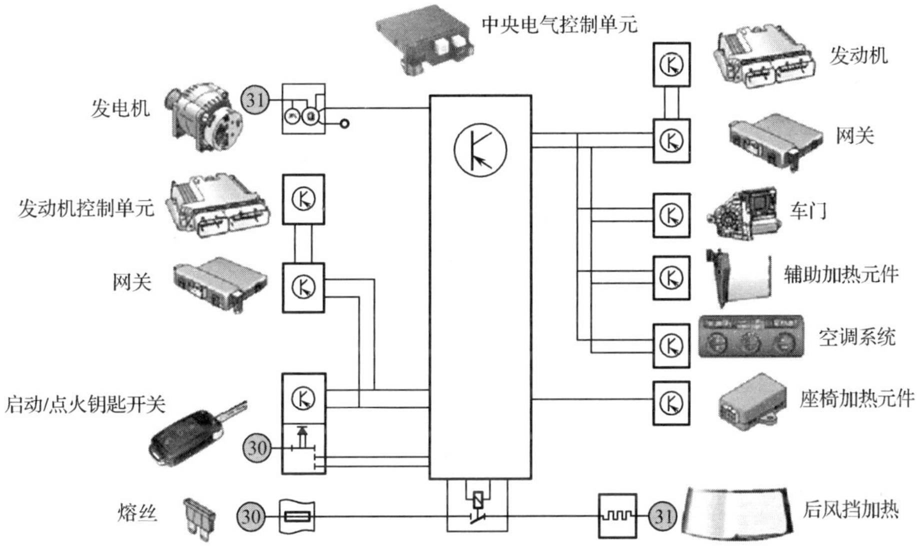

图 3-37　大众速腾中央电气系统模块电能管理系统

为了确保蓄电池有足够的电能使发动机顺利启动和正常运转，控制单元 J519 根据以下的相关数据进行评估：发动机转速、电瓶电压、发电机的 DF 信号（01-53）。根据反馈数据，在保证技术安全的前提下，控制单元适当地关闭舒适功能的用电设备。大众用电负载（电能）管理系统管理策略如表 3-2 所示。

表 3-2　大众电能管理系统管理策略

管理模式 1	管理模式 2	管理模式 3
15 号线接通并且发电机处于工作状态	15 号线接通并且发电机处于停机状态	15 号线断开并且发电机处于停机状态
如果蓄电池电压低于 12.7V，则控制单元要求发动机的怠速提升。 如果蓄电池的电压低于 12.2V，以下的用电器将被关闭： -座椅加热	如果蓄电池的电压低于 12.2V，以下的用电器将被关闭： -空调耗能降低或空调关闭 -损坏照明 -门内把手照明	如果蓄电池的电压低于 11.8V，以下的用电器将被关闭： -车内灯 -损坏照明 -门内把手照明

续表

<table>
<tr><th>管理模式 1</th><th>管理模式 2</th><th>管理模式 3</th></tr>
<tr><td rowspan="2">-后风窗加热
-后视镜加热
-方向盘加热
-损坏照明
-门内把手照明
-全自动空调耗能降低或空调关闭
-信息娱乐系统关闭并有关闭警示</td><td>-上/下车灯
-离家功能
-信息娱乐系统关闭并有关闭警示</td><td>-上/下车灯
-离家功能
-信息娱乐系统关闭 eg.radio</td></tr>
<tr><td colspan="2">备注：
（1）这三种管理模式的不同之处在于，用电器被关闭的次序不同。
（2）在第三种模式中，一些用电器将会被立即关闭。
（3）如果关闭的条件取消，用电器将会被重新激活。
（4）如果用电器因为电能管理的原因被关闭，则 J519 中有故障存储</td></tr>
</table>

3）中央电气系统模块燃油泵预工作控制系统工作原理

如图 3-38 所示，中央电气控制单元 J521 在 CAN 总线上获得车门开关信息（经车门控制单元 J386、J387、J388、J389 发送），来控制燃油泵工作（只要一个继电器工作，燃油泵就工作），J17 由发动机控制单元 J623（经 J519）控制，而 J49 由中央电气控制单元 J519 控制。

当驾驶员打开驾驶员侧车门时，车门开关工作经车门控制单元将信号转化为 CAN 信息发送到舒适 CAN 总线，中央电气控制单元 J519 收到后，控制燃油泵预工作继电器 J519，并使燃油泵工作大约 2s；如果驾驶员车门持续开启超过 30min，J519 再次控制燃油泵工作大约 2s。燃油泵预工作的目的是使油管中保持足够的压力，以便发动机顺利启动。

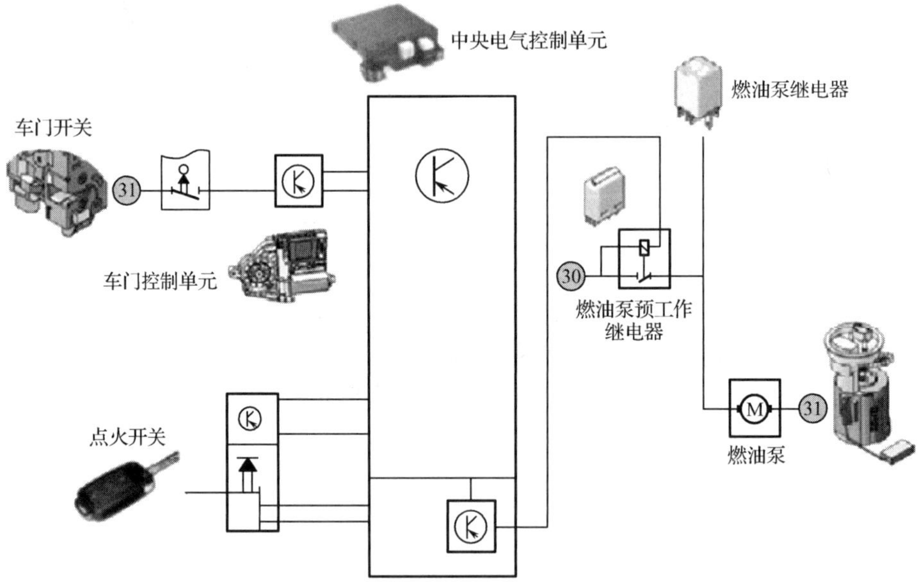

图 3-38 大众燃油泵预工作控制系统

026 汽车电控系统休眠模式

电控系统的休眠（Standby）模式，是指在发动机熄火一段时间后，整车自动进入一种用电量非常小的状态，因而也称为“低能耗模式”。

一般来说，当汽车锁上车门35s以后，或者未锁车门不进行任何操作10min以后，系统自动进入休眠状态，此时数据总线系统由运行电流150mA转为休眠电流6～8mA，给电子防盗系统供电。当网关接收到打开任一车门、发动机盖、后备厢盖或者操作遥控器的信号时，数据总线系统将结束休眠模式，系统内所有的控制单元被唤醒，唤醒电流大约为700mA。

汽车电控系统设置休眠模式的目的，一是减少在点火开关关闭以后蓄电池电能的无谓消耗，使蓄电池经常保持充足的电量；二是当CAN多路数据传输系统中某个控制单元出现故障时，不至因“寄生电流”过大而引起蓄电池亏电。电控系统休眠模式的“魔力”来源于多路数据传输系统网关（BSl、智能服务器）的软件设置，休眠模式所有的控制过程都在CAN网络内不动声色地进行着。需要说明的是，休眠模式仅存在于CAN舒适总线和信息娱乐总线，动力总线系统不具有休眠模式。

导致舒适总线和信息娱乐总线无法进入休眠状态的常见原因有以下几方面（以大众车系为例）：

①多路数据传输系统线束折断；②车载电源控制单元J519的插接器接触不良；③舒适系统控制单元J519发生故障；④车门控制单元有问题；⑤风扇控制单元失常；⑥发动机ECU主继电器等继电器工作异常（如触点粘连、非正常吸合）；⑦行李厢灯、杂物箱灯等隐蔽处的照明灯损坏或者常亮；⑧导线的绝缘损坏，引起短路。

1）大众轿车的休眠模式

（1）15正电再激活功能。15正电关闭以后，动力总线系统有些控制单元仍然需要交换数据，因此在网络内部，用30正电激活15正电，保证在断电以后数据信息能够正常地传递。再激活功能的时间为10s～15min。

（2）休眠模式、唤醒模式的监控。当网关监控到舒适和信息娱乐总线处于空闲状态时，网关发出休眠指令，进入休眠模式。此时数据总线的电压低位线为12V，高位线为0V。如果动力总线处于数据传递过程中，舒适和娱乐总线是不允许进入休眠状态的。当舒适总线处于数据传递过程中时，娱乐和信息总线也不肯进入休眠模式。当某一个信号唤醒相应的总线后，网关会激活其他的总线系统。

2）雪铁龙凯旋轿车的休眠模式

凯旋轿车的网关BSI除了起到CAN多路传输系统的指挥员和协调员的“角色”外，还控制电系的供电分配和进行电路保护。为此，在BSI中装有熔丝，这种熔丝的电能来自于蓄电池和点火开关。为了避免蓄电池因长时间库存而耗尽电能，采用SH保险保证BSI处于低电能消耗状态。在汽车下线时，BSI就设置为这个状态，被称为“库存模式”；在新车准备出售时，要将SH保险设置在“用户模式”。

凯旋轿车的网关（BSI）具有以下四种状态：

- “无效”状态：所有由BSI控制的输出装置都处于睡眠状态。
- “休眠”状态：没有来自BSM的-APC信号。
- “唤醒”状态：所有的功能被激活，尤其是CAN I/S网、CAN舒适网和CAN车身网的多路通信。
- “醒来”状态：指从BSI进入唤醒状态到BSI离开唤醒状态的这段过程。

027 电控系统休眠模式的检测

1）检测

（1）检测多路数据传输系统的电压。多路数据传输系统进入休眠模式以后，应该无电压；转入唤醒模式以后，应该为标准电压。

以宝马 730 轿车（装备 M54 发动机和 E66 底盘）为例。该车采用 CAN 总线传输数据，总线插接器里有 3 根导线，其中两根为动力总线 PT-CAN（CAN-H 和 CAN-L），另一根为唤醒总线。唤醒总线的对地电压应当是蓄电池电压，CAN-H 和 CAN-L 的对地电压分别为 2.6V 和 2.4V。如果 PT-CAN（动力总线）与唤醒总线短路，将使总线上的各模块之间无法正常传输数据，并出现多个故障及指示灯点亮现象。

（2）检测蓄电池的寄生电流。蓄电池的寄生电流一般应在 70mA 以下，如果电流过大，说明休眠模式已经失效。例如，宝马车系要求休眠模式下的寄生电流不大于 20mA。可以连接故障诊断仪，进入 Measuring System（测量系统），测量元件数值，就能够检测到蓄电池电压及休眠模式下的寄生电流等。

（3）读取数据流。以速腾轿车为例，连接故障诊断仪，进入 19-08-001，可以阅读到仪表盘唤醒线—数据总线诊断接口的状态（被动式/主动式）、舒适系统总线状态（无读数/总线空闲）、信息娱乐总线状态（无读数/总线空闲）、动力系统总线状态（无读数/总线空闲）；进入 19-08-002，可以阅读到“运输模式”是激活还是禁用。

（4）实行延时检测。考虑到驾驶员完成停车、熄火和断开电气开关需要一定的时间等情况，所以在关闭点火开关到电控系统进入休眠模式中间设置了一个滞后期。有鉴于此，休眠模式的检测应当在所有电器停用几分钟之后再进行。例如，宝马轿车在所有用电设备停用 3min 后进入一次休眠，此时启动开关处的红灯熄灭；在所有用电设备停用 16min 后进入二次休眠。如果此时启动开关处的红灯仍然点亮，说明还有用电器在耗电。

帕萨特 B5 轿车的舒适系统控制单元 J393 具备防止放电功能，如果驾驶员忘记关闭舒适系统的某些电器，J393 会自动切断其电源，计算机软件设计的断电开始时间为锁闭车门后的 2h 左右。又如，爱丽舍轿车的冷却系统有两个电子风扇，主要受水温控制盒的控制。在发动机熄火后，如果冷却液温度超过 112℃，电子风扇会低速运转，进行 6min 的延时冷却，在这段时间内也要消耗电能。

除此之外，在发动机熄火后，电控单元 ECU 需要驱动怠速步进电动机运转，使节气门回到初始位置，以利于下次启动；热线式空气流量传感器的热线在发动机熄火 5s 后被电流加热，在 1s 内升温至 1000℃，用于烧掉黏附在热线上的杂质，在此时间内也需要消耗电能。

总之，检测寄生电流应当在所有电器停用几分钟之后再进行，否则容易引起误判。

2）通过自适应学习，唤醒处于休眠状态的电器

高端车型一般装备了大量的用电器，如果有的电器长时间不使用，电能管理系统会自动关闭某些耗电量比较大的电气设备（如后备厢控制系统），使其处于休眠状态。遇到这种情况，可以连接故障诊断仪，对电控系统进行自适应学习，就能唤醒处于休眠状态的电器，使其投入工作。

一辆大众辉腾轿车，长时间停放以后，用遥控器无法打开后备厢盖。分析认为，这是由于

后备厢控制单元仍然处于“休眠”状态的缘故。此时可以对后备厢控制单元进行自适应学习，方法是：①连接 VAS6150 故障诊断仪；②进入舒适系统的地址码“46”；③选择功能“10”匹配；④输入通道号“24”，进入后备厢系统自适应界面；⑤选择“SAVE”；⑥输入重新确认数值“0”并按“ACCEPT”键，此时后备厢开关会模拟开启和关闭的全过程，并且重复执行三次。这样操作，后备厢控制单元就能被“唤醒”，后备厢就能恢复正常的开启和关闭功能。

3）车辆运输模式的启用与关闭

在商品车运输到经销商之前，为了防止蓄电池过多放电，应当尽量降低汽车的耗电量，为此需要启用运输模式，让电控系统处于休眠状态。以速腾轿车为例，在运输模式下，以下系统不工作（即功能被关闭）：收音机、遥控功能、内部监控系统、驻车加热、倾斜传感器、内部照明灯、车门上的二极管防盗指示灯等。

在汽车销售给用户之前，必须使用诊断仪器 VAS615051 关闭运输模式。即进入 19-08-002，就可以关闭运输模式。运输模式关闭以后，汽车的电能管理系统恢复正常。

如果汽车的行驶里程达到 150km，系统将自动关闭运输模式，并且此模式不能再激活。

4）网线断路引起休眠模式失效

速腾轿车停放两天后难以启动，仪表盘上没有任何指示灯报警。怀疑系统漏电，于是在静止状态下测量蓄电池的放电电流，达到 1.05A（标准值为小于 50mA）。连接故障诊断仪 VAS6150 进行检测，读到故障码“00470”，其含义是单线组合舒适系统数据总线断路。

选择故障诊断仪的“引导性查询功能”，查询 CAN 总线的数据流。在正常情况下，关闭点火开关，等待大约 1min，由于网关休眠，第 1 区（唤醒总线状态）的结果应为“被动”，第 2 区（舒适总线）、第 3 区（信息娱乐总线）、第 4 区（动力总线）都应为“CAN 总线休眠”。

但是故障车点火开关关闭 1min 后的测量结果却为：第 1 区显示为“主动”，说明 CAN 总线没有休眠；第 2 区（舒适总线）、第 3 区（信息娱乐总线）显示为空白，说明舒适总线和信息娱乐总线没有休眠；第 4 区（动力总线）显示为传输休眠，说明动力总线正常。

为了进一步判断舒适总线和信息娱乐总线没有休眠的原因，再次利用故障诊断仪的“引导性查询功能”，查看舒适总线和信息娱乐总线的数据流，结果如表 3-3 所示。

表 3-3　舒适总线和信息娱乐总线的测量值

测量项目	测量结果	正常值
CAN-网关-驾驶员侧车门	驾驶员车门 1	驾驶员车门 1
CAN-网关-乘客侧车门	乘客车门导线	乘客车门 1
CAN-网关-左后车门	左后车门 1	左后车门 1
CAN-网关-右后车门	右后车门 1	右后车门 1

从表中看出，第 2 区所示的“乘客侧车门导线”后面没有显示（若后面显示“1”，表示连接正常；后面无显示，表示连接不正常；后面显示“单线”，表示 1 根导线断路；后面显示“S”，表示休眠模式已设置），说明乘客侧车门上的舒适总线连接不正常。拆开乘客侧车门的线束检查，发现有一根网线断路。更换断路的网线后，再测量静止状态下的寄生电流，下降为 10mA。由于乘客侧车门的网线断路，导致舒适系统总线和信息娱乐系统总线无法正常休眠，使网络上的控制单元持续工作，寄生电流过大，造成蓄电池亏电，所以发动机难以启动。

第4章 启动系统

Chapter 4

028 启动机的结构

目前，常规汽车用启动机的外观结构与部件组成如图 4-1、图 4-2 所示。它具有操作简单、体积小、质量轻、安全可靠、启动迅速并可重复启动等优点，一般将这种电力启动机简称为启动机。

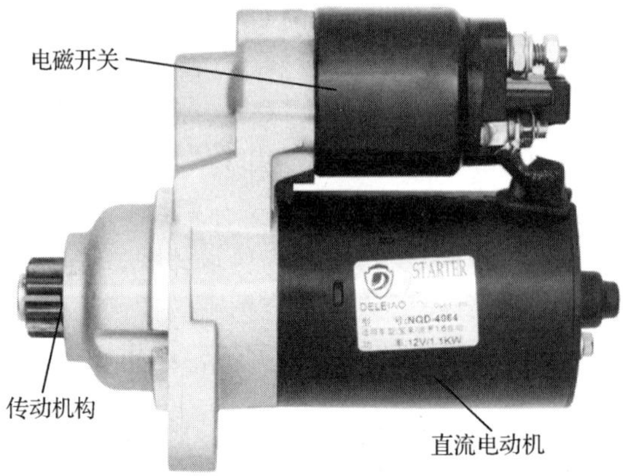

图 4-1　启动机的外观结构

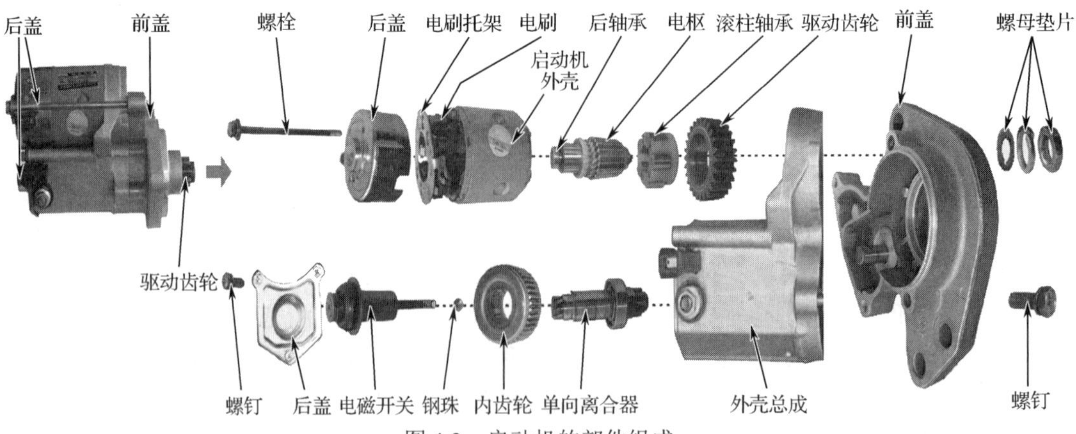

图 4-2　启动机的部件组成

029 启动机单向离合器的构造与工作过程

单向离合器是传动机构中的主要类型，有滚柱式、摩擦片式、弹簧式等几种类型，其中，最常用的是滚柱式单向离合器。

1）滚柱式单向离合器的构造

滚柱式单向离合器的构造如图 4-3、图 4-4 所示。其驱动齿轮与单向离合器制成一体（永磁式启动机花键套、拨环、单向离合器制成一体，如图 4-3 所示），内装滚柱、回位弹簧、卡簧、挡圈等部件。卡簧与花键套筒固定连接，花键套筒内侧带键槽，套在电枢轴的花键部位上，如图 4-4 所示。滚柱式单向离合器通过改变滚柱在楔槽中的位置来实现分离和接合，以实现启动机驱动发动机，而发动机不能驱动启动机的单向传递动力的作用。滚柱式单向离合器齿轮啮合稳定且磨损小，为目前汽车启动机使用最多的类型。

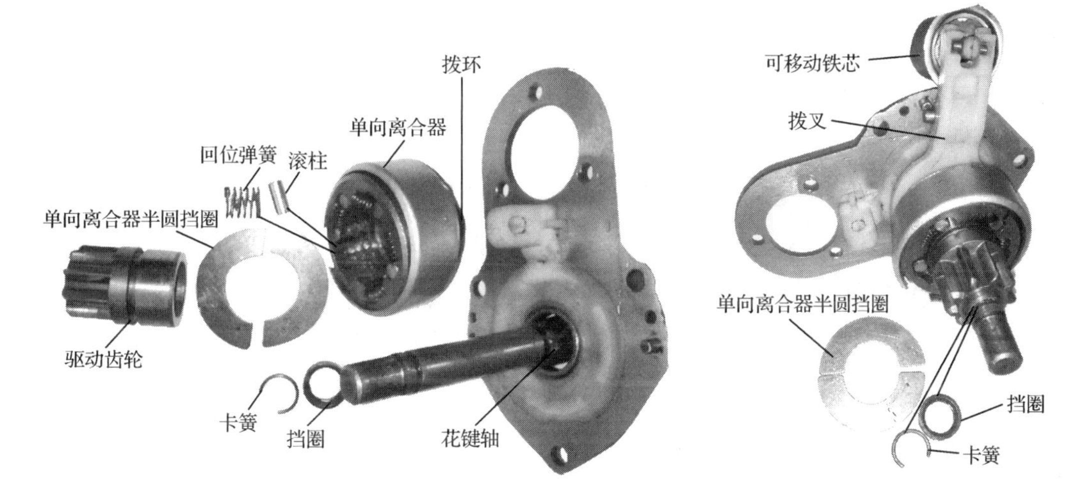

图 4-3　永磁式启动机滚柱式单向离合器的构造

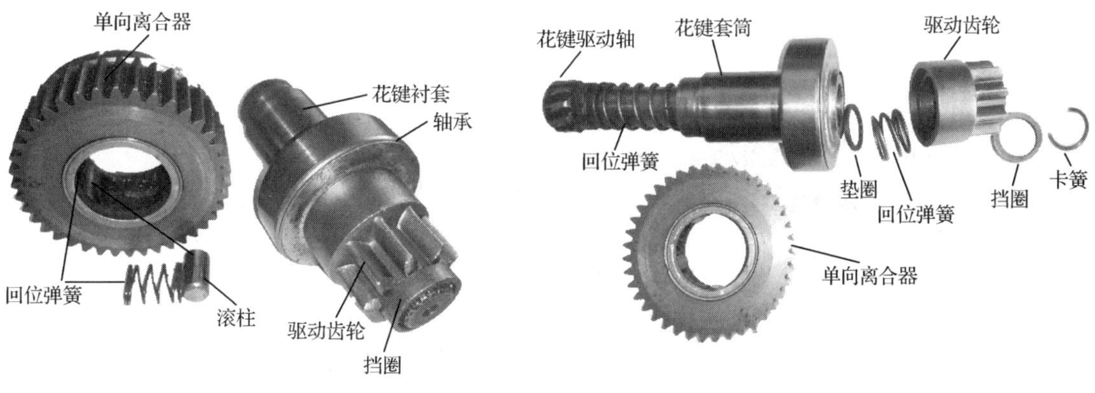

图 4-4　电磁式启动机滚柱式单向离合器的构造

2）滚柱式单向离合器的工作过程

（1）电磁式启动机滚柱式单向离合器的工作过程。滚柱式单向离合器的工作过程如图 4-5 所示。单向离合器齿轮与单向离合器的内圈制成一体为从动件，启动时动力传递顺序为电枢轴驱动齿轮→惰轮→离合器外壳齿轮→离合器内圈（滚柱在摩擦力作用下滚向楔形槽窄处与花键套筒锁止）→花键套筒→花键驱动轴→驱动齿轮→飞轮。发动机启动后，点火开关由 ST 挡旋回 ON 挡，此时，飞轮转速高于驱动齿轮转速，驱动齿轮转速高于电枢轴转速（或单向离合器的转速），驱动齿轮为主动件，单向离合器内的滚柱在摩擦力作用下克服弹簧力，移到楔形槽较宽处，驱动齿轮在离合器内打滑，只有驱动齿轮空转，动力不会传到电枢轴齿轮，齿轮啮合关系如图 4-6 所示。

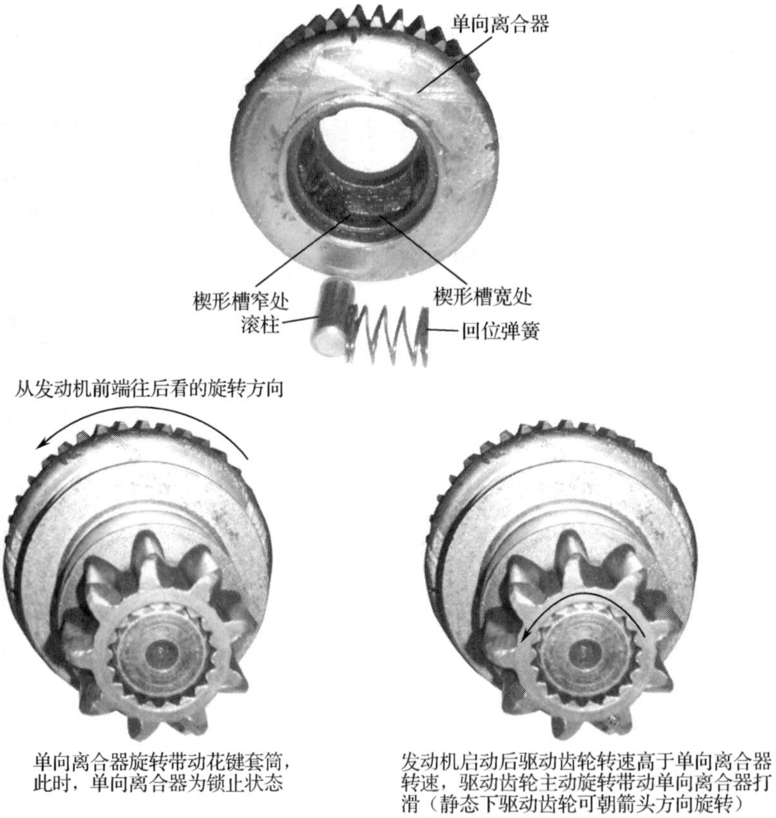

图 4-5　滚柱式单向离合器的工作过程

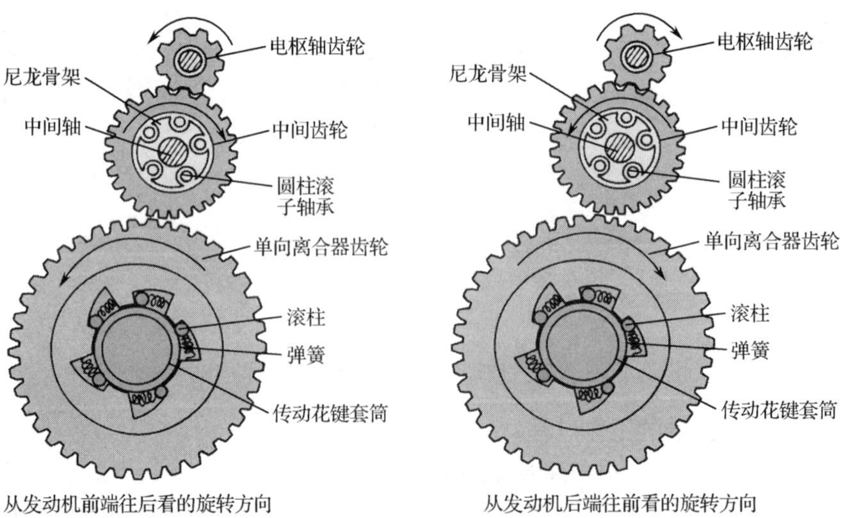

图 4-6　电磁式启动机齿轮啮合关系

（2）永磁式启动机滚柱式单向离合器的工作过程。驱动齿轮在单向离合器内逆时针旋转不动，顺时针可以转（离合器此时为自由状态），发动机启动时，电枢缓慢旋转，电磁开关推动拨叉使单向离合器和驱动齿轮与飞轮啮合。当启动机主电路接通时，电枢快速旋转，转矩经电枢轴、花键轴、传动导管与单向离合器拨环、驱动齿轮传递到发动机飞轮齿环。在内座圈与滚柱之间的摩擦力矩和弹簧力矩作用下，滚柱将外座圈与内座圈卡成一体，如图 4-7 所示。

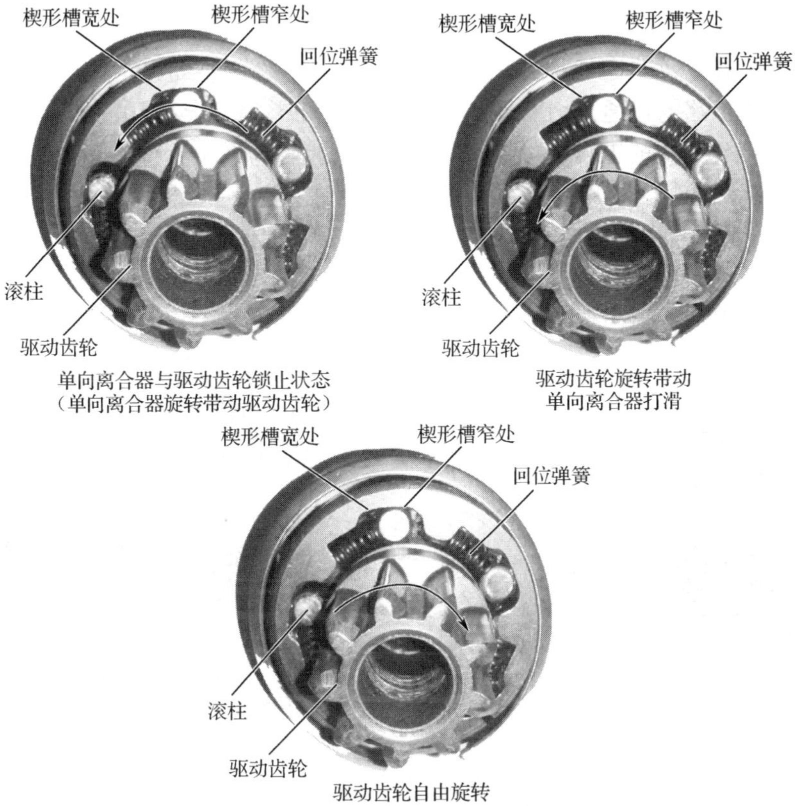

图 4-7　永磁式启动机单向离合器

当电动机驱动转矩达到或超过发动机阻力转矩时，驱动齿轮便带动发动机启动。在启动发动机时，离合器驱动齿轮为主动部件，发动机飞轮为从动部件。

启动发动机后切断动力，曲轴在活塞的作用下转为主动件，单向离合器驱动齿轮为从动部件。由于飞轮齿环与驱动齿轮之间的传动比较大，因此发动机一旦被启动，飞轮就会带动驱动齿轮高速旋转。由于驱动齿轮转速远高于电枢轴的转速，因此内座圈与滚柱之间的摩擦力矩便使滚柱克服弹簧力矩滚向楔形槽较宽的一侧，滚柱将在内、外圈之间打滑，发动机动力不会传递给电枢轴，即动力联系被切断。启动后，由于拨叉回位弹簧的作用使离合器退回，驱动齿轮退回。回位弹簧具有缓冲驱动齿轮和飞轮间的冲击、保护驱动齿轮的作用。

030 启动机控制装置

1）控制原则

为了充分发挥启动机和蓄电池的性能，启动机控制装置应遵循如下基本原则：

（1）“先啮合后接通”原则。即首先使驱动齿轮进入啮合，然后使主开关接通，以免驱动齿轮在高速旋转过程中啮合，引起打齿并且啮合困难。

（2）“高启动转速”原则。即启动机控制装置应尽量减少甚至不消耗蓄电池电能，以便使蓄电池的电能尽可能多地用于启动电机，提高启动转速。

（3）切断主电路后，驱动齿轮能迅速脱离与飞轮的啮合。

2）电磁控制装置

电磁控制装置在启动机上被称为电磁开关，其作用是控制驱动齿轮与飞轮齿圈的啮合与分离，并控制电动机电路的接通与切断。在现代汽车上，启动机均采用电磁式控制电路。电磁式控制装置是利用电磁开关的电磁力操纵拨叉，使驱动齿轮与飞轮啮合或分离的。它主要由吸引线圈、保持线圈、回位弹簧、可动铁芯、接触片等组成，其中，端子 C 接点火开关，通过点火开关再接电源，端子 30 直接接电源。其结构如图 4-8 所示。

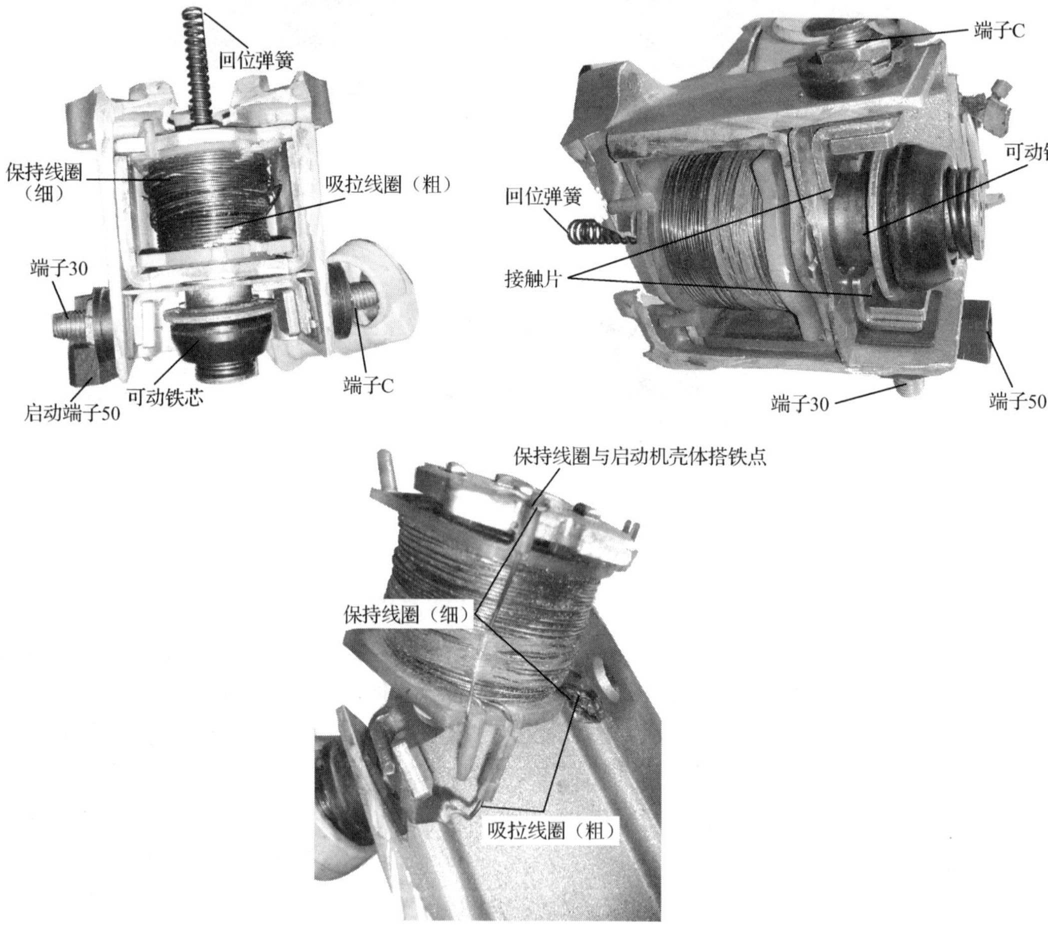

图 4-8　电磁开关的结构

3）工作原理

（1）当点火开关转到“ST”时。如图 4-9 所示，启动发动机，当点火开关转到“ST”时，蓄电池电流由点火开关+B 端子经点火开关到启动机电磁开关的 ST 端子。电流分两路，一路经较细的保持线圈（又称并联线圈）到外壳搭铁产生吸力；另一路经较粗的吸拉线圈（又称串联线圈），经电磁线圈的端子 C 及启动机磁场线圈与电枢线圈搭铁，使启动机能缓慢旋转，并产生强大的电磁吸力。

（2）主开关接通时。如图 4-10 所示，保持线圈与吸拉线圈的电流方向相同，磁力线相加，产生的强吸力将可动铁芯吸引到线圈中，可动铁芯的移动使拨叉将驱动小齿轮拨向飞轮。因启动机电枢缓慢转动，故轮齿相碰时能很快滑开而使齿轮很容易啮合，齿轮啮合后，电枢因电流小、转矩小，故停止转动。当驱动小齿轮与飞轮啮合完成后，可动铁芯将电磁开关+B 及 C 两个端子接通，大工作电流由蓄电池经电缆线直接通入启动机，使启动机产生强大转矩启动发动机。此时吸拉线圈两端电压相同而短路，无电流进入；保持线圈仍有电流。

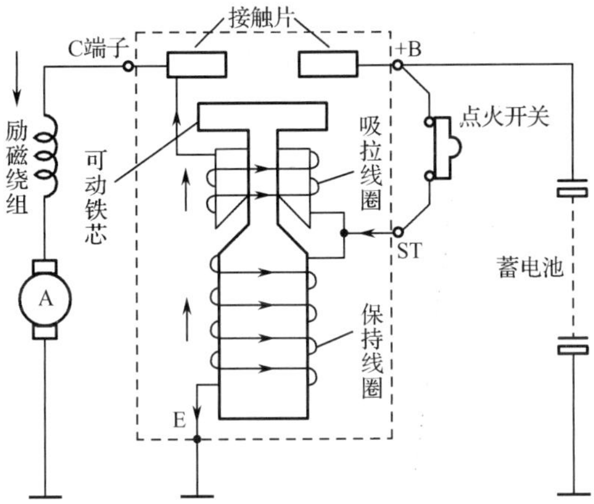

图 4-9　启动开关接通时的工作原理

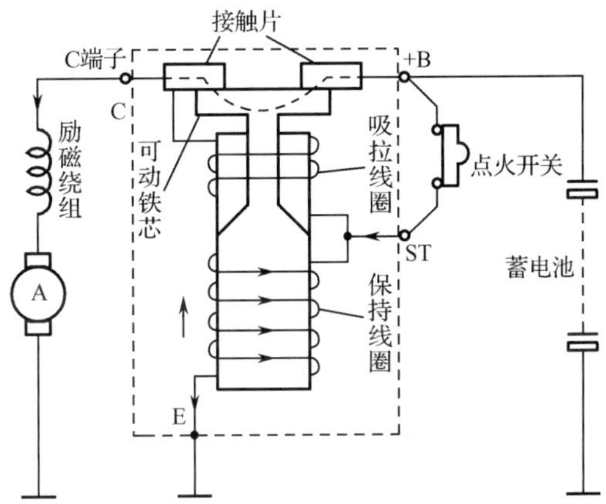

图 4-10　启动机主开关接通时的工作原理

发动机启动后，若点火开关仍在“ST”位置，驱动小齿轮仍与飞轮啮合，飞轮带动小齿轮超越离合器电枢高速空转。

（3）点火开关回位到“ON”时。发动机启动后，松开点火开关，则点火开关自动由“ST”回到“ON”，此时“ST”的电流切断。因电磁开关+B、C 端子已闭合，故电流改由+B 端子经 C 端子流入吸拉线圈，通过保持线圈后搭铁，此时吸拉线圈的电流方向与原来方向相反，而保持线圈的电流方向仍不变，因此吸拉与保持两线圈的电流方向相反，产生的磁力互相抵消，如图 4-11 所示。电磁开关的磁力消失后，弹簧将可动铁芯推出，拨叉将驱动小齿轮拨回到原来位置。

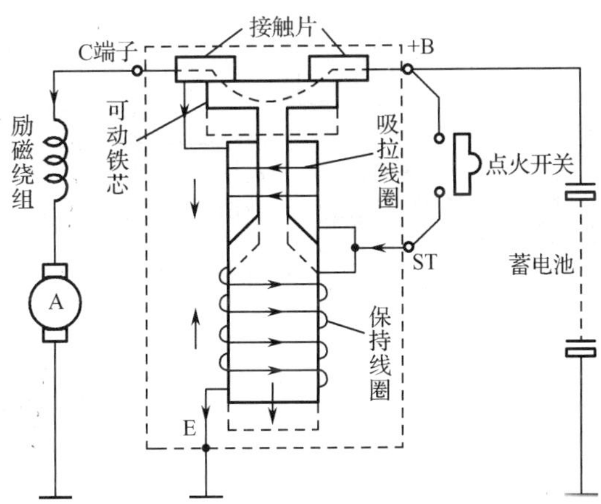

图 4-11　点火开关回位到“ON”时的工作原理

4）控制装置及工作过程

以轿车中平行轴式减速启动机为例，如图 4-12 所示，控制装置的结构同传统电磁控制装置大致相同，不同之处在于可动铁芯的左端固装的挺杆，经钢球推动驱动齿轮轴，可动铁芯右端绝缘地固装着接触片。启动机不工作时，接触片与触点分开，驱动齿轮与飞轮分离。

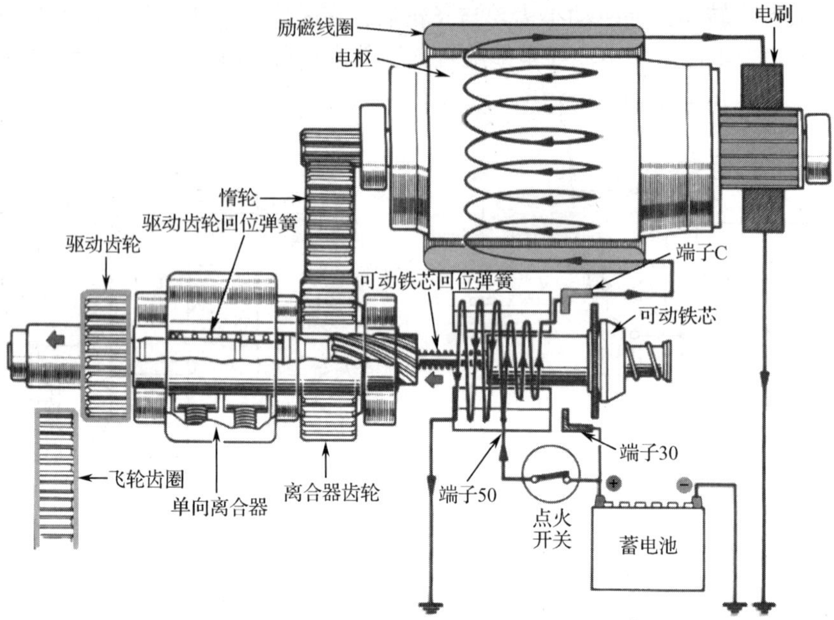

图 4-12　外啮合式减速启动机的结构及电路图

控制装置工作过程如下：

接通启动开关，吸拉线圈和保持线圈通电，此时的电流流向为：蓄电池→点火开关→端子 50→保持线圈→搭铁；蓄电池→点火开关→端子 50→吸拉线圈→端子 C 励磁线圈→电枢绕组→搭铁。此时电动机低速运转，如图 4-13 所示（从发动机后端往前看时的旋转方向）。

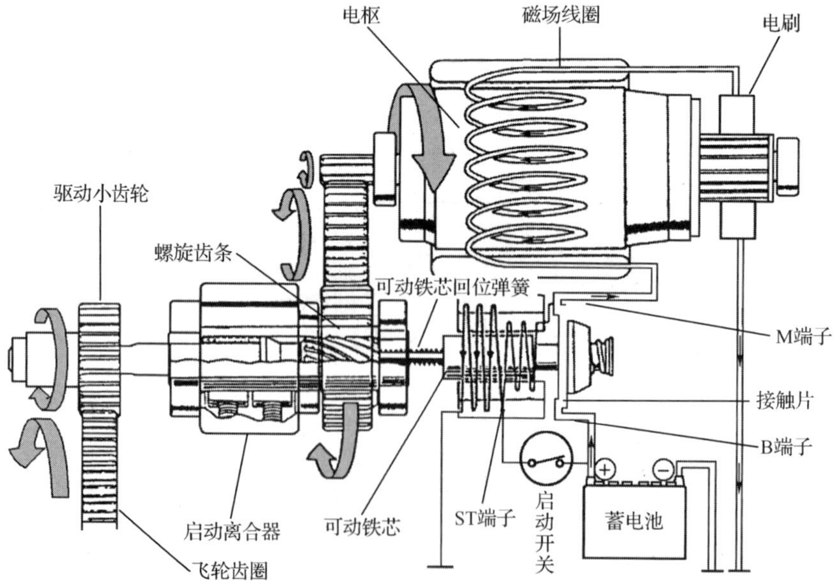

图 4-13　驱动齿轮和齿圈啮合过程

如图 4-14 所示，吸拉线圈和保持线圈的电磁力吸引可动铁芯左移，推动驱动齿轮轴迫使驱动齿轮与飞轮啮合，该动作过程称为直动齿轮式。驱动齿轮与飞轮齿圈进入啮合后，接触片和触点接触，此时电流的方向为：蓄电池→点火开关→端子 50→保持线圈→搭铁。

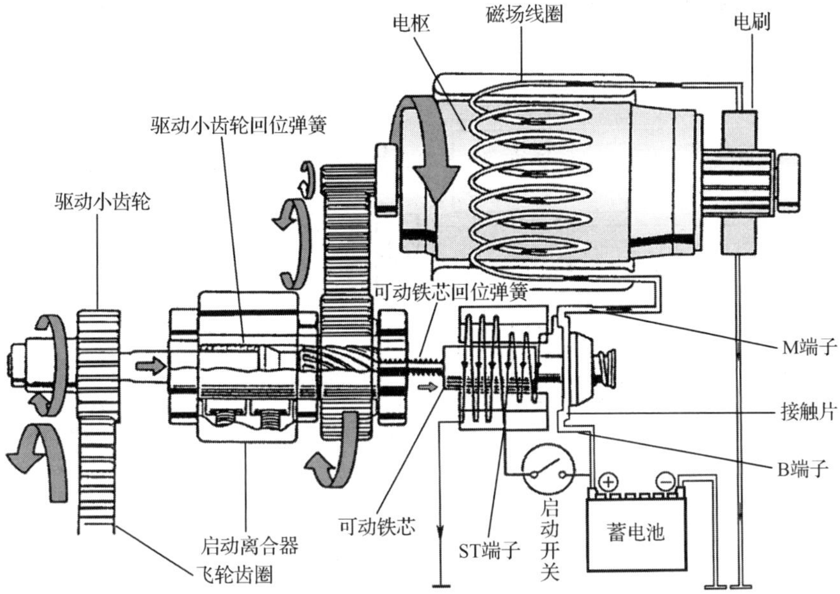

图 4-14　驱动齿轮和齿圈脱离

这样保持线圈产生的磁场使可动铁芯保持在原位。同时，电流还流经励磁线圈，电路为：蓄电池“+”→端子 30→接触片→端子 C→励磁线圈→电枢绕组→搭铁。这样电枢电路接通并开始旋转。电枢轴产生的力矩经电枢轴齿轮→惰轮→减速齿轮→滚柱式单向离合器→驱动齿轮轴→驱动齿轮→飞轮齿圈，带动曲轴旋转，使发动机启动。

发动机启动后，放松启动开关，点火开关回到“点火”挡。吸拉线圈和保持线圈断电，铁芯在回位弹簧张力的作用下回位，接触片与触点分离，电枢停止转动。同时，驱动齿轮轴在回位弹簧的作用下回位，拖动驱动齿轮与飞轮分离，恢复到初始状态。

031 新款卡罗拉启动电路分析

一旦按下发动机开关，如果踩下制动踏板，则该功能将使启动机持续工作直到发动机启动，这样可防止启动失败和发动机启动后启动机转动。发动机控制单元监测来自主车身控制单元的启动信号时，此系统监控发动机转速信号，并使启动机持续工作直到判定发动机已经启动。此外，如果发动机控制单元判定发动机已经启动，则即使检测到来自主车身控制单元的启动信号，此系统也不会使启动机工作。如果由于施加到发动机控制单元的信号功率过低，启动机继电器信号无法输出，则主车身控制单元将代替输出启动机继电器信号，以帮助激活启动机总成，其控制电路如图 4-15 所示。

在装备手动变速器的车辆上设有离合器启动系统，其控制电路如图 4-16 所示。离合器启动系统的作用是防止驾驶者操作启动机，除非踩下离合器踏板，以防止发动机在变速器有挡的状态下启动。

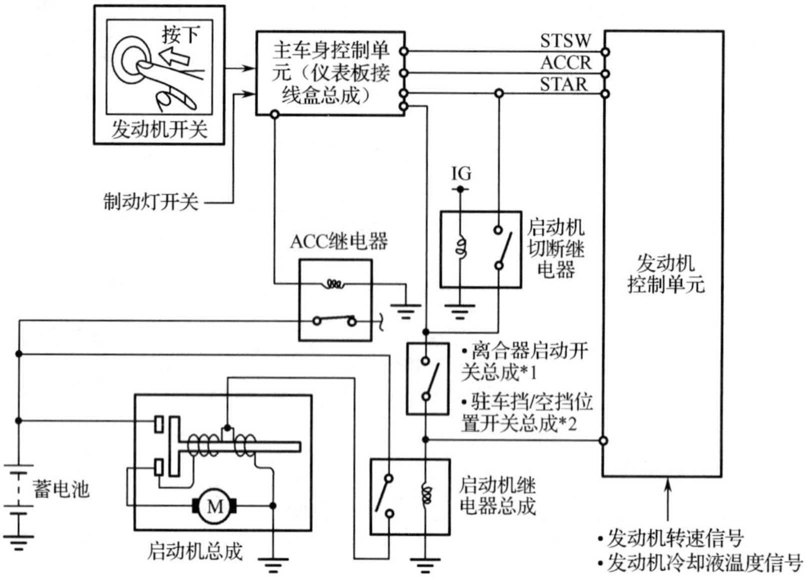

*1：带手动传动桥的车型
*2：带无级传动桥的车型

图 4-15　自动挡启动系统控制电路

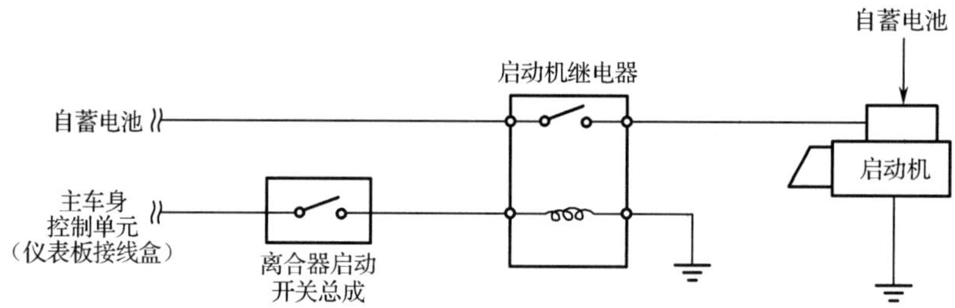

图 4-16　手动挡离合器启动系统控制电路

032 大众新款捷达启动电路分析

1）手动挡启动电路

搭载手动变速器和自动变速器的启动控制电路有所不同，如图 4-17～图 4-19 所示为手动变速器的启动控制电路。

蓄电池→SA2 110A→点火开关 30（打开点火启动挡）→点火开关 T7/3 端子→启动机 50 号端子→启动机的吸拉和保持线圈→启动机壳体搭铁（启动机电磁开关吸合）。

蓄电池正极→启动机 30→启动机线圈→壳体搭铁（启动机工作）。

2）自动挡启动电路

车载电网控制单元 J5I9 的 T73/55 号端子供电→J682 的 2 号端子→继电器线圈端子 1 搭铁。当车载电网控制单元检测到点火开关在启动挡，变速器为 P 位或 N 位等信号后，T73/55 号端子供给正电，继电器触点闭合。

车载电网控制单元 J519 端子 T73b/50 供电→J682 继电器触点 3→启动机 50 号端子（启动

机工作）。

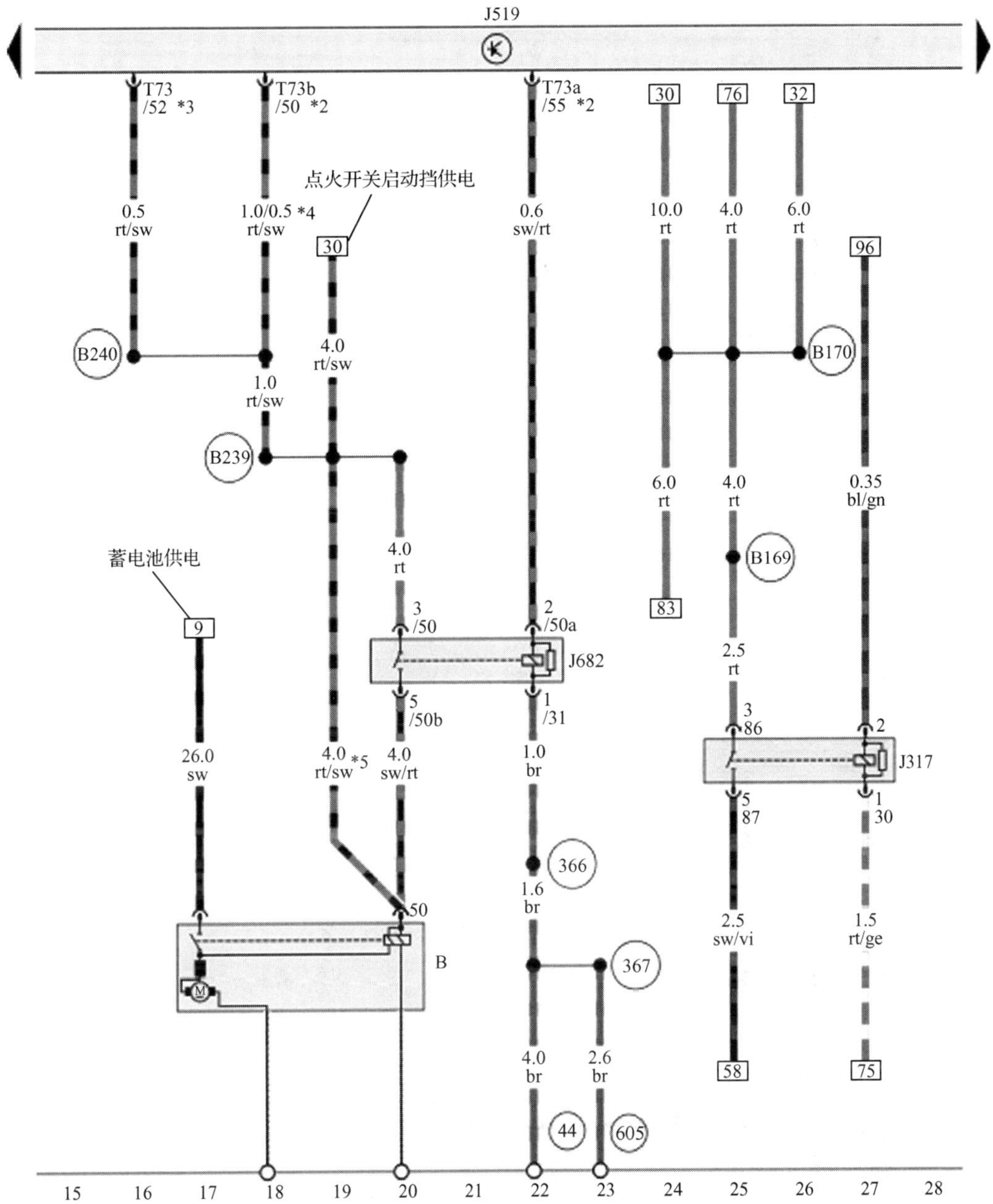

B—启动马达；J317—端子 30 供电继电器；J519—车载电网控制单元；J682—供电继电器，总线端 50；T73—73 芯插头连接；T73a—73 芯插头连接；T73b—73 芯插头连接；44—接地点，左侧 A 柱下部；366—接地连接 1，在主导线束中；367—接地连接 2，在主导线束中；367—接地点，在上部转向柱上；605—正极连接 1（30），在车内导线束中；B169—正极连接 2（30），在车内导线束中；B239—正极连接 1（50），在车内导线束中；B240—正极连接 2（50），在车内导线束中；*—仅适用于带自动变速箱的车辆；*2—仅适用于带高端基本装备（AW1）的车辆；*3—仅适用于带低端基本装备（AW0）的车辆；*4—仅适用于带手动变速箱的车辆

图 4-17　启动机、端子 30 供电继电器、车载电网控制单元、供电继电器及总线端 50

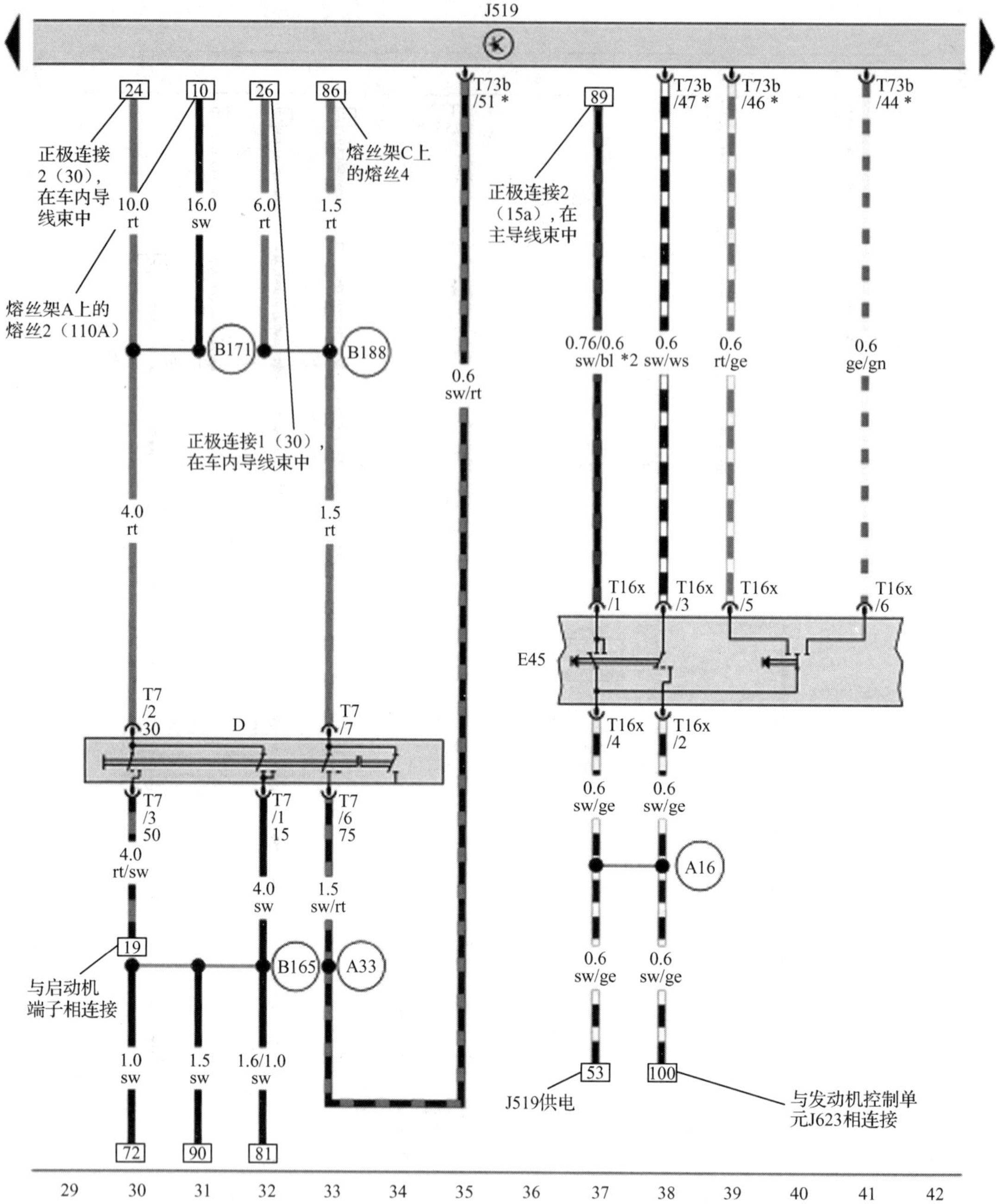

D—点火启动开关；E45—定速巡航装置开关；J519—车载电网控制单元；T7—7 芯插头连接；T16x—16 芯插头连接；T73b—73 芯插头连接；A16—连接（巡航定速装置），在仪表板导线束中；A33—连接（75），在仪表板导线束中；B165—正极连接 2（15），在车内导线束中；B171—正极连接 3（30），在车内导线束中；B188—正极连接 5（30），在车内导线束中；*—仅适用于带高端基本装备（AW1）的车辆

图 4-18　点火启动开关、定速巡航装置开关及车载电网控制单元

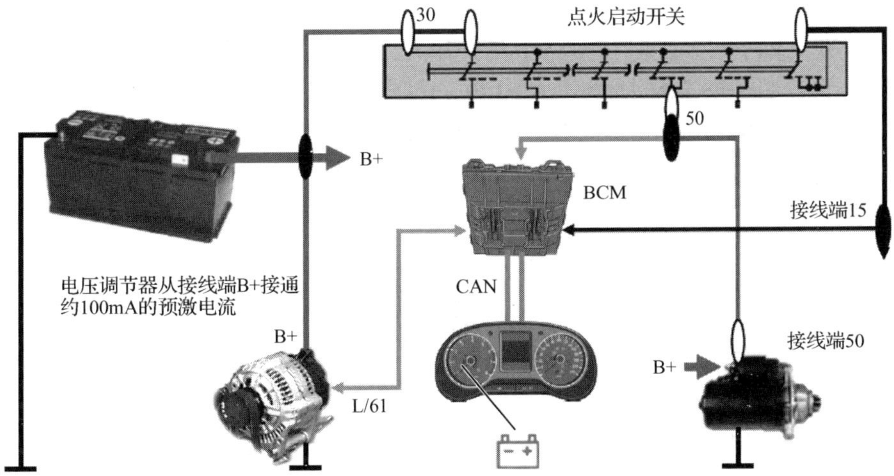

图 4-19　启动电路走向

033 新款帕萨特启动电路分析

如图 4-20、图 4-21 所示，帕萨特车启动机由车身控制单元 J519 通过启动继电器控制，而车载电网控制单元 J519 要控制启动继电器 J682 工作，需要满足两个条件：一是接收到来自转

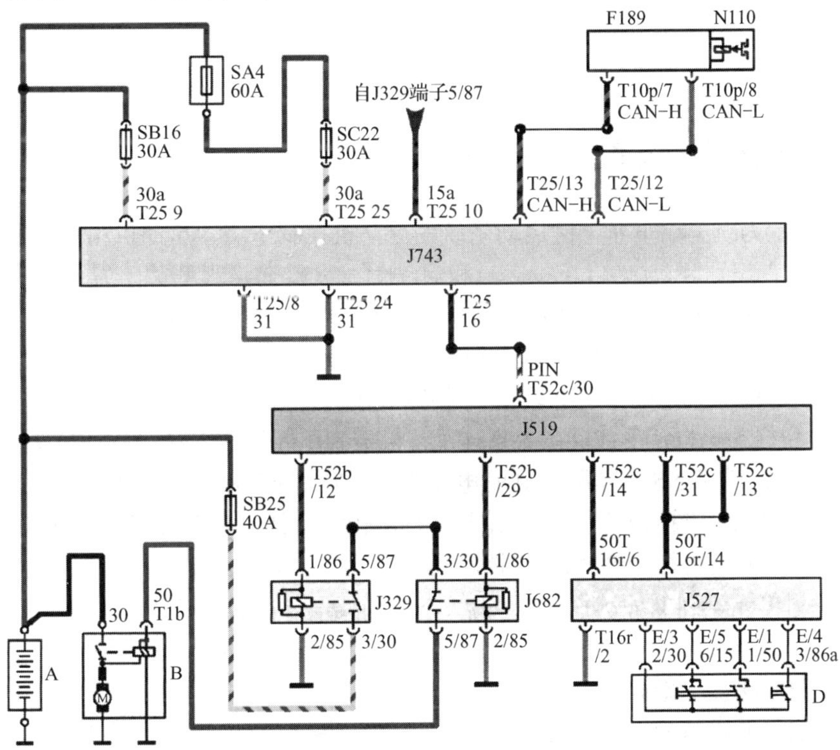

A—蓄电池；B—启动机；D—点火开关；F189—挡位开关；J329—总线端 15 供电继电器；J519—车载电网控制单元；J527—转向柱控制单元；J682—启动继电器；J743—双离合变速器机电单元；N110—换挡杆锁电磁阀

图 4-20　帕萨特车启动机控制电路

向柱控制单元（J527）的启动信号；二是接收到来自双离合变速器机电单元 J743 的 P/N 挡位信号。将点火开关置于启动挡时，一路由点火开关将启动信号传递给 J527，再由 J527 将启动信号传递给 J519；另一路 P/N 挡位开关 F189 通过驱动 CAN 将挡位信号传递至双离合变速器机电单元 J743，如果换挡杆处于 P 挡或 N 挡，J743 通过信号线将 P/N 挡位信号（搭铁信号）传递至车载电网控制单元 J519；车载电网控制单元 J519 接收到启动信号和 P/N 挡位信号后控制启动继电器 J682 工作，启动机运转。

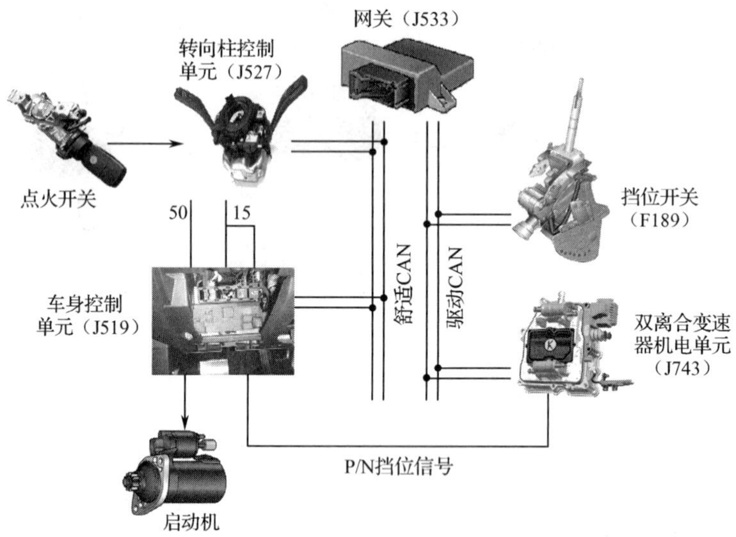

图 4-21 帕萨特车启动机控制原理

034 凯美瑞车非一键启动系统

图 4-22 所示为凯美瑞车非一键启动系统的启动机控制电路，启动机由点火开关控制，发动机控制单元负责识别驻车/空挡开关信号和启动信号。接通点火开关，发动机控制单元通过端子 NSW 输出 12V 电压，若换挡杆处于 P 挡和 N 挡以外的挡位，驻车/空挡开关断开，发动机控制单元端子 NSW 上的电压为 12V，发动机控制单元依此判定换挡杆位于 P 挡和 N 挡以外的挡位；若换挡杆位于 P 挡或 N 挡，驻车/空挡开关闭合，发动机控制单元端子 NSW、短接器、驻车/空挡开关和启动继电器形成回路，此时发动机控制单元端子 NSW 内部串联的电阻产生压降，发动机控制单元端子 NSW 实际得到的电压小于 2.7V，即启动继电器得到的供电小于 2.7V，发动机控制单元依此判定换挡杆位于 P 挡或 N 挡。由此可知，发动机控制单元通过端子 NSW 上的电压识别换挡杆是否位于 P 挡或 N 挡。

发动机控制单元识别的驻车/空挡开关状态通过发动机数据流中的“Neutral Position SW Signal”（空挡位置开关信号）显示，正常情况下，接通点火开关，当换挡杆位于 P 挡或 N 挡时，该项数据为“ON”，否则为“OFF”。

当换挡杆位于 P 挡或 N 挡时，将点火开关旋至启动挡（点火开关端子 AM1 与端子 ST1 接通），发动机控制单元端子 NSW 得到 12V 电压，“Neutral Position SW Signal”为 OFF；发动机控制单元端子 STA 也得到 12V 电压，“Starter Signal”（启动信号）为“ON”，启动继电器也得到 12V 电压，启动继电器吸合，启动机工作。由此可知，发动机控制单元通过端子 STA 监测启动继电器电磁线圈的供电，以判断启动机的工作情况。当发动机控制单元端子 STA 上的电压为 12V 时，发动机控制单元便认为启动机工作了。

由上述分析可知，发动机控制单元通过端子 NSW 监测驻车/空挡开关状态，通过端子 STA 监测启动信号，“Starter Signal”数据只有在启动的过程中才为“ON”，其他时间均为“OFF”；“Neutral Position SW Signal”数据在接通点火开关时为“ON”，在启动的过程中为“OFF”，启动结束后又为“ON”。

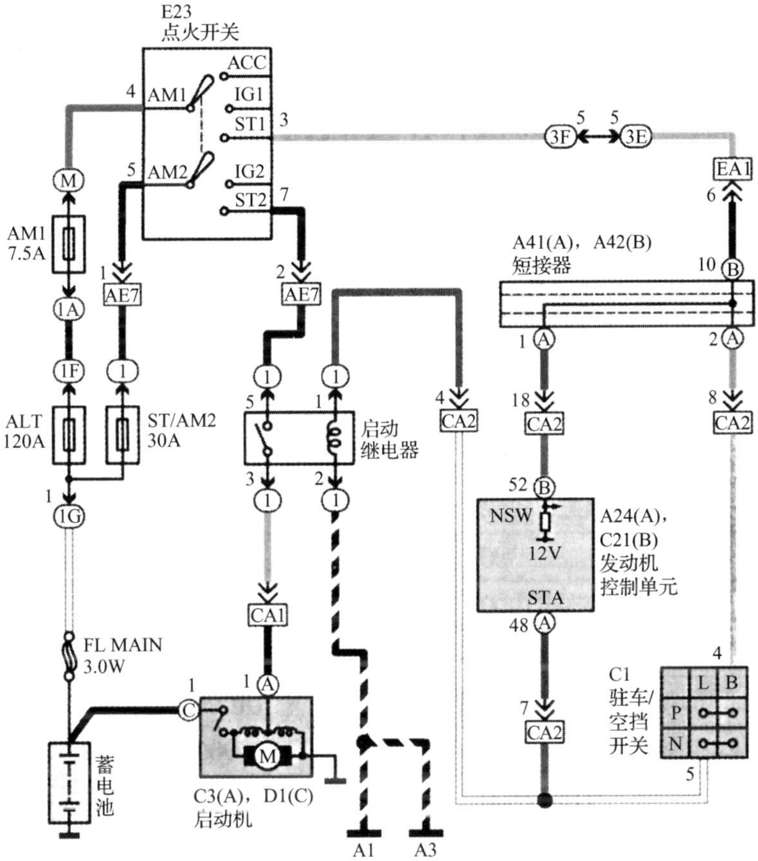

图 4-22 凯美瑞车非一键启动系统的启动机控制电路

035 途观启动电路分析

途观启动电路如图 4-23 所示。

KL15 电源的形成：J527 投入工作后，D/8 为 KL30 常电端子，点火开关为“ON”时，J527 的 D/8 端子→D 的 2/30 端子→开关内部闭合的触点→D 的 6/15 端子→J527 的 D/12 端子，J527 识别后其 T20a/17 端子输出 12V 电压加在 J519 的 T52c/13 和 T52c/31 端子上，J519 据此令 T52b/12 端子输出电流→总线端 KL15 继电器 J329（643 号）的电磁线圈→搭铁点 602，继电器常开触点闭合，KL30 电源→熔丝 SB740A→J329 已闭合的触点→向所有需要 KL15 电源的用电器供电。

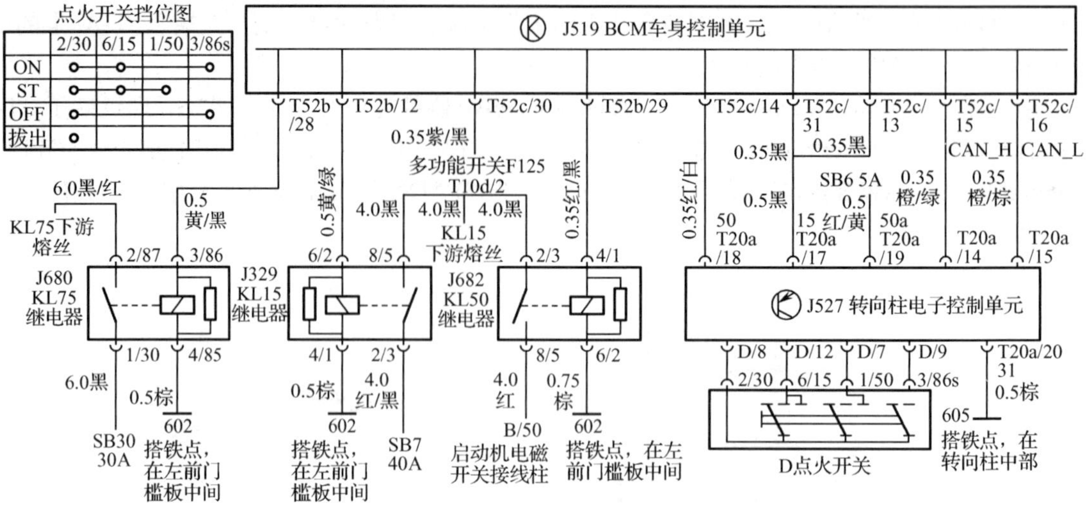

图 4-23 途观启动电路

J519 接收的 D/15 开关位置信号，通过 J519 数据块 62 组的测量值显示出来，如表 4-1 所示。

表 4-1 J519 数据块 62 组的测量值定义（接线柱 15）

62 组测量值区域	1 区	2 区	3 区	4 区
测量值定义	输入	CAN 输入	空	CAN 输出

自动变速器空挡信号由多功能开关 F125 提供，空挡时，F125 的 T10d/2 端子处于低电位（对手动挡车型而言，J519 的 T52c/30 端子直接搭铁）。当 J519 因其 T52c/30 端子上的电位被拉低至搭铁时，则认定自动变速器处于 P/N 挡。D/50 信号电路的走向是：D/50 信号→J527 的 T20a/18 端子输出→J519 的 T52c/14 端子，此时若 J519 确认满足 D/50 信号输入与自动变速器处于 P/N 挡两个条件，则令 T52b/29 端子输出 12V 电压，总线端 KL50 继电器 J682（643 号）得电，J682 继电器触点闭合，电流经 SB7→J329→J682→启动机 B/50 端子，对启动机 B 供电。

手动挡车型取决于离合器位置传感器 G476 的信号，只有在踩下离合器踏板后，启动机的接通才有可能。

036 迈腾一键启动工作原理

一汽大众新迈腾（B7L 车型）装配接线端控制单元，它一方面充当车载电网控制单元与电子点火锁操作元件之间的连接件，用于进行接线端控制；另一方面它还用于模拟新增的点火启动按键的接线端。接线端控制单元仅与 KESSY（无钥匙进入功能）配套安装实现一键启动功能。该系统的相关组成部件有：接线端控制单元 J942、车载电网控制单元 J519、舒适控制单元 J393（与防盗控制单元 J362 能集成于一体）、发动机控制单元 J623、进入及启动许可天线、点火钥匙、点火开关 E415、点火启动按键 E378、网关 J533 等，电路如图 4-24 所示。

驾驶员可通过点火开关或点火启动按键操纵车辆功能。接线端 S、接线端 15 和点火开关的接线端 50 会在接线端控制单元 J942 中被接通。接线端 S 和接线端 15 由接线端控制单元 J942 根据点火启动按键的请求以电子方式产生，在收到请求时产生持续信号。而此车型的一键启动功能正是建立在第四代防盗器基础之上的，当按下启动按键时，首先进行防盗验证，此种验证是舒适控制单元 J393 通过进入/启动认可系统天线识别点火钥匙并判断其是否合法，如果判断其是合法钥匙，舒适控制单元 J393 将发出唤醒信号由串行接口传输到转向柱锁止控制单元 J764 中，使其内部的开关接通，向接线端控制单元 P42 供电，与此同时 J519 接通 15 号供电，仪表指示灯点亮。自动启动时，接线端 50 的请求相当于由接线端控制单元送到发动机控制单元的 200ms 的矩形脉冲，与点火启动按键的操纵时间无关。如果发动机控制单元 J623 接收到关于边界条件的信息，如自动变速器车型上的 P/N 信号（换挡杆位于 P 挡或 N 挡）和制动信号，发动机控制单元 J623 就会接通其两个启动继电器。在手动变速器车辆上，离合器操纵装置（联锁）的信号被视为输入前提。

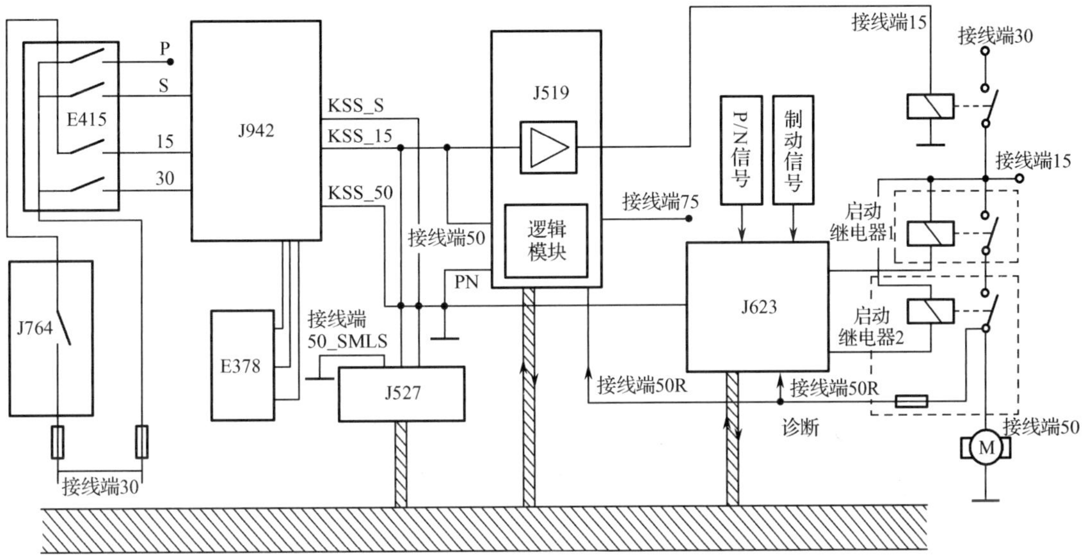

图 4-24　一键启动系统工作原理图

如果 J942 在连续工作过程中失灵，则作为紧急运行，它将继续为接线端 15 供电，直到识别到车速为 0km/h 为止。然后断开点火开关，并将硬件和软件都切换到紧急运行状态（J942 内部），这表示来自点火开关的接线端将被连接，进而使车辆能够通过这种方式继续运行。点火启动按键 E378 不再起作用，其照明装置也被关闭，只要点火启动按键 E378 出现不可信情况，都会执行以上动作。在处理 J942 接线端 50 的请示之前，发动机控制单元 J623 会通过启动机控制装置的诊断导线（用于“反馈”的接线端 50R）查询当前电动势的可靠性。如不可靠，发动机控制单元 J623 就会中断启动。车载电网控制单元 J519 也会同时获取此信息。点火启动按键 E378 的两个输入针脚必须传输相同的信号，这样才能使接线端控制单元接收点火启动按键 E378 的功能请求。输入端断开时表示点火启动按键 E378 未被按下，输入端接地时表示点火启动按键 E378 已被按下。通过接线端控制单元 J942 向车载电网控制单元 J519 发送“故障信息”（这种方式目前使用 3 根状态导线中的两根），不仅可以传输信息（不存在故障；满足所有启动条件），还可以传输诊断结果。目前能得到的两种故障信息为：控制单元故障或点火启动按键 E378 故障。

037 新帕萨特发动机启停系统部件

1）稳压器 J532

该稳压器是一个 DC/DC 变压器。DC/DC 是指直流转换到直流。该稳压器位于左前车轮拱形板上，如图 4-25 所示，其功率为 180W，通过 LIN-总线和车载网络（接线柱 50R，R 代表反馈）连接。

（1）功用。其任务是在特定情况下（比如启动/关闭系统工作时），将车载网络的电压稳定在约 12V。

由于启动/关闭系统在工作时需要很大的启动电流，这将导致车上其他用电器的电压波动很大，因此就需要有这样一个稳压器来稳定电压。如果没有这个稳压器，则受影响的控制单元就会重置并记录下如“车载供电电压，信号太小”这样的故障；而使用稳压器就可避免出现这种情况。

（2）失效时的影响。如果稳压器损坏了，在启动机工作时就会导致收音机、导航装置、组合仪表及电话这些装置上的电压不足，这些装置就会重置。

当处于启动/关闭模式时，如果每次启动发动机，上述装置都出现重置，则说明稳压器损坏了。但目前不会有直接的故障记录（比如在诊断接口或者供电控制单元内）。

（3）具体工作过程。

① 这种稳压器是 DC/DC 变压器。变压器的核心部件是一个电子蓄能器，它可以将电能存储一定的时间。另外，还需要有一个内部开关（晶体管），该开关用于控制蓄能器内电能的流出，如图 4-26 所示。

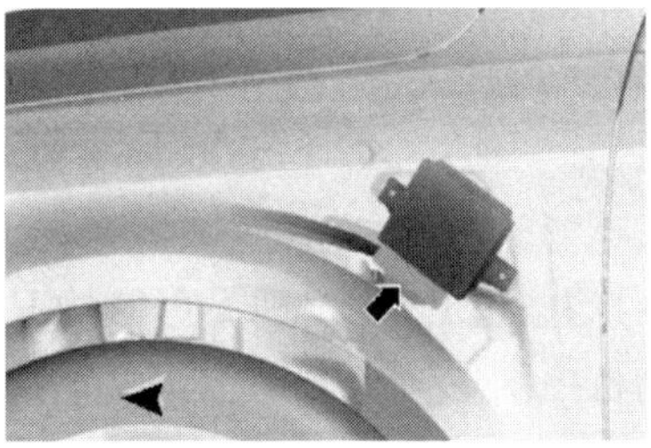

图 4-25 J532 安装在左前轮罩内

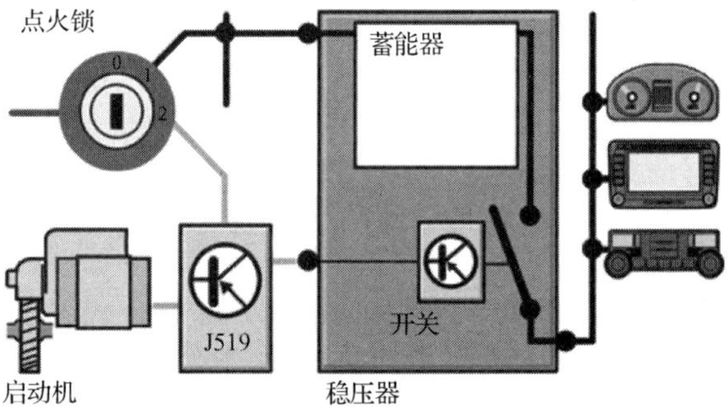

图 4-26 连接示意图

② 如果点火锁转到“点火开关接通”状态，那么 15 号线就通上了电，且稳压器接通。于是蓄能器开始充电，以便让稳压器达到其 180W 的最大功率，用以抵消电压降。用于控制蓄能器放电的内部开关就断开了，稳压器现在处于备用状态，如图 4-27（a）所示。

③ 随着启动机启动（50 号线通上了电），稳压器通过 50R 号线接收到一个激活信号。这个激活信号会将开关合上。于是存储的能量就会从蓄能器中流出，用以补偿电压的波动。随后开关又断开，蓄能器开始重新充电，如图 4-27（b）所示。

2）启动/关闭装置的系统结构

为应对启停装置频繁工作的使用环境，启动机采用了新的工艺和结构设计，使用次数由普通启动机的 1 万次提高到 5 万次，由此极大地提高了启停装置工作的可靠性。

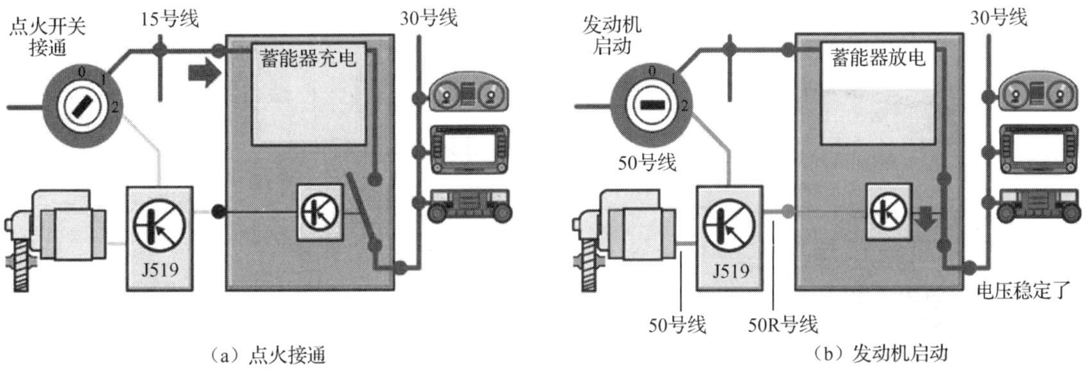

图 4-27　电源稳压器 J532 的作用及安装位置

启动/停止模式按钮 E693 位于变速器换挡杆的中央通道左侧，如图 4-28 所示。图 4-29 所示为 E693 的信号输入电路，由于启停模式是 J623 默认的程序，点火启动后，J623 的 T94a/64 端子的电位降低，内置在 E693 的启停状态指示灯 K259 点亮。

图 4-28　启动/停止模式按钮 E693

E693 处于熔丝 SC10（5A）的下游，按下按钮时，12V 电压信号加在 J623 的 T94a/22 端子，J623 据此确认启停装置被关闭，T94a/64 端子的电位升高，K259 熄灭。再次按下按钮，启停装置重新开启。

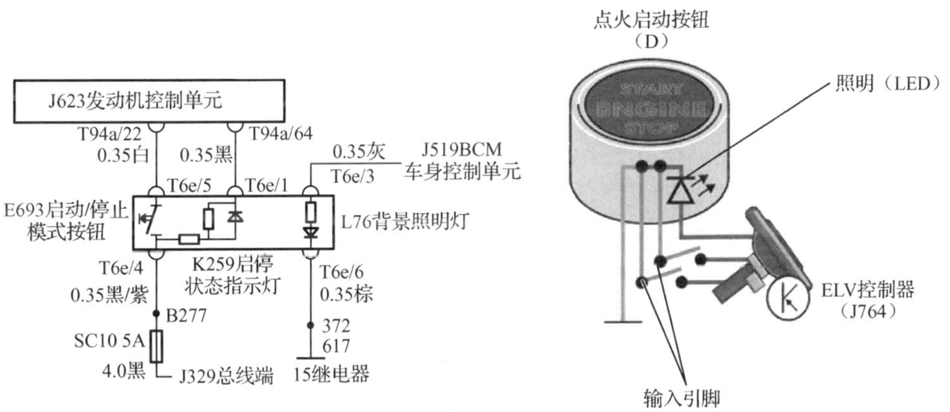

图 4-29　E693 的信号输入电路

启停装置可靠使用的前提条件是需要对蓄电池的放电状态能否允许再次启动发动机进行判断，这个过程称为启动电压预测，即进行与发动机重新启动有关的所有特性和数值的分析评估。为此，对蓄电池状态持续进行分析的任务由蓄电池监测控制单元 J367 完成。J367 通过 LIN 总线向集成在数据总线控制单元 J533 内的蓄电池能量管理模块 J520（诊断地址 61）提供蓄电池电流、蓄电池电压与蓄电池温度等必要的信息。

J367 集成在蓄电池负极接线柱上，如图 4-30 所示，所有电流均流过 J367，可通过内部的分流电阻准确显示。分流电阻是一个毫欧级的电阻，在分流电阻上，下降的电压与流过的电流成比例，由此可以计算出流入或流出蓄电池的电流。

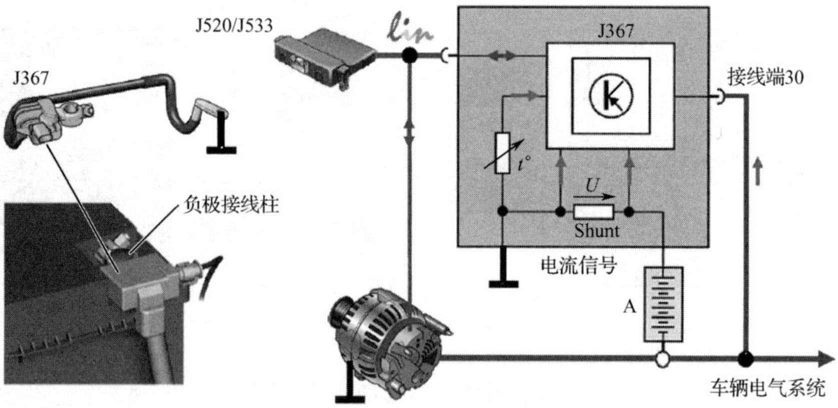

图 4-30 蓄电池监测控制单元 J367 的位置及测量原理

J367 通过电源供电接线直接在蓄电池正极上测量蓄电池电压。J367 内设置有用来测量蓄电池温度的 NTC 温度传感器，通过分流测量电阻可靠地确定蓄电池温度。

在启动电压预测的基础上，确定是否能够执行启停程序，并确定必须关闭某些用电器以保证功率需求不再继续升高。目前涉及的用电器包括座椅加热、后窗玻璃加热、后视镜加热，它们在发动机重新启动前和启动过程中都被切断。

值得注意的是，配置启停装置的蓝驱技术版车辆在外接充电器充电时，充电器的负极必须连接到车身的搭铁点上，以保证电流流过 J367。否则，J367 无法检测到电流，需要时间重新计算蓄电池充电状态。更换蓄电池后，J367 必须执行基本设定，即只有进行自学习才能识别出实时的 SoC（Status of Charge，充电状态），通常情况下正常行驶 5min 后，自学习宣告完成。

启停装置需要使用许多信号来检查接通和停止条件并执行功能，信号的来源如图 4-31 所示。这些信号按其各自的特点，可归结为驾驶员意愿/行驶状况、部件协调与安全性系统状态三个类别。

（1）来自 J623 的启动/停止模式按钮 E693、节气门踏板位置传感器 G79、制动灯开关 F 的信号，来自 ABS/ESP 控制单元 J104 的车速信号，来自双离合器变速器机电液压控制单元 J743 与自动泊车辅助控制单元 J791 的泊车/驻车识别信号，归属在驾驶员意愿/行驶状况类。

（2）来自 J623 的发动机冷却液温度传感器 G62 与曲轴转速和位置传感器 G28 的信号、来自 J367 的蓄电池 SoC 信息、来自 J255 的空调设定温度与实际温度偏差和前窗玻璃加热开关信号，归属到部件协调类。

（3）来自 J234 的驾驶员就座识别与系安全带识别、车辆碰撞信号，来自机械电子转向助力控制单元 J500 的方向盘转角信号，来自 J104 的真空传感器 G608 的信号（体现真空助力器内的真空度）与车辆倾斜状态信息（由纵向加速度传感器 G251 提供），归属为安全性系统状态类。

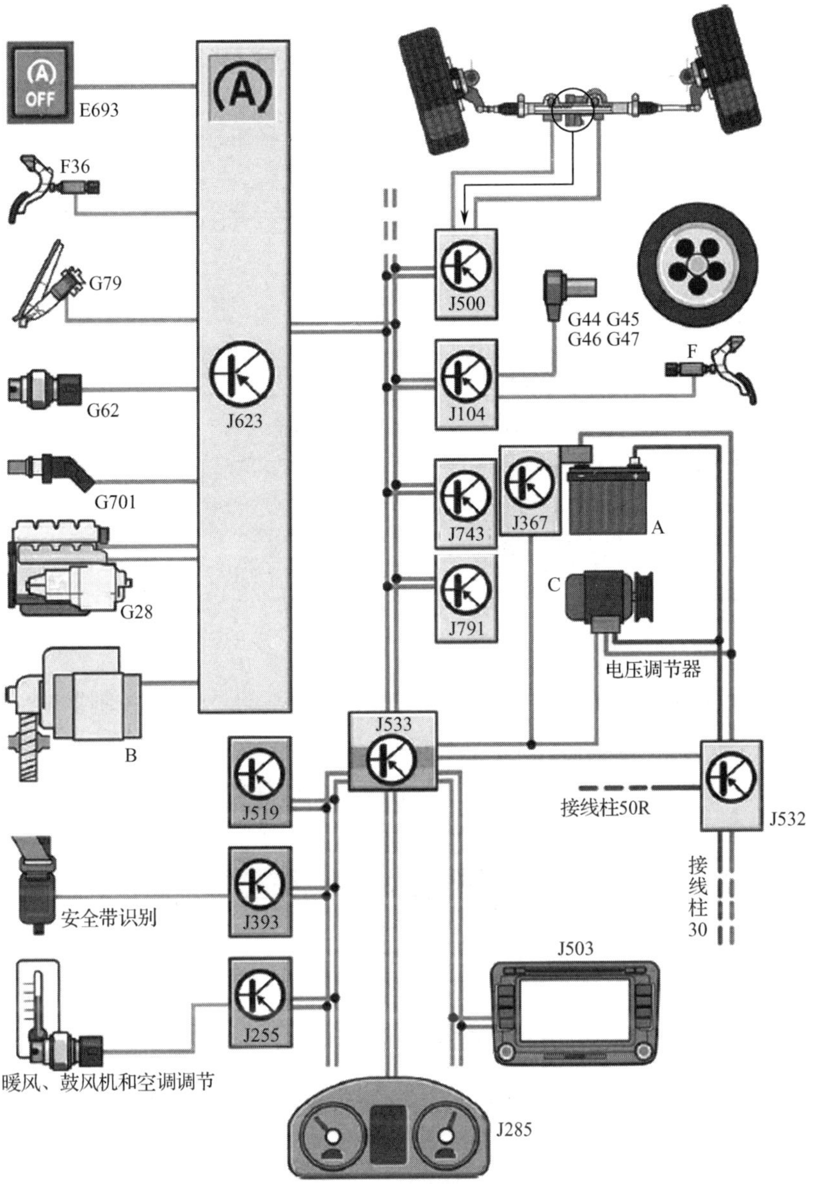

A—蓄电池；B—启动机；C—发电机；E693—启动/停止模式按钮；F—制动开关；F36—离合器开关（手动变速器）；G28—曲轴转速与位置传感器；G44～G47—轮速传感器；G62—发动机冷却液温度传感器；G79—油门踏板位置传感器；G701—手动变速器空挡开关；J104—ABS/ESP 控制单元；J255—自动空调控制单元；J285—组合仪表；J367—蓄电池监控控制单元；J393—舒适控制单元；J500—机械电子转向助力控制单元；J503—收音机与导航控制单元；J519—BCM 车身控制单元；J532—电源稳压器；J533—网关控制单元；J623—发动机控制单元；J743—DSG 双离合器变速器机电液压控制单元；J791—自动泊车辅助控制单元

图 4-31 启停装置所需的信号来源示意图

038 新款帕萨特一键启动许可控制单元 J518 匹配

（1）连接故障检测仪，进入“引导型故障查询”，选择车辆的车型、年款后，等待各控制单元故障状态检查结束。

（2）进入“功能/部件选择”界面，打开“软件版本管理（SVM）”功能程序块，如图 4-32、图 4-33 所示。

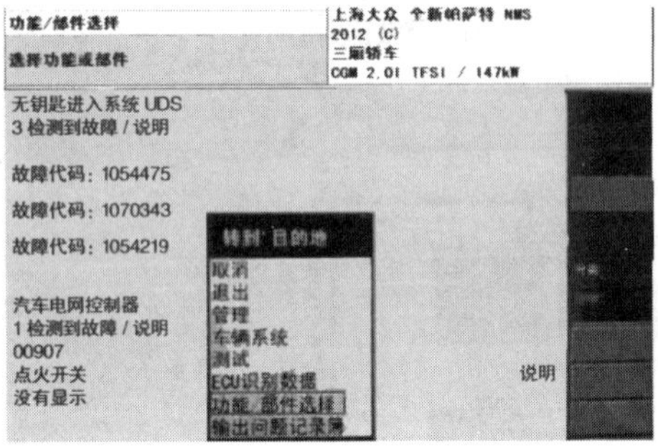

图 4-32 进入“功能/部件选择”界面

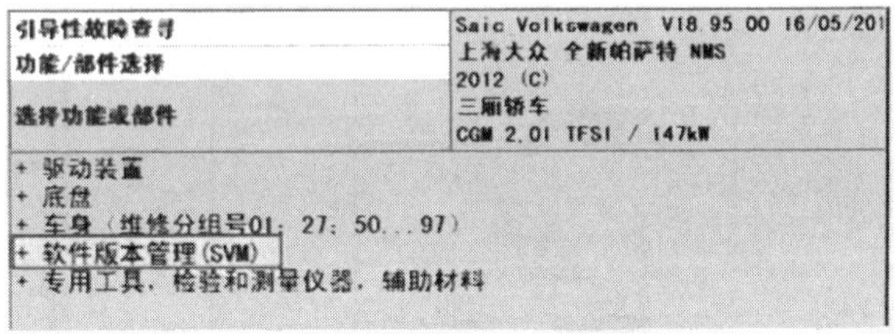

图 4-33 打开“软件版本管理（SVM）”功能程序块

（3）选中“软件版本管理（SVM）”功能程序块条目下的“SVM 控制器软件匹配”功能程序，如图 4-34 所示。

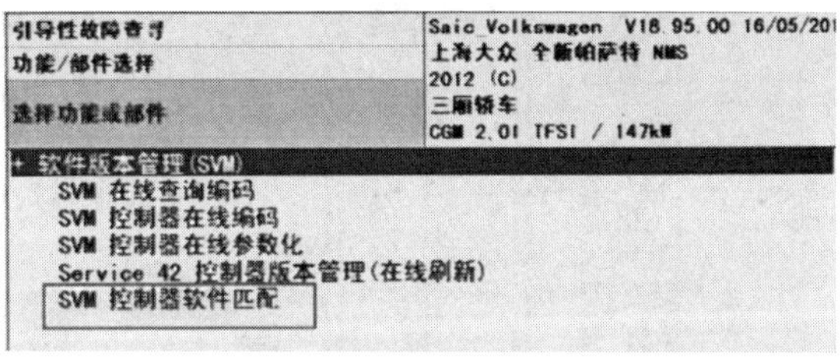

图 4-34 选中“SVM 控制器软件匹配”功能程序

（4）在打开的界面中选择“2. 通过措施代码更新软件”，然后输入措施代码“34E8”，如图 4-35、图 4-36 所示。

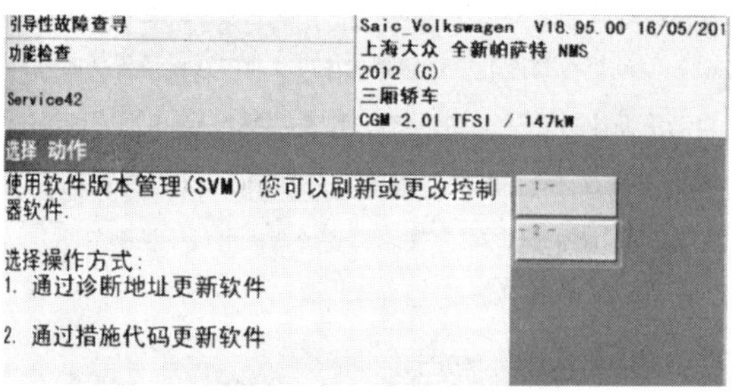

图 4-35 选择“2. 通过措施代码更新软件”

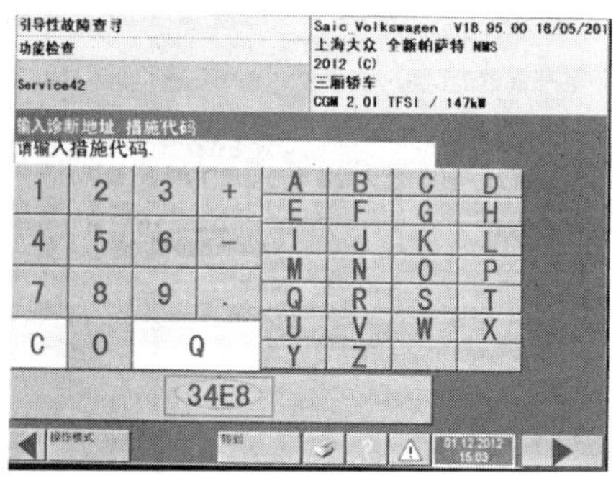

图 4-36 输入措施代码“34E8”

（5）进行在线传送控制单元数据的操作，如图 4-37、图 4-38 所示。

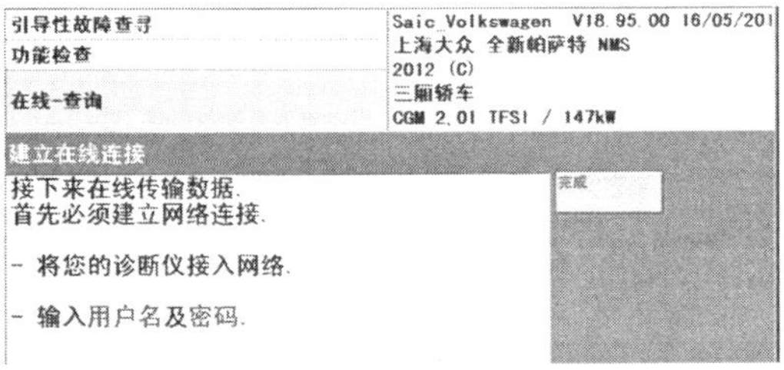

图 4-37　进入“建立在线连接”界面

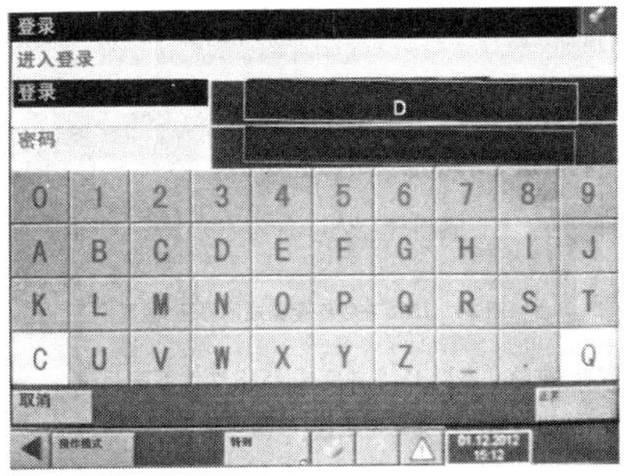

图 4-38　选择登录 GEKO 的界面

（6）对 J518 进行参数化，如图 4-39～图 4-42 所示。

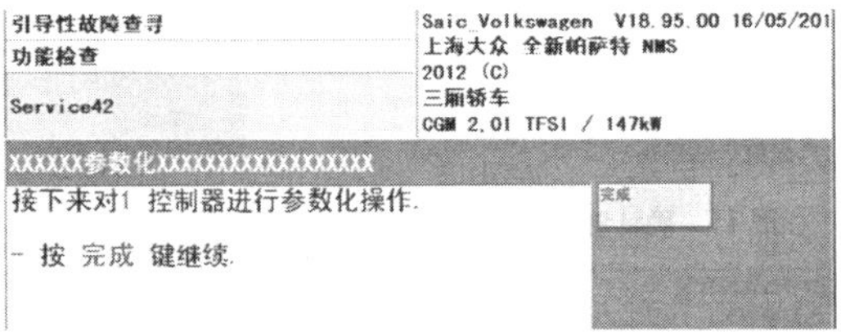

图 4-39　确定对控制器进行参数化操作的界面

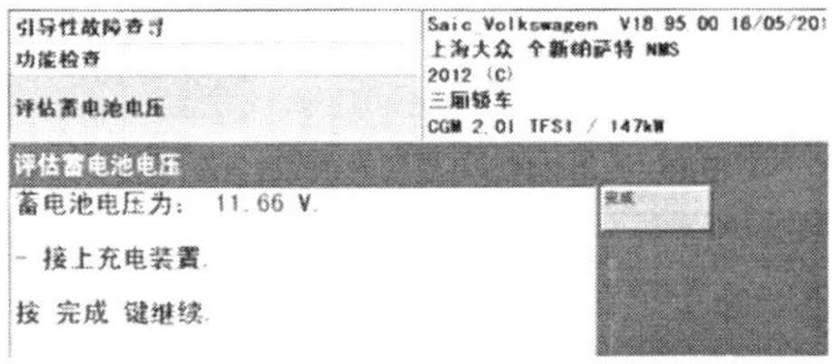

图 4-40　“评估蓄电池电压”界面

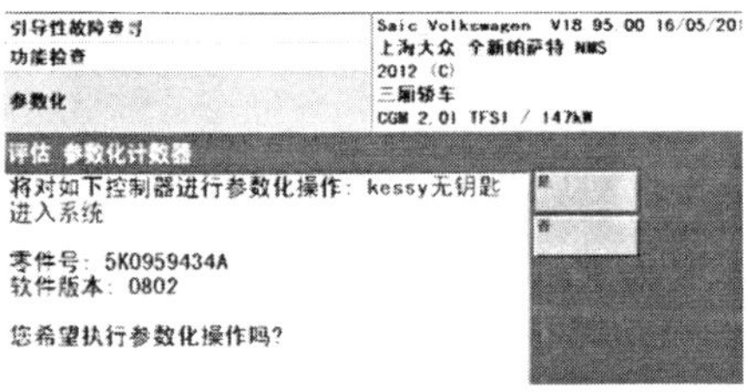

图 4-41　确定对无钥匙进入系统进行参数化操作的界面

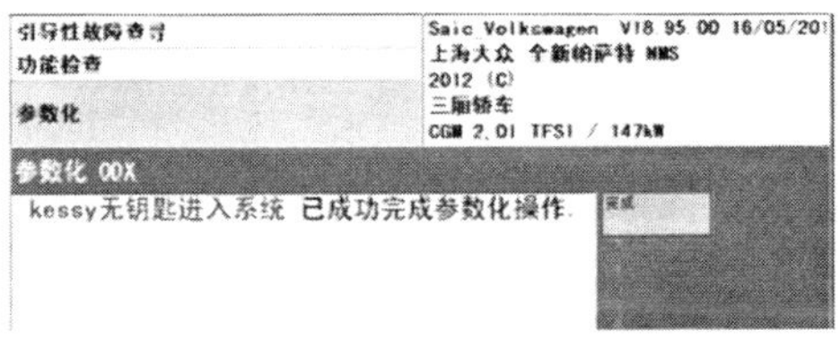

图 4-42　无钥匙进入系统参数化操作完成的界面

（7）对 J518 进行编码，如图 4-43～图 4-48 所示。

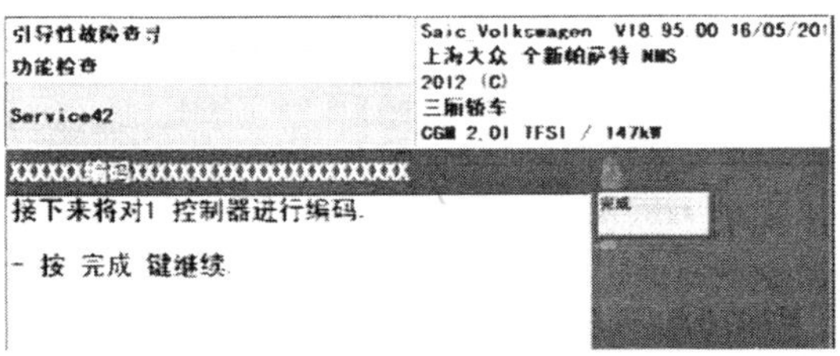

图 4-43　确定对控制器进行编码的界面

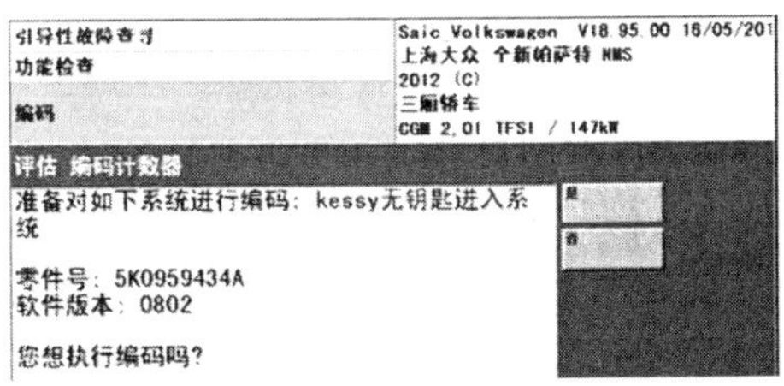

图 4-44　确定对无钥匙进入系统进行编码的界面

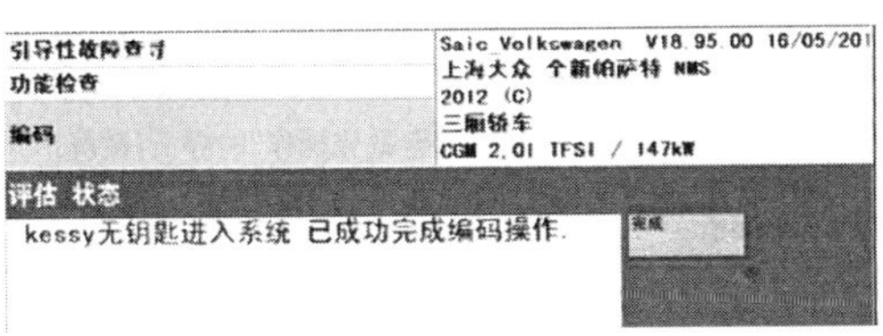

图 4-45　无钥匙进入系统编码完成的界面

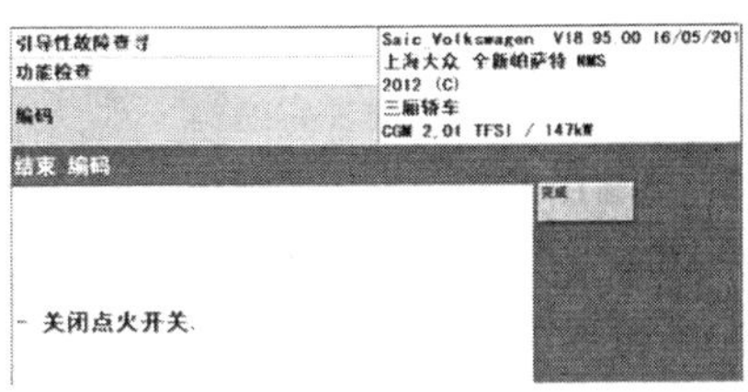

图 4-46　“关闭点火开关”界面

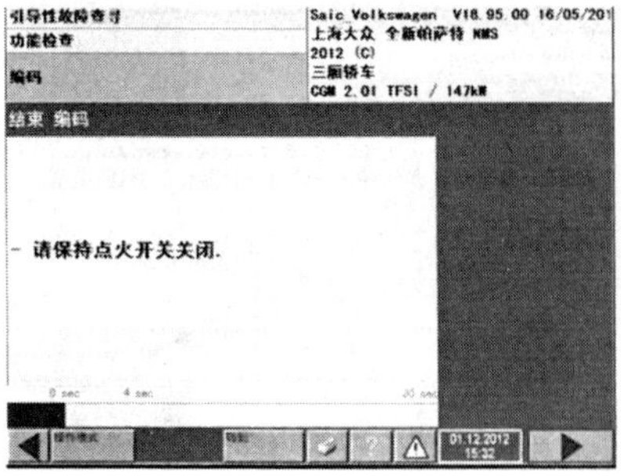

图 4-47 “请保持点火开关关闭”界面

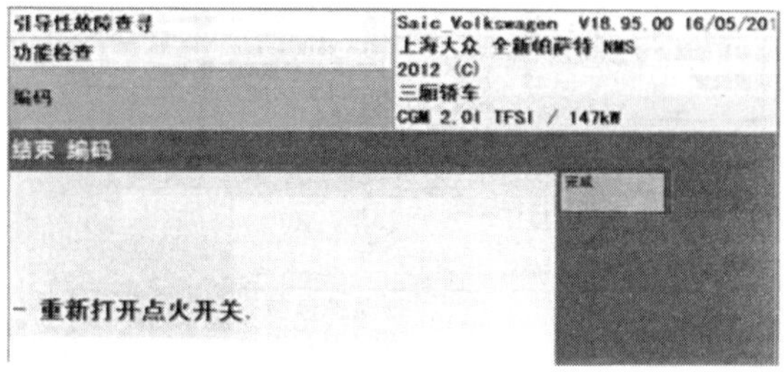

图 4-48 “重新打开点火开关”界面

（8）对 J518 进行匹配与标定，如图 4-49～图 4-53 所示。

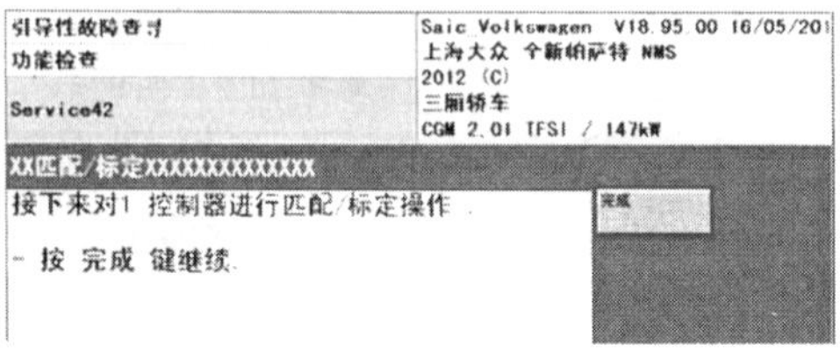

图 4-49 确定对控制器进行匹配/标定操作的界面

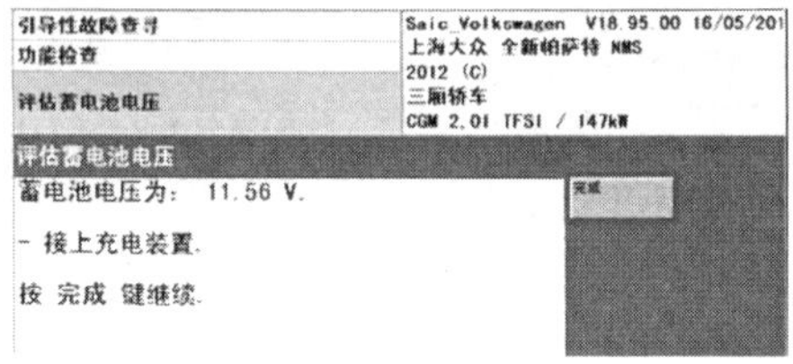

图 4-50 第 3 次“评估蓄电池电压”的界面

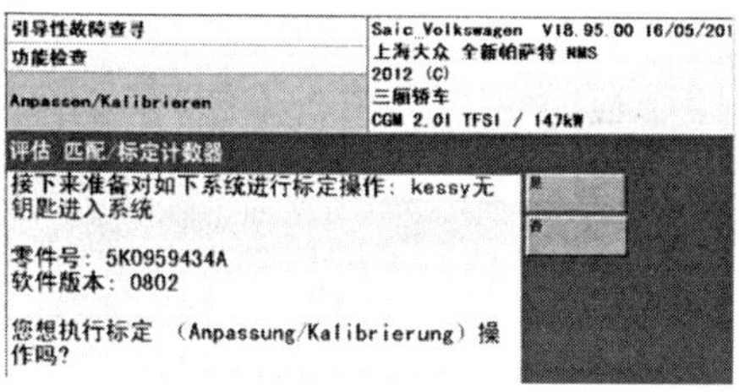

图 4-51 确定对无钥匙进入系统进行匹配与标定的界面

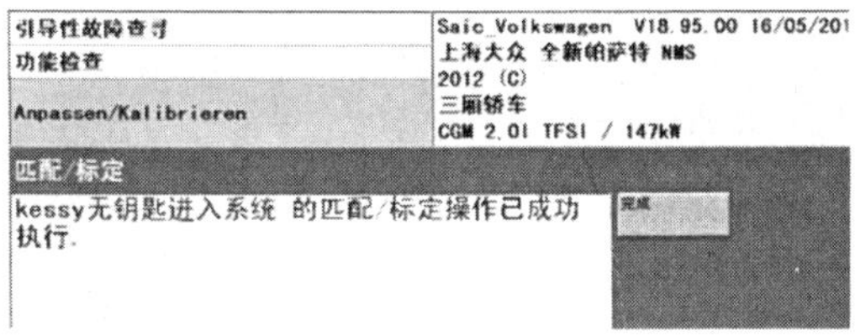

图 4-52 执行无钥匙进入系统匹配与标定的界面

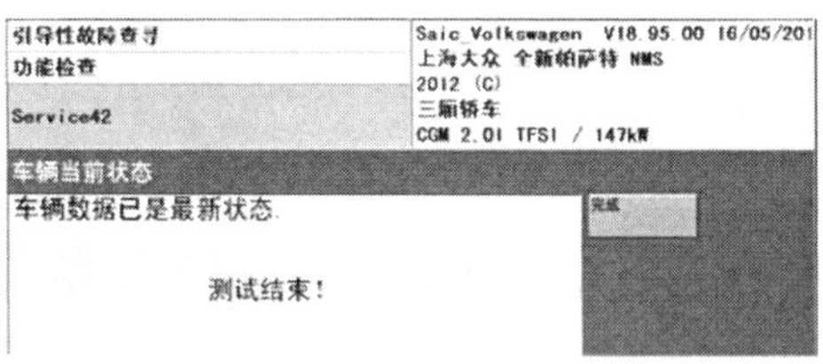

图 4-53 J518 在线匹配完成的界面

039 大众 KESSY 无钥匙系统组成

一汽大众新迈腾（B7L 车型）装配了接线端控制单元，它仅与 KESSY（无钥匙进入功能）配套安装实现一键启动功能。该系统的相关组成部件包括：接线端控制单元 J942（KESSY 控制单元）、KESSY 钥匙、车载电网控制单元 J519、舒适控制单元 J393（与防盗控制单元 J362 集成为一体）、电子转向柱锁 ELV、发动机控制单元 J623、进入及启动许可天线、点火开关 E415、点火启动按键 E378（ZAT 启动按钮）、天线及车门把手接触传感器等。

1）接线端控制单元 J942

该控制单元首次在第 7 代帕萨特平台中使用。它作为车载电网控制单元 BSG 和电子点火锁 EZS 操作元件之间的连接部分，可对接线端进行预控制，并新增了点火启动开关 ZAT。新款帕萨特平台上首次装配了接线端控制单元。一方面它充当车载电网控制单元 BSG 与电子点火锁 EZS 操作元件之间的连接件，用于进行接线端控制；另一方面，它还用于模拟新增的点火启动按键 ZAT 的接线端。接线端控制单元 KSS-SG 仅与 KESSY 配套安装，其安装位置与右舵车辆上类似，接线端控制单元 J942 安装在制动踏板托架上方，但竖直平行于转向柱，单独连接，通过车载电网控制单元进行诊断，必须与 KESSY 系统一起安装，如图 4-54 所示。

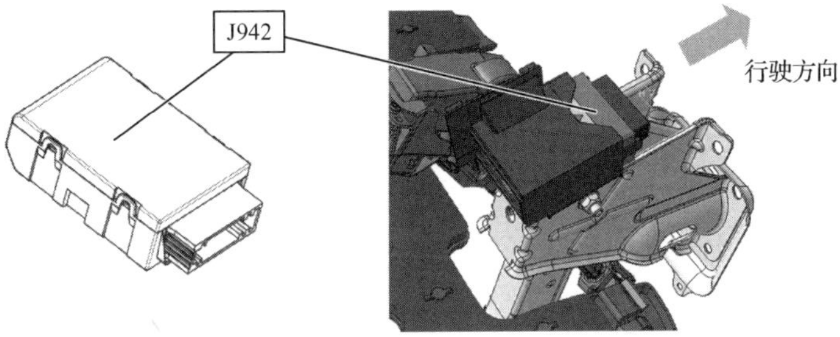

图 4-54 接线端控制单元 J942 的安装位置

2）电子转向柱锁 ELV

电子转向柱锁 ELV 是电路控制转向柱锁止与解除装置。该车型转向柱锁由原来的纯机械锁芯转动变成了电动控制，转向柱防盗锁由机械锁止部分与电子密码保护部分组成，转向柱锁和转向柱控制单元集成在一起安装在转向柱上，如图 4-55 所示。转向柱控制单元接收到合法的钥匙信息，此后舒适电子装置控制单元 J393 向电子转向柱锁止装置提供电压，便会松开转向柱的电子锁 ELV，转向柱便可自由转动。它通过和舒适系统控制单元 J393 相连的串行数据总线，来控制锁止、开锁及诊断功能，如图 4-56 所示。

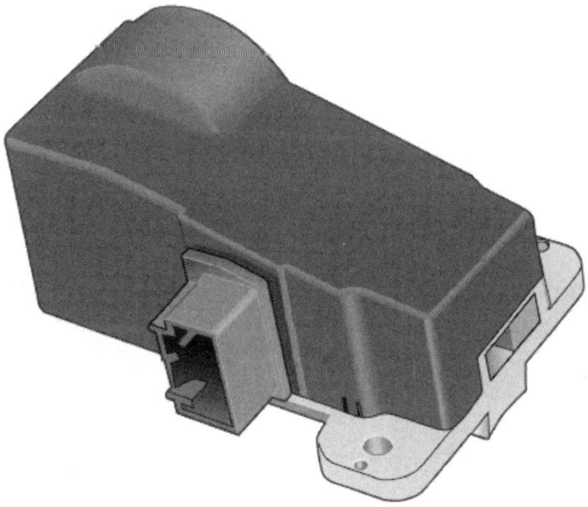

图 4-55 转向柱锁和转向柱控制单元集成在一起

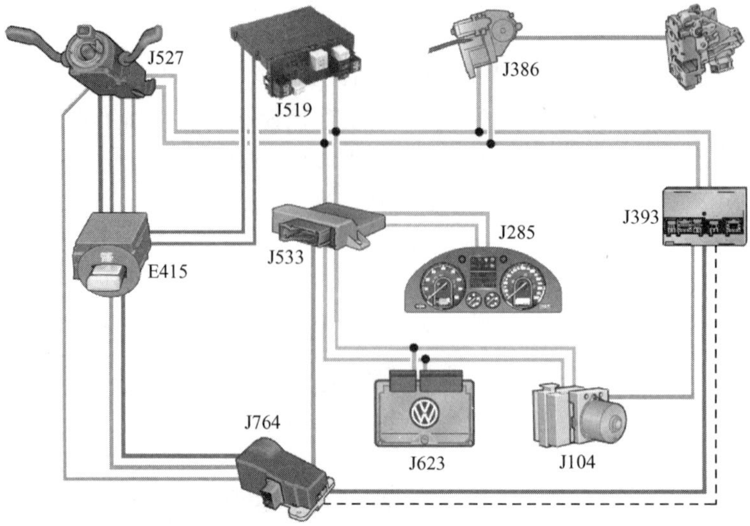

E415—进入及启动许可开关；J104—ABS 控制单元；J285—带显示单元的组合仪表控制单元；J386—驾驶员侧车门控制单元；J393—舒适系统中央控制单元；J519—车载电网控制单元；J527—转向柱电子装置控制单元；J533—数据诊断接口；J623—发动机控制单元；J764—ELV 控制单元

图 4-56 控制原理

3）天线

无钥匙系统共安装有 6 个进入和启动授权天线，如图 4-57 所示，分别为 R134（驾驶员侧进入及启动系统天线）、R135（前排乘客侧进入及启动系统天线）、R136（后部保险杠内的进入及启动系统天线）、R137（行李舱内的进入及启动系统天线）、R138（车内空间的进入及启动系统天线）、R139（车内空间的进入及启动系统天线 2）及 R154（车内空间的进入及启动系统天线 3，选装）。两个前车门外把手内都集成有一根磁棒天线，该天线的任务是将进入和启动授权控制单元的信号发送到车钥匙上。同时，在车辆如下位置也装有用于识别钥匙的天线：驾驶舱的后部、行李舱内衣帽架下部及后保险杠处。各天线的作用是搜索合法信号。KESSY 车外天线的探测范围为周围约 1.0m 内，探测高度为 0.1～1.8m。

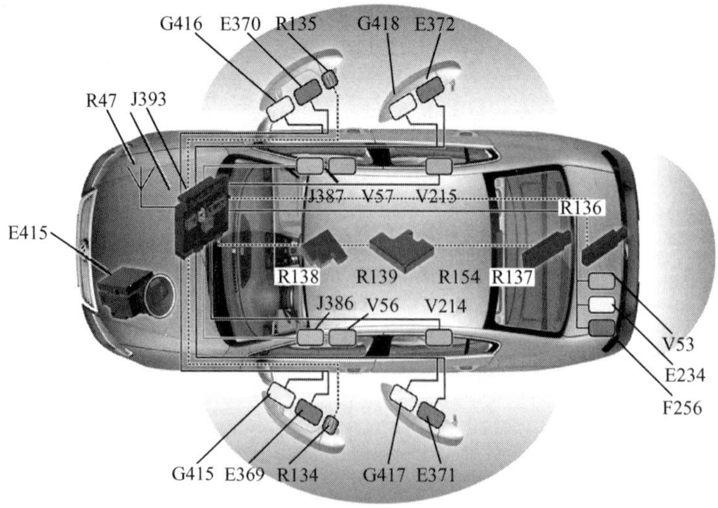

图 4-57 无钥匙系统的天线分布

4）车门把手接触传感器

共有两个车门把手接触传感器：G415 驾驶员侧车门把手接触传感器和 G416 前排乘客侧车门把手接触传感器（均设置在门把手里面内侧解锁传感区，外侧小圆点按钮样子的是加锁传感区）。这些传感器是电容式的，集成在车外门把手内，进入和启动授权控制单元会对传感器电流进行分析，每个把手和支座上都安装了一个电容片，手抠凹坑起介质作用。如果电容片之间插入新的介质，就会有一个电流短时流过，进入和启动授权控制单元会识别并分析这个电流，如图 4-58 所示。通过触摸车门把手上的接触传感器，钥匙读取系统识别用户的打开或关闭指令。如果在 60s 内没有识别到有效的钥匙，接触传感器将关闭。

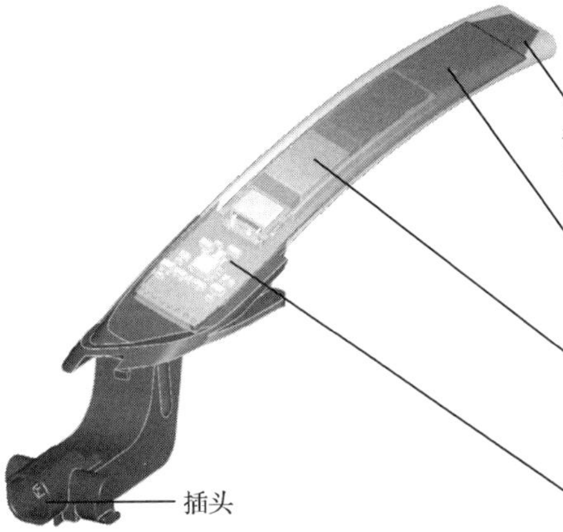

图 4-58 驾驶员侧车门把手结构

040 KESSY 无钥匙进入工作原理

KESSY 无钥匙系统启动时，已授权的点火钥匙必须位于驾驶舱内，钥匙不必插入进入和启动授权系统开关。这样，当按下进入和启动授权按钮时，就可以通过车内天线开始感应式查询了。点火钥匙发出一个加密的反馈信息给进入和启动授权系统控制单元，如果点火钥匙被识别为已授权，则按下进入和启动授权按钮时产生持续信号，如图 4-59 所示。

当按下启动按键时，首先进行防盗验证。此种验证是舒适控制单元 J393 通过进入/启动认可系统天线识别到点火钥匙并判断出是否合法，如果判断出是合法钥匙，舒适系统控制单元 J393 将发出唤醒信号，由串行接口传输到转向柱锁止控制单元 J764 中，使其内部的开关接通，向接线端控制单元 J942 供电，与此同时 J519 接通 15 号供电，仪表指示灯点亮。自动启动时，接线端 50 的请求相当于由接线端控制单元 J942 发送到发动机控制单元的 200ms 的矩形脉冲，与点火启动按键的操纵时间无关。如果发动机控制单元 J623 接收到关于边界条件的信息，如自动变速器车型上的 P/N 信号（换挡杆位于 P 挡或 N 挡）和制动信号，发动机控制单元 J623 就会接通它的两个启动机继电器。在手动变速器车辆上，离合器操纵装置（联锁）的信号被视为输入前提。

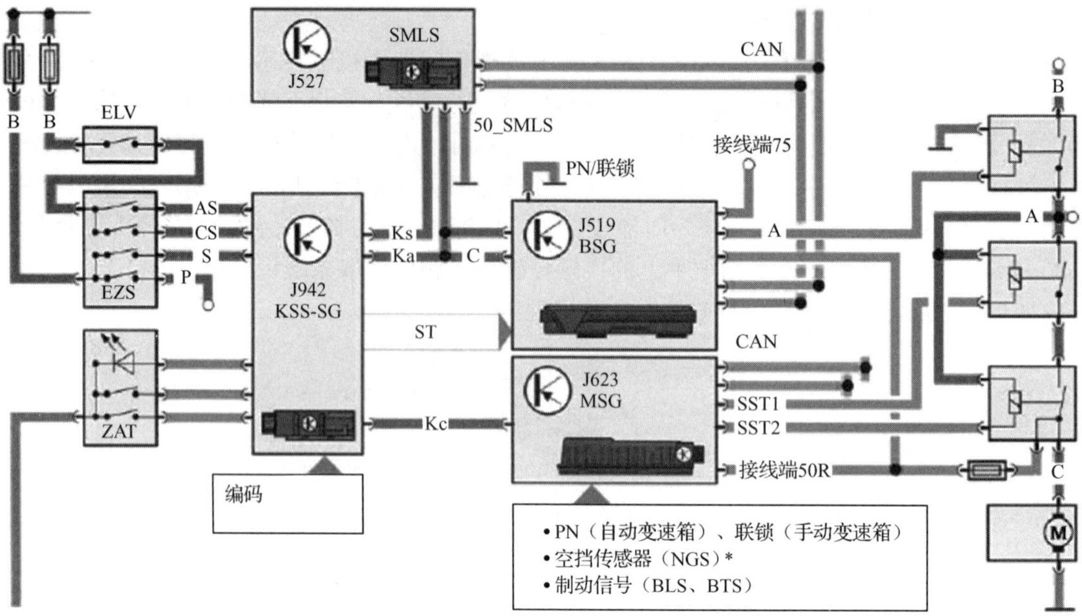

A—15 正；AS—15 号信号；B—30 正；C—50 正；CS—50 信号；SST1、SST2—受发动机控制单元控制的两个启动继电器

图 4-59 无钥匙启动控制原理

041 一汽大众车系启动/停止系统部件结构

下面对启动/停止系统的基本结构进行简单介绍。该系统主要由以下部件组成：玻璃纤维隔板蓄电池 AGM 或高能蓄电池 EFB、启动/停止系统按键 E693、蓄电池监控装置控制单元 J367、发电机、启动机和稳压器 J532 等。

1）蓄电池

（1）玻璃纤维隔板蓄电池 AGM。AGM 蓄电池一般安装于具有启动/停止系统的车辆及用于具有高充放电循环的其他应用装置里，其结构如图 4-60 所示。其特点包括：无电眼，不得打开，电解质以液态形式储存在玻璃纤维板上。

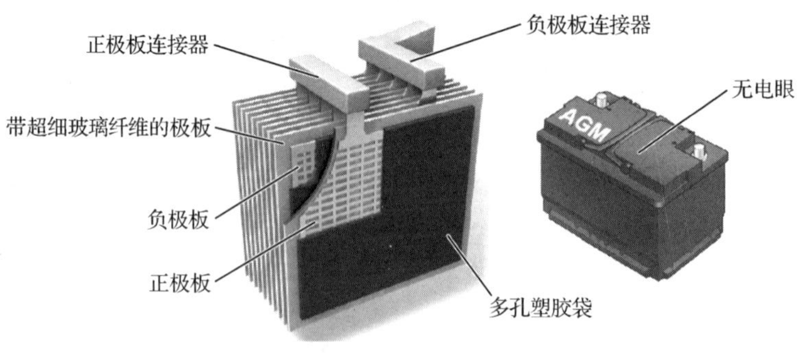

图 4-60 AGM 蓄电池结构

（2）高能蓄电池 EFB。EFB 蓄电池一般用于安装在各入门级启动/停止系统的车辆上。其特点包括：两色电眼，不得打开，电解质以液态形式储存在聚乙烯涤纶磨毛布上。

AGM 和 EFB 蓄电池也可归类为 VRLA（阀控铅酸）型蓄电池，与普通蓄电池相比，它们具有更长的使用寿命、更好的冷启动性能，对蓄电池深度放电有更好的保护，并且完全免维护。

注意：充电或辅助启动时，充电线和对接线的负极线不可直接连接到蓄电池负极上，应连接车身搭铁，如图 4-61 所示。不能使用普通蓄电池替换，否则会很快导致普通蓄电池损坏。

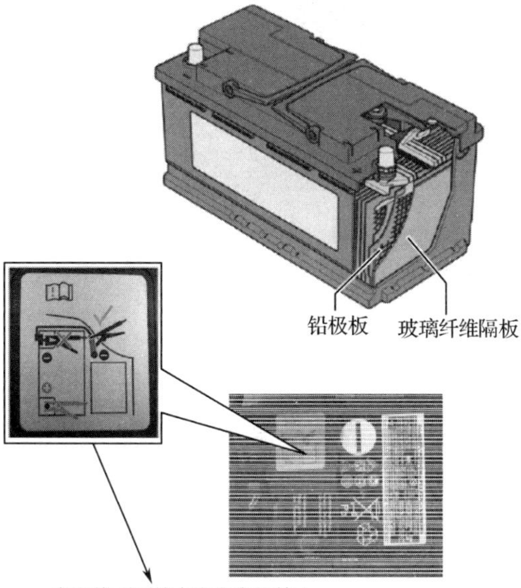

图 4-61　蓄电池充电注意事项

2）启动/停止系统按键 E693

行车过程中，驾驶员可用此按键关闭或开启启动/停止系统。只要手动打开点火开关，当车速大于 3km/h 后，启动/停止系统就会自动开启，一旦满足前面的工作条件，此系统就会自动工作。如果 E693 出现故障，发动机控制单元就会自动关闭启动/停止系统，同时存储器内会记录一条故障信息。启动/停止系统按键 E693 的安装位置如图 4-62 所示。

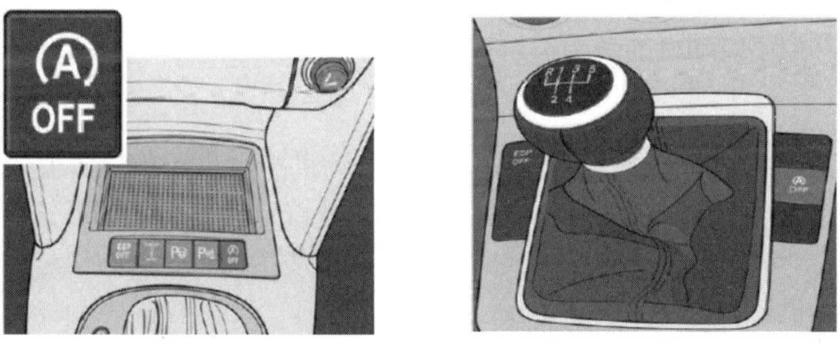

图 4-62　启动/停止系统按键 E693 的安装位置

高尔夫/新速腾：安装在换挡杆前的控制台上；迈腾 B7L：安装在换挡杆右侧的控制台上。

3）蓄电池监控装置控制单元 J367

与不带启动/停止系统的车辆相比，由于需要频繁启动发动机，所以要监控发电机的充电工作情况及蓄电池的电压。蓄电池是否有足够的电能来启动发动机，这对于启动/停止系统工作来说是非常重要的前提。因此，蓝驱车型上采用新的线束来连接玻璃纤维隔板蓄电池，新的线束中有一个集成在蓄电池监控装置控制单元 J367 内的新型蓄电池传感器。蓄电池监控装置控制单元直接安装在接地线的负极接线柱上，如图 4-63 所示，它通过 LIN 总线与数据总线诊断接口相连。

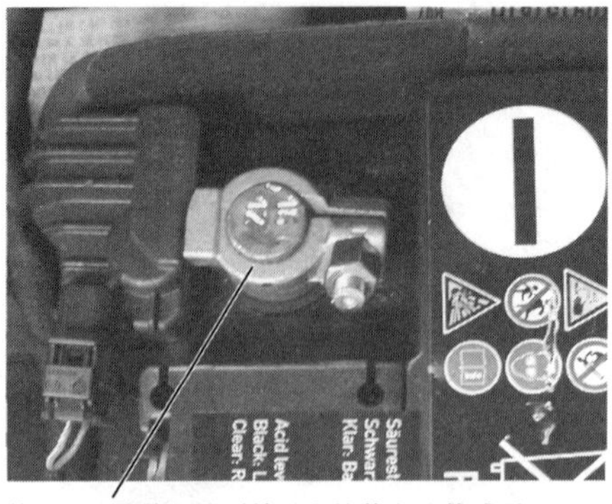

图 4-63　蓄电池监控装置控制单元的安装位置

蓄电池传感器用于确定以下数值：蓄电池温度、蓄电池电压和充电电流。蓄电池温度是根据特性曲线和环境温度来确定的。根据蓄电池温度还可以推测出蓄电池负载作用持续时间。借助于这些数据，就可以将充电调节情况和充电电压与蓄电池的充电和工作状态进行匹配，其目的就是通过对蓄电池详细的数据分析，来提升启动/停止系统的有效性。如果蓄电池监控装置控制单元 J367 损坏，发动机控制单元就会自动关闭启动/停止系统，同时存储器内会记录一条故障信息。

4）发电机

以前发电机和电压调节器通过两条导线连接到发动机和车载控制单元。作为蓝驱技术的一部分，现在是通过一条 LIN 线连接到网关，不再使用 L 和 DFM 导线。

可再生电能管理功能：当驾驶员松开油门或实施制动时，即在发动机超速或制动阶段，发电机的发电电压会被提高用于为车载蓄电池快速充电。当车辆再次加速时，可以根据情况降低发电电压，这样释放了发动机的负担，可以达到降低油耗的目的。

5）启动机

启动/停止系统的工作（如在城市工况下）对启动机提出了较高的要求，因此其循环稳定性增强了，齿圈强度也增大了。循环稳定性增强，意味着启动机的寿命更长，启动机的磨损也降低了。增强型启动机在维修或完成更换时，必须注意替换件目录上的信息，否则其工作寿命会大大缩短。启动机控制原理如图 4-64 所示。

6）稳压器 J532

稳压器的作用是在启动车辆时防止控制单元断电。当断电时，有些控制单元和系统部件会重置或系统会重启。对于具有启动/停止系统的车辆，如果没有稳压器就会丧失舒适性。在启动/停止系统控制发动机重新启动的过程中，通过稳压器将收音机、导航装置、车内鼓风机及车内仪表的供电电压保持在约 12V，确保车内功能不受影响，如图 4-65 所示。稳压器的安装位置如图 4-66 所示。

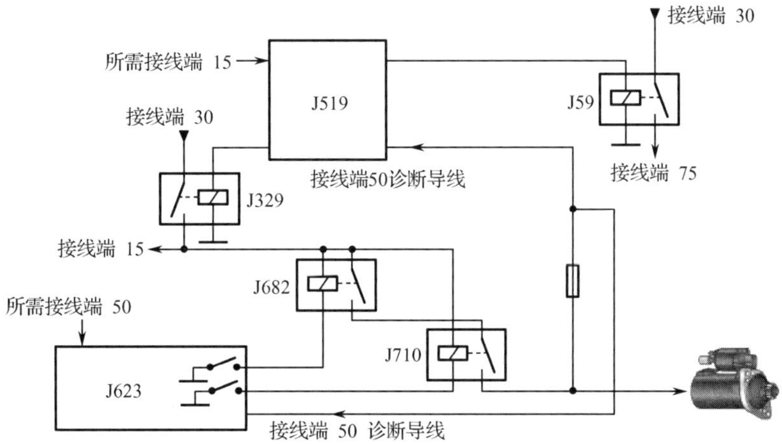

图 4-64　启动机控制原理

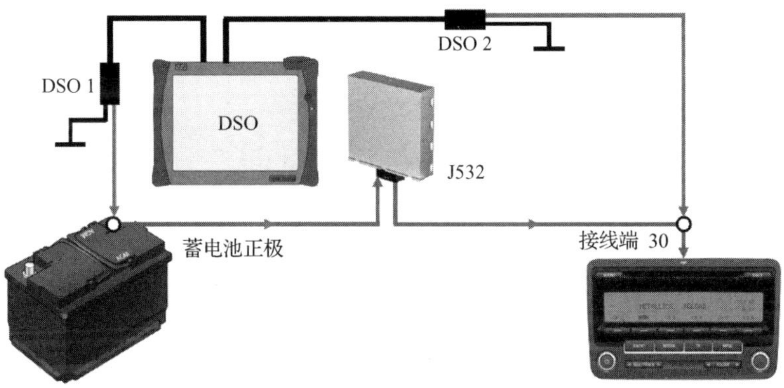

图 4-65　稳压器 J532 的诊断

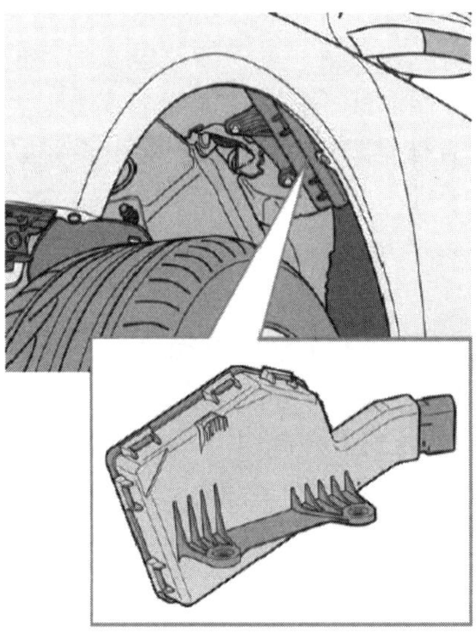

图 4-66　稳压器的安装位置

高尔夫/新速腾：安装在车内手套器后；迈腾 B7L：安装在左前轮罩内，稳压器不支持自诊断。

稳压器 J532 的功能原理如图 4-67 所示。需要说明的是，为了适用启动/停止系统的功能，更换以上部件必须进行基本设定（匹配）。

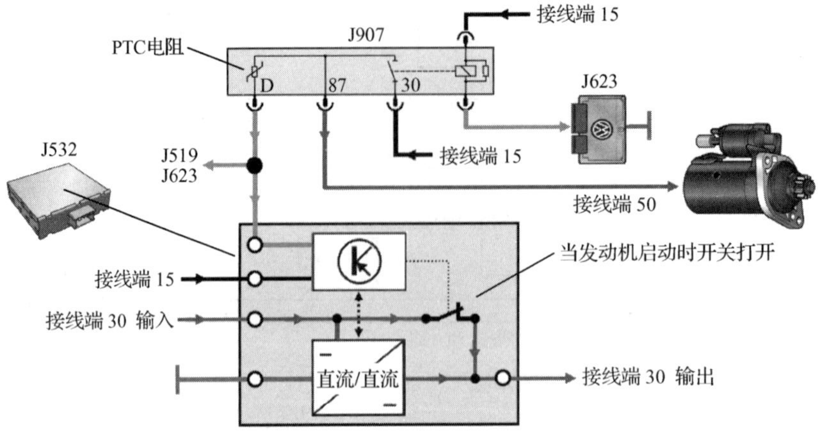

图 4-67 稳压器 J532 的功能原理

042 一汽大众车系启动/停止系统工作原理

启动/停止系统在停车阶段可以自动关闭发动机，而在驾驶员想要起步时又会自动启动发动机，从而达到节油的目的。车辆起步后，一旦行驶速度超过 3km/h 且时间持续约 4s，启动/停止系统就会自动开启。

启动/停止技术使发动机怠速产生的油耗大大降低，该技术的应用可以使车辆节省最多 5%的油耗。启动/停止系统的功能是由发动机管理系统来执行的，并集成在发动机控制单元的软件中。对于系统来说，评估蓄电池的充电状态并以此判断是否可以使发动机再次启动是很重要的，这个过程称为启动电压估测。这表明，对于涉及再次启动的所有发动机特性和数值都要进行评估，蓄电池状态和发动机特性曲线一直都在被监控分析。

系统根据启动电压估测的具体情况来判定启动/停止系统是否可以启用，或者是否需要关闭某些用电器，以避免用电需求过大。目前涉及的用电器有座椅加热装置、后视镜加热装置、转向盘加热装置和电热装置，这些用电器在发动机启动前会被关闭，并在发动机启动过程中不工作。

启动/停止系统可用于带手动变速器车辆的发动机，也可用于带双离合变速器车辆的发动机，对于这两种不同变速器的车辆，启动/停止系统的操作和工作过程也有所不同。

启动/停止系统是一种集成在发动机控制单元软件内的功能，该系统要与车辆很多部件和子系统进行数据交换，以便控制发动机的启动/停止。启动/停止系统控制单元除了处理加速踏板信号及制动踏板信号之外，还需要处理大量的其他信息。

1）系统工作条件

（1）停车-关闭发动机。要想让启动/停止系统关闭发动机，除了驾驶员正常操作离合器、换挡和制动外，还需要满足一些其他条件。发动机关闭的条件如图 4-68 所示。

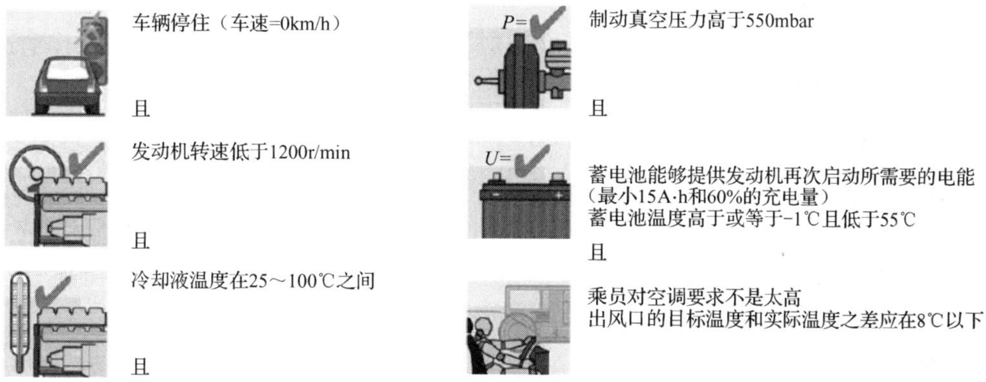

图 4-68　停车-关闭发动机的条件

（2）继续行驶-启动发动机。要想让启动/停止系统自动使发动机再次启动，也要满足某些条件。发动机启动的条件如图 4-69 所示。

图 4-69　继续行驶-启动发动机的条件

（3）按车辆需求-启动发动机。图 4-70 所示这些因素会使发动机启动（非驾驶员有意启动，根据车辆配置所涉及的条件有所不同）。

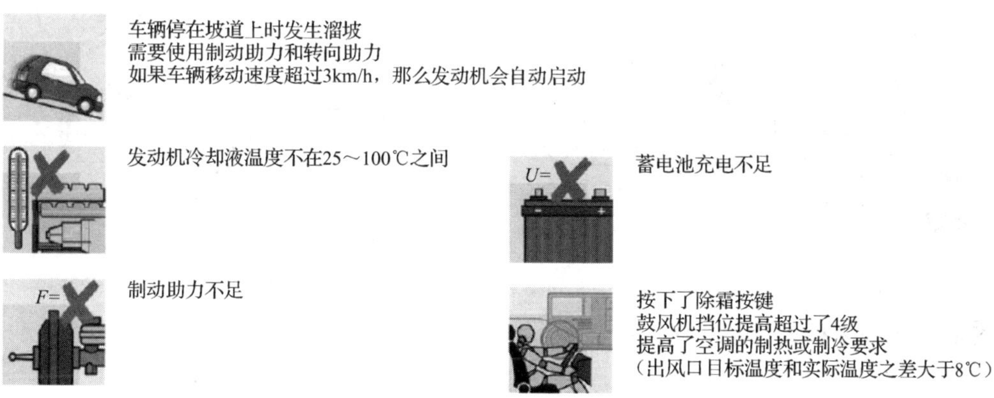

图 4-70　按车辆需求-启动发动机的条件

2）系统中断条件

对于发动机关闭和发动机自动启动来说，除了上述的影响因素以外，图 4-71 中的这些条件会使启动/停止系统工作中断。

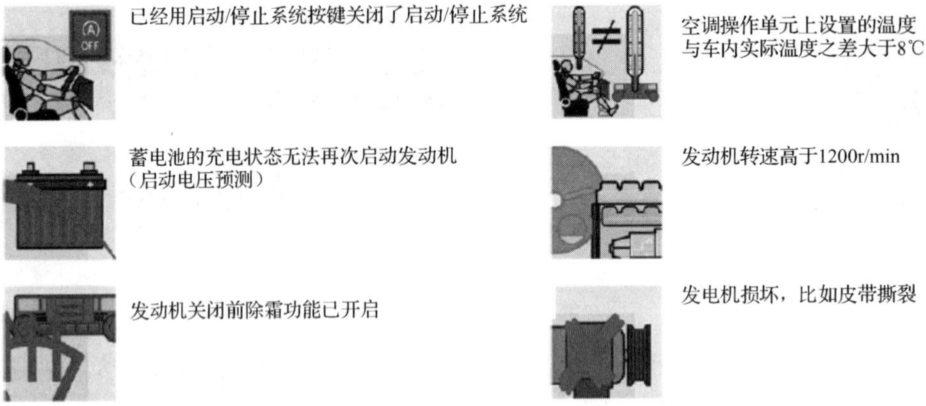

图 4-71　系统中断条件

043 启动机电枢绝缘和导通检查

用万用表执行下列检查。

（1）检查换向器是否对搭铁短路。电枢铁芯和电枢线圈之间的状态为绝缘，换向器与电枢线圈相连。如果零部件正常，换向器和电枢铁芯之间的状态为绝缘，如图 4-72 所示。标准电阻：10kΩ或更大。如果不符合标准，更换启动机电枢总成。

（2）检查换向器是否断路。每个换向器片通过电枢线圈连接。如果零部件正常，换向器片之间的状态为导通，如图 4-73 所示。标准电阻：小于 1Ω。如果不符合标准，更换启动机电枢总成。

（3）检查外观。如果表面脏污或烧坏，用砂纸（400 号）或在车床上修复表面。

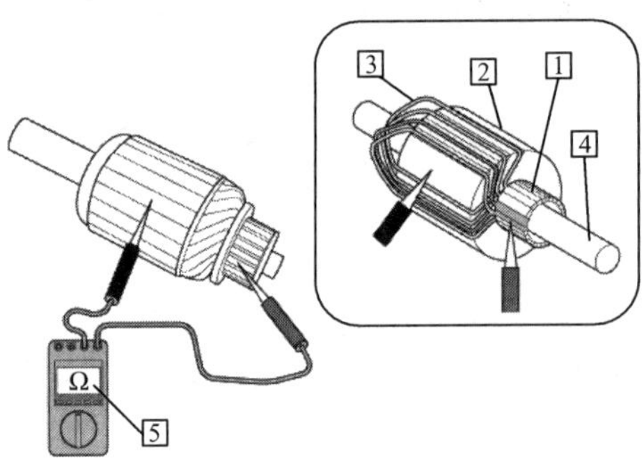

1—换向器；2—电枢铁芯；3—电枢线圈；4—电枢轴；5—不导通

图 4-72　换向器和电枢铁芯之间的绝缘情况

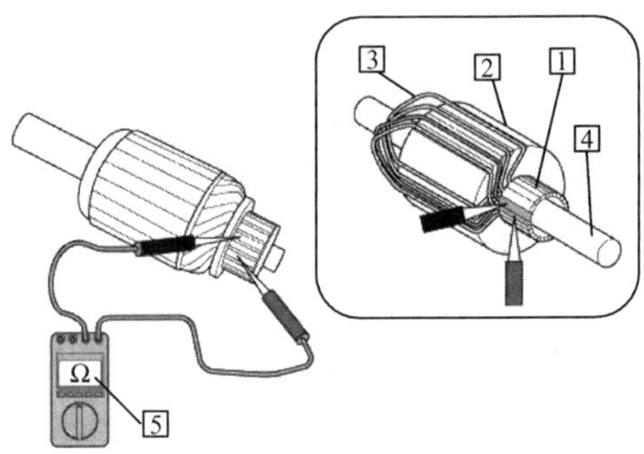

1—换向器；2—电枢铁芯；3—电枢线圈；4—电枢轴；5—导通

图 4-73　换向器片之间的导通情况

044 换向器径向圆跳动和直径检查

（1）换向器径向圆跳动检查。如图 4-74 所示，将换向器放在 V 形块上，用百分表测量径向圆跳动。标准径向圆跳动：0.02mm；最大径向圆跳动：0.05mm。如果径向圆跳动大于最大值，则更换电枢总成。

提示：由于换向器的跳动量变大，换向器与电刷的接触将减弱。因此，可能会出现故障，如启动机无法运转。

（2）换向器直径检查。如图 4-75 所示，用游标卡尺测量换向器直径。标准直径：29.0mm；最小直径：28.0mm。如果直径小于最小值，则更换电枢总成。

提示：由于换向器在转动时要与电刷接触，因此会受到磨损。如果测量值超出规定的磨损范围，与电刷的接触将变弱，这可能会导致电循环不良。因此，可能会发生启动机无法转动和其他故障。

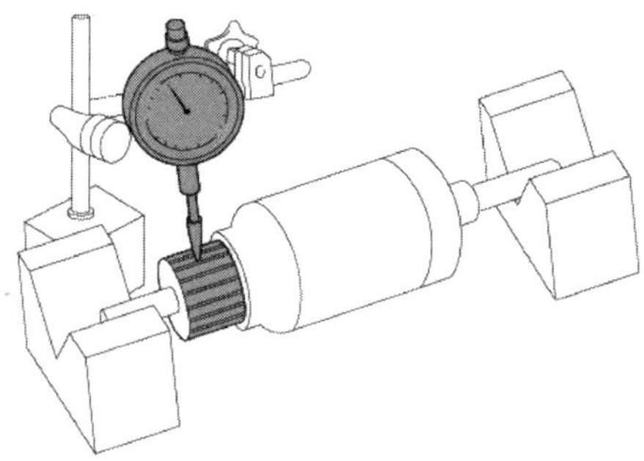

图 4-74　检查换向器径向圆跳动

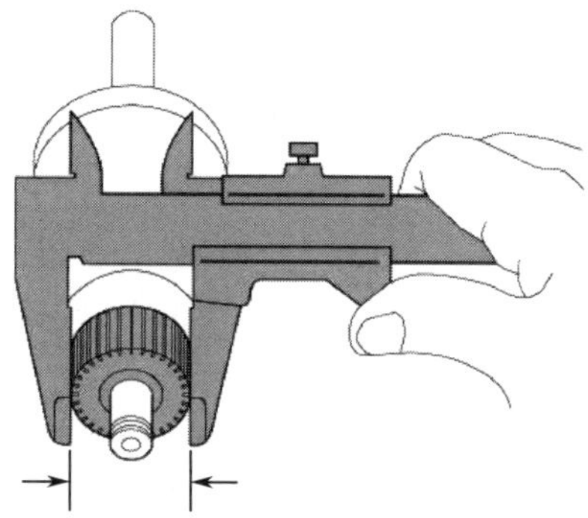

图 4-75　测量换向器直径

045 启动机单向离合器分总成检查

检查启动机离合器的操作如下：

用手转动启动机离合器，检查单向离合器是否处于闭锁状态，如图 4-76 所示。

提示：单向离合器仅向一个旋转方向传送扭矩。在另一个方向，离合器只是空转，不会传送扭矩。

发动机由启动机启动之后，发动机将会带动启动机。因此，单向离合器可以防止发动机带动启动机。

046 电磁启动机开关总成检查

1）检查电磁启动机开关的操作

用手指按住柱塞，松开手指之后，检查柱塞是否能很顺畅地返回原来的位置，如图 4-77 所示。

提示：（1）由于开关在柱塞中，如果柱塞无法顺畅地返回原来位置，开关的接触将变弱，因此无法打开/关闭启动机。

（2）如果柱塞的运行不正常，应更换电磁启动机开关总成。

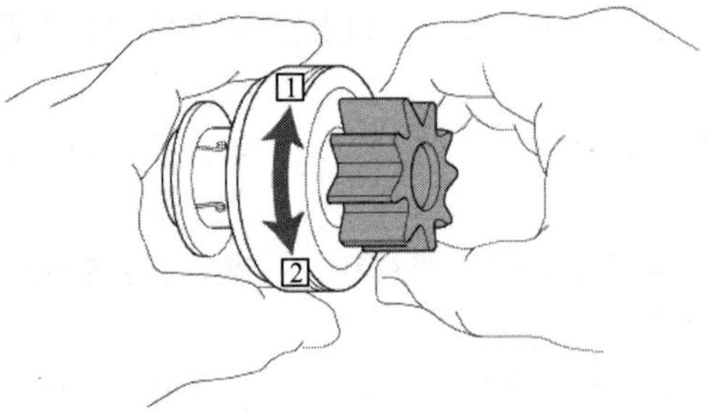

1—自由；2—闭锁

图 4-76 检查单向离合器

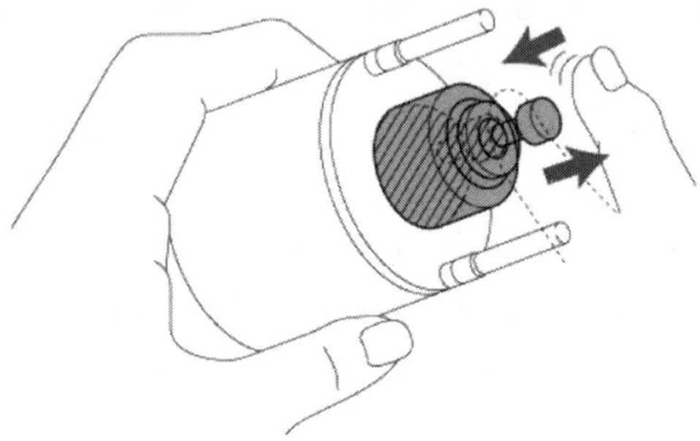

图 4-77 检查柱塞

2）端子 50 和开关体之间的导通情况（保持线圈中的导通检查）

提示：（1）检查保持线圈连接端子 50 和开关体是否断路。如果保持线圈正常，则端子 50 和开关体之间为导通，如图 4-78 所示。标准电阻：小于 2Ω。如果不符合标准，更换电磁开关总成。

（2）如果保持线圈断开，可牵引柱塞，但是无法保持，因此小齿轮反复伸出和返回。

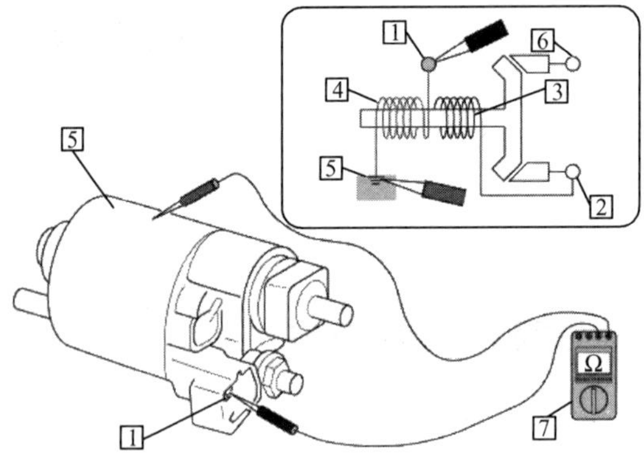

1—端子 50；2—端子 C；3—吸拉线圈；4—保持线圈；5—开关体；6—端子 30；7—导通

图 4-78 检查保持线圈连接端子 50 和开关体是否断路

3）检查吸拉线圈是否断路

如图 4-79 所示，用万用表测量端子 50 和端子 C 之间的电阻。标准电阻：小于 1Ω。如果不符合标准，更换电磁开关总成。

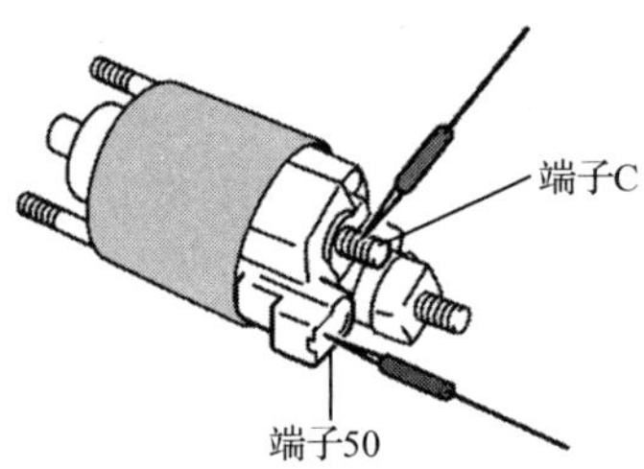

图 4-79 检查吸拉线圈是否断路

047 启动机电刷架总成检查

（1）拆下弹簧卡爪，然后拆下 4 个电刷。

（2）如图 4-80 所示，用游标卡尺测量电刷长度。标准长度：14.4mm；最小长度：9.0mm。如果长度小于最小值，更换启动机电刷架总成。

（3）检查电刷架。用万用表测量电刷间的电阻（见图 4-81）。标准电阻应符合表 4-2 中的规定。如果不符合标准，更换启动机电刷架总成。

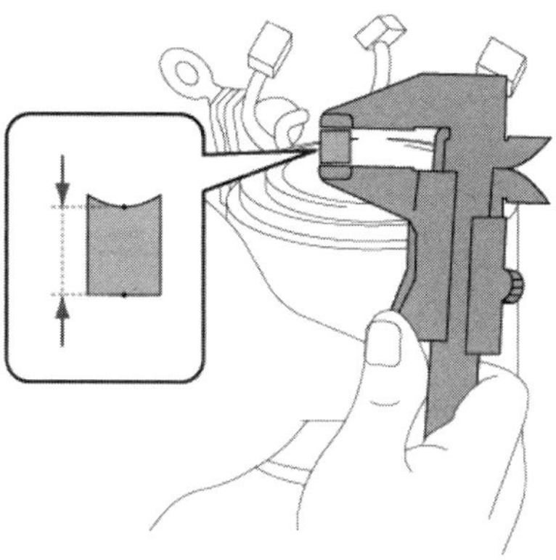

图 4-80 测量电刷长度

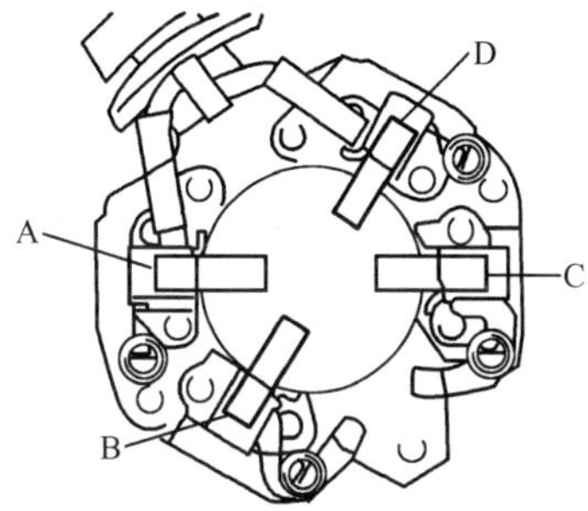

图 4-81 测量电刷间的电阻

表 4-2 电刷间的标准电阻

检测仪连接	规定状态
A–B	10kΩ或更大
A–C	10kΩ或更大
A–D	小于 1Ω
B–C	小于 1Ω
B–D	10kΩ或更大
C–D	10kΩ或更大

048 启动机检查

检查启动机总成。

注意：在 3～5s 内执行如下测试。

（1）将启动机固定在台虎钳上。

（2）执行吸引动作测试。如图 4-82 所示，拆下启动机端子 C 上的电缆引线；用带夹子的电缆将启动机端子 C、电磁开关的壳体与蓄电池的负极相连；用带夹子的电缆将启动机端子 50 与蓄电池正极连接，驱动齿轮应向外移动。若不移动，说明电磁开关有故障，应进行修理或更换。

（3）执行保持动作测试。当驱动齿轮保持在伸出位置时，拆下启动机端子 C 上的电缆引线，如图 4-83 所示，此时驱动齿轮应保持在伸出位置不动。若驱动齿轮回位，说明保持线圈断路，应进行维修。

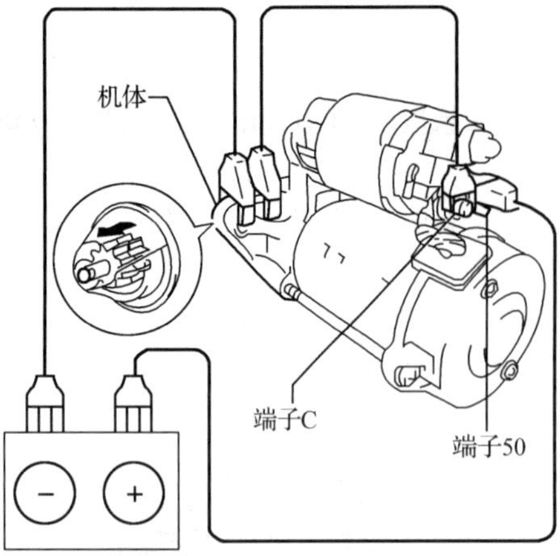

图 4-82　启动机吸引动作测试

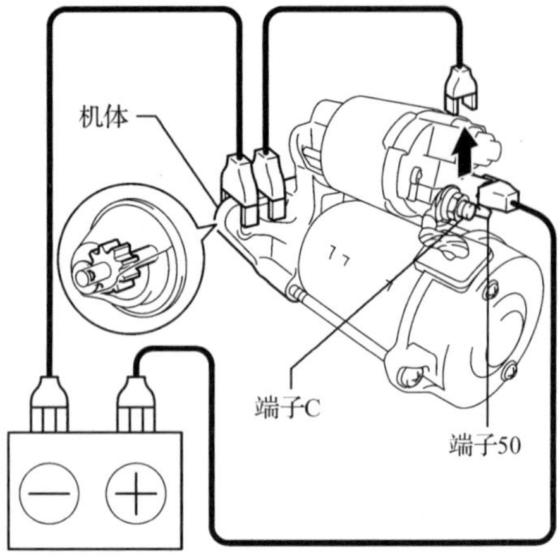

图 4-83　启动机保持动作测试

（4）驱动小齿轮退回情况的检查。在保持动作的基础上，拆下启动机壳体上的电缆夹，如图 4-84 所示，拆下启动机外壳的搭铁线。若驱动小齿轮未立刻退回，应检查复位弹簧及柱塞等。

（5）执行无负荷操作测试。连接励磁线圈引线至端子 C（拧紧力矩：10N • m），将启动机夹在台虎钳中。如图 4-85 所示，将蓄电池和电流表连接到启动机上。检查并确认电流表指示电流是否符合规定。蓄电池正极端子与端子 30、端子 50 之间的标准电流（电压至少为 11.5V）小于 90A。如果结果不符合规定，更换启动机总成。

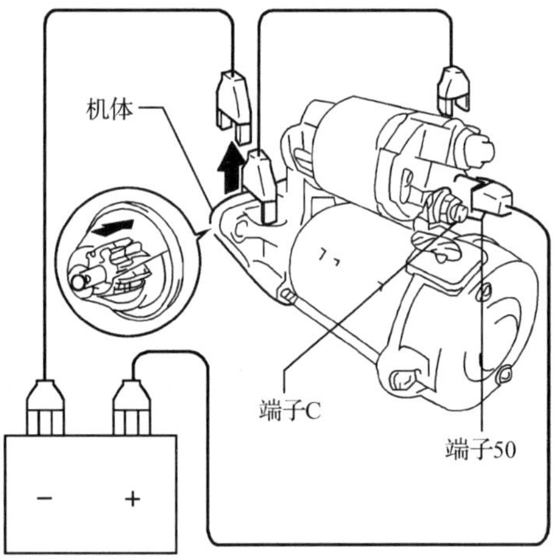

图 4-84　驱动小齿轮退回情况检查

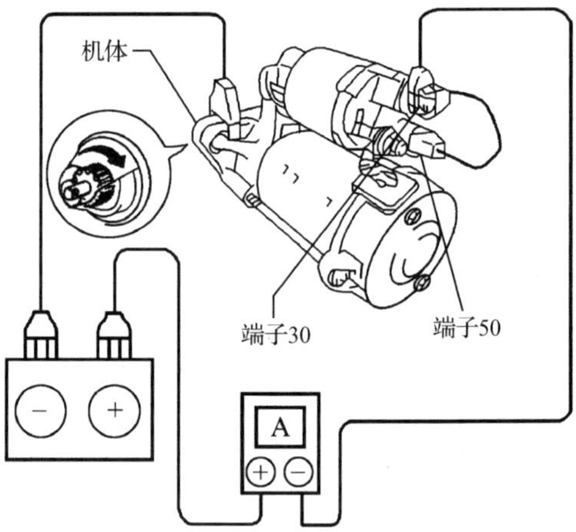

图 4-85　执行无负荷操作测试

049　启动机励磁线圈检查

（1）检查励磁线圈是否开路，如图 4-86 所示。用万用表检查引线和励磁线圈电刷引线，应导通。否则，更换磁极框架。

（2）检查励磁线圈是否接地。用万用表检查励磁线圈末端与磁极框架，应不导通，如图 4-87 所示。若导通，修理或更换磁极框架。

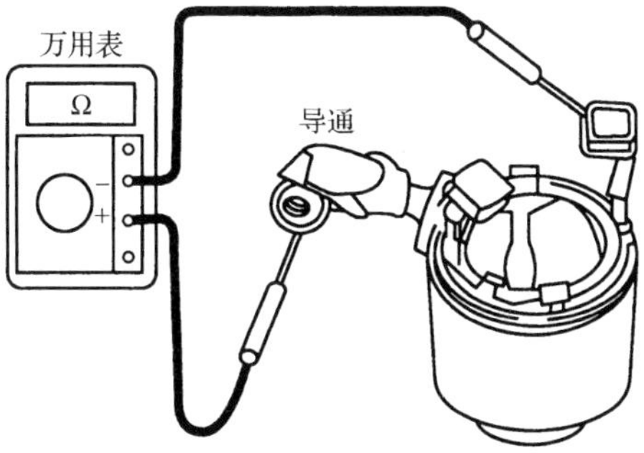

图 4-86　检查励磁线圈是否开路

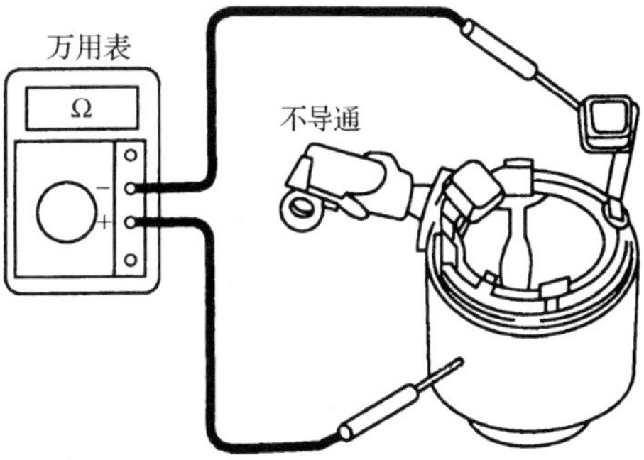

图 4-87　检查励磁线圈是否接地

（3）图 4-88 所示为励磁线圈断路的检查，先目测励磁线圈的线头是否脱焊，然后可用试灯进行检查。用两触针依次与励磁线圈的线头接触，如试灯均亮，则说明励磁线圈没有断路；若试灯不亮或暗淡，则说明励磁线圈断路。

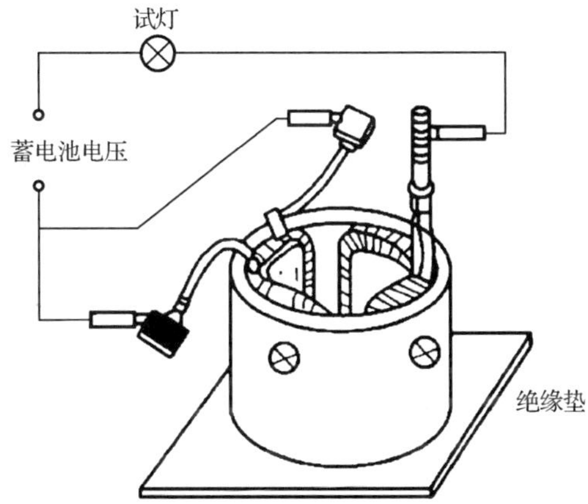

图 4-88　用试灯检查励磁线圈断路

050 E415S 触点故障导致迈腾车无法启动故障排除

1）故障现象

打开点火开关仪表没有任何反应，指示灯不亮，车辆不能启动。

2）故障诊断过程

车辆抛锚，将车辆救援回服务站后进行检查：因为打开点火开关后仪表没有任何反应，无法连接 VAS6150。检查电瓶电压正常，熔丝 SC16、SC14 及其他相关熔丝均正常，点火钥匙正常。应急连接端子 15 的供电断电器 J329 后，VAS6150 可正常连接，检查各系统正常，没有故障码。

对车辆进行进一步检查后确认 J764 损坏，理由是当打开点火开关后，J764 的端子 T10K/6 没有正电输出，而当人为给该线提供一个正电的时候仪表显示正常。因为当防盗系统没有识别到正常的点火钥匙，没有解除防盗时，J764 也不会输出正电。询问服务站是否检查过 E415 中 S 触点的状态，确认防盗是否在插入钥匙后正常解除，回答是没有进行该两点检查。用 VAS6150 不能读取 S 触点的状态，询问经销商发现，该经销商的 VAS5051 使用的是 7.0 版本程序，在对

VAS6150 升级后，用引导功能查看 S 触点的状态，结果发现钥匙进出 S 触点都是断开的，显然是 E415 中的 S 触点出现了故障，更换 E415 故障排除。

3）故障原因分析

首先了解一下迈腾汽车的防盗系统及电路图。ESL 控制单元 J764 的插脚定义如图 4-89 所示，防盗系统电路图如图 4-90 所示。

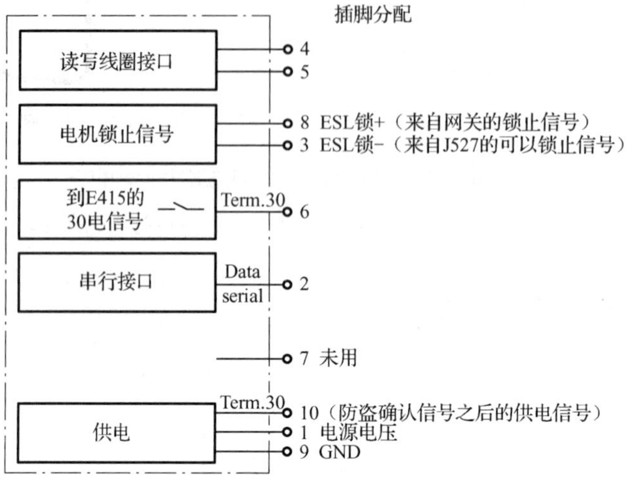

图 4-89 ESL 控制单元 J764 的插脚定义

防盗器的释放过程如下：

（1）30 正电经 SC16 保险供给 E415 的 3 号插脚。

（2）当钥匙插入时，E415 中的 P 触点断开（T16f/15），S 触点接合（T16f/16），供电给 J527 的 T20d/12。

（3）J527 接收到该信号后，判定有钥匙插入，发送舒适总线唤醒信号和 S 触点已接合信号给 J393。

（4）J393 通过串行数据总线到 J764 的插脚 2 唤醒 J764。

（5）J764 读取 E415 中的读写线圈 D1 的数据并通过串行数据总线传递到 J393 进行钥匙的合法性识别，当判定钥匙为合法钥匙时，J393 输出正电到 J764 的 10 号脚，锁止电机 N376 解锁。

（6）J764 从 6 号脚输出正电到 E415 的 T16f/8，然后从 E415 输出到 J519 和 J527 的相应针脚接通 15 正电和 50 正电。防盗解除，车辆正常启动。可以看出，E415 中的 S 触点闭合是防盗解除，这是车辆正常工作的首要前提，只有当 S 触点闭合时，车辆认为有钥匙插入，才会进行下面的一系列判别过程。当 S 触点不能正常闭合时，车辆认为没有钥匙插入，则所有的后续动作均不会进行，15 正电和 50 正电不能被接通，当然也就不能正常启动了。

4）故障处理方法

更换点火开关 E415，故障排除。

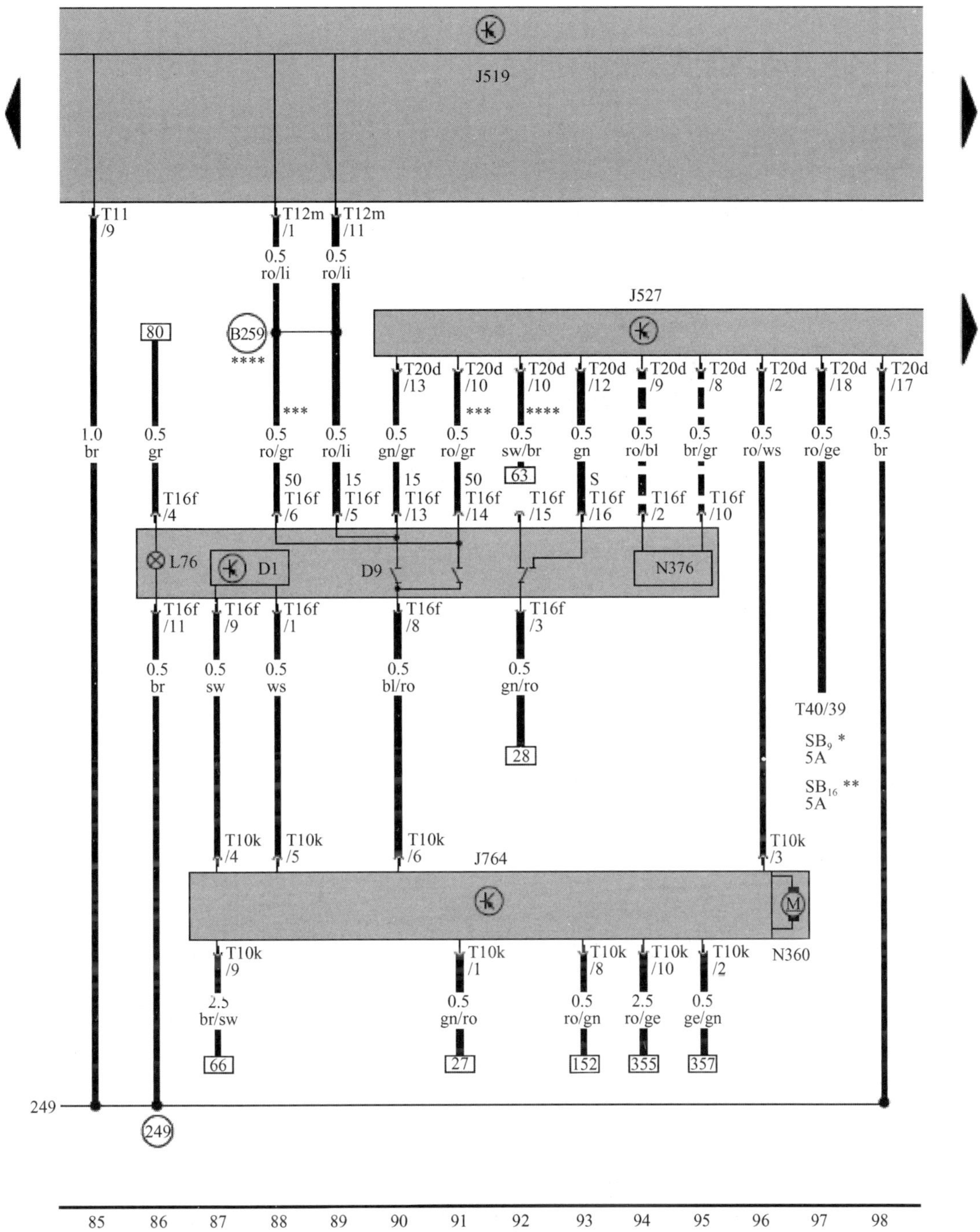

D1—防盗锁止系统读取单元；D9—电子点火开关；J519—车载电网控制单元；J527—转向柱电子装置控制单元；L76—按钮照明灯泡；J764—电子转向助力控制单元；N376—点火钥匙拔出锁止电磁铁

图 4-90　防盗系统电路图

051 一键启动功能失效故障排除

故障现象：一辆 CC 2.0T 型轿车，用户反映该车没有一键启动功能。

检查分析：维修人员首先对故障现象进行验证，发现无钥匙进入系统正常，并且可以用点火钥匙机械启动车辆；按压一键启动按钮，组合仪表上所有的指示灯均不亮（如图 4-91 所示），说明 15 正电未接通，可听见转向柱锁 J764 的解锁声，但车辆却无法启动。

图 4-91　组合仪表上的指示灯不亮

用故障诊断仪 VAS6150B 检查到 09、中央电气电子设备内有一个故障，如图 4-92 所示。检查读取 46-舒适系统、25-防盗系统、16-转向柱控制单元、09-中央电气电子设备等控制单元的数据流，发现将点火钥匙插入 E415 后，S 触点及 15 正电接通正常；使用一键启动按钮时，发现 S 触点显示接通，15 正电显示断开。

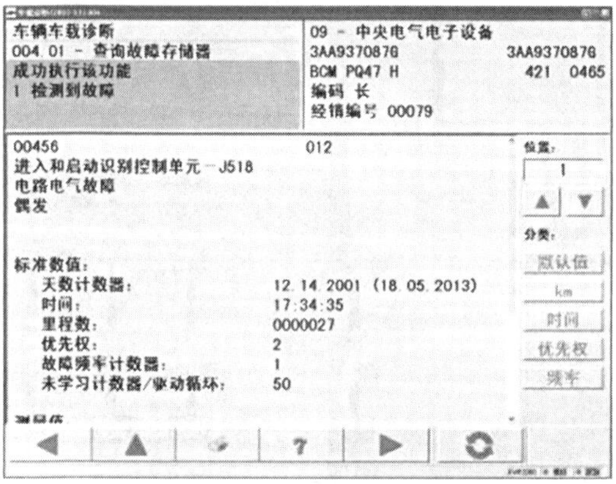

图 4-92　09-中央电气电子设备中的故障信息

根据相关电路图分析，如图 4-93 所示，点火钥匙打开点火开关时，15 正电由 E415 提供，而通过一键启动按钮打开点火开关时，15 正电则由 J942 内部提供。检查 J942 控制单元的电源及接地，发现 J942 插接器 T32g/7 脚电压为 0.04V，不正常。检查 J764 插接器的 T10k/6 脚电压正常，为 12.05V。

维修人员通过以上检测分析，因通过点火钥匙能激活 15 正电且 J764 插接器的 T10k/6 脚电压正常，由此判断 S24 与 J942 插接器 T32g/7 脚之间有断路。

J764 中 T10k/6 端子的功能，只有经防盗系统多重验证后，J764 内部电机才会动作解锁，然后经 T10k/6 端子输出 12V 电压给点火开关形成 15 正电和 50 正电，经 J942 形成一键启动系统的 15 正电，还需检查 J527 的编码和 J942 的 S 触点信号是否正常。

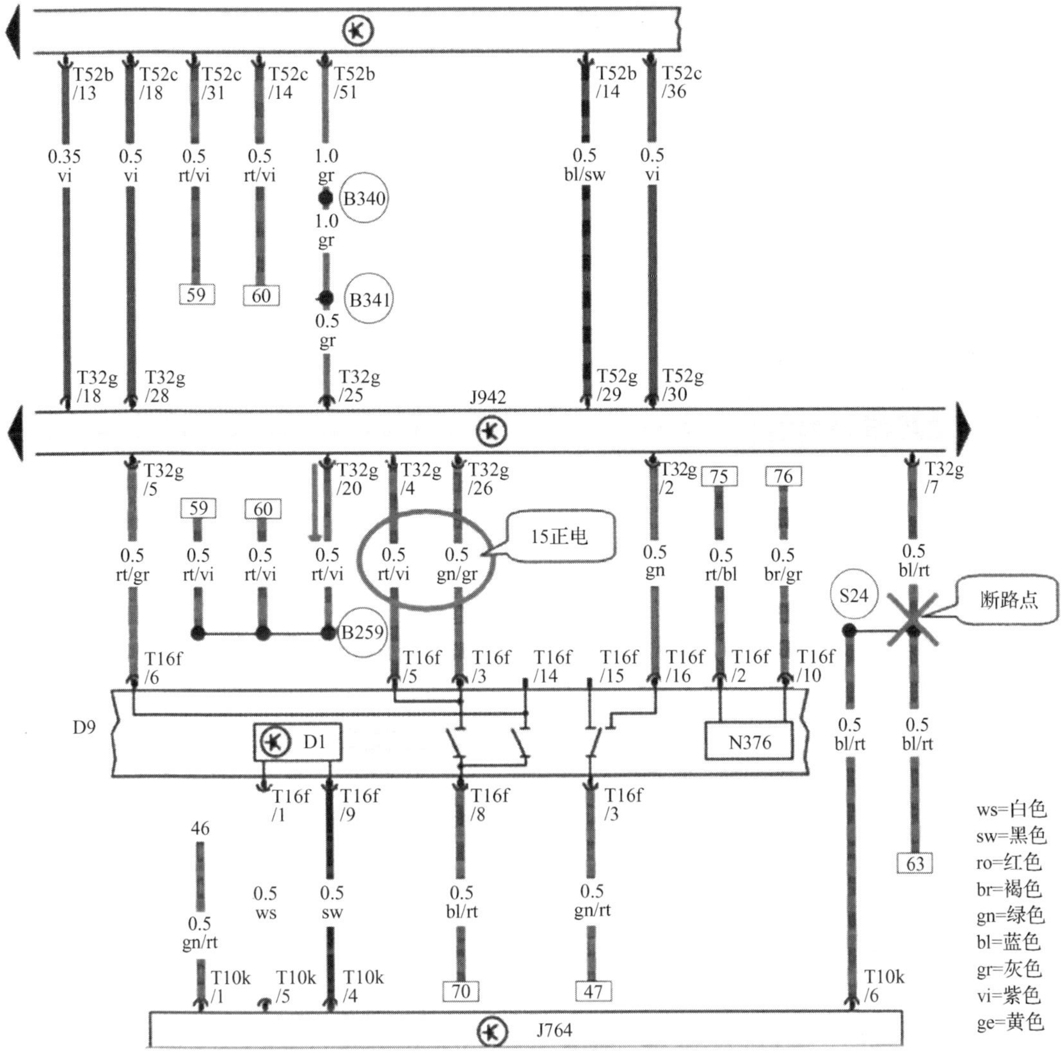
T52b /13
T52c /18
T52c /31
T52c /14
T52b /51
T52b /14
T52c /36
0.35 vi
0.5 vi
0.5 rt/vi
0.5 rt/vi
1.0 gr
0.5 bl/sw
0.5 vi
B340
1.0 gr
59
60
B341
0.5 gr
T32g /18
T32g /28
T32g /25
J942
T52g /29
T52g /30
T32g /5
T32g /20
T32g /4
T32g /26
T32g /2
75
76
T32g /7
59
60
15正电
0.5 rt/gr
0.5 rt/vi
0.5 rt/vi
0.5 rt/vi
0.5 rt/vi
0.5 gn/gr
0.5 gn
0.5 rt/bl
0.5 br/gr
0.5 bl/rt
S24
断路点
B259
T16f /6
T16f /5
T16f /3
T16f /14
T16f /15
T16f /16
T16f /2
T16f /10
D9
D1
N376
0.5 bl/rt
0.5 bl/rt
T16f /1
T16f /9
T16f /8
T16f /3
46
0.5 ws
0.5 sw
0.5 bl/rt
0.5 gn/rt
0.5 gn/rt
63
70
47
T10k /1
T10k /5
T10k /4
T10k /6
J764
ws=白色
sw=黑色
ro=红色
br=褐色
gn=绿色
bl=蓝色
gr=灰色
vi=紫色
ge=黄色

图 4-93 相关电路图

Chapter 5

第5章

点火系统

052 电子点火系统的组成

微机控制点火系统能实现最佳点火提前角的控制，从而提高发动机的动力性，降低燃油消耗量和有害气体的排放量。

微机控制点火系统主要由空气流量传感器、节气门位置传感器、曲轴位置传感器、凸轮轴位置传感器、冷却液温度传感器、进气温度传感器、车速传感器、爆燃传感器、各种控制开关、ECU、点火控制器、点火线圈及火花塞等组成，如图 5-1、图 5-2 所示。

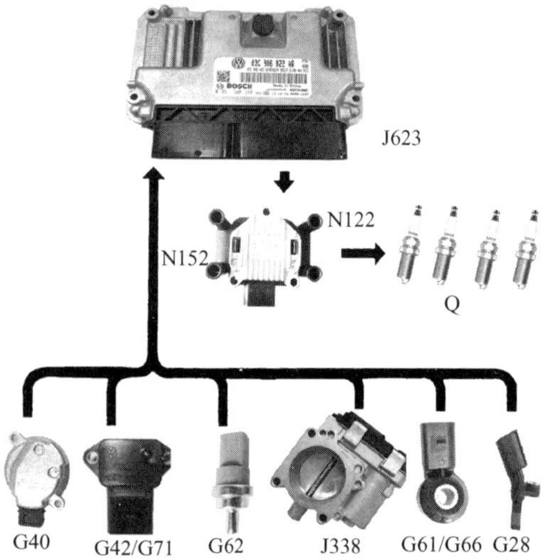

图 5-1　双缸点火系统

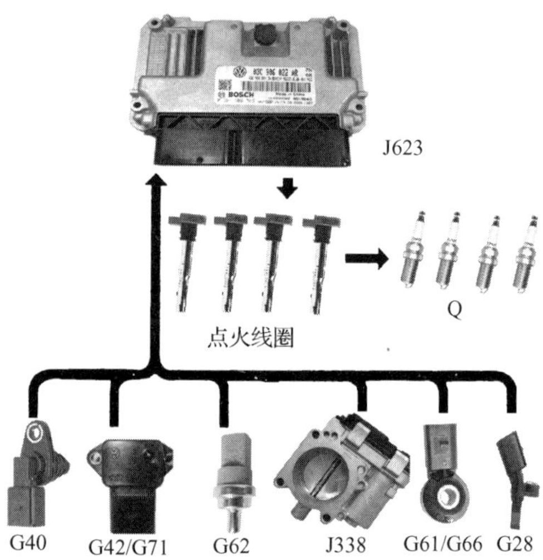

图 5-2　单缸点火系统

053 点火锁的结构

1）点火开关的各挡位

点火开关通常设计在锁体尾端（如奇瑞 A3、奇瑞 QQ），但由于结构的不同，也有将其设计在锁体中部的（如标志 206、吉利熊猫）。当然，它们的挡位功能基本上是一样的。开关导通结构一般也就三种状态：

（1）开关座上固定触点，由转动块带动触片，进行开关的通断（如江淮瑞风）。

（2）开关座上固定触片，由转动块带动触片，进行开关的通断（如奇瑞 A3、吉利帝豪、奇瑞 QQ）。

（3）开关座上固定触片，由转动块带动触点，进行开关的通断（如神龙富康、标致 206）。

开关接线柱通常有：B 电源、ACC 附件、IG 点火、ST 启动、R 启动继电器、IG 点火继电器。

2）点火锁开关的负载

具体车型不同，各挡位及触点电流、功率均会有所区别，如表 5-1～表 5-3 所示。

表 5-1　奇瑞 A3 点火开关

接线柱 / 挡位	AM1	IC1	ACC	AM2	IG2	ST2
功率		240W	120W		120W	120W
LOCK						
ACC	○	—	○			
ON	○	○	○	○	○	
START	○	○		○	○	○

表 5-2　江淮宾悦点火开关

接线柱 / 挡位		AM1	IC1	ACC	AM2	IG2	ST2	3	4	5	6
功率			240W	120W		120W	120W	1.5W			2W
LOCK	拔出钥匙							○—⊗—○			
	插入钥匙									○	○
ACC		○	—	○						○	○
ON		○	○	○	○	○				○	○
START		○	○		○	—	○			○	○

表 5-3　长安悦翔点火开关

接线柱 / 挡位	B1	ACC	IG1	B2	ST	IG2
电流	50A	20A	30A	40A	20A	40A
功率	600W	240W	360W	480W	240W	480W
LOCK	○					
ACC	○	○				
ON	○	○	○	○	—	○
START	○	—	○	○	○	

3）无钥匙启动、一键式启动

近年来该系统已广泛运用。无钥匙启动、一键式启动都具有无钥匙进入（PKE）功能。通常，当车主走近车辆约 1m 以内时，门锁就会自动打开并解除防盗；当离开车辆时，门锁会自动锁上并进入防盗状态。而当车内留有一把钥匙，熄火离开时，遥控闭锁是不能实现的。

（1）无钥匙启动。例如，长安铃木天语 SX4、马自达 6、V3 菱悦，在钥匙上或车内都没有一键式启动按键，而是在转向盘柱右下方有一个旋钮，只要车钥匙在车内，驾驶员踩住制动踏板，旋转该旋钮，发动机即可启动，如图 5-3 所示。

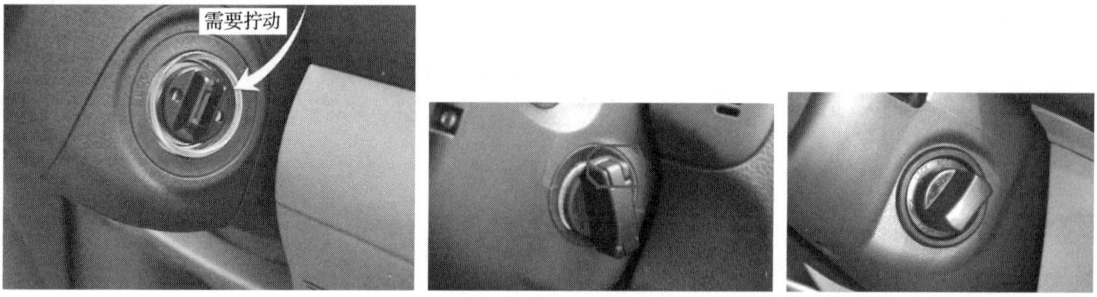

图 5-3 无钥匙启动

（2）一键式启动。智能一键式启动钥匙是集智能钥匙的感应开启车门功能和一键式按钮启动发动机功能于一体的钥匙，省去了拿钥匙拧转点火锁启动发动机的操作，传统意义上的点火锁已不复存在，仅剩下方向锁，点火开关功能并入到了电子控制系统中。比如，荣威 550、卡罗拉 1.8 PREMIUM AT、雅士力士、凯越、君威等，后两款车型的钥匙具有 RES 远程发动机启动功能，人在车外一定距离，按下钥匙上的发动机启动按钮，发动机将启动，空调系统也会按车主下车前的温度制冷或加热，如图 5-4 所示。

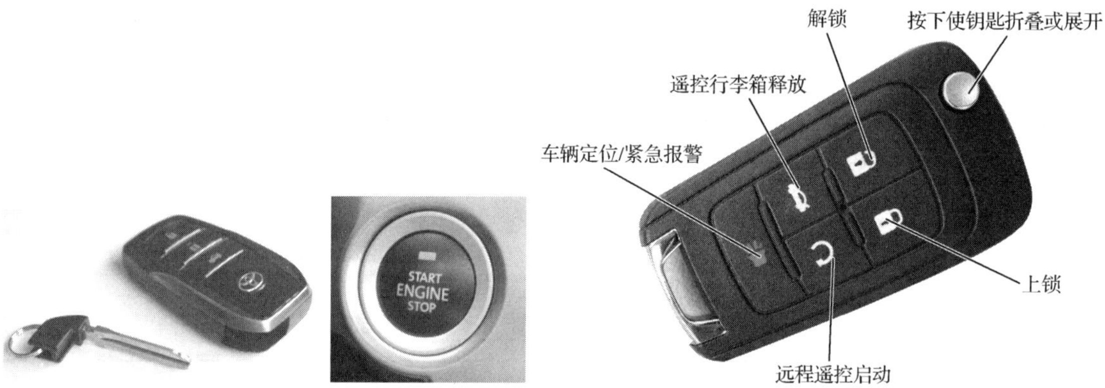

（a）一键式启动钥匙　（b）一键式启动按钮　（c）远程启动遥控器

图 5-4 智能一键式启动钥匙

054 迈腾 B7L 点火开关端子电压形成

1）系统主要部件

（1）电子点火开关及点火钥匙。迈腾 B7L 的点火开关为滑动式点火开关。通过点火钥匙在电子点火开关中的不同位置，激活不同的端子信号，如图 5-5 所示。

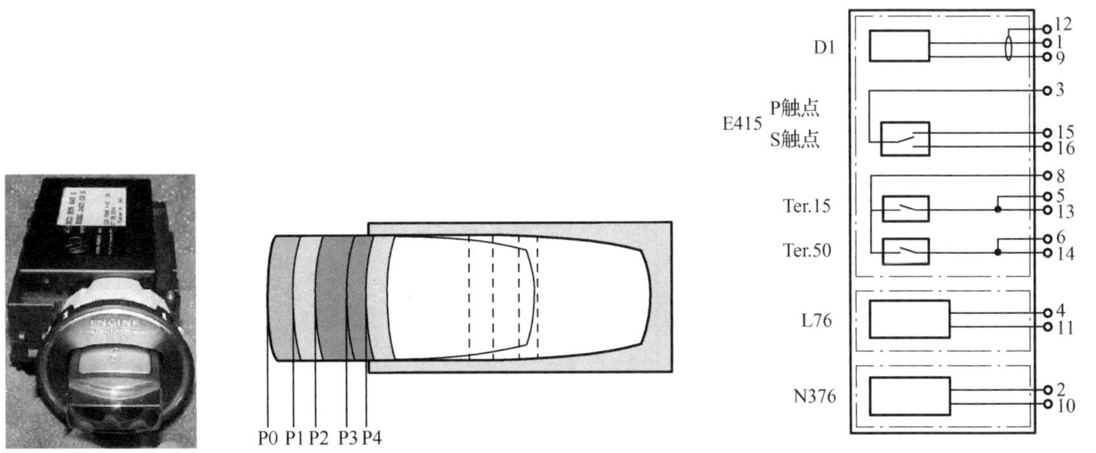

P0—点火开关关闭；P1—端子 S 接通；P 2、P3—端子 15 运行（启动后自动回到该位置）；P4—端子 50 接通；D1—防盗器的读写线圈，12 脚为屏蔽线，脚 9 和脚 1 传输的是振幅调频信号；E415—插脚 3 提供的是停车正电 30 信号，被设计成转换开关，P 或 S 接通；P8—插脚 8 为 30 号线，用于转向柱锁；L76—开关照明灯；N376—钥匙拔出锁电磁阀

图 5-5 点火开关

（2）启动/停止按钮。部分高配的迈腾 B7L，除了用电子点火开关激活各个端子电压及启动发动机外，还可通过副仪表台上的“启动/停止”按钮来实现上述功能，如图 5-6 所示。

图 5-6 启动/停止按钮

2）迈腾 B7L 电了点火开关及启动/停止按钮电路

发动机启动控制单元图如图 5-7 所示。

3）迈腾 B7L 电子点火端子电压形成过程

（1）通过电子点火开关 E415 形成端子电压及启动发动机的过程。当点火钥匙推入电子点火开关中的 P1 位置时，电子点火开关中的 S 触点接通，此时 E415 的 T6f/16 与 T6f/3 接通。SC16 保险提供的 12V 电压通过 J942（接线端控制单元）的 T32g/2 及 T32g/3 传递到 J527（转向柱电子装置控制单元）的 T16o/7。J527 收到 E415 的 S 点接通信号后，将该信号通过舒适系统 CAN 总线传递到网关控制单元以及需要此信号的各控制单元。J393（舒适系统控制单元）收到 S 点接通信号后，通过 T6an/5 与 J764（电子转向柱控制单元）的 T10k/2 之间的“串行数据总线”，询问点火钥匙的“合法性”。如果 J764 通过 D1（防盗止动系统读取单元）识别到钥匙信息合法，则防盗止动器控制单元（与舒适系统控制单元制成一体）将电子转向柱解锁。与此同时，J764 通过 T10k/6 为 E415 的 T16f/8 及 J942 的 T32g/7 提供 12V 信号电压。

当点火钥匙移动到 P2 位置时，E415 的 T16f/5 与 T16f/8 接通，12V 电压经过 J942 的 T32g/4 及 T32g/20 传递到 J519（车载电网控制单元）的 T52c/31 和 T52c/14。至此，J519 收到 15 正电激活信号。在 E415 经过 J942 为 J519 提供 15 正电激活信号的同时，E415 同时通过 J942 的 T32g/26 及 T32g/31 为 J527 的 T16o/14 提供 15 正电激活信号。J527 通过舒适系统 CAN 总线发出 15 正电激活信号，J519 同时收到 E415 及舒适系统 CAN 总线中的 15 正电激活信号后，控制 J329（645 号）继电器吸合，为车辆提供点火开关的 15 端子电压。部分舒适系统控制单元（如车门控制单元等）是通过舒适系统 CAN 总线获取 15 端子电压激活信号的。点火钥匙在 P2 位置时，J519 还同时控制 X 触点卸荷继电器吸合，为车辆的空调风机等部件提供卸荷电压。

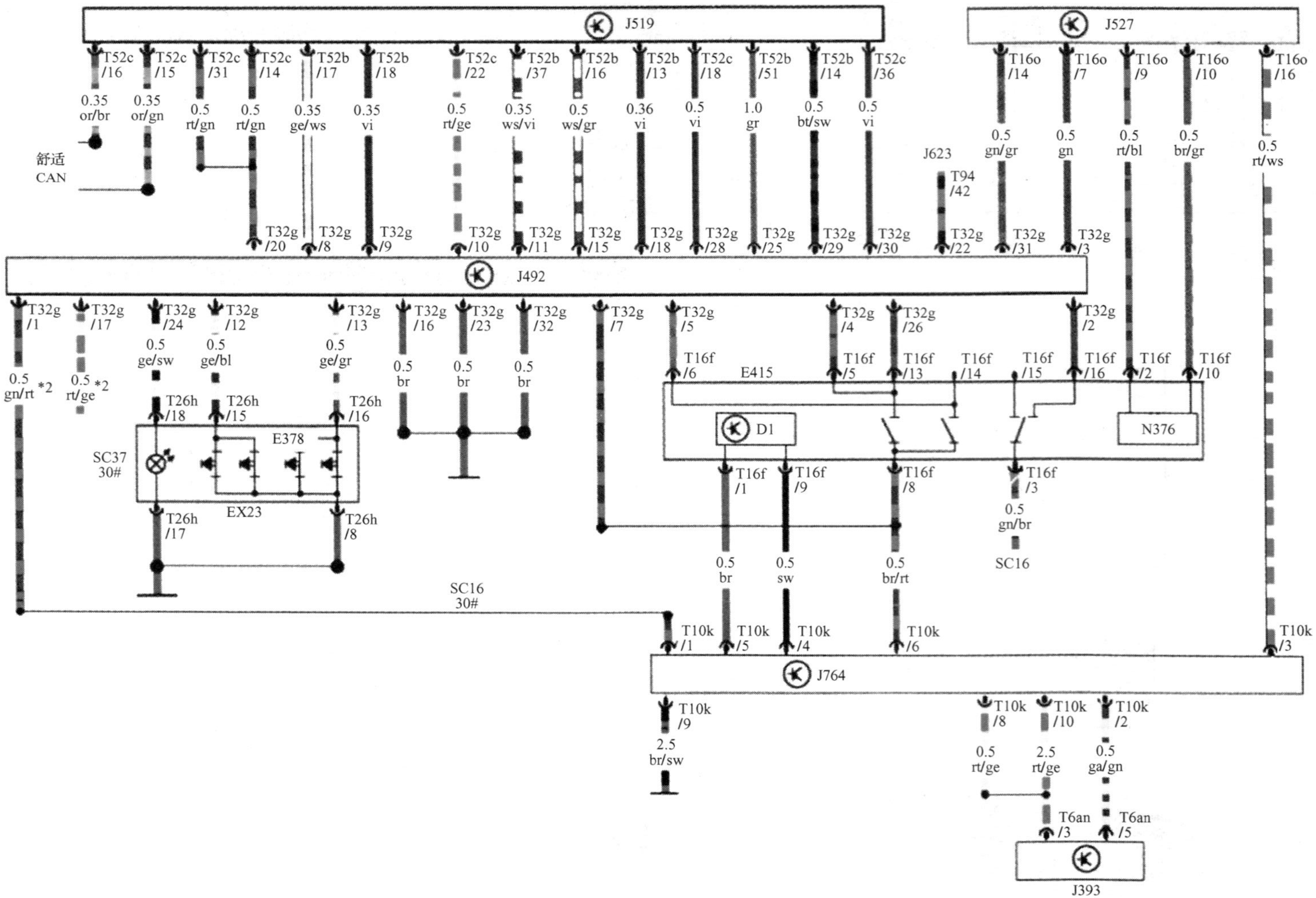

E415—电子点火开关；E378—启动/停止按钮；J764—电子转向柱锁控制单元；J519—车载电网控制单元；J527—转向柱电子装置控制单元；N376—点火钥匙拔出锁止电磁铁；J623—发动机控制单元；J942—接线端控制单元；J393—舒适系统控制单元；D1—防盗止动系统读取单元

图5-7　发动机启动控制单元图

当点火钥匙移动到 P4 位置时，E415 电子点火开关中的 50 电触点闭合。E415 的 T16f/6 输出 12V 电压到 J942 的 T32g/5，并通过 J942 的 T32g/22 为 J623（发动机控制单元）提供启动信号。J623 控制两个启动继电器，启动发动机。在此过程中 J519 控制 X 触点卸荷继电器断开，保证蓄电池有足够的电量供发动机启动使用。

发动机启动后，松开点火钥匙，则钥匙退后到 P3 位置，此时各端子电压的激活情况与钥匙在 P2 位置时相同。

（2）通过 E378 启动/停止按钮形成端子电压及启动发动机过程中驾驶员携带合法钥匙进入车内后，按动“启动/停止”按钮，车内低频天线扫描钥匙，钥匙被激活并发射高频“钥匙信息”信号。J393 收到合法钥匙信号后为电子转向柱解锁，并为 J942 的 T32g/7 提供 12V 信号电压。在不操作电子点火开关 E415 的情况下，J942 为 J519 及 J527 提供 15 正电激活信号。如果在按下 E378 的同时踩下制动踏板，而且换挡杆位于 P/N 挡等启动条件都满足，则在激活 15 端子电压的同时，发动机控制单元通过启动继电器启动发动机。

055 迈腾点火开关挡位及操作钥匙开关时间过程分析

1）点火开关挡位及操作钥匙

在迈腾发动机故障诊断中，要根据综合分析出来的各系统的作用，找出它们之间的相互作用、相互关联和相互反馈去分析控制原理。

按照点火开关挡位及操作钥匙开关时间过程进行分析。迈腾轿车点火开关内部挡位插脚定义如表 5-4 所示，各挡位操作功能如表 5-5 所示，点火开关启动电路如图 5-8 所示。

表 5-4　点火开关内部挡位插脚定义

挡　位	插　脚					
	3	16	8	5	13	6
P0	○					
P1	○—	—○				
P2	○—	—○	○—	—○—	—○	
P3	○—	—○	○—	—○—	—○—	—○

表 5-5　点火开关各挡位操作功能表

接　位	作　用	功　能
P1	S 触点接通	将 3 号插脚输入的+B 电源电压经过内部触点接通后，由 16 号插脚输出给 J527 单元。该电源电压称为“S 触点电压”
P2	15 号线及 15 号线驱动同时接通	将由 J764 输入的+B 电源电压通过 8 号插脚经过内部触点接通后，由 5 号和 13 号插脚分别输出给 J519 和 J517 单元。该电源电压称为“15 电压”
P3	50 启动挡位信号接通	将由 J764 输入的+B 电源电压通过 8 号插脚经过内部触点接通后，由 6 号插脚输出给 J623 单元。该电源电压称为“50 电压”

（1）P1 位置。如图 5-8 所示，把钥匙插入到 Pl 位置后，30 号电源经 SC16 供给 D9 上的 T16f/3 端子，经 S 触点的 T16f/16 进入 J527 端了 Tl6o/7 供电。当 J527 接收到 S 触点电源信号后，通过 CAN 线（Tl6o/3 和 Tl6o/4）发送舒适总线唤醒信号和 S 触点闭合信号给 J393（T18a/10

和 T18a/9）。J393 得到信号后，通过 T6an/5 串行数据总线将唤醒指令传到 J764 的 T10k/2，进而唤醒 J764。J764 得到唤醒信号后给 D1 读写线圈供电，供电后读取防盗单元 D1 的钥匙数据信息，读取得到的钥匙信号通过 D1 导线传递给 J764，J764 得到信号后再通过 T10k/2 串行数据总线传递给 J393 的 T6an/5，随后 J393 进行防盗钥匙识别，判定钥匙是否合法。当确认钥匙合法后，J393 通过 T6an/3 同时给 J764 的 T10k/10 和 T10k/8 号脚提供 30 号电源，用以解除转向柱锁及形成 15 号、50 号的电源。同时，通过 CAN 线将信息传给发动机控制单元，识别正常后防盗解除。

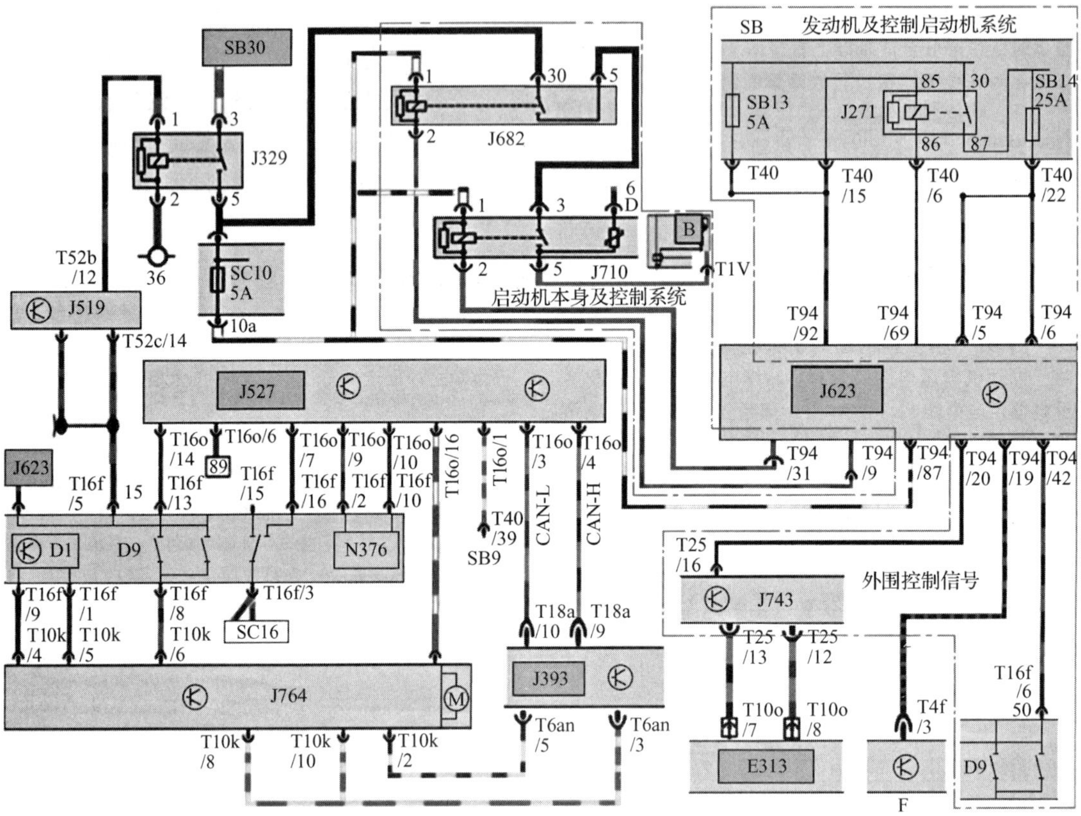

图 5-8 迈腾轿车点火开关启动过程电路图

（2）P2 位置。把钥匙插入到 P2 位置后，由 J764 端子 T10k/6 输入 D9 端子 T16f/8 的 30 号电源，经过 15 信号触点分别从 T16f/13 输入到 J527 端子 Tl6o/14 和 T16f/5 输入到 J519 的 T52c/14 端子。J519 得到 15 驱动接通信号后，由 J519 的 T52b/12 端子输出 15 电源，控制 J329 供电继电器闭合。J329 继电器闭合后，由+B 输入的电源分别供给启动机继电器 J682 和 J710。

同时，J623 由 T94/87 得到 15 号驱动电源电压。J623 得到 15 号驱动电源电压后，端子 T94/69 输出低电平，控制 J271 继电器闭合，J623 通过端子 T94/5 和 T94/6 得到供电电压，J623 进入工作状态，为后续的启动做好准备。

（3）P3 位置。把钥匙插入到 P3 位置后，由 J764 端子 T10k/6 输入 D9 端子 T16f/8 的 30 号电源，经过 50 信号触点内 T16f/6l 输入到 J623 端子 T94/42 上。J623 得到 50 信号后，如果此时 J623 的 P/N 挡、制动信号正常，J623 端子 T94/6 和 T94/31 将同时输出低电平，控制 J682 和 J710 启动继电器闭合，启动机电磁线圈得到启动电流，从而启动机运转。

在迈腾发动机系统中，继续分析出各系统的功能，如表 5-6 所示。

表 5-6 迈腾各系统的功能

序号	系统名称	功能
1	电源系统	向蓄电池及汽车用电设备提供低压直流电能，在迈腾诊断中向启动机、继电器及各模块提供电能
2	电子点火开关（D9）	①提供 P、S 触点信号；②接收电子转向柱锁止装置控制单元 J764 给 D9 供电，形成 15 电和 50 电；③提供 15 线接通信号给 J527；④提供 15 驱动接通信号给 J519；⑤形成 50 供电信号给发动机控制单元（J623）启动信号
3	转向柱电子控制单元（J527）	①判断 S 信号，读取并将 S 接合信号通过 CAN 线传给 J393；②读取 E3I3 换挡杆 P 信号时，给 J764 一个锁止信号；③接收 D9 传送的 15 接通信号，以便控制转向柱电子控制单元内的其他系统工作
4	舒适系统中央控制单元（J393）	①通过 CAN 接收 J537 传过来的 S 信号，并通过串行总线发送给 J764 一个唤醒信号；②接收 J764 通过串行数据总线传过来的钥匙信息信号；③判断钥匙是否合法，如合法给 J764 供 15 电，不合法则不供电
5	电子转向柱锁止装置控制单元（J764）	①通过串行总线接收 J393 传送的 S 唤醒信号后，给防盗锁止系统读取单元 D1 读写线圈供电，并读取钥匙信息信号；②通过串行数据总线将钥匙信息传递给 J393 进行合法判断：③接收 J393 的两条 15 供电后分别给转向柱内的转向锁解锁，同时给 D9 供电
6	防盗锁止系统读取单元（D1）	①接收 J764 供电，通过识读线圈将电能输送到钥匙内，钥匙通过脉冲转发器和识读线圈将钥匙识别码发送到开关内，点火开关将信息发送到 J764，产生磁场给钥匙供电并接收钥匙数据信息；②将钥匙信息通过传输线传递给 J764
7	车载电网控制单元（J519）	①接收 D9 提供 15 驱动接通信号，控制 15 供电继电器（J329）；②接收供电继电器 2 传送的启动闭合信号，以便判断启动系统工作状况及控制启动状态下的电源控制；③给 J538 燃油泵控制单元预供油；④检测发电机发电状况；⑤接收制动信号灯开关 F3 制动信号，控制 E313 内的换挡杆锁电磁铁 N110
8	换挡杆（E313）	①发送换挡杆 E313 内的 F319 挡位 P 挡锁止信号给转向柱电子控制单元（J527），用于控制 N376 点火与钥匙锁止电磁铁；②接收 J519 制动信号，以控制 N110 换挡杆电磁铁解锁；③将挡位信息通过 CAN 传输给双离合器变速器机电装置单元 J743
9	双离合器变速器机电装置（J743）	①接收 E313 挡位信号；②将 P/N 挡信号传递给发动机控制单元 J623
10	制动信号灯开关（F）	①为发动机控制单元 J623 提供制动信号；②为车载电网控制单元 J519 通过制动信号
11	CAN 总线系统	将舒适/便捷系统 CAN、驱动系统 CAN 等系统数据进行传输
12	发动机控制单元（J623）	①接收+B 电源电压；②接收端子 15 供电继电器 J329 的 15 供电电压；③控制主继电器 J271；④接收 J271 主继电器供电电压；⑤接收 J743 P/N 挡信号；⑥接收 F 制动信号；⑦接收 D9 启动信号；⑧控制启动机两个继电器 J682 和 J710
13	启动机控制系统	①J682/J710 同时接收 J329 端子 15 供电继电器供电，同时受发动机控制单元 J623 控制；②J682 接收 J329 端子 15 供电继电器供电，并控制 J710 的启动供电；③J710 接收 J682 启动工作电压，并给启动机电磁开关；④启动机接收 J710 提供的启动电压

2）点火开关数据流读取

连接 VAS6150，进入 J527 地址 16，读取数据流，第三组第一区为点火开关 5 个接线柱状态，分别包括 P 触点、S 触点、接线柱 75、接线柱 15、接线柱 50 的状态。以二进制数表示分别有 1 和 0 两个状态，其中 1 为闭合，0 为断开，而 5 个接线柱对应的 5 个挡位分别为：锁止挡、S 激活挡、ACC 挡、ON 挡、START 挡。当拔出钥匙后 VAS6150 数据流显示的状态为 10000，表示转向柱锁死接通，其他都为断开；当插入钥匙 S 触点被激活后的状态为 01000，此时收音机电源被接通；拧转钥匙至下一个挡位，状态为 01100，此时 S 触点接通，大负荷用电器的供电（包括大灯、空调鼓风机等）被接通；再拧转钥匙至下一个挡位，则状态为 01110，此时 15 继电器接通工作为仪表和发动机控制单元提供工作电源，仪表指示灯点亮，发动机启动需要的所有条件都满足；而再拧转钥匙则为接通启动机，状态变为 01011，此时由于启动机需要大电流，所以暂时切断了大负荷用电器的供电；而当钥匙退到底未拔出时状态为 11000，表示此时转向柱 P 触点处于接通状态，但是 S 触点却依旧通电。

056 卡罗拉直接点火系统电路分析

卡罗拉轿车采用 DIS（直接点火系统），DIS 可提高点火正时的精度，减少高压损耗，并因淘汰了分电器而提高了点火系统的整体稳定性，发动机中的 DIS 为独立的点火系统，每个汽缸都有一个带点火器的点火线圈。点火原理图如图 5-9 所示。

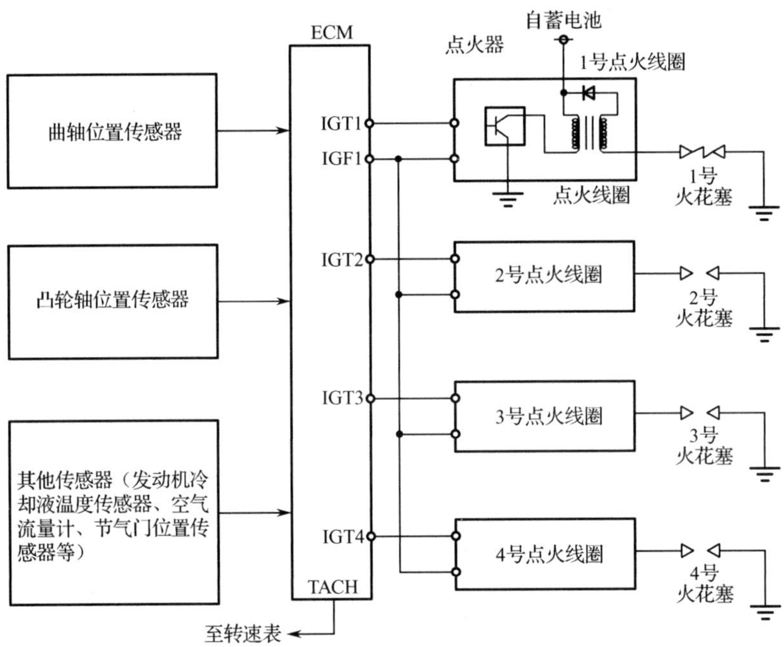

图 5-9　点火原理图

点火电路如图 5-10 所示，当点火开关打开时，点火电压经 7.5A 2 号 IG2 点火熔丝供电给 2 号点火继电器，此时，2 号点火继电器线圈得电，其触点闭合。

蓄电池电压→15A IG2 点火熔丝→2 号点火继电器→分别供给 1 号点火线圈、2 号点火线圈、3 号点火线圈、4 号点火线圈。其中，4 号点火线圈接地；2 号点火线圈为 IGF 电压信号（点火反馈电压）；3 号点火线圈为 IGT（点火正时信号电压）。

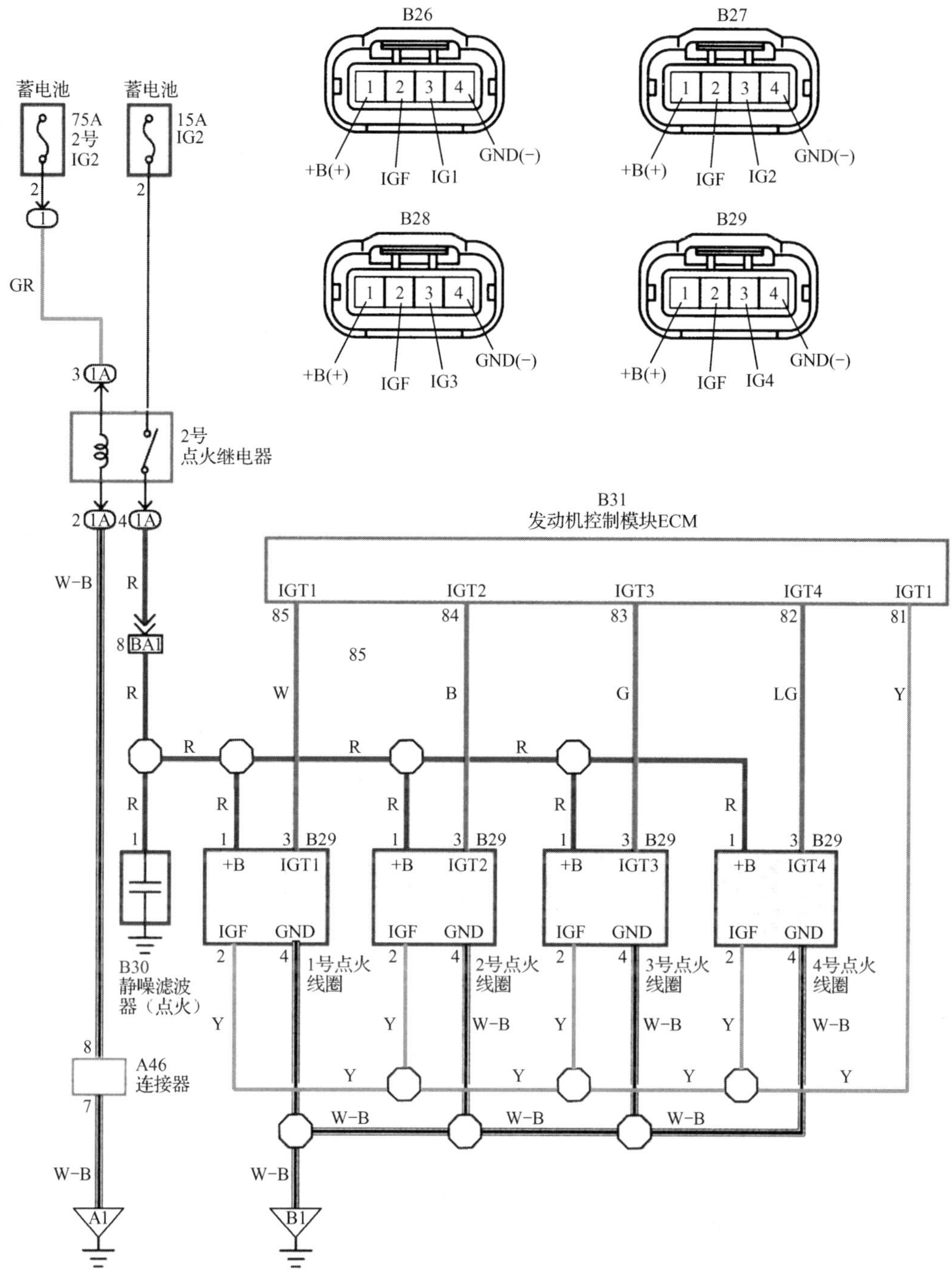

图 5-10　点火电路

当点火开关置于 ON 时，ECM 根据凸轮轴位置信号 G2 和曲轴位置传感器等信号确定最佳的点火闭合角（通电时间），向点火线圈发送点火正时控制信号 IGT，ECM 根据 IGT 信号接通或关闭点火器内功率晶体管的电源。功率晶体管进而接通或断开流向初级线圈的电流。当初级线圈中的电流被切断时，次级线圈中产生高压，此高压被施加到火花塞上并使其在汽缸内部产生火花。一旦 ECM 切断初级线圈电流，点火器会将点火确认 IGF 信号发送回 ECM，ECM 根据此信号给出喷油脉冲控制信号。

057 点火线圈检修

1）检查点火线圈

点火线圈的检查如图 5-11 所示。

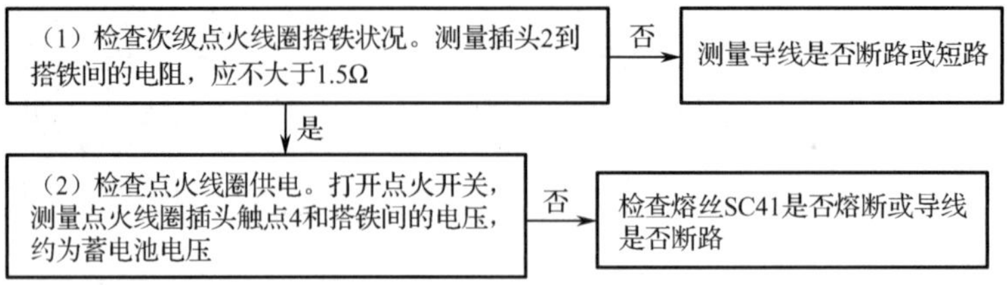

图 5-11　点火线圈的检查

2）检查点火线圈功率放大器

点火线圈功率放大器的检查如图 5-12 所示。

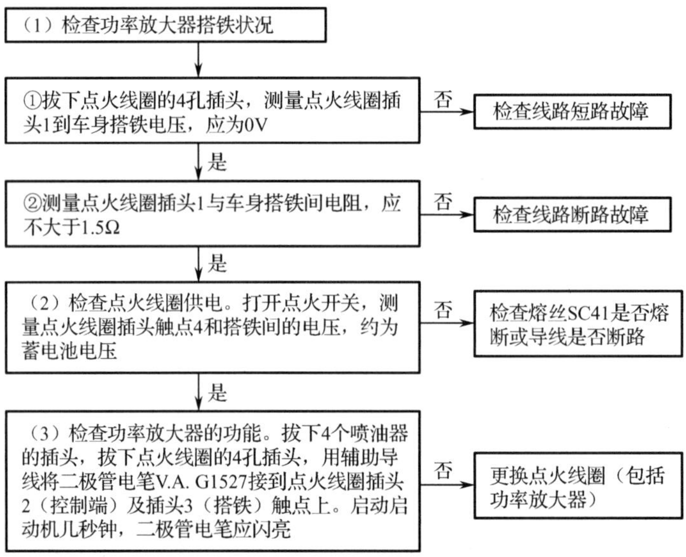

图 5-12　点火线圈功率放大器的检查

说明：（1）捷达单缸点火模块的测试。用连线将点火模块 3 端子与蓄电池负极相连，4 端子与蓄电池正极相连，然后用连线将端子 1 与蓄电池负极相连，再用连线将端子 2 与蓄电池正级短促接触火花塞跳火，说明点火模块没有故障，如图 5-13 所示。

（2）捷达双缸点火模块的测试。用连线将点火模块 4 端子与蓄电池负极相连，2 端子与蓄电池正极相连，然后用连线将端子 1 与蓄电池正极短促接触 1、4 缸跳火，再用连线将端子 3 与蓄电池正极短促接触 2、3 缸跳火，说明点火模块没有故障，如图 5-14 所示。检查 1、2、3、4 端子上的次级电阻：1 缸与 4 缸、2 缸与 3 缸，规定值为 4.0～6.0kΩ。如未达到标准值，则更换点火线圈。

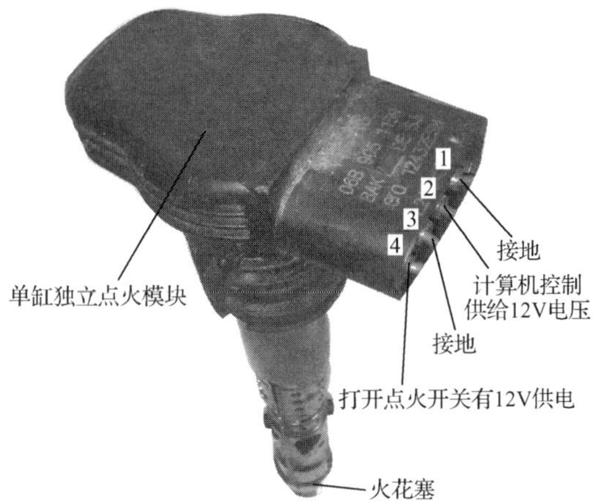

图 5-13　单缸点火模块

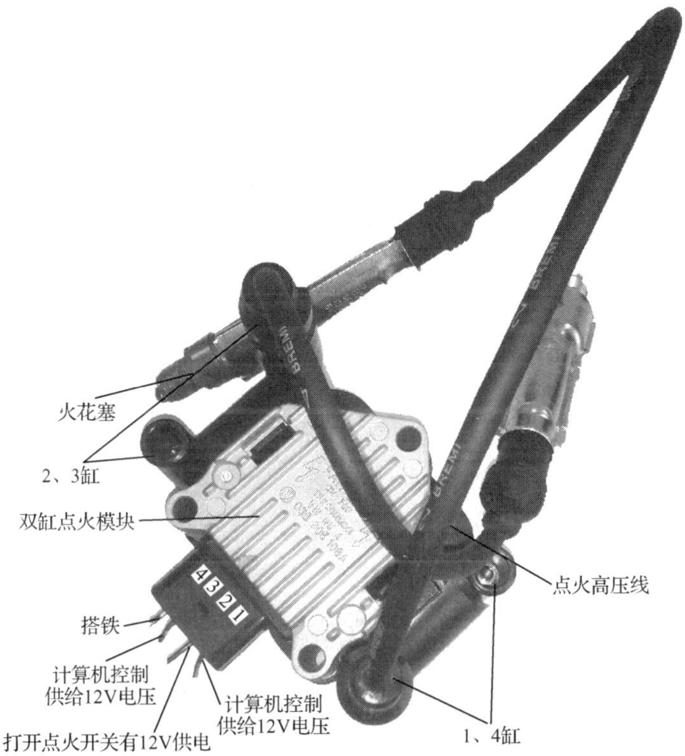

图 5-14　双缸点火模块

058 火花塞的结构

火花塞接受由点火线圈生成的高电压，在火花塞的中心电极和搭铁电极（侧电极）的间隙内产生电火花，点燃汽缸内的可燃混合气。

火花塞由中心电极、侧电极、外壳和瓷绝缘体等组成，如图 5-15 所示。火花塞电极间隙为 0.6～0.8mm。

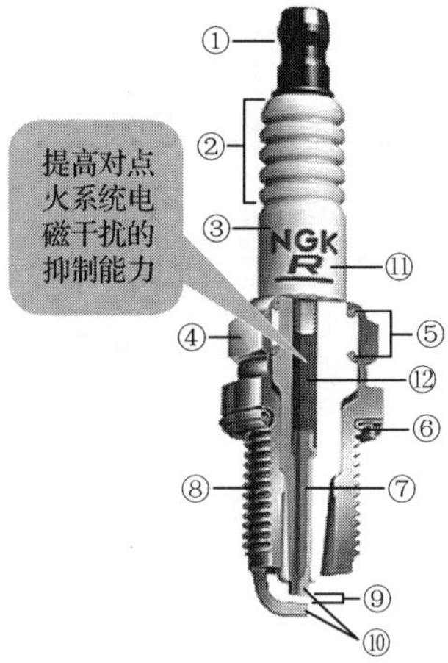

1—接线螺母；2—高氧化铝陶瓷绝缘体；3—商标；4—钢质壳体（六角形）；5—内垫圈（密封导热）；6—密封垫圈；7—中心电极导电杆；8—火花塞裙部螺纹；9—电极间隙；10—中心电极和侧电极；11—型号；12—去干扰电阻

图 5-15 火花塞的结构

根据电极材质不同，火花塞可分为以下三种：

（1）电阻型火花塞。由于火花塞的电火花可产生电磁干扰，甚至会使电子设备失灵，因而这一类型的火花塞装有陶瓷电阻器来防止这一现象发生，如图 5-16（a）所示。

（2）白金（铂）电极火花塞。这一类型的火花塞用白金（铂）作为中心电极和搭铁电极，白金焊在中心电极和搭铁电极的顶端。中心电极的直径比常规火花塞的要小。它在耐用性和点火性能上表现优越，如图 5-16（b）所示。

（3）铱电极火花塞。这一类型的火花塞用铱合金作为中心电极，用白金作为搭铁电极。铱（较铂有更高的耐磨能力）是焊在中心电极顶端的，但焊在搭铁电极上的仍是白金。中心电极的直径比白金火花塞的更小。此类火花塞中有些并未在其接地电极焊上白金，而是采用较厚的镀层。铱金火花塞具有耐用性和高性能的双重优点，如图 5-16（c）所示。

普通铜芯火花塞的使用寿命约为 30000km，而上述采用铂、铱合金的火花塞的使用寿命为 100000～240000km，并有较高性能表现。其更换间隔期可随车型、发动机规格和使用范围不同而变化。

根据电极形式不同，火花塞可分为以下三种：

（1）多电极型火花塞。这种类型的火花塞包括多个搭铁电极以便经久耐用，有以下三种类型：二电极、三电极和四电极，如图 5-17（a）所示。

（2）凹槽火花塞。这种类型的火花塞包括搭铁电极或者一个带有 U 形或 V 形槽的中心电极。这种槽能使电极外部产生火花，这样就推动了火焰的膨胀，增强了发动机空转、低速和高负载条件下的点火性能，如图 5-17（b）所示。

（3）发射电极火花塞。这种类型的火花塞设有伸进燃烧室的电极，以便增强燃烧。它只能用于专门为之设计的发动机中，如图 5-17（c）所示。

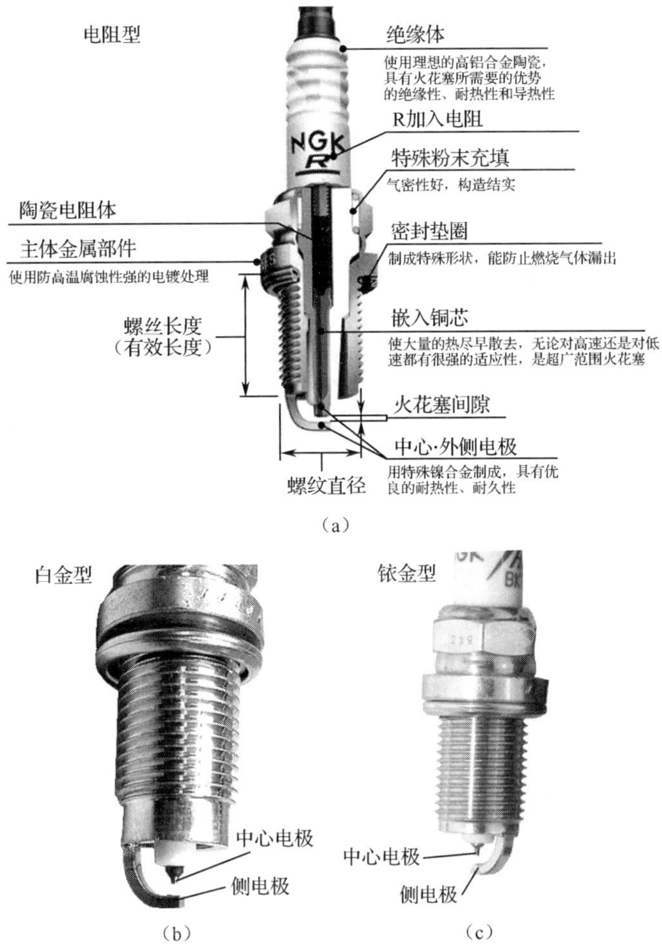

图 5-16　不同材质电极的火花塞

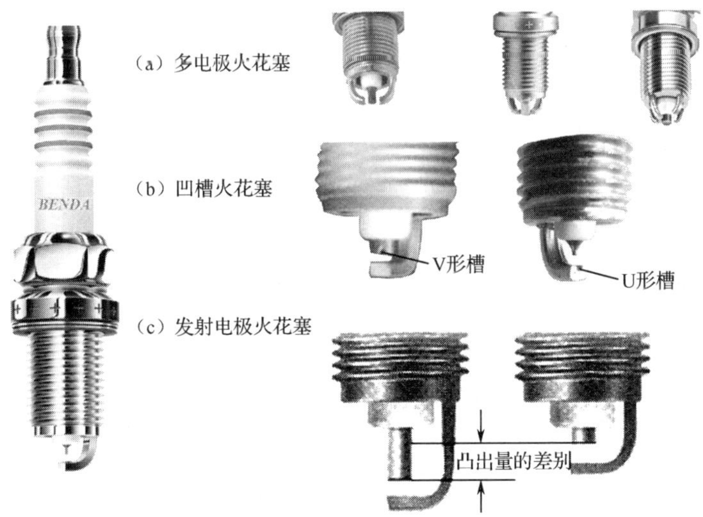

图 5-17　火花塞的电极形式

大众直喷发动机火花塞形式：大众汽车采用细直径的火花塞并保留了 EA111 发动机的独

立点火形式，火花塞的中心电极为尖端状，通过尖端放电，可以确保缸内混合气被点燃，如图 5-18 所示。

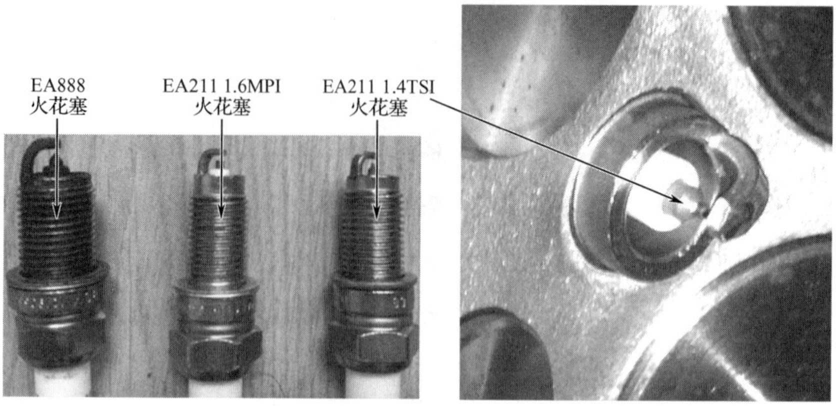

图 5-18 大众直喷发动机火花塞形式

火花塞的热型可分为热型、冷型和普通型三种，如图 5-19 所示。

热型：绝缘体裙部较长，吸收热量多而散热慢。用于低压缩比且转速比较低的发动机。

冷型：绝缘体裙部较短，吸收热量少而散热快。用于高压缩比且转速比较高的发动机。

普通型：介于热型和冷型之间。

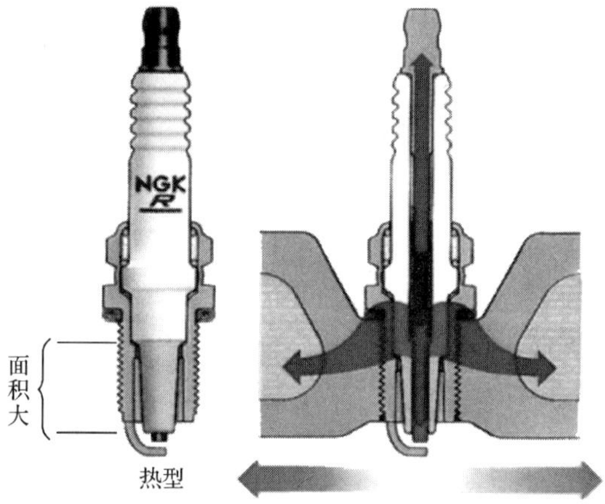

图 5-19 火花塞的热型

059 火花塞检修

火花塞的正常状态是绝缘体端部颜色变成灰白或淡黄色。在绝缘体端部及电极上有少量易刮去或刷去的粉状堆积，壳体内呈淡灰色或有黄色甚至棕黑色的堆积物。

上述现象表明选用的火花塞正确，发动机燃烧正常。

如发现火花塞绝缘体顶端起疤、破裂或电极熔化、烧蚀，都表明火花塞已烧坏，如图 5-20 所示，应进行更换。

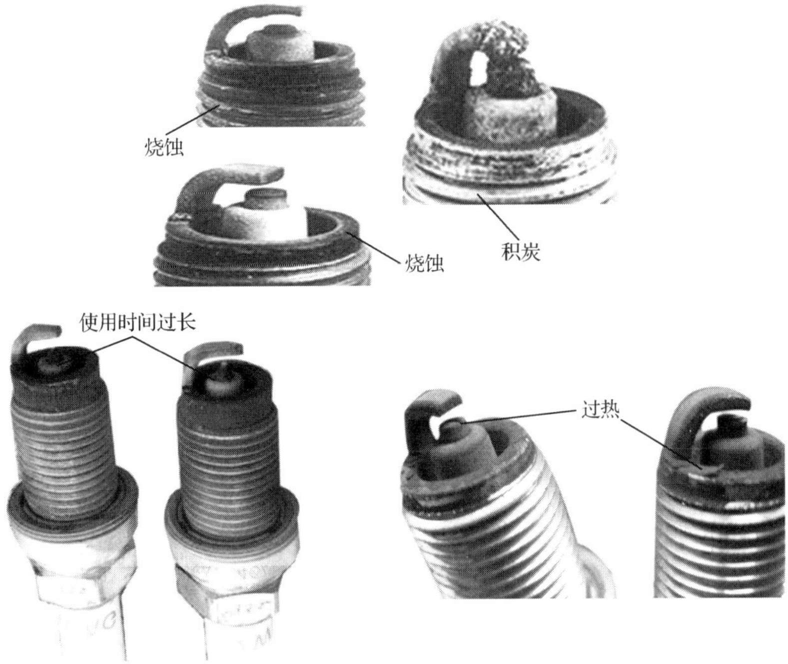

图 5-20　火花塞的异常状态

就车检查火花塞的经验做法是：将火花塞放置在缸体上（使火花塞能与缸体导通），用点火线圈出来的高压线触到火花塞的接线柱上（不能有间隙），如图 5-21 所示，打开点火开关启动发动机使高压电跳火，让高压电通过火花塞。如果从火花塞间隙处跳火，说明火花塞是好的；如果不从间隙处跳火，说明火花塞内部瓷体的绝缘已被击穿，必须更换这只火花塞。

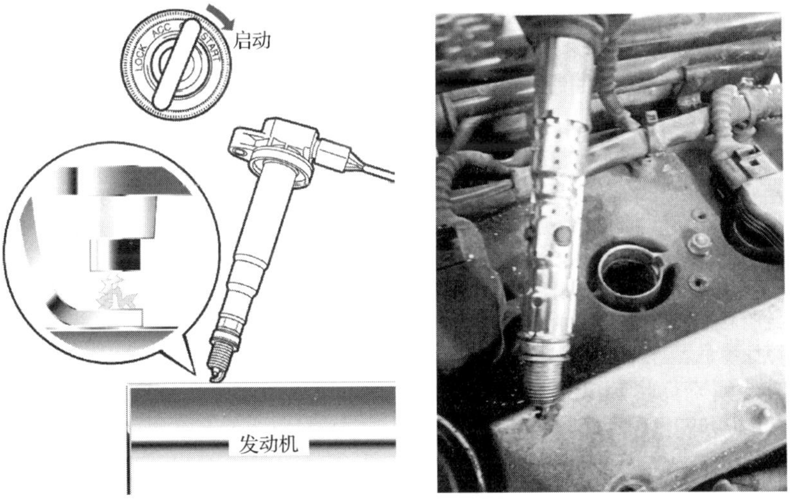

图 5-21　火花塞外搭铁试验

1）检查、调整火花塞电极间隙

火花塞的间隙因车型、车种的不同而异，可以从随车手册中查到。如果找不到适当的依据，火花塞的电极间隙一般可按 0.7～0.9mm 调整。触点间隙过小，触点容易烧蚀；触点间隙过大，火花塞跳火会变弱，甚至断火。

调整火花塞间隙如图 5-22 所示，可用来测量火花塞电极间隙。如果手边没有量规，可用折断的钢锯片或刀片来代替量规，测量火花塞间隙。火花塞间隙太大时，可用改锥柄轻轻敲打外电极来调整，但不要用力过大，否则外电极可能因过度弯曲而损坏；如果间隙过小，可用“一”字头改锥插入电极间，扳动改锥把间隙调整到要求为止。

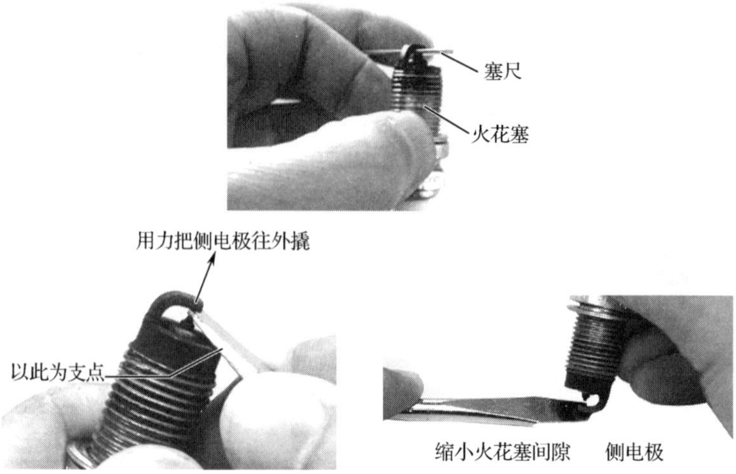

图 5-22 调整火花塞间隙

如果电极间隙不符合要求，应进行调整。调整间隙时，只能弯动侧电极，不能弯动中心电极，以免损坏绝缘体。

火花塞间隙调整好之后，侧电极与中央电极应略成直角，如过度偏曲或电极烧蚀成圆形，则该火花塞不能再使用，应更换新品。

2）安装火花塞

安装火花塞时，先用手抓住火花塞的尾部，对准火花塞孔，慢慢用手拧上几圈，然后再用火花塞套筒拧紧。如果用手拧入感觉有困难或费力，应把火花塞取下来，再试一次，千万不要勉强拧入，以免损坏螺纹孔。为使火花塞安装顺利，可以在火花塞螺纹上涂抹一点机油。

在安装火花塞时，为保证密封性，不能使火花塞槽内有异物。火花塞不能拧得太紧，其拧紧力矩为 20～25N·m，以免损坏密封垫片而影响导热性能。

连接高压线时，要注意各缸线的顺序，不要插错。启动发动机，查看有没有严重的抖动或放炮声。如果有抖动或放炮声，说明把各缸高压线插错了，应重新安插高压线。

3）更换火花塞

火花塞一般使用寿命约为 30000km，铂金、铱金火花塞的使用寿命为 100000～200000km。火花塞达到使用寿命时，电极的放电部分会烧蚀成圆形，因此必须更换。如果舍不得更换老化的火花塞，仍然勉强使用，则不但汽车启动困难，而且还比较费油。

说明：按 ISO 的标准，火花塞的电阻应在 1～20kΩ之间。但一般的火花塞电阻在 1～12kΩ之间。其中 1～3kΩ的火花塞叫小电阻火花塞，3～12kΩ的火花塞叫一般电阻火花塞。随温度上升，火花塞电阻值的变化是有限制的。一般情况如下：

（1）温度为 150℃，电阻值变化范围是±15%。

（2）温度为 300℃，电阻值变化范围是±25%。

（3）工作时火花塞电阻值的变化趋向于平稳或向下，电阻在 1～12kΩ之间。

060 上海大众途锐车钥匙匹配方法

使用 VAS6150 和带 CAN-BUS 的故障检测仪都可以进行钥匙匹配，具体方法如下。

（1）连接并接通故障检测仪，进入 25-防盗系统，然后进入 16-安全访问进行密码登录，密码登录成功后，进入 10-匹配功能进行匹配，匹配通道号改为 21，读取新建值会显示原车的钥匙数。

（2）把新建值改为要匹配的钥匙总数后，单击测试，然后保存，接着会出现确认保存的提示，单击“是”后会出现钥匙和英文提示，此时断开点火开关拔出钥匙，开始学习钥匙，插入第 1 把钥匙转动 30° 左右，并等待约 3s，转向锁会自动开锁。

（3）断开点火开关拔出第 1 把钥匙，然后马上插入第 2 把钥匙转动 30° 左右，并等待约 3s，转向锁也会自动开锁；然后断开点火开关拔出钥匙，接着按照同样的方法完成其他钥匙的匹配。

（4）检验匹配过的钥匙的启动和遥控性能。

注意：进行钥匙匹配时，需要输入密码，密码的获取方法有两种，一是免拆读密码，使用支持 OBD 的直接读密码的设备直接读取密码；二是拆发动机控制单元读取密码，用 95040 读取发动机控制单元内的 5P08C3 芯片，密码在 30 行和 40 行的 2～3 位，换位后转十进制即为密码。

061 奔腾 B70、B90、X80 车遥控钥匙匹配方法

（1）将车钥匙从点火开关中拔出，打开左前车门，关闭右前车门、左后车门、右后车门、行李厢盖及发动机室盖，且保证 4 个车门锁均为解锁状态。

（2）将车钥匙插入点火开关，重复将点火开关由 ACC 位切换至 ON 位 5 次，最后保持在 ON 位。

（3）重复“关闭→打开”左前车门 5 次，最后保持在关闭位置，此时 4 个车门锁及行李厢锁电动机闭锁、解锁各 1 次，表示车身控制模块（BCM）进入遥控钥匙匹配模式。

（4）依次按下遥控钥匙上的“闭锁键→解锁键→闭锁键”，此时 4 个车门锁及行李厢锁电动机闭锁、解锁各 1 次，所有转向灯闪烁 1 次，表示 BCM 已经成功匹配该遥控钥匙。

（5）若需要匹配多个遥控钥匙，则按照步骤（4）进行匹配。

注意：上述方法仅适用于匹配非免钥匙进入及启动系统的遥控钥匙；步骤（2）～步骤（3）应在 30s 内完成；步骤（2）～步骤（5）应在 2min 内完成；若 1 把遥控钥匙也没有匹配成功，则原来的遥控钥匙有效；若成功匹配了至少 1 把遥控钥匙，则匹配成功的遥控钥匙有效，原来的遥控钥匙无效；最多可以匹配 8 把遥控钥匙。

062 宝马遥控器的编程方法

（1）关闭所有车门。

（2）接通点火开关再断开点火开关，并拔出钥匙。

（3）按住开锁按键并保持，再连续按锁止按键 3 次（或按住锁止按键并保持，连续按开锁

按键 3 次）。

（4）释放所有按键，若设定成功，门锁应动作 1 次。

（5）重复步骤（3）～（4），设定其他遥控器（最多 4 个）。

（6）将点火开关接通或打开车门，退出设定，检查遥控器功能。

063 奥迪 A6L 车遥控钥匙激活

奥迪 A6L 轿车遥控钥匙经常会出现能启动发动机，但不能遥控的现象。主要原因是遥控钥匙亏电，可更换电池；或遥控钥匙长时间不用，造成遥控接收装置处于“睡眠”状态，此时只要将遥控钥匙的功能激活即可，具体方法如下：

（1）把遥控钥匙插进点火开关。

（2）将点火开关置于位置 2 至少 30s。

（3）拔出遥控钥匙。

（4）插入遥控钥匙并启动发动机。

（5）让发动机运行至少 1min。

（6）关掉发动机并拔出遥控钥匙。

（7）关闭所有车门。

（8）按遥控钥匙上的开锁或闭锁键，车内中控门锁应能开锁或闭锁，则说明遥控钥匙遥控功能激活成功。

说明：如果执行上述操作后依然无法正常工作，则可以执行以下操作：关闭所有车门；等待至少 5min，此时仪表灯会关闭，车辆进入“睡眠”模式；进入车内，启动发动机；几分钟后再关闭发动机，并断开点火开关；按遥控器上的开锁或闭锁键，车内中控门锁应能开锁或闭锁，说明遥控钥匙遥控功能激活成功。

064 长安福特蒙迪欧车点火钥匙匹配

当点火钥匙全部丢失，或点火锁被更换，以及需要从被动防盗系统（PATS）记忆中删除钥匙时，对点火钥匙的匹配需采用本程序。本程序将会自汽车记忆中删除所有已经编程过的点火钥匙，而汽车也将无法启动，直到再有两把点火钥匙编入汽车程序为止。执行本程序时，必须有两把具备正确齿形的 PATS 密码钥匙。编程方法如下：

（1）将点火开关由 OFF 位转到 RUN 位。

（2）使用 WDS/FDS 2000，并从菜单中选择“动力控制模块”（PCM），再进入“安全性访问”。

（3）使用 WDS/FDS 2O00 菜单，并选取“点火钥匙密码删除”。

（4）将点火开关转到 OFF 位后，将 WDS/FDS 2000 拆下。

（5）将第 1 把需要编程的点火钥匙插入点火开关中，并将点火开关转到 RUN 位约 3s。

（6）将第 1 把点火钥匙从点火开关中拔出。

（7）将第 2 把点火钥匙插入点火开关中，并将点火开关转到 RUN 位约 3s。

（8）将第 2 把点火钥匙从点火开关中拔出，此时汽车应可由这两把点火钥匙激活。

065 起亚车遥控器设定

（1）利用点火钥匙打开驾驶员侧车门。

（2）将点火钥匙插入点火开关，接通点火开关后再断开，取出点火钥匙。

（3）重复步骤（2）3 次，或开、关驾驶员侧车门 3 次，或按、放驾驶员侧车门开关 3 次。

（4）当喇叭响 1 声后，按遥控器上任一键两次后，喇叭会再响 1 声。

（5）等待 15s 后，喇叭会再响 4 声，即完成遥控器重设。

（6）在 15s 内可再设定第 2 只遥控器，步骤如下：按新遥控器上任一按键两次，喇叭会响 1 声，等待 15s 后，喇叭会再响 4 声。

（7）在第 2 只遥控器设定完成后的 15s 内可再设定第 3 只遥控器，步骤如下：按新遥控器上任一按键两次，然后喇叭会响两声，设定完成。

066 迈腾轿车智能遥控钥匙设定

1）适配遥控钥匙的方法

（1）接通点火开关，进入地址码 46。

（2）选择功能 10-选择 00 通道号，删除适配记忆。

（3）选择功能 10-选择 01 通道-输入适配钥匙数 00001～00004（最多为 4 个）。

（4）依次按需适配的遥控钥匙上的遥控键 1s 以上，但所有钥匙要在 15s 内完成。

（5）用未失效的遥控钥匙接通点火开关。

2）新增遥控钥匙的方法

（1）用新遥控钥匙锁车门。

（2）用遥控键开或关车门。

（3）持续按遥控键至少 1s 后松开，然后再按遥控键，如设定成功，则会出现喇叭提示声。

067 大众速腾轿车遥控器匹配

1）遥控钥匙匹配方法

（1）打开驾驶员侧车门，用遥控钥匙将点火开关接通、断开 3 次，最后不要拔出遥控钥匙。

（2）关、开驾驶员侧车门 3 次，此时门锁动作，表明系统进入学习状态。

（3）按遥控钥匙任意按键两次，此时门锁动作。

（4）拔出遥控钥匙，门锁再次动作，则遥控器匹配成功。

2）遥控控制器编程方法

（1）打开驾驶员侧车门。

（2）用门上的开锁键锁门和开锁各 1 次。

（3）把遥控钥匙插进锁孔。

（4）将遥控钥匙插入点火开关，并接通点火开关到 ON 位，然后转回到 LOCK 位，10s 执行该动作 3 次，最后停在 LOCK 位。

（5）关、开驾驶员侧车门 3 次，最后把该车门打开，此时遥控控制器会有反应，表现为自动锁门和开锁各 1 次。

（6）按住每个遥控钥匙上任意一个按钮两次，遥控控制器将会锁门、开锁各 1 次。

（7）拔下遥控钥匙，遥控控制器会最后做出一次反应，大约是 4 次连续地锁门和开锁。

068 部分丰田轿车遥控钥匙手工设定

1）适用车型

部分佳美、霸道、锐志、皇冠和凯美瑞车型。

2）匹配步骤

（1）将所有车门关闭，将遥控钥匙插入点火开关，打开驾驶员侧车门，拔出遥控钥匙。

（2）将遥控钥匙插入点火开关并拔出两次。

（3）关闭并打开驾驶员侧车门两次。

（4）将遥控钥匙插入点火开关并拔出 1 次。

（5）关闭并打开驾驶员侧车门两次，最后将该车门打开。

（6）将遥控钥匙插入点火开关，然后将车门关闭。

（7）将点火开关 ON-OFF 一次为添加模式，ON-OFF 两次为重设模式。

（8）从点火开关中拔出遥控钥匙，此时门锁应该动作两次。

（9）同时压下遥控钥匙上的“LOCK”和“UNLOCK”键 1s，然后松开，接着再重复 1 次，此时中控锁会有自动开锁和闭锁动作。动作 1 次则表示匹配成功；动作两次则表明匹配失败，需要重复上述步骤。

（10）设定其他遥控器，重复上述步骤。

069 北京现代悦动轿车防盗钥匙匹配

对北京现代悦动 1.6L 轿车防盗钥匙进行匹配的操作方法如下：

（1）将设备连接到车辆的诊断接口，插入待匹配的钥匙，接通点火开关至 ON 位置。

（2）选择版本“北京现代 V21.21”。

（3）选择“扫描 VIN 码选择菜单”，X-4311PRO 会自动识别车型。

（4）车型识别完成后，会有如图 5-23 所示的提示信息。

（5）单击“确定”按钮，然后选择“控制单元”。

（6）选择“防盗控制系统”。

（7）选择“读取数据流”，结果如图 5-24 所示。学习钥匙的数量显示为“0”，ECU 状态显示为“空”，说明该车还没有匹配正常启动的钥匙。

（8）退出“读取数据流”的界面，选择“特殊功能”，如图 5-25 所示。

（9）选择“学习”，出现如图 5-26 所示的帮助信息，要求输入 6 位防盗密码，此密码需要将车辆 VIN 码提供给服务站进行查询。

图 5-23　车型信息

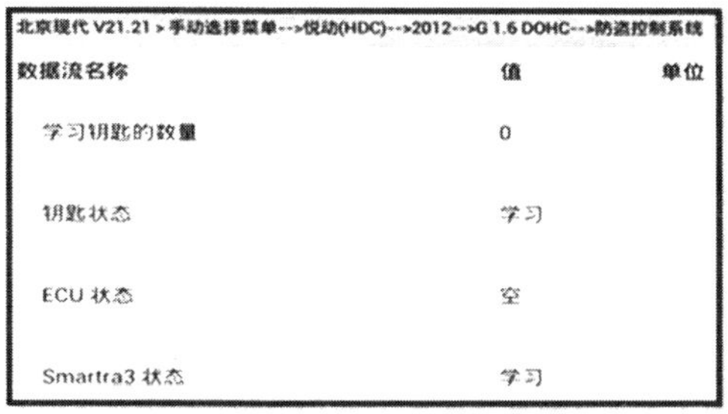

图 5-24　防盗控制系统的数据

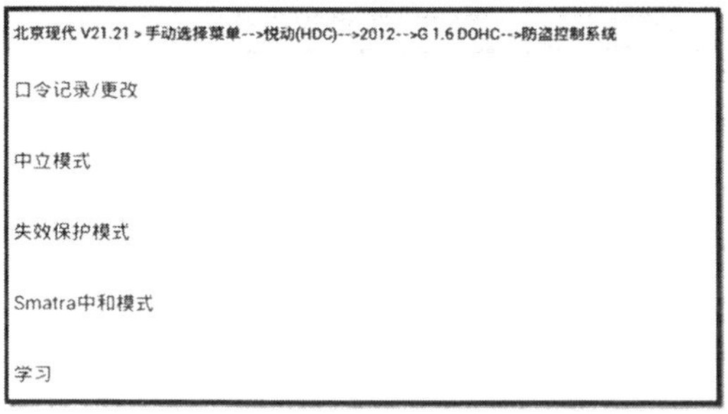

图 5-25　防盗控制系统的“特殊功能”界面

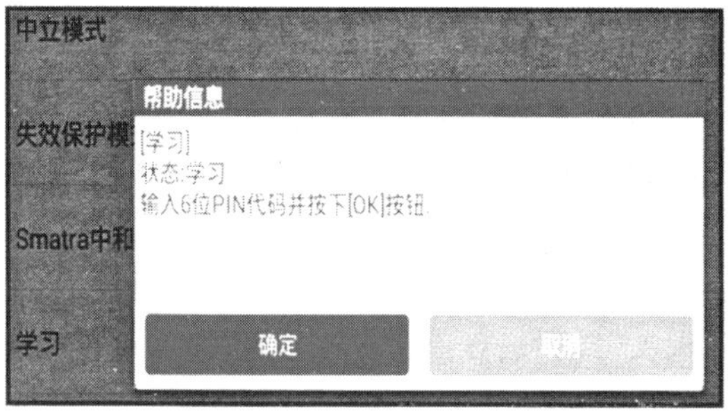

图 5-26　选择“学习”后出现的帮助信息

（10）输入服务站提供的密码后，单击“确定”按钮，系统会相继提示“学习第一把钥匙”、“第一把钥匙注册完成！”，如图 5-27 所示。如果只需注册 1 把钥匙，单击“取消”按钮即可退出。

（11）如需匹配第二把钥匙，则先将匹配好的钥匙拔出，插入需要匹配的第二把钥匙，接通点火开关至 ON 位置，然后按下“确定”即可完成匹配。

（12）钥匙匹配完成后，重新读取数据流，结果如图 5-28 所示。此时，学习钥匙的数量显示为“2”，ECU 状态显示为“学习”，说明此前的两把钥匙已经匹配成功。

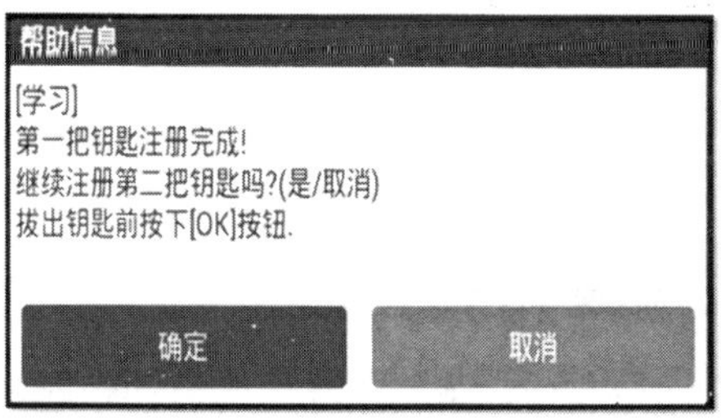

图 5-27　第一把钥匙匹配成功后的提示信息

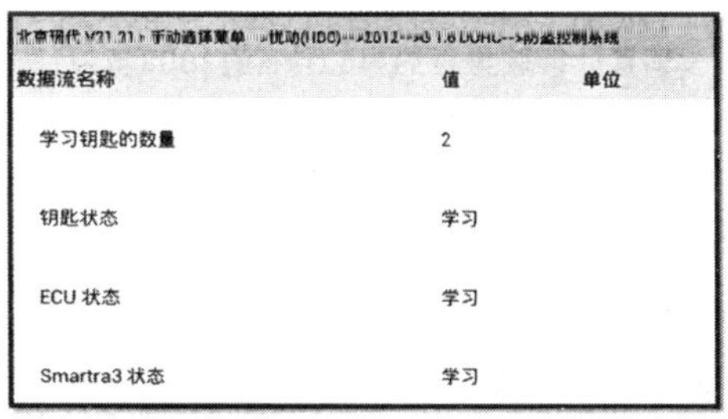

图 5-28　钥匙匹配完成后，重新读取数据流

070　宝马轿车智能无匙启动钥匙匹配

宝马轿车智能无匙启动钥匙匹配完成以后，很多维修技术人员会发现没有无匙启动功能，但遥控也能启动车辆。这是因为宝马车系所有车型设计为只允许有两把智能无匙启动钥匙，当另增加 1 把智能钥匙时，就只能启动车辆和能遥控而没有智能无匙启动功能。此时则必须删掉

多余不用的或丢失的钥匙，这样匹配的钥匙才有智能无匙启动功能。出现上述情况，对于宝马 3 系、5 系、7 系、X5 和 X6 等车型而言，解决方法非常简单，只要按照下述步骤进行操作即可。

（1）首先用仪器读取原车剩余的钥匙信息，如图 5-29 所示的钥匙信息为第二把钥匙。

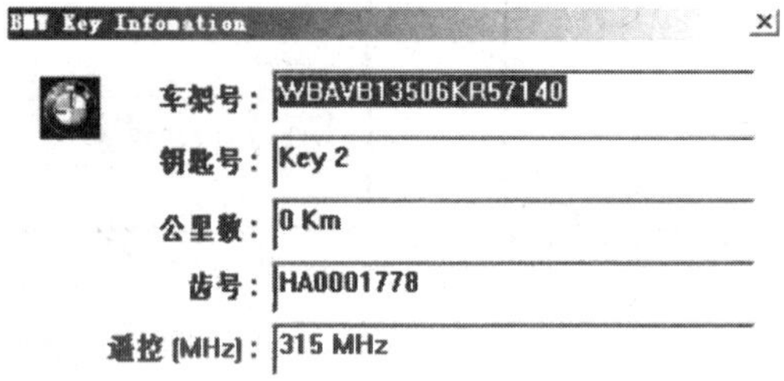

图 5-29　仪器读取的原车剩余的钥匙信息

（2）将 CAS 数据打开，如图 5-30 所示，从图中可以看到当前使用的钥匙有 4 把。No.1、No.2 和 No.3 为原车钥匙，No.10 为刚匹配好的钥匙。

（3）如图 5-31 所示，将 No.1 和 No.3 两把钥匙报废，保留原车的第二把钥匙和刚匹配好的第 10 把钥匙，然后再写钥匙（用 46 芯片就可以，随便写哪条都行，主要是用来生成 CAS 数据），写完后就会自动生成 CAS 另一个新数据 BINW 文件，如图 5-32 所示。

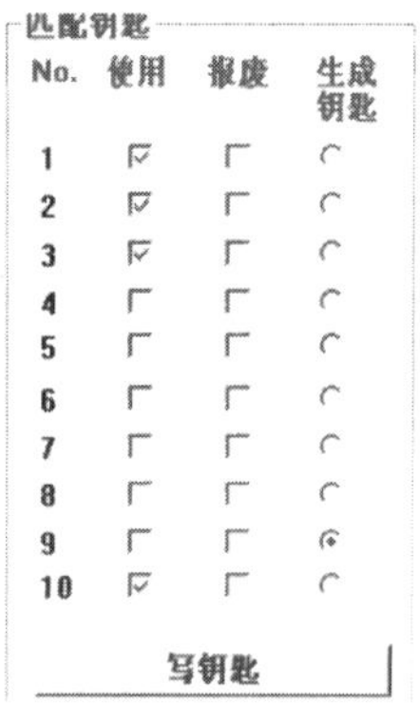

图 5-30　CAS 数据打开后的信息

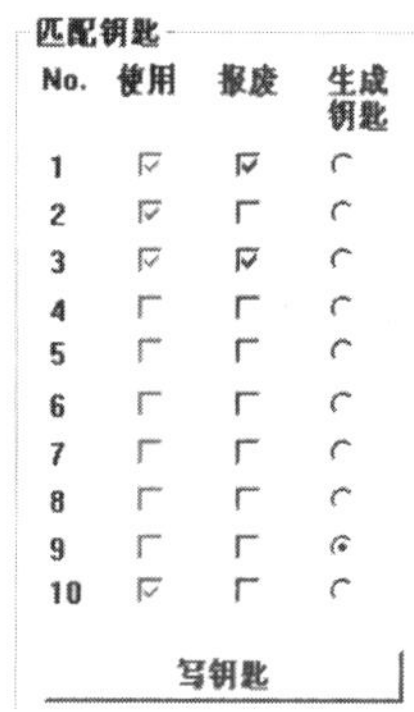

图 5-31　将 No.1 和 No.3 两把钥匙报废

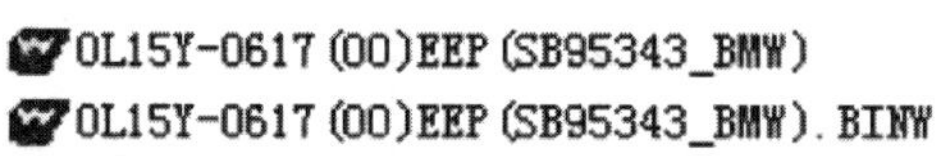

图 5-32　自动生成的 CAS 另一个新数据 BINW 文件

（4）最后将 CAS 生成数据 BINW 文件写回 CAS 即告完成，保证智能无匙启动钥匙各项功能正常。

071 大众点火锁拆装

拆卸和安装转向锁壳体。

转向柱开关模块装配图如图 5-33 所示。

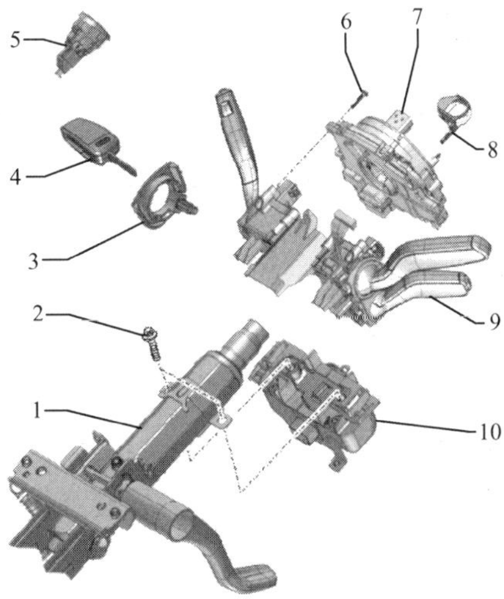

1—转向柱；2—螺栓；3—锁芯；4—点火钥匙；5—螺栓；6—转向柱电子装置控制器 J527；7—运输保护；8—定位件；9—转向锁壳体；10—点火启动开关 D

图 5-33　转向柱开关模块装配图

1）拆卸和安装锁芯

按如下说明制作辅助工具，如图 5-34 所示：拿一根直径 1.5mm 的焊丝并在一端弯成一个环，随后切断焊丝。a 约为 50mm，将铁丝钩的一端锉尖，b 为 3mm。

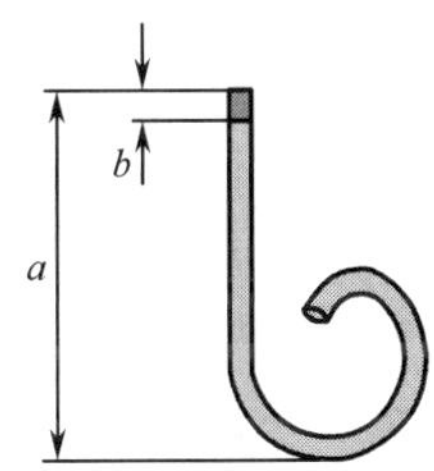

图 5-34　钢丝钩制作

（1）拆卸。

① 拆卸转向柱开关模块的饰板。

② 将点火钥匙插入锁芯并旋至点火开关“接通”位置，此时标记 4 和点火开关内的孔箭头必须对齐，如图 5-35 所示。

③ 折起点火钥匙 2 并保持在这个位置上。

④ 将焊丝 1 推到孔中，直至极限位置，此时将锁芯 3 连同读取线圈一起从转向锁壳体拉出，如图 5-36 所示。

1—焊丝；2—点火钥匙；3—锁芯；4—标记

图 5-35　标记 4 和点火开关内的孔箭头对齐

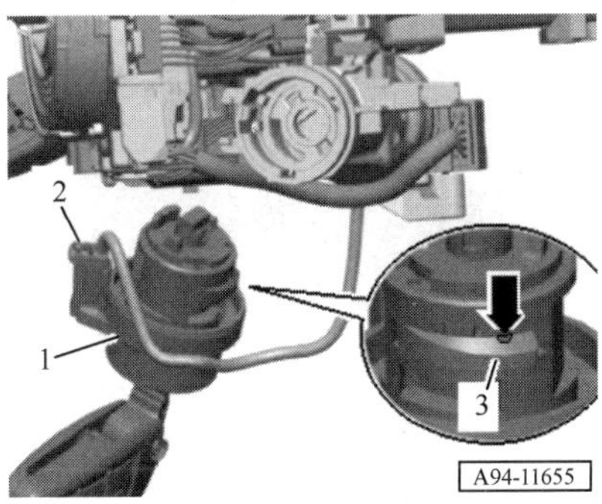

1—锁芯；2—读取线圈上的电插头；3—锁止杆

图 5-36　将锁芯拉出

⑤ 脱开读取线圈上的电插头。

提示：转向锁卡住时必须更换。

（2）安装。安装以倒序进行，同时要注意下列事项：

① 如图 5-36 所示，将点火钥匙插入锁芯 1，并旋至点火开关“接通”位置。

② 将焊丝重新推入正面的孔中，直至极限位置，此时必须将锁止杆 3 向锁芯方向推。焊丝必须露出锁止杆内的孔箭头外。

③ 连接发动机防盗锁止系统读取线圈上的电插头 2。

④ 将锁芯 1 与读取线圈一起推入转向锁壳体中。

⑤ 拉出焊丝，将锁芯紧紧压入，直至听到锁止杆卡入的声音。

2）拆卸和安装转向柱电子装置控制器 J527（带电子点火开关）

在转向柱电子装置控制器 J527 中集成了安全气囊螺旋弹簧、带滑环的复位环 F138 及转向角传感器 G85。

（1）拆卸。

提示：带滑环的复位环的拆卸和安装必须在中间位置（车轮在正前打直位置）进行。

① 使用转向柱调整装置的整个调整范围，尽量把方向盘向后放低。

② 拆卸驾驶员安全气囊。

③ 拆卸方向盘。

④ 拆卸转向柱开关模块的饰板。

⑤ 脱开电插头 3，拉出插头防松件 4，将开锁机构向下压，如图 5-37 所示。

⑥ 将插头防松件 1 拉出并下压，脱开电插头 2。

⑦ 松开电插头 1、3、4、5，为此将螺丝刀 7 放到卡钩 6 上，如图 5-38 所示，小心地松开插头连接。

⑧ 拧出螺栓（箭头所示处）。

⑨ 将转向柱电子装置控制器 J527（图中位置 2）从转向柱/开关模块上取下。

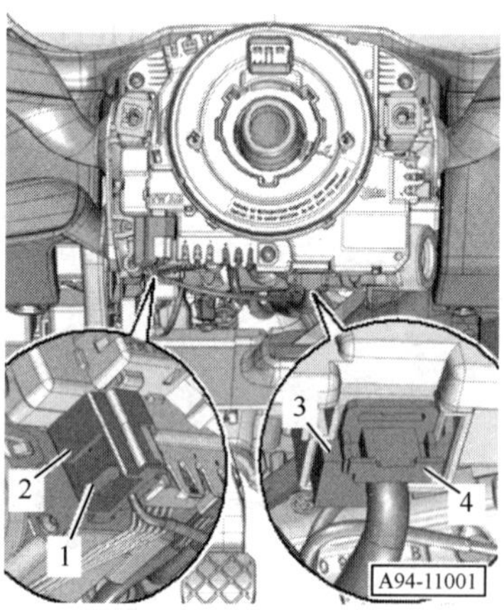

1、4—插头防松件；2、3—电插头

图 5-37　脱开电插头

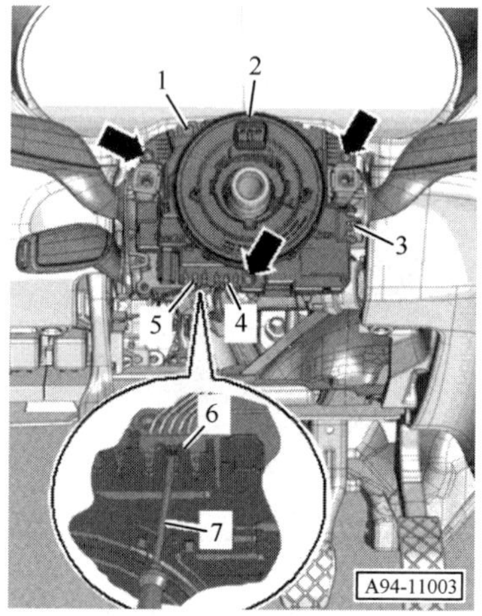

1～5—电插头；6—卡钩；7—螺丝刀

图 5-38　松开电插头

（2）安装。安装以倒序进行，同时要注意确保所有插头连接都牢固卡住。

3）拆卸和安装点火钥匙防拔出锁的电磁铁 N376

（1）拆卸。

① 拆卸转向柱开关模块饰板。

② 松开固定夹（箭头 A 处所示），并将点火钥匙防拔出锁的电磁铁 N376（图 5-39 中位置 2）从转向锁止器壳体 1 中拔下（箭头 B 处所示）。

（2）安装。安装以倒序进行。

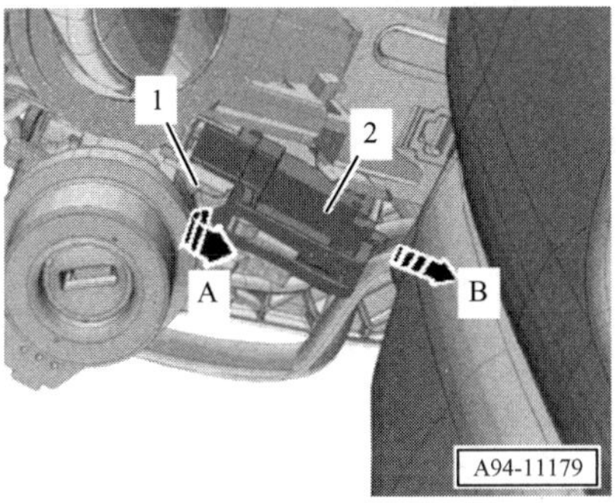

1—转向锁止器壳体；2—电磁铁 N376

图 5-39 松开固定夹

072 发动机抖动故障排除

1）故障现象

一辆 2013 年产上海通用雪佛兰赛欧轿车，行驶里程 80000km。用户反映该车发动机抖动。

2）检查分析

维修人员根据经验检查喷油器，发现 3 缸喷油量过大。更换 3 缸喷油器后，在怠速状态下，发动机偶尔抖动。缓慢提升转速，会感到类似间歇性缺火的现象。检测发动机控制单元，有 4 缸缺火的故障码。从数据能够看到 4 缸缺火计数不断累加。

尝试通过拔掉高压线的方法进行断缸试验，4 缸并没有发现异常。而拔掉 2 缸高压线时，转速波动没有其他缸明显。在断开 2 缸高压线的同时，查看缺火数据，发现诊断仪数据上 2 缸不但没有缺火的数据显示，4 缸的缺火数据反而明显增多。看来数据中反应的缺火汽缸是个误导，显示的缺火汽缸次序与实际不符。

检查火花塞，除发现 2 缸火花塞有些黑以外，没有其他异常。火花塞无开裂、漏电，电阻 5.4kΩ，正常。分别用各缸的火花塞进行跳火实验，均能正常跳火。于是尝试更换点火线圈和高压线，但故障依旧。

从现象上看，故障非常类似于间歇性缺火。既然点火线圈和高压线都替换过，那么只剩下火花塞了。火花塞虽然看上去很好，但还是决定成套替换了 4 只火花塞。这时抖动消失。重新检查火花塞时，将怀疑重点放在了外观熏黑的 2 缸火花塞上，该火花塞的中心电极下的陶瓷体裙部明显呈黑色，如图 5-40 所示，而正常的应为棕色或浅黄色。

不良点火的火花塞陶瓷体温度低，不能达到自洁，所以会积炭变黑。将该火花塞重新安装在 2 缸上，缺火导致的抖动再次出现，数据中再次出现 4 缸缺火的数据。重新对该火花塞进行连续的跳火测试，发现会有间歇性不跳火。仔细观察，发现在火花塞中心电极的陶瓷体裙部出现漏电的火花。看来裙部绝缘体漏电是火花塞故障的原因。通过这辆车，发现了一些容易产生诊断误导的地方。

图 5-40 火花塞上的缺陷

（1）用诊断仪控制点火线圈做跳火实验时，某些缸的点火线圈不能被驱动，如该车 2、3 缸就不能被驱动跳火，而 1、4 缸可以驱动跳火，这很容易误判为点火线圈故障。所以还是用发动机运行或启动的方式进行跳火测试为好。

（2）发动机运行时，点火线圈外壳与搭铁之间会出现电火花，类似漏电。同车型比较，现象相同，不要误判为点火线圈漏电。

（3）不点火数据的缸序与实际不符，所以诊断缺火时要首先通过实际测试，找到正确缸序，避免误判。

（4）火花塞检查的方法是：看颜色，裙部颜色能够反映点火的好坏或汽缸工作情况；看连续跳火的情况，判断是否有间歇性断火；看火花塞内裙部是否漏电；检查火花塞电阻。

（5）长期油淹积炭的火花塞，会出现裙部漏电的现象，这也是火花塞寿命降低的一个原因。

3）故障排除

更换喷油器及火花塞，故障排除。

073 速腾遥控钥匙失效故障排除

1）故障现象

一辆速腾轿车，行驶里程 5000km，底盘号为 LFV2A21K873008768，发动机型号为 BPL。遥控钥匙有时失效，车辆熄火 1Os 后才能使用遥控钥匙，拔出点火钥匙 10s 后收音机才能关闭。

2）故障诊断与排除

从故障现象分析，该车可能是点火开关上 S 触点信号传输延时。点火开关 S 触点信号传输延时可能的原因有以下几点：①点火开关故障；②点火开关座机械回位困难；③相关线束连接不良；④控制单元有故障（转向柱电子控制单元 J527、车载电网控制单元 J519）。

使用 VAS6150 检测系统无故障记录，读取数据流 16-08-003-P，S，75X，15，50，后 5 个数字块分别对应点火开关的 5 个输出端子的状态。例如，第 1 个数字块对应于点火开关的 P 端子，读数据流时，第 1 个框的位置如果显示“1”，表示 P 端子有信号输出；如果显示“0”，表示 P 端子无信号输出。当点火钥匙拔出后，第 2 个数字块位置显示“1”，即 S 触点信号没有中断，应该是 S 触点问题。使用万用表测量 S 触点电阻为 64Ω，正常值应为 45Ω。更换点火开关，故障排除。

3）总结

在检修带车载电网型电源电路时，要清楚各个负载与控制单元之间的控制关系。一个控制单元控制下的某个负载出现对地短路、内部局部短路、消耗电流超越上限等情况时，控制单元会进入自我保护状态，致使本控制单元控制之下的其余负载也不能工作。当与控制单元相关的总线、某个传感器、开关、负载（执行器）或导线出现问题时，同在一个网线上的控制单元便会进入休眠状态，造成汽车的静态电流过大，蓄电池易亏电。总之，维修中应不断总结经验，把握好车辆的“神经网络”分布规律，使自己从一名汽车维修“医生”升级为汽车维修“神经内、外科医生”，更多借助于仪器和仪器反映的波形、数据，提高自己的免拆诊断能力，适应汽车控制智能化的现状。

Chapter 6

第6章

灯具、信号系统

074 汽车照明系统的组成

汽车灯具按其安装位置可分为外部灯具和内部灯具。

新款大众外部灯具有前照灯、雾灯、转向灯、示宽灯、倒车灯等。

卤素大灯实物如图6-1所示。

双氙气大灯具有一个 42V、35W 的 D3S 氙气燃烧器，集成大灯中具有静态弯道灯及 P21W/5W 的组合日间行车灯和驻车灯，氙气燃烧器周围的U形镶边和日间行车灯、驻车灯组合灯具均已镀铬，如图6-2所示。

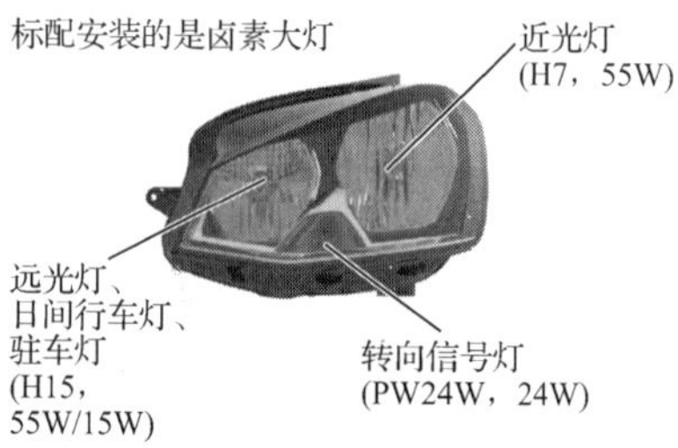

图6-1 卤素大灯

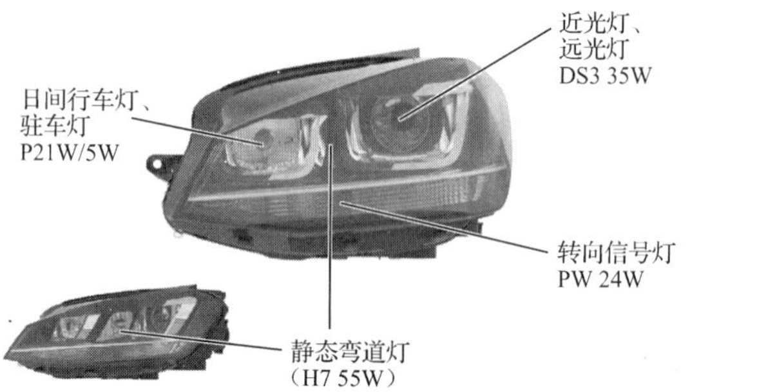

图6-2 双氙气大灯

卤素大灯配置中，静态弯道照明功能由前雾灯完成，如图6-3所示。

后车灯（SBBR灯）采用传统白炽灯或LED技术。高位制动灯采用LED技术，由16个LED组成，如图6-4所示。打开行李厢时，行李厢上的灯光将关闭，而高位制动灯继续工作。

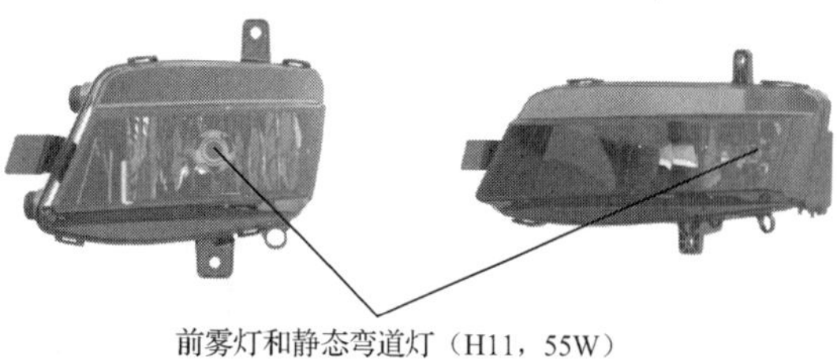

图6-3 前雾灯

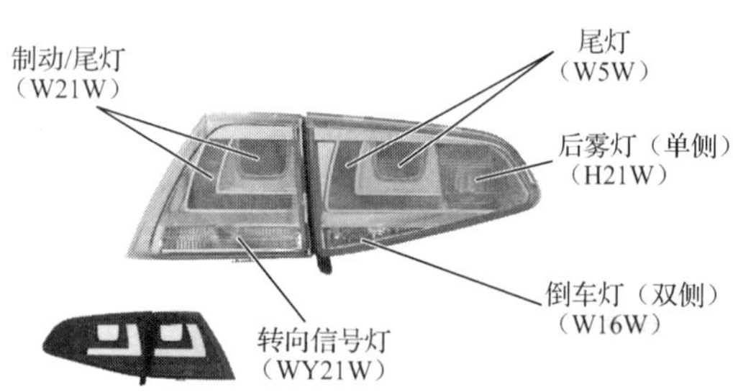

图6-4 后车灯

常见的内部灯具有仪表灯、阅读灯、行李舱灯、驾驶员脚部照明灯和迎宾灯等。宝马 E70 内部灯具网络电路如图 6-5 所示。

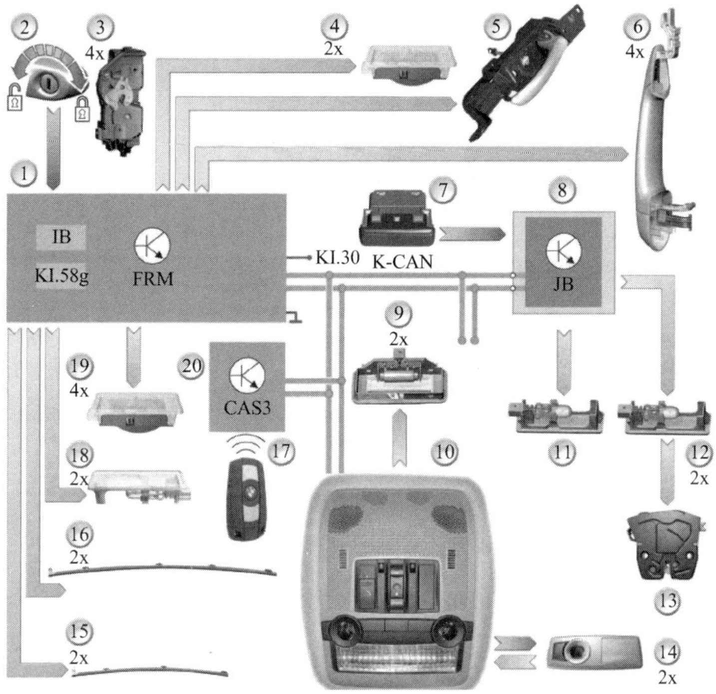

1—脚部空间模块 FRM；2—驾驶员车门锁芯；3—带有车门触点的车门锁；4—前部脚部空间照明灯，2 个；5—车门内侧拉手外壳照明装置；6—车门外侧拉手进出车门照明装置，4 个；7—手套箱按钮；8—接线盒控制单元 JB；9—化妆镜照明灯，2 个；10—车顶功能中心；11—手套箱照明灯；12—行李厢照明装置；13—行李厢盖中控锁；14—后部车内照明灯/阅读灯，2 个；15—后部车门杂物箱照明装置；16—前部车门杂物箱照明装置；17—识别发射器；18—脚部空间照明灯，2 个；19—下车照明灯，4 个；20—便捷登车及启动系统 3CAS3；K-CAN—车身 CAN；Kl.30—总线端 30；Kl.58g—总线端 58g；IB—车内照明控制

图 6-5　宝马 E70 内部灯具网络电路

075 氙气灯的结构

氙气灯一般来说由氙气灯泡、电子增压器（即镇流器或稳压器等）、线束等组成，如图 6-6 所示。

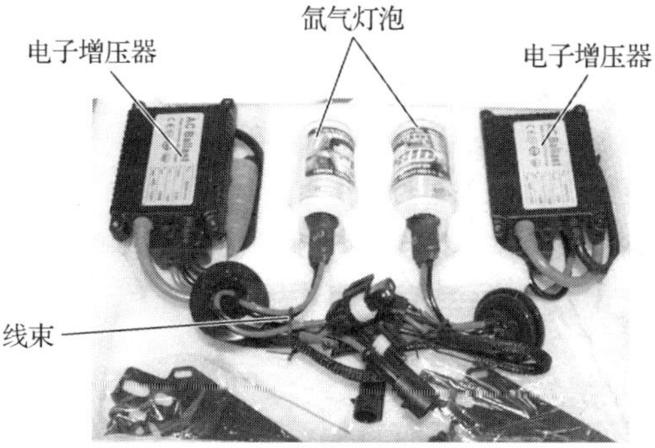

图 6-6　氙气灯组件

（1）氙气灯泡。氙气灯泡无灯丝，靠两个电极产生的火花使气体电离发光，不存在灯泡钨丝烧断的问题，其结构如图 6-7 所示。

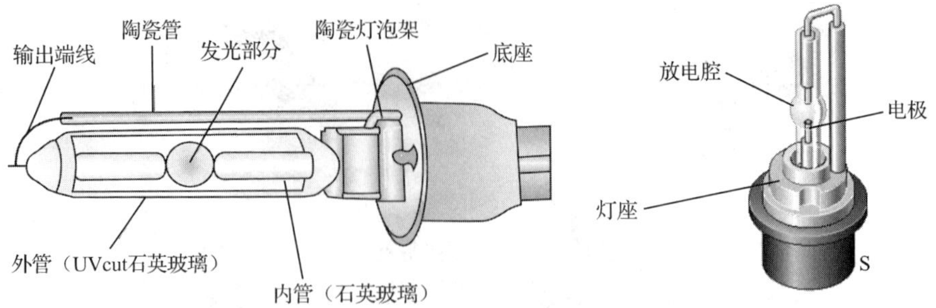

图 6-7 氙气灯泡

（2）电子增压器。电子增压器将 12V 的直流电压，经过一系列的转换、控制、保护、升压、变频等动作后，产生一个瞬间达 20kV 的点火高压将氙气灯泡点亮，当灯泡点亮后再维持其 85V 的交流电压状态，如图 6-8 所示。

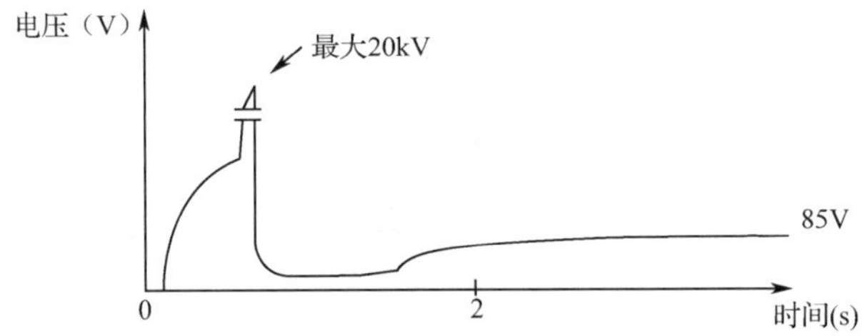

图 6-8 氙气灯电子增压器的工作电压

076 LED 型前照灯结构

LED 型前照灯利用发光二极管的发光特性实现照明，其优点是明亮、节能、可靠性高，而且点亮速度快，约 130ms，而普通灯泡的点亮速度是 200ms。LED 的寿命达 20000h（几乎与汽车同寿命）。因此，LED 照明技术是照明领域的一场革命，现已在各行各业得到普遍认可，同时也是汽车照明的发展方向，如用于汽车的转向灯、制动灯、尾灯及前照灯等，如图 6-9 所示。

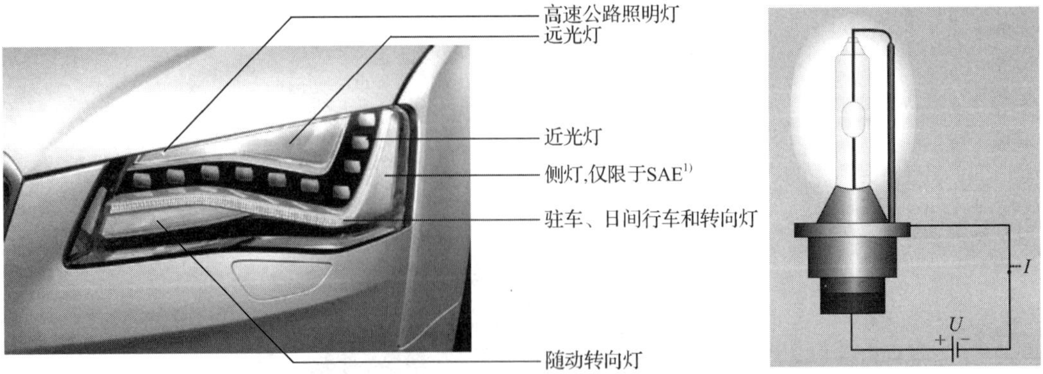

图 6-9 LED 大灯

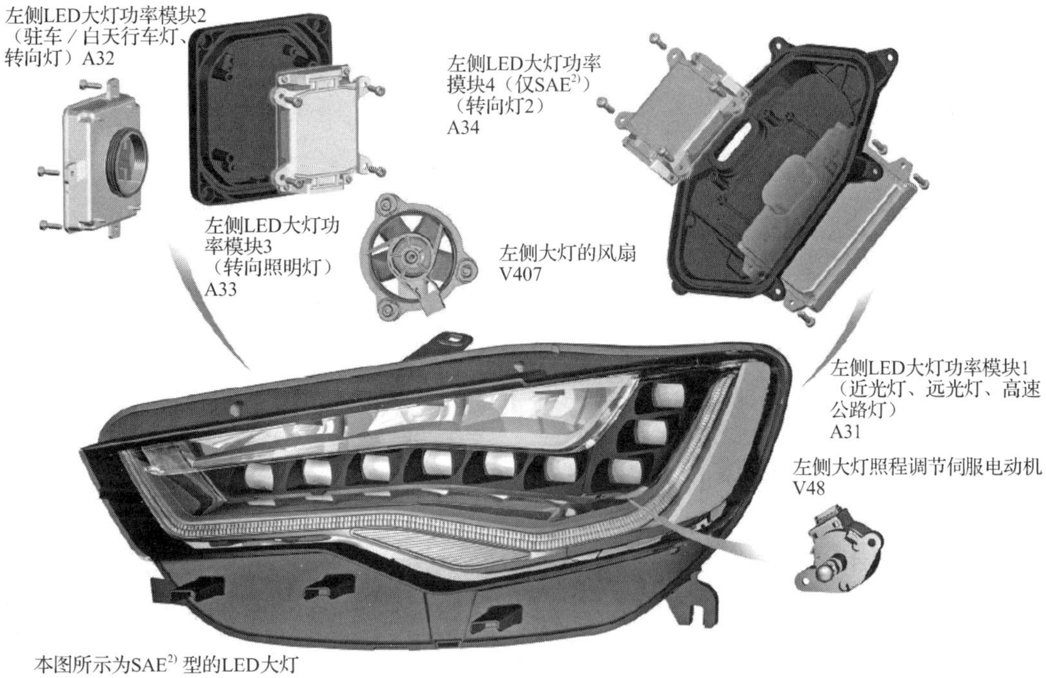

图 6-9　LED 大灯（续）

新款奥迪矩阵式 LED 照明科技：25 颗 LED 单体，64 级调光水平，9.6 亿种不同的光线变化，如图 6-10、图 6-11 所示。凭借安装在车头的摄像头的光线检测功能，当车辆时速达到 30km 时，感应式自动头灯与矩阵式 LED 头灯便会自行启动，此时，由 25 颗 LED 单体组成的车灯灯组可以让驾驶员在夜间拥有如同白昼般清晰的行车视觉。

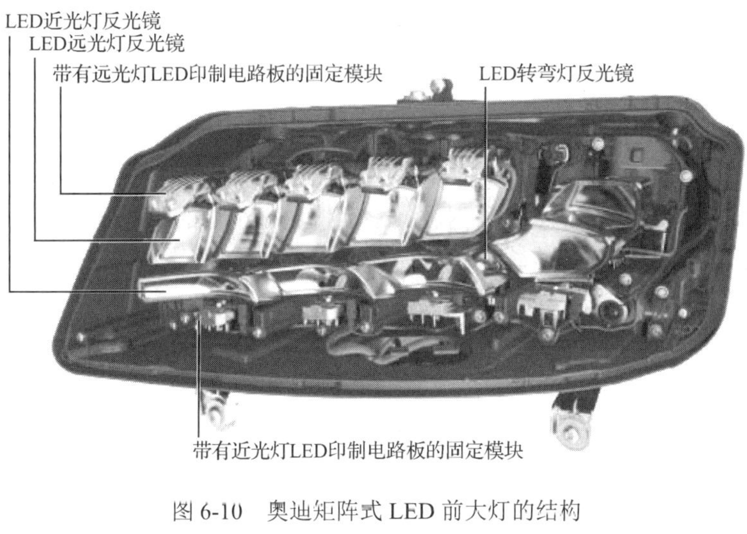

图 6-10　奥迪矩阵式 LED 前大灯的结构

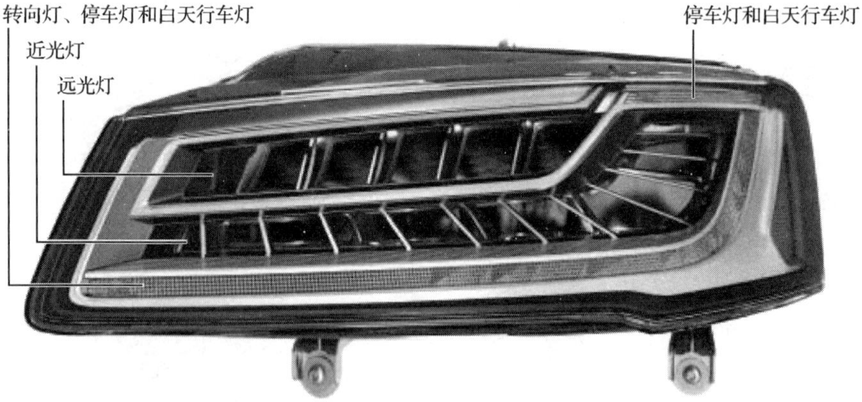

图 6-11 奥迪矩阵式 LED 前大灯正面视图

077 奥迪自动控制前照灯的结构及工作原理

1）前照灯的自动变光

夜间行驶时，为防止造成对面车辆驾驶员眩目，驾驶员必须频繁变光，这样会分散驾驶员的注意力，影响行车安全。自动变光装置可使车辆根据对面来车灯光的强度自动变换前照灯的远近光。

自动变光系统由透镜、光敏传感器、放大器、灯光继电器和前照灯组成。其中透镜起聚光作用；光敏传感器是感光元件，其阻值与光的强度成反比，即光越强，阻值越小，光越弱，阻值越大；放大器的作用是将光敏传感器的信号放大。

整个自动变光系统工作原理如下：

当迎面车辆的灯光照到前照灯上时，透镜将光线聚焦在光敏传感器上，阻值的变化信号通过放大器放大后，输送到前照灯继电器，继电器将远光变为近光。当车辆驶过，光线变暗，放大器无信号输出，灯光由近光变回远光。

2）自动开灯系统

自动开灯是指车辆行驶中前方的光线降到一定程度时，如驶入隧道、天空突然变暗等，前照灯电路会自动接通，确保安全。

（1）自动开灯系统的结构。在奥迪 A6 车上使用了雨水和光强度识别组合传感器。该传感器具有一个辅助控制功能，这样可免除驾驶员手动接通行车灯的麻烦，还可以根据前风窗玻璃的湿度情况来控制刮水器。这个传感器装在前风窗玻璃上车内后视镜的安装底座内，如图 6-12 所示。

① 光强度识别传感器的任务：自动接通及关闭行车灯；激活回家、离家功能；雨水传感器的白天/夜晚识别等。

② 光强度识别传感器的功能：为了能识别出诸如树林内的道路以及穿行隧道等环境状况，光强度识别传感器接收来自两个区域内的光强度信号。全区表示紧靠车附近的亮度，而前区表示车辆前部区域的光线情况，如图 6-13 所示。可以通过旋转式灯开关上的“Auto”位置来激活该功能。

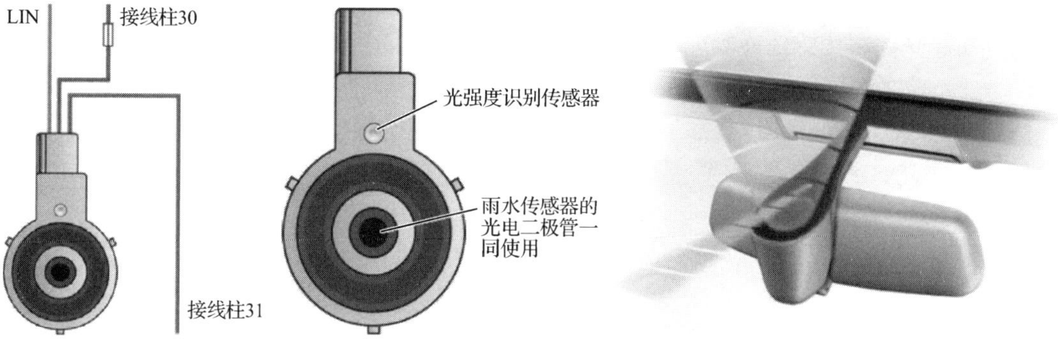

图 6-12　奥迪 A6 车型的雨水和光强度识别组合传感器

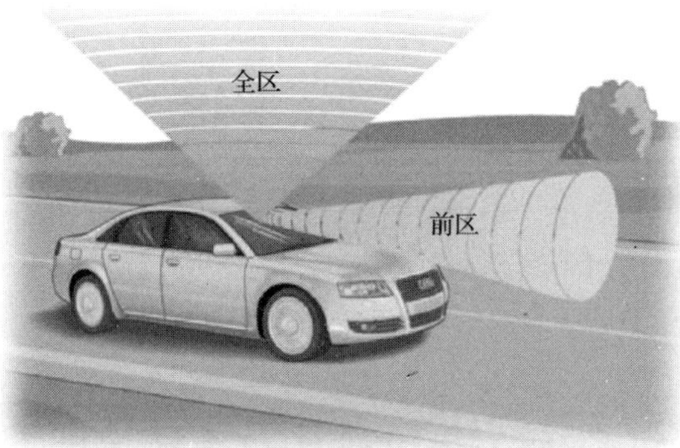

图 6-13　光强度传感器的工作示意图

在拂晓、黄昏、黑暗中、穿行隧道和在树林里行驶等情况时，光强度识别传感器会将一个信息发送到供电控制单元上，以便接通行车灯。自动行车灯工作原理如图 6-14 所示。

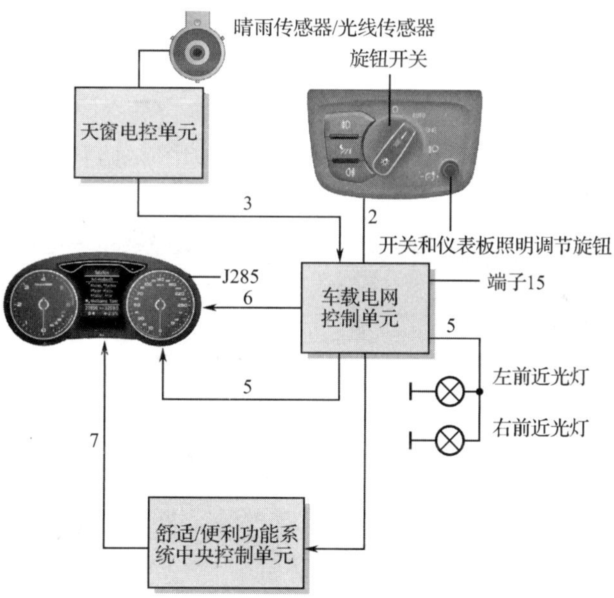

图 6-14　自动行车灯工作原理

3）自动行车灯工作过程

当自动灯光控制传感器检测环境的照明水平时，它向灯光控制装置的端子 A 输出一个脉冲信号，当灯光控制装置判断环境照明水平下降时，它触发尾灯和前照灯继电器，打开尾灯和前照灯；当灯光控制装置判断环境照明水平提高时，将尾灯和前照灯关掉，如图 6-15 所示。

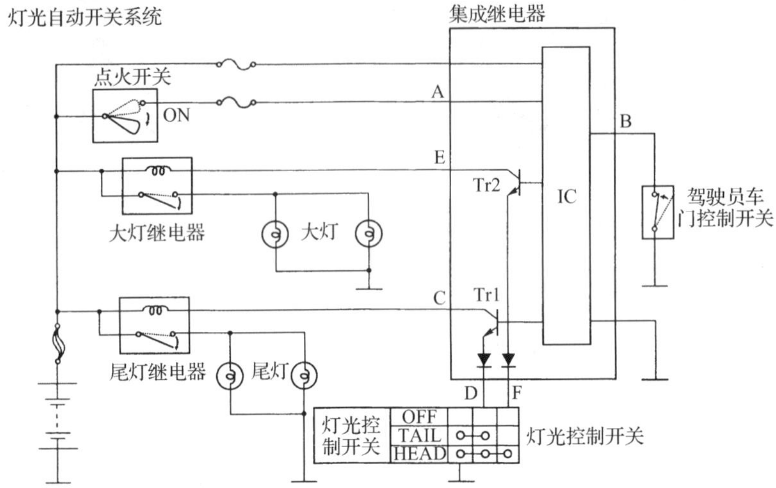

图 6-15　自动照明控制系统

078 自适应前照灯系统 AFS 的结构及工作原理

在有些汽车上已装备能自动适应汽车行驶工况和环境变化的智能型前照灯，这种自适应前照灯系统（Adaptive Front-lighting System，AFS）具有两种以上的自动调节功能，可在汽车行驶工况和环境改变时自动调整前照灯的照射角度和范围，极大地改善了车辆在夜间弯道行驶、城区交叉路口行驶、高速公路行驶时对道路的辨识度，减少会车时对迎面车辆的眩光影响，从而提高了夜间行车的安全性。AFS 是目前车灯照明领域最新的技术之一，是一个和行车安全息息相关的主动式安全系统，在汽车上的应用将会逐渐增多。装有 AFS 系统的车辆在进入弯道时具有旋转的照明功能，可以给弯道提供足够的照明，如图 6-16 所示。

（a）传统普通大灯　　（b）AFS 弯道照明

图 6-16　AFS 系统弯道照明效果

汽车在城市中无路灯照明、道路复杂且狭窄的区域行驶时，传统前照灯近光灯光形较狭长，对交叉路口的照明存在暗区，如图 6-17（a）所示，给行车安全带来隐患。AFS 控制器根据行驶的车速、周围道路环境等情况控制前角灯或前雾灯点亮，使前照灯产生如图 6-17（b）所示的光形，可使驾驶员能看清岔路中突然出现的行人和车辆，避免发生交通事故。

（a）传统前照灯对交叉路口照明存在暗区　　（b）AFS 控制器对交叉路口的照明

图 6-17　市区 AFS 道路照明控制的作用

在乡村道路上高速行驶的车辆，需要前照灯照得既远又宽，与此同时，还不能产生让会车驾驶员眩目的光线。AFS 控制器需要对前照灯照射光束进行控制，同时将前角灯或前雾灯点亮，以满足汽车在乡村道路上高速行驶的照明需要。

车辆在高速公路上行驶时，由于车速极高，所以需要前照灯比在乡村道路上照得更远、更宽。传统的前照灯往往存在着高速公路上照明不足的问题。AFS 控制器根据车速传感器的信号对前照灯进行控制，使之产生如图 6-18 所示的光形，以满足汽车在高速公路上高速行驶照明的需要。

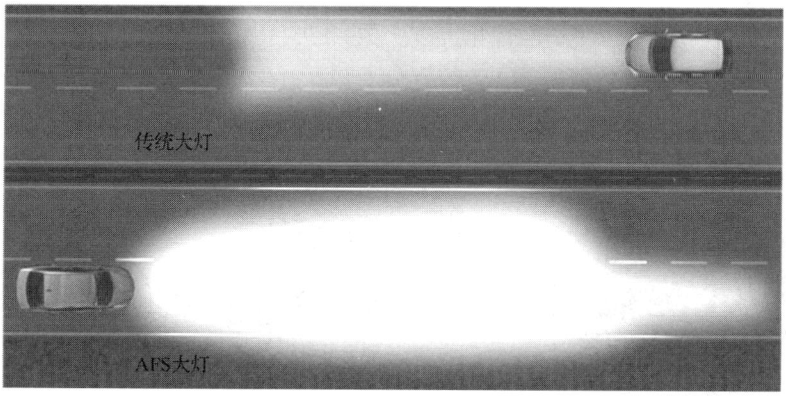

图 6-18　AFS 控制器控制前照灯在高速公路上的照明

在雨天行驶时，地面的积水会将行驶车辆照射到地面上的光线反射至对面会车驾驶员的眼睛中，使其目眩而容易引发交通事故。AFS 控制器根据湿度传感器的信号对天气和路面情况进行模糊分析，并输出控制信号，使前照灯发出一种特殊的光形，使让会车驾驶员产生眩目的地面的光强减弱，如图 6-19 所示。

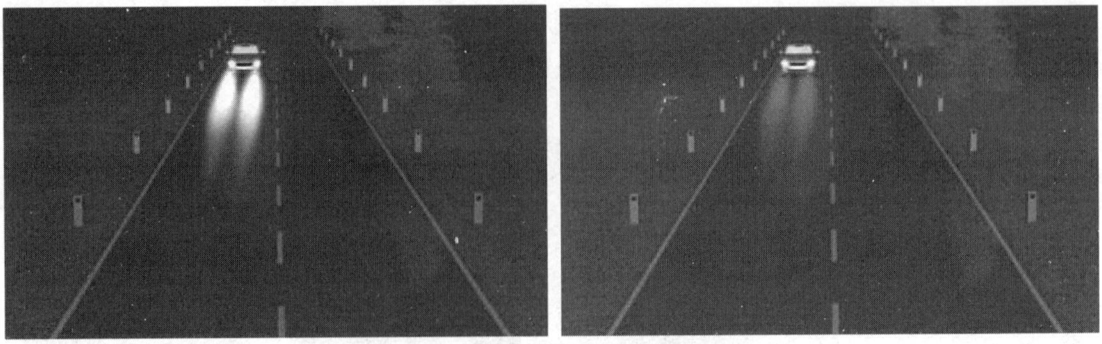

图 6-19　雨天前照灯自动控制照明

1）AFS 系统的结构

AFS 是由传感器组、传输通路、处理器和执行机构组成的系统。

AFS 的执行机构是由一系列的电动机和光学机构组成的，一般有投射式前照灯、对前照灯垂直角度进行调整的调高电动机、对前照灯水平角度进行调整的旋转电动机、对基本光型进行调整的可移动光栅等。

AFS 前照灯的随动转向功能可使前照灯向上、下、左、右四个方向运动，具有水平动态调节和转弯动态调节功能。水平调节是在后排载重较大导致车头上扬时，根据前桥和后桥的两个水平传感器信号控制电动机自动调节水平；转弯调节是根据车身回转模块传感器信号控制电动机来调节水平方向的照射范围，如图 6-20 所示。

2）AFS 系统的工作原理

要实现 AFS 自适应随动转向的照明功能，AFS 必须要从不同的传感器取得车辆的不同行驶信息。例如，为了实现弯道旋转照明的功能，要从车速传感器获取车速、转向盘角度传感器获取转向盘转角、车身高度传感器获取车身倾斜角度等信息。在通常情况下，AFS 所需获得的部分信息也被其他控制系统采用，即 AFS 实际上要和其他的系统共用一些传感器，所以必须通过总线通信才能实现这些传感器信息的共享，如图 6-21 所示。

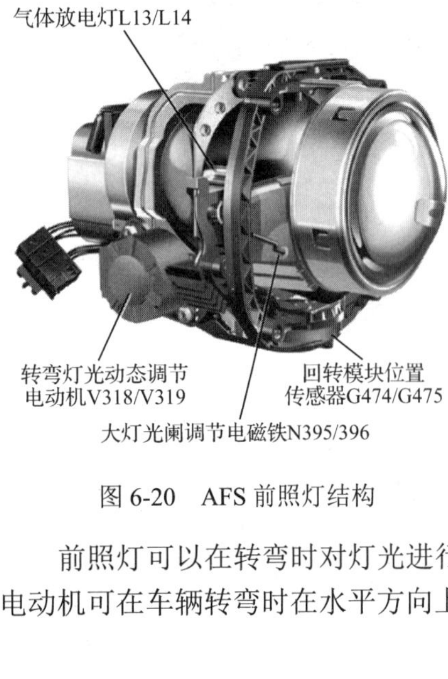

图 6-20　AFS 前照灯结构

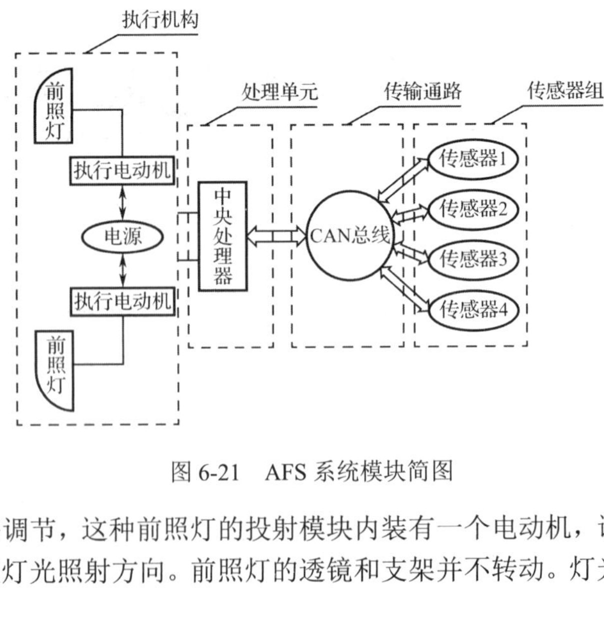

图 6-21　AFS 系统模块简图

前照灯可以在转弯时对灯光进行动态调节，这种前照灯的投射模块内装有一个电动机，该电动机可在车辆转弯时在水平方向上改变灯光照射方向。前照灯的透镜和支架并不转动。灯光转动的角度在转弯方向的内侧可达 15°，外侧 7.5°，使内侧视线宽阔、外侧较暗，防止迎面驾驶员眩目，如图 6-22 所示。这个角度变化可使车辆在转弯时得到更好的照明效果。这时灯光转弯内模块的转动角是外模块的 2 倍。这样就可在相同灯光强度的情况下得到最大的照亮范围。

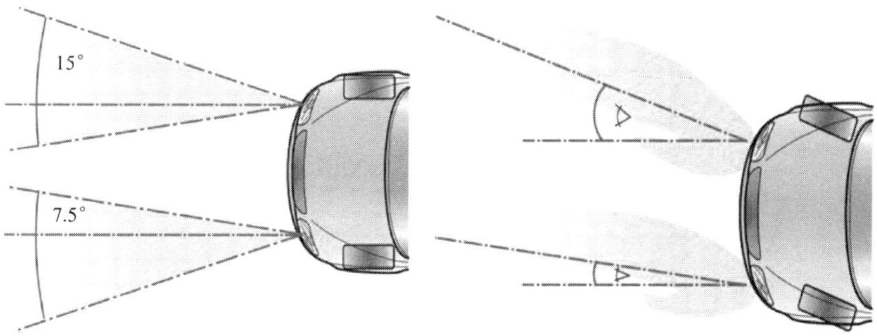

图 6-22　前照灯转弯调节角度

当车速低于 6km/h 时，大灯内的投射模块不会回转；当车速超过 10km/h 时，灯光回转的角度主要取决于方向盘转动的角度。这样就可以满足在车辆静止时不得摆动大灯灯光的法律规定。同时，当车在这种低速状态加速时，在转向角度不变的情况下，可以使大灯的偏转均匀过渡。

激活随动转向灯和 AFS（自适应）的条件：

（1）将灯的开关切换到“AUTO”位置。

（2）近/远光灯开启（根据从光亮识别传感器接收到的车外光亮信息，确定是否需要开启 AFS）。

（3）车速高于 15km/h。

（4）关闭旅行者照明模式激活随动转向灯和 AFS（自适应）条件：

自动接通：光敏传感器识别到黑暗，如在隧道内行驶时；在以高于 140km/h 的车速行驶数秒钟时；雨量传感器识别到降雨并接通车窗玻璃刮水器时。（提示：在高速公路行驶，当车速高于 140km/h 超过 10s 时，将自动打开驻车灯和近光灯。）

自动关闭：在识别到足够的亮度时；在以低于 65km/h 的车速行驶 2min 时；当车窗玻璃刮水器数分钟未刮水时。

水平调节与转弯调节装置的传感器、执行器（电动机）、控制模块之间的数据交换电路如图 6-23 所示。

使用的水平传感器与双氙大灯动态调节用的传感器是相同的，该传感器将一个脉冲宽度调制信号发送到大灯照程调节控制单元上。大灯照程调节控制单元 J431 与大灯左、右功率模块 J667 和 J668 之间的数据交换通过一根 500KBaud（波特）的 CAN 总线来完成。

大灯控制单元根据车辆的负载情况自动调节大灯的垂直照程。控制单元根据安装于前、后轴水平位置传感器的信号来确定车辆的负载情况，然后输出指令使电动机动作，使大灯垂直照程始终处于最佳状态。后悬架上的精确传感器可以根据前车灯与路面之间的角度变化，自动调整水平照射高度，其中向上偏转最大可达 2°，向下偏转最大可达 4°，使前车灯的照射范围和照射宽度保持不变，确保清晰的行驶视野，充分保证夜间的行车安全，如图 6-24 所示。

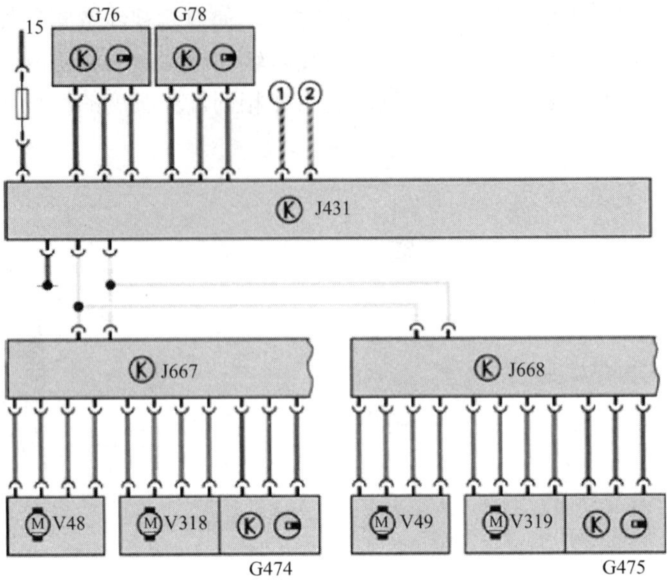

图 6-23　前照灯光束调整数据交换电路

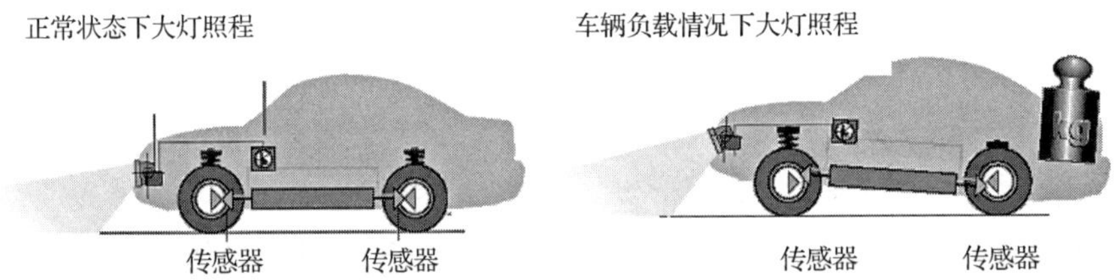

图 6-24　负载情况自动调节

3）大灯调节模块的工作原理

（1）CAN 网络信息共享。如图 6-25 所示，J431 控制单元接收本模块 G76 后轴水平传感器和 G78 前轴水平传感器的信号，转化为 CAN 信息发送到 CAN 总线上，供 CAN 总线所有节点共享。大灯照程控制单元 J431 在 CAN 总线上获得 E1 大灯开关信息（经 J519 发送）和 E4 变光开关信息（经 J527 发送），根据信息处理灯光变化。

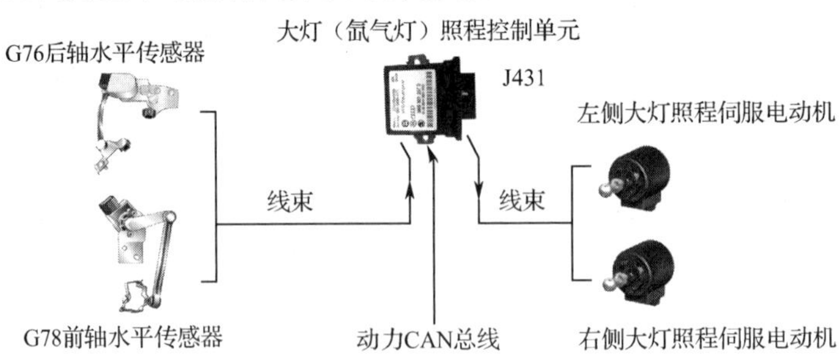

图 6-25　大众大灯照程调节模块总线设备

CAN 总线中，其他对照程调节控制有用的传感器信息和控制信息，均可经动力 CAN 总线供大灯照程控制单元 J431 共享，如图 6-26 所示。

J431 通过 CAN 总线发送信息给 J285 组合仪表控制单元，通过组合仪表控制单元 J285 控制照程调节指示灯。

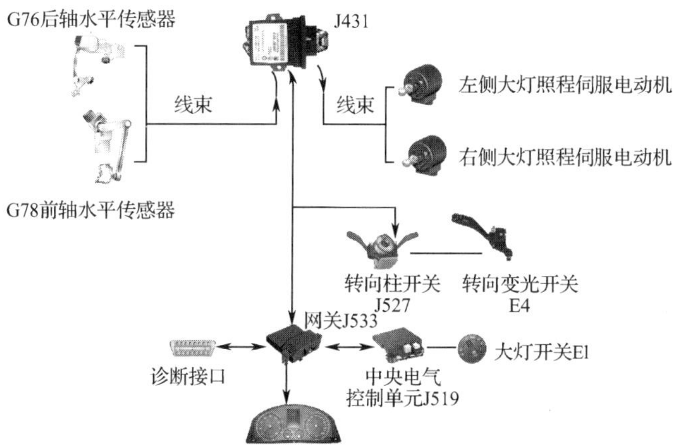

图 6-26　大灯（氙气灯）照程控制系统

（2）大灯照程控制原理。车身水平传感器有两个，一个位于车身底盘的左前方，另一个位于车身底盘的左后方，均为线性电阻式。当车身高度变化时，传感器即电阻变化，电压也随之变化。此信号送给氙气大灯行程控制电脑 J431，然后由大灯行程控制电脑控制左、右大灯的调节电动机动作，完成大灯的自动调整。

4）车辆高度传感器

传感器的工作原理为霍尔效应原理，霍尔传感器集成在转子上，如图 6-27 所示。转子处在均匀的磁场中，磁场在霍尔传感器中产生霍尔电压。该电压与磁通密度成正比，当环形磁铁随转子转动时，通过霍尔传感器的磁通密度发生变化传动杆将车轴跳动传给传感器，传感器将其转换成与转角成比例的电信号。控制单元采集来自传感器的电信号，并得到前、后轴间的电压差。传感器安装位置如图 6-28 所示。

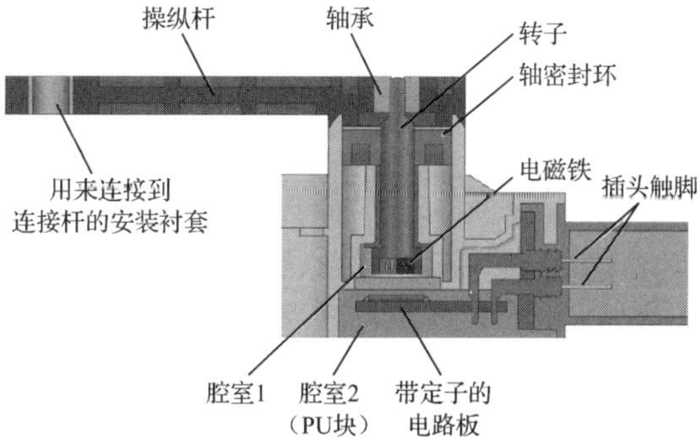

图 6-27　传感器结构图

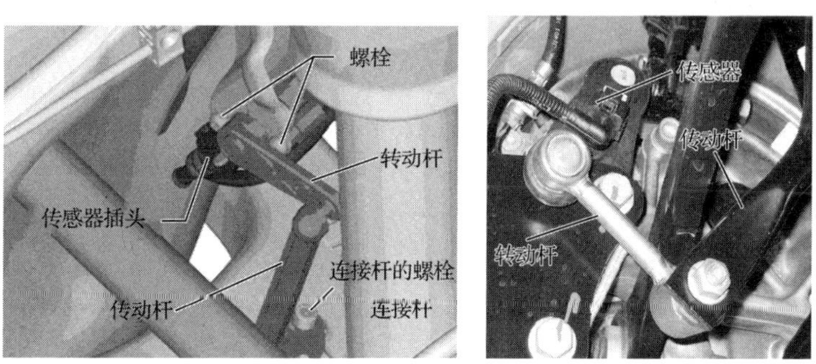

图 6-28　大众、奥迪后轴高度传感器位置

079 大众内部和外部车灯控制分析

大众车 J519 控制内部和外部车灯的特点是：①可以分别控制单个灯泡的开启和关闭；②使用占空比 PWM 控制灯泡的最大功率；③通过 PWM 控制尾灯亮度的变化；④诊断灯泡和线束对正极短路、回路短路和断路，在短路或断路的情况下，将自动断开电源（起到熔丝的保护功能），这种诊断是通过对灯泡执行冷监控与热监控来实现的。

冷监控是点火开关接通后，各灯泡都会接通数次极微小的电流，J519 通过测试电流来识别电路中的故障。热监控是在车灯开关接通后，灯泡处于通电状态时，J519 可以感知到过载、短路或断路，一旦识别到故障，仪表将点亮灯泡故障灯 K170 报警，同时中央显示屏列出文本信息加以提示。

外部灯光照明控制示意图如图 6-29 所示。由图可知，J519 直接对车灯开关 E1、危险报警灯开关 E3、制动灯开关 F 与倒车灯 F4（手动挡车）的信号进行分析，而停车灯、转向信号灯、接通远光灯或超车灯的变光功能等请求则通过舒适系统数据总线获知。

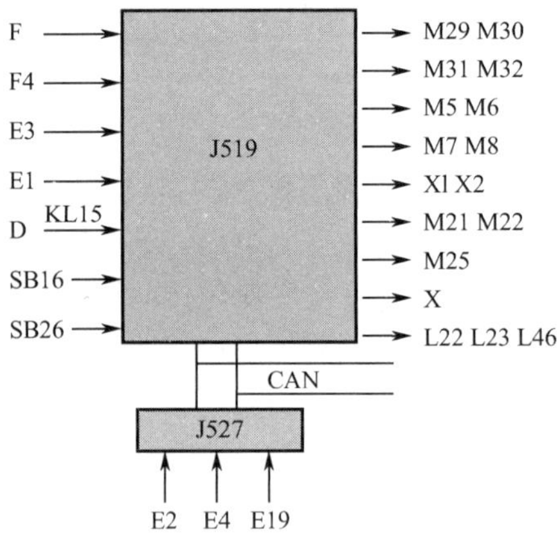

D—点火开关；E1—车灯开关；E2—转向灯开关；E3—危机闪光灯开关；E4—变光开关；E19—驻车灯开关；F—制动灯开关；F4—倒车灯开关（手动挡车型）；J519—BCM 车身控制单元；J527—转向柱电子控制单元；L22—左前雾灯；L23—右前雾灯；L46—左后雾灯；M5—左前转向灯；M6—右前转向灯；M7—左后转向灯；M8—右后转向灯；M21—左制动灯；M22—右制动灯；M25—高位制动灯；M29—左近光灯；M30—左远光灯；M31—右近光灯；M32—右远光灯；SB16、SB26—熔丝；X—牌照灯；X1、X2—倒车灯

图 6-29 外部灯光照明控制示意图

车灯开关与仪表照明调节器如图 6-30、图 6-31 所示。车灯开关信号输入电路如图 6-32 所示。车灯开关 E1 由 KL30 常电源供电，共有 4 个旋转挡位。由图 6-32 可知，J519 的 T52a/18 端子感知车灯开关 0 位信号，T52a/19 端子接收小灯 58 位置信号，T52a/20 端子感知 AUTO 灯光位置信号，T52a/22 端子接收前照灯 56 位置信号。前雾灯开关 E7 与后雾灯开关 E18 集成在 E1 内，旋钮后拉一挡，T52a/21 端子认定是前雾灯 NL 位置信号的输入，旋钮后拉第 2 挡 T52a/17 端子则认定为后雾灯 NSL 位置信号的输入，根据车灯开关不同的位置，相应端子上可以获得 12V 电压信号。J519 通过监控 E1 每一个位置发送的信号，依据控制逻辑确定可信度。当识别到点火开关已接通，E1 的开关信号不可信时（如熔丝 SC23 断开），启动应急控制，自动点亮近光灯和停车灯。

当 E1 处于 AUTO 挡时，J519 的 T52a/20 端子上的电压为 12V，此时若光线与雨量传感器

G397 判断出环境照明下降时限值满足上述条件，J519 将自动点亮近光灯与停车灯。

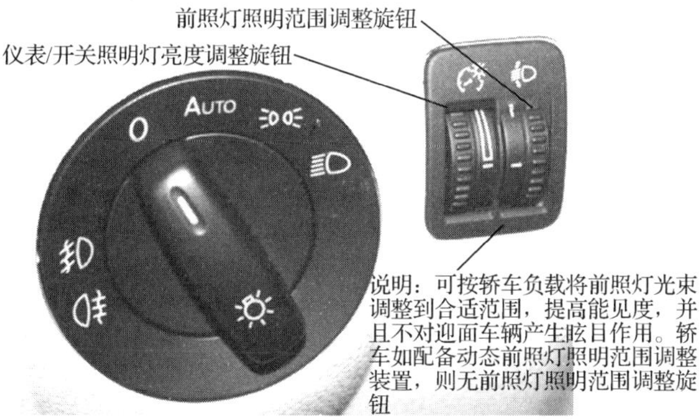

图 6-30　车灯开关与仪表照明调节器

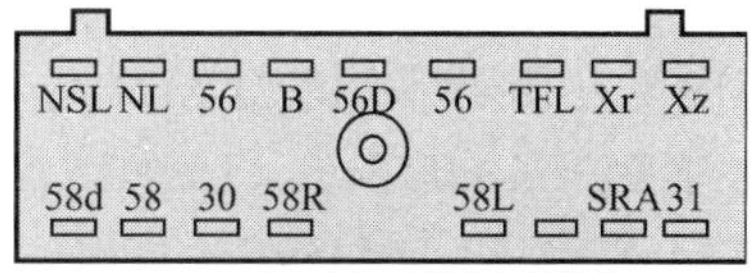

T17/1(Xz)—点火开关75号线电源输入；
T17/2(Xr)—卸荷继电器75号线电源输入；
T17/4(56)—近光输出；
T17/8(NL)—前雾灯输出；
T17/9(NSL)—后雾灯输出；
T17/10(31)—车灯开关E1接地；
T17/13(58L)—左侧小灯输出；
T17/14(58R)—右侧小灯输出；
T17/15(30)—30号线电源输入；
T17/16(58)—小灯输出，去仪表与开关照明调节器E20；
T17/17(58d)—E20的58d电源输入

图 6-31　车灯开关端子

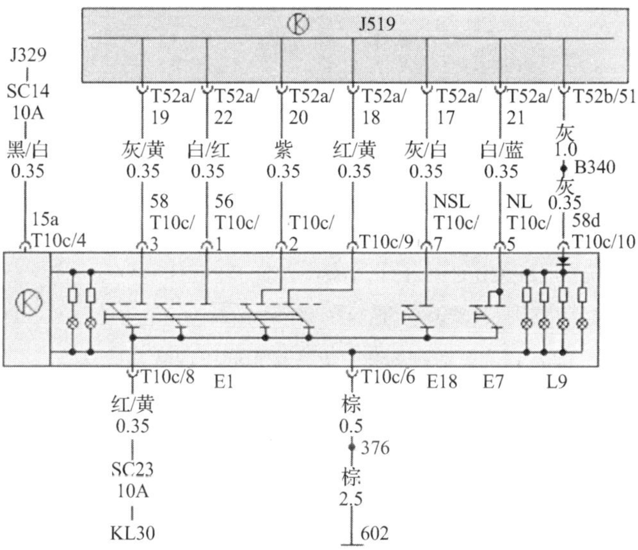

E1—车灯开关；E7—前雾灯开关；602—接地点，在左前门槛板中间；E18—后雾灯开关；

J519—BCM 车身控制单元；L9—车灯开关照明灯泡

图 6-32　车灯开关信号输入电路

080 新款大众车外部照明灯光电路

El 开关旋钮位置在 J519 数据块 51 组 1 区的测量值里显示，以 1、2、4、8……的数值表示旋钮所处的位置。49 组测量值的含义依次是灯光关闭信号、驻车灯开关信号、近光灯开关信号与 AFL（即 AUTO）开关信号。50 组 1 区的测量值为前雾灯开关信号，2 区为后雾灯开关信号。

给 E1 加上 KL15 电源的目的，是独立于 58d 电源对车灯开关照明灯泡 L9 供电，点火开关接通时，L9 即可点亮。KL15 与 58d 两个电源之间用一个二极管予以隔离。

左前侧外部灯光及仪表照明调节器电路图如图 6-33 所示。当 E1 处于小灯挡时，J519 的

T52a/19 端子得电，控制相应端子向左右前后各小灯、牌照灯供电。以左前小灯为例，T52c/26 端子输出 12V 电压→左前小灯 M1→搭铁点 640，M1 点亮。后部灯光电路图如图 6-34 所示。J519 对左侧尾灯/制动灯 M21 与 M58、右侧尾灯/制动灯 M22 与 M59 的输出采用 PWM 控制，此时 T52c/4、T52c/3、T52a/26 与 T52a/27 端子以 27%的占空比，以尾灯规格的亮度点亮 M21 与 M58、M22 与 M59。

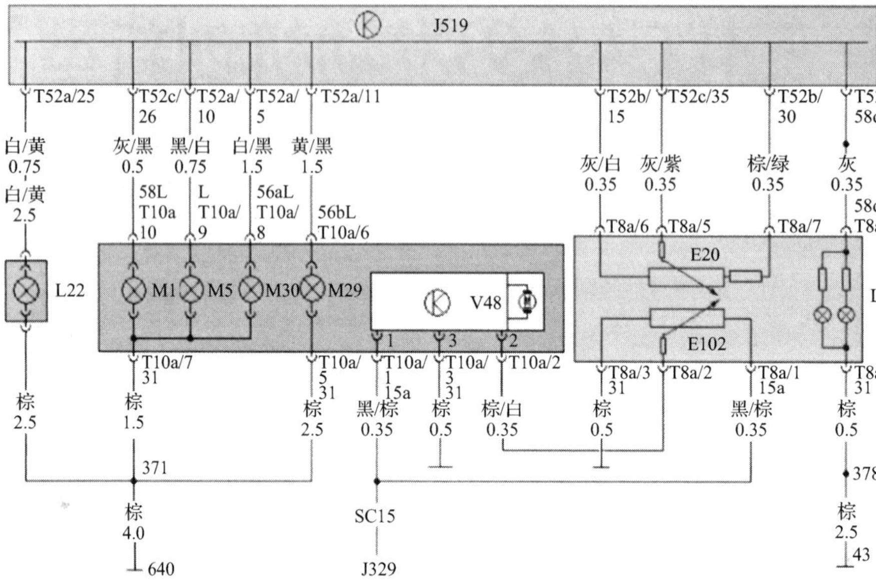

E20—背景照明光亮度调节器；E102—大灯光束位置传感器；J329—总线端 KL15 继电器；

J519—车身控制单元；L22—左前雾灯；L54—背景照明灯；M1、M5—左前转向灯；M29—左近光灯；

M30—左远光灯；V48—左侧大灯光束位置调节电动机；43—接地点，在右侧 A 柱下部；640—接地点，在左侧前轮罩前部

图 6-33 左前侧外部灯光及仪表照明调节器电路图

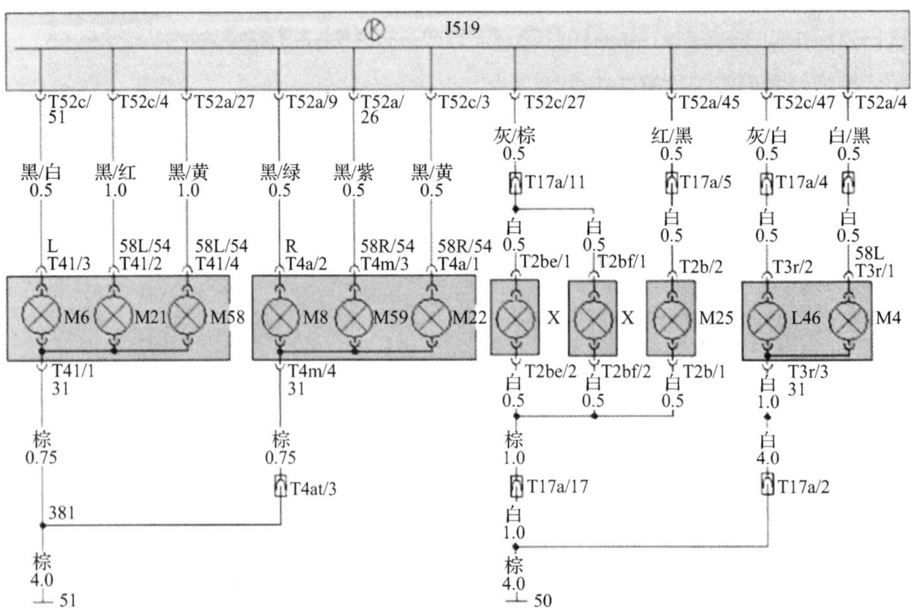

图 6-34 后部灯光电路图

由图 6-33 可知，组合仪表背景照明光亮度调节器 E20 本质上是一个手动电位计，J519 检测到 E1 接通小灯，T52b/15 端子给 E20 供电，T52b/30 端子搭铁，T52c/35 端子能够感知 E20 调制出连续可变的电压信号，J519 据此信号通过其 T52b/51 端子对外输出，形成亮度可调的 KL58d（58d 在主导线束中）电源，向组合仪表及车上所有的开关、按钮内的背景照明灯供电。

KL58d 电源的测量值在 J519 数据块 53 组中表达，如表 6-1 所示。

表 6-1 J519 数据块 53 组 KL58d 电源的测量值

53 组测量值区域	1 区	2 区	3 区	4 区
测量值定义	仪表照明	PWM 输出	要求	空

当 E1 处于前照灯挡时，T52a/22 端子有电，J519 控制相应端子输出给左、右近光灯供电。以左侧为例，其 T52a/11 端子→左近光灯 M29→搭铁点 640，从而点亮 M20。

配置前照灯光束位置调节电动机，有自动与手动两种选择，这里以手动配置加以说明。以左侧为例，熔丝 SC15 为左侧大灯光束位置调节电动机 V48 及大灯光束位置传感器 E102 供电，E102 是手动调整的电位计，代表驾驶员调节意愿的电信号输入 V48，电动机动作，将前照灯光束调整到适当的位置。右侧前照灯的调节与左侧相同。

当 E1 置于前雾灯挡时，T52a/17 端子有电，J519 给前雾灯供电。以左侧为例，T52a/25 端子输出→左前雾灯 L22→搭铁点 640，前雾灯点亮。

近光灯与前雾灯状态在 J519 数据块 42 组的测量值中以%形式显示，如表 6-2 所示。

表 6-2 J519 数据块 42 组的测量值定义（近光灯与前雾灯状态）

42 组测量值区域	1 区	2 区	3 区	4 区
测量值定义	左近光灯	右近光灯	左前雾灯	右前雾灯

当 E1 置于后雾灯挡时，前雾灯继续点亮，J519 的 T52a/21 端子得电获知后雾灯开启请求，J519 给后雾灯供电，线路走向是 T52c/47→插接器 T17a/4→L46→插接器 T17a/2→搭铁点 50，仪表开启后雾灯指示灯 K13。

左后雾灯状态在 J519 数据块 47 组 1 区的测量值里以%形式显示。

081 大众转向灯、危险报警灯及前照灯变光电路

转向灯电路如图 6-35 所示。J527 投入工作后，其 C/10 端子搭铁，C/9 端子上形成的电位高低随 E2 处于左右侧位置时接入的电阻不同而改变，据此 J527 可以识别出左/右转向灯的请求信息，信号经数据总线传输被 J519 获得，输出控制指令以点亮转向灯。以左侧转向灯控制为例（见图 6-33、图 6-34），其路径是 J519 的 T52a/10 端子→左前转向灯 M5→搭铁点 640，T52c/51 端子→左后转向灯 M6→搭铁点 51。与此同时，根据数据总线上的信息，J386 的 T16f/13 端子输出→左侧后视镜上的转向灯 L131→J386 的 T16f/11 端子→J386 内部搭铁，组合仪表 J2285 则开启左侧转向指示灯 K65。

L131 与右侧后视镜转向灯 L132 的工作状态在 J386 与 J387 数据块 8 组 1 区的测量值中可以检查。

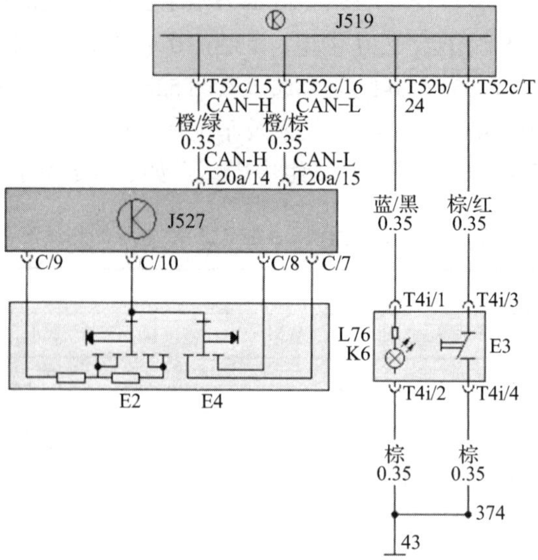

图 6-35 转向灯电路

对转向灯开关、变光开关与危险报警灯开关信号输入电路，E2 的开关设计在左右方向上均具有点动和定位两个位置，将点动定义成高速公路转向灯闪烁，该模式下，转向灯将闪烁 3～5 次（闪烁模式的具体次数可在 J519 匹配功能选项 31 通道内进行个性化设置）。

转向灯开关信号在 J519 数据块 1 组 1 区的测量值中显示，转向灯开关、变光开关单体电气检测数据如表 6-3 所示。转向灯工作状态在 J519 数据块 43 组的测量值中以%形式显示，如表 6-4 所示。

表 6-3 转向灯开关、变光开关单体电气检测数据

端　子	未　操　作	转向向左	转向向右
C/9-C/10	∞	2.310kΩ	0.783kΩ
C/7-C/10	超车灯位置		5.4Ω
C/8-C/10		近光挡 4.1Ω	远光挡∞

表 6-4 J519 数据块 43 组转向灯的测量值

43 组测量值区域	1 区	2 区	3 区	4 区
测量值定义	左前转向灯	右前转向灯	左后转向灯	右后转向灯

危险报警灯开关 E3 闭合，J519 的 T52c/7 端子感知到搭铁信号输入，向各转向灯输出控制电流（T52a/9 端子→右后转向灯 M8，T52a/10 端子→左前转向灯 M5，T52c/50 端子→右前转向灯 M7，T52c/51 端子→左后转向灯 M6），全部转向灯闪烁，T52b/22 端子同步点亮 E3 开关内的危险报警指示灯 K6。与此同时，J285 从数据总线得到该信息，开启左侧转向指示灯 K65 与右侧转向指示灯 K94，J386 的 T16f/13 端子与 J387 的 T16g/13 端子输出，点亮各自管辖的后视镜上转向灯 L131 与 L132。

危险报警灯开关信号可读取 J519 数据块 48 组 3 区的测量值进行检查。

J527 的 C/7 与 C/8 端子接收变光开关 E4 开关闭合后的搭铁信号，形成超车灯和近光灯的

请求信息，E4 开关处于中间位置，C/8 端子为高电位，默认为远光挡。J519 检测到 E4 变光信号，控制相应端子切换输出，点亮左近光灯 M29、右近光灯 M31 或左远光灯 M30、右远光灯 M32，远光灯或超车灯点亮时，J285 开启远光指示灯 K1。

远光灯工作状态在 J519 数据块 40 组的测量值中以%形式显示，如表 6-5 所示。

表 6-5　J519 数据块 40 组远光灯的测量值

40 组测量值区域	1 区	2 区	3 区	4 区
测量值定义	左远光灯	右远光灯	左侧氙灯（遮门）	右侧氙灯（遮门）

082 大众喇叭电路分析

喇叭信号输入电路和主电路如图 6-36 所示。J527 的 G/8 为搭铁端子，点火开关 ON 后，G/10 为 KL15（J329 供电继电器）电源端子供电，多功能转向盘控制单元 J453 经安全气囊螺旋电缆/复位环 F138 得电。J453 进入工作状态后，T5f/4 端子呈搭铁状态。G/7 为喇叭按钮 H 信号的输入端，按下 H 时，G/7 端子上的电位降至 0V，J527 据此确认为喇叭请求信号。当 J519 从舒适系统数据总线接收到 J527 发送的喇叭请求信号时，其 T52c/41 端子输出搭铁信号，双音喇叭继电器 J4（449 号）触点闭合，双音喇叭 H2、H7 有电流流过。

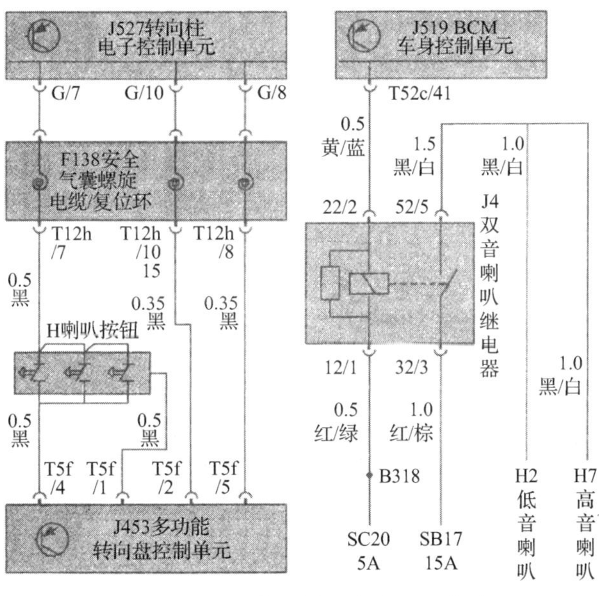

图 6-36　喇叭信号输入电路和主电路

喇叭按钮 H 的开关信息在 J527 数据块 3 组 2 区的测量值中显示出来，J519 数据块 71 组 3 区测量值则显示喇叭的工作状态。

083 内部照明灯光电路

内部灯光有集成左前阅读灯 W13 与右前阅读灯 W19 的室内灯 W1、左前脚部照明灯 W9、右前脚部照明灯 W10、后阅读灯 W43、左后脚部照明灯 W45、右后脚部照明灯 W46、行李厢照明灯 W3 与手套箱照明灯 W6，其中 W3、W6 不受门控开关控制。

内部照明灯光电路如图 6-37 所示。室内灯开关有门控和非门控两个位置。J519 的 T52b/42 端子经熔丝 SC49 得电后，T52b/43 成为向所有内部照明灯供电的电源端子，T52c/10 是室内灯门控的控制端，室内灯 W1（包括与 W1 呈并联关系的 W9、W10、W43、W45 和 W46）与室内灯开关内部的门控触点连接在两者之间。车门开启前，T52c/10 端子处于高电位，W1 因其两端的电位相等，故无电流流过。

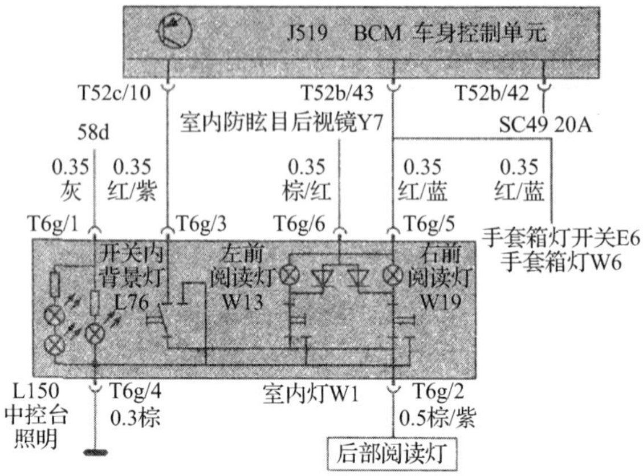

图 6-37 内部照明灯光电路

当 J519 感知到车门开启时，令 T52c/10 端子搭铁，W1 点亮，其路径是 J519 的 T52b/43 端子→室内灯插接器 T6g/5 端子→W1（W9、W10、W43、W45 与 W46 与 W1 呈并联关系，图中并没有画出）→室内灯开关门控位置触点→室内灯插接器 T6g/3 端子→J519 的 T52c/10 端子→J519 内部搭铁。车门关闭后，T52c/10 端子依旧维持低电位状态，W1 等照明灯继续点亮。延时 10min 后，T52c/10 端子的电位升高，W1 熄灭。如车门未关，则 W1 的延时时间约为 30min。在室内灯延时点亮的过程中，J519 一旦识别到点火开关 ON 或遥控锁车信号，延时即告结束。

室内灯开关处于非门控位置时，点亮 W1 等室内灯的路径是 J519 的 T52b/43 端子→室内灯插接器 T6g/5 端子→W1→室内灯开关非门控位置触点→室内灯插接器 T6g/4 端子→搭铁。

084 卡罗拉前照灯自动控制电路

带自动灯控的前照灯电路如图 6-38 所示。前照灯的近光灯、远光灯是否工作受车身 ECU 和前照灯变光开关 E8 的控制。

当前照灯变光开关 E8 中的灯光控制开关置于头部挡时，E8 的 20 脚与 12 脚导通，车身 ECU E50 的 C12 脚输入搭铁信号；当 E8 中的调光开关置于远光挡时，前照灯变光开关 E8 的 11 脚与 12 脚导通，车身 ECU E50 的 8 脚输入搭铁信号；当 E8 中的调光开关置于闪烁挡时，前照灯变光开关 E8 的 11 脚、17 脚与 12 脚导通，车身 ECU E50 的 8 脚和 A22 脚同时输入搭铁信号。

近光电路：当车身 ECU 的 A20 脚输出搭铁信号时，H-LP 继电器得电，其触点闭合。蓄电池电压→50A 主前照灯熔丝→H-LP 继电器触点后分两路：一路经左前照灯近光灯熔丝→左侧前照灯近光灯 A65（或 A40）→A1（或 A2）搭铁；另一路经右前照灯近光灯熔丝→右侧前照灯近光灯 A64（或 A39）→A3（或 A4）搭铁。此时，左前照灯近光灯、右前照灯近光灯均亮。

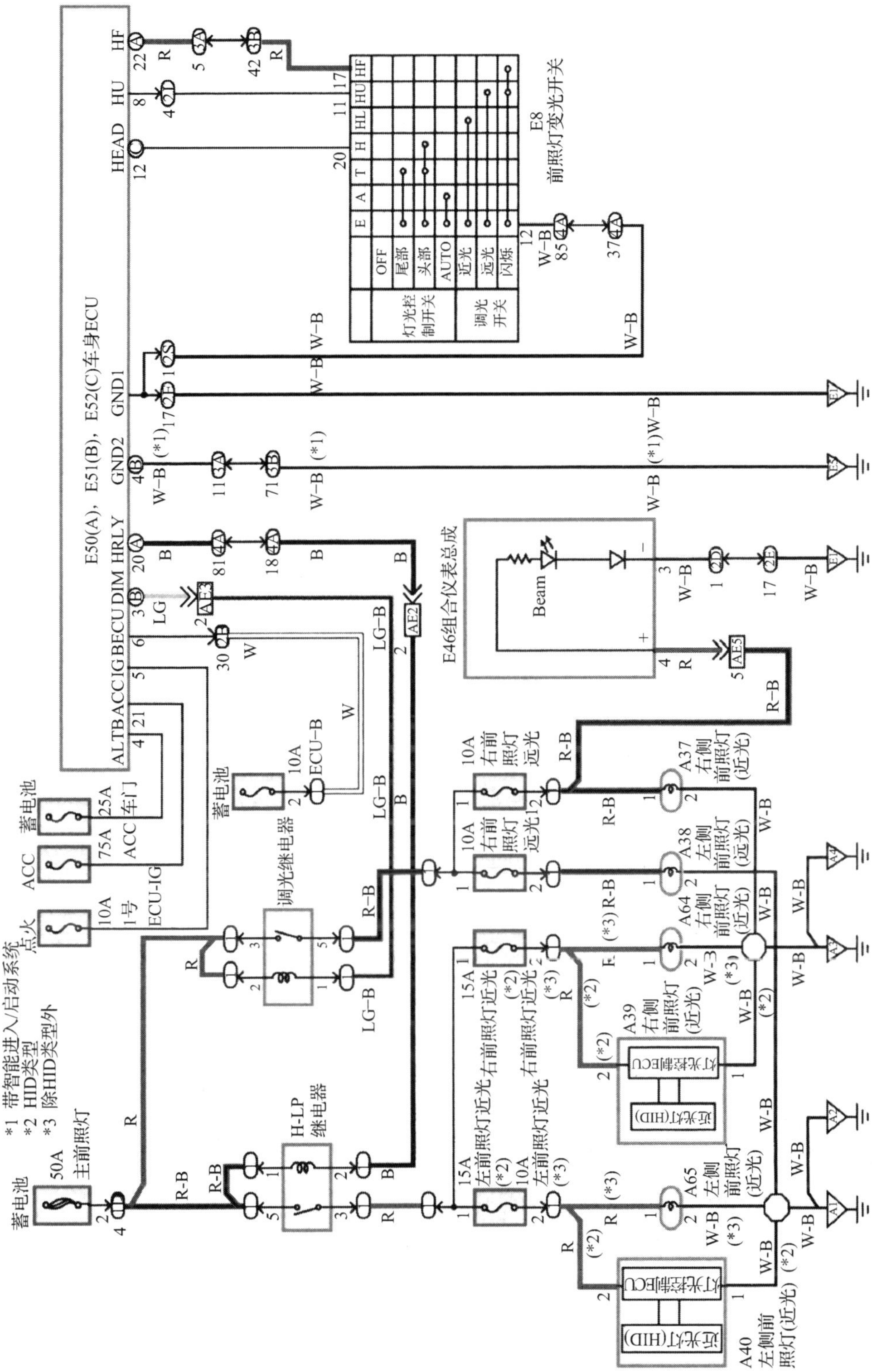

图6-38　带自动灯控的前照灯电路

远光灯电路：当车身 ECU 的 B3 脚输出搭铁信号时，调光继电器线圈得电，此时，调光继电器触点闭合。蓄电池电压→50A 主前照灯熔丝→调光继电器触点后分两路：一路经 10A 左前照灯远光灯熔丝→左侧前照灯远光灯 A38→A1 或 A2 搭铁；另一路经 10A 右前照灯远光灯熔丝后又分两路：一路到右侧前照灯远光灯 A37→A3 或 A4 搭铁，另一路到组合仪表 E46 的 4 脚→组合仪表内部远光灯指示灯→E1 搭铁。此时，左侧前照灯远光灯、右侧前照灯远光灯及组合仪表内的远光指示灯均亮。

085 日间行车灯、驻车灯和牌照灯常亮故障

（1）故障现象。一辆大众车，搭载型号为 CED 的 1.8TSI 发动机和 7 速双离合 DSG 变速器，行驶里程约为 30000km。因日间行车灯、驻车灯和牌照灯常亮而检修。

（2）故障分析。试车验证故障，接通点火开关，车的日间行车灯、驻车灯和牌照灯均已点亮，但此时并未接通前照灯开关。连接 VAS6150A 调取故障代码，无故障代码存储。用 VAS6150B 调取 J519 车载电网控制单元的数据流，前照灯开关处于关闭状态时的相关数据如图 6-39 所示；将前照灯开关置于 AUTO 位置时，相关数据如图 6-40 所示；将前照灯开关置于驻车灯位置时的数据如图 6-41 所示；接通近光灯开关时的数据如图 6-42 所示。

读取测量值

地址列	ID	测量值	数值	单位	目标值
09	41 1	左前停车灯	99	%	0<=x<=100
09	41 2	右前停车灯	99	%	0<=x<=100
09	42 1	左侧近光灯	0	%	0<=x<=100
09	42 2	右侧近光灯	0	%	0<=x<=100
09	45 4	牌照灯-X	83	%	0<=x<=100
09	49 1	灯开关，灯光关闭	接通		
09	49 2	停车灯开关	断开		
09	49 3	近光灯开关	断开		
09	51 1	旋转灯开关位置	1		

图 6-39 前照灯开关处于关闭状态时的数据

读取测量值

地址列	ID	测量值	数值	单位	目标值
09	41 1	左前停车灯	99	%	0<=x<=100
09	41 2	右前停车灯	99	%	0<=x<=100
09	42 1	左侧近光灯	99	%	0<=x<=100
09	42 2	右侧近光灯	99	%	0<=x<=100
09	45 4	牌照灯-X	84	%	0<=x<=100
09	49 1	灯开关，灯光关闭	断开		
09	49 2	停车灯开关	断开		
09	49 3	近光灯开关	断开		
09	51 1	旋转灯开关位置	2		

图 6-40 前照灯开关位于 AUTO 位置时的数据

读取测量值

地址列	ID	测量值	数值	单位	目标值
09	41 1	左前停车灯	99	%	0<=x<=100
09	41 2	右前停车灯	99	%	0<=x<=100
09	42 1	左侧近光灯	0	%	0<=x<=100
09	42 2	右侧近光灯	0	%	0<=x<=100
09	45 4	牌照灯-X	82	%	0<=x<=100
09	49 1	灯开关，灯光关闭	断开		
09	49 2	停车灯开关	接通		
09	49 3	近光灯开关	断开		
09	51 1	旋转灯开关位置	4		

图 6-41 前照灯开关置于驻车灯位置时的数据

读取测量值

地址列	ID	测量值	数值	单位	目标值
09	41 1	左前停车灯	99	%	0<=x<=100
09	41 2	右前停车灯	99	%	0<=x<=100
09	42 1	左侧近光灯	99	%	0<=x<=100
09	42 2	右侧近光灯	99	%	0<=x<=100
09	45 4	牌照灯-X	84	%	0<=x<=100
09	49 1	灯开关，灯光关闭	断开		
09	49 2	停车灯开关	断开		
09	49 3	近光灯开关	接通		
09	51 1	旋转灯开关位置	8		

图 6-42 接通近光灯开关时的数据

分析上述数据可知，在将前照灯开关置于不同挡位时，均能在 J519 车载电网控制单元的数据流中读取正确的开关位置信息，说明前照灯开关 E1 及其与 BCM 之间的线路均是正常的。牌照灯、驻车灯和日间行车灯常亮，可以判断其灯泡是正常的。综上所述，判断故障原因可能是 BCM 及其相关线路存在故障。

根据图 6-43 可知，日间行车灯和驻车灯分别由左右日间行车灯和驻车灯控制单元 J860 和 J861 进行控制。分析认为 J519 到 J860 和 J861 的线路同时损坏的可能性不大，因此判断故障原因为 J519 或其编码存在问题。调取 J519 的编码，确认编码是正常的，由此确定是 J519 出现

故障。

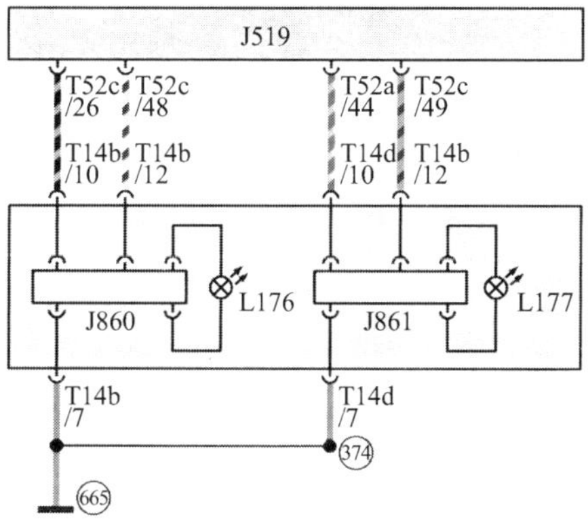

J519—车载电网控制单元；J860—左侧日间行车灯和驻车灯控制单元；J861—右侧日间行车灯和驻车灯控制单元；L176—左侧日间行车灯和驻车灯；Ll77—右侧日间行车灯和驻车灯

图 6-43　日间行车灯和驻车灯控制电路

（3）故障排除。更换 J519 后试车，故障排除。

086　激活喇叭故障

（1）故障现象。一辆 2015 年产朗逸 1.6 轿车，搭载 CFN 发动机，行驶里程 60000km。该车事故修复后，试车时发现喇叭不响。

（2）故障分析。维修人员检查为车身控制单元 J519 中喇叭供电的熔丝 SC50，发现熔丝熔断。更换后按动按钮，喇叭依旧不工作。进入车身控制单元查询，报出故障码 03591-喇叭激活装置断路，静态。清除故障码后故障依旧。

读取 31 组 3 区喇叭按钮信号输入的测量值，发现按动喇叭按钮时，屏幕显示已操作，表明开关、F138 及线路正常。利用终端元件执行功能测试，喇叭鸣响，表明车身控制单元的输出、线路及喇叭均正常。

（3）故障排除。测试结束后发现喇叭已经恢复工作。联想到 03591 故障码，推断是控制单元具有短路保护功能，而测试是重新激活喇叭的一种方法。

087　喇叭完全不响故障

（1）故障现象。一辆朗逸 1.6 自动挡轿车，搭载 CDE 发动机，行驶里程 100000km。客户反映该车前段时间在转动转向盘时喇叭间歇鸣响，而现在喇叭完全不响了。

（2）故障分析。维修人员试车，连接 VAS6150 故障诊断仪，进入车身控制单元 J519 访问，发现存在喇叭 30 号端子供电的间歇式故障。读取 40 组、41 组车身控制单元数据，各个 30 号线供电端子均显示正常，表明喇叭供电端子的上游熔丝没有问题。

使用元件终端执行功能测试，喇叭鸣响了一声，表明车身控制单元至喇叭的线路及喇叭均正常。在引导性功能中选择 31 组 3 区喇叭按键信号输入的测量值，显示为未操作。按动喇叭按键，仍显示未操作，表明喇叭按键信号未输入车身控制单元。

喇叭信号是将按键的搭铁信号通过安全气囊螺旋电缆 F138 输入到 J519 中的，如图 6-44 所示。由于两个喇叭按键同时出现问题的可能性较小，问题应在 F138 上。脱开安全气囊，在 F138 的插接器 T8h/5 端子接入搭铁线。间歇接搭铁，模拟喇叭按键信号，喇叭不响。在 F138 另一侧，从组合开关 T41/10 端子引出搭铁线。间歇接搭铁，模拟喇叭信号，喇叭鸣响。

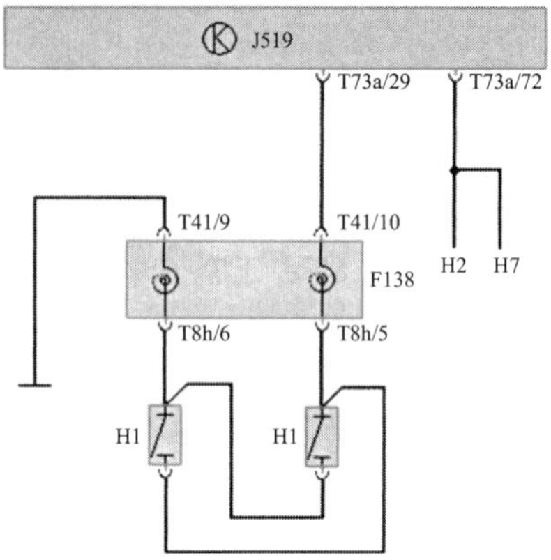

图 6-44 喇叭按钮电路图

这个试验结果表明，故障确实在 F138 上。

（3）故障排除。更换 F138 的组合开关，故障排除。

088 大灯调整方法

以调整气体放电大灯为例进行介绍。

检查和调整条件：①轮胎气压正常；②大灯玻璃必须干净且处于干燥状态；③大灯玻璃不允许损坏；④大灯反射器和灯泡正常。

带钢制弹簧减震的车辆：汽车必须处于加载状态。在无载荷的车辆上，在驾驶员座椅上加载负荷（空车重量）：一个人或 75kg 重物。空车重量是指汽车处于准备运行时的重量，油箱加满并带有运行时使用的所有装备部件。油箱：至少加注 90%；装备部件：如备用轮胎、工具、千斤顶、灭火器等。如果油箱内油量不足 90%，则必须按以下方法加载。读出组合仪表中燃油存量表上的油箱加注液位，将其同表 6-6 比较，必要时在行李厢中加上附加重量。

表 6-6 燃油储备显示

燃油储备显示	附加重量单位为千克	
	65L 油箱	75L 油箱
1/4	49	57
1/2	33	38
3/4	16	19
满	0	0
举例：如果燃油箱只加注到了容积的一半，必须在行李厢内放置 38kg 的附加重量		

提示：请使用加满水的燃油加油罐（加满水的 5L 燃油加油罐重量约为 5kg）作为附加载重。

带空气弹簧减震的车辆：充填压缩空气储存器，必要时启动发动机并怠速运转 2min。

以下适用于所有汽车：必须松开电控机械式驻车制动器，使汽车不会绷紧。汽车与大灯调整装置必须位于一个平面上。大灯调节装置必须对准汽车。大灯调整装置在大灯前面必须保持 a=30～70cm 的间距，与光线射出面中心点的偏离不应超过尺寸 b=3cm，如图 6-45 所示。

调整好大灯调节装置的倾斜度。倾斜度箭头刻印在大灯上边，其单位为“%”，如图 6-46 所示。

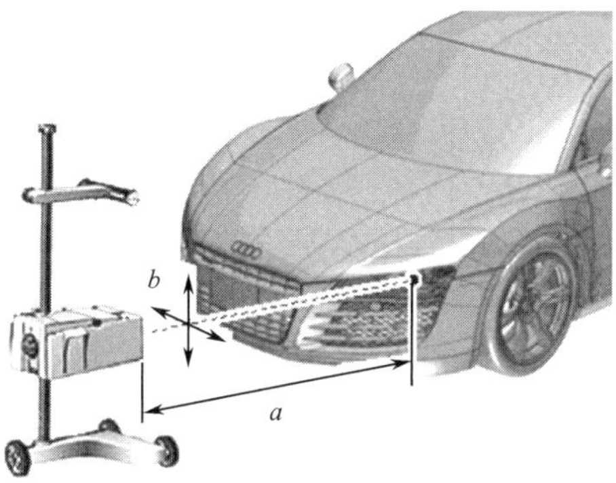

图 6-45　大灯调整装置

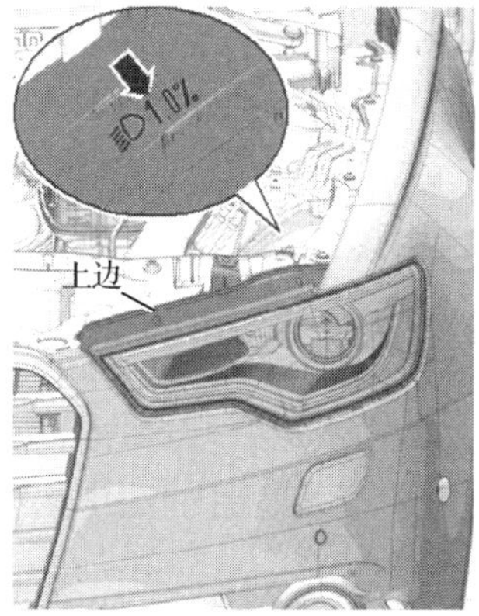

图 6-46　大灯调整尺寸数据

提示：必须按大灯上的公称尺寸数据调整大灯。百分数是以 10m 投影距离为基准。举例：当倾斜度为 1.0%时，其换算值为 10cm。

1）准备工作

（1）将汽车置于一个平面上。

（2）将车灯开关旋转到“近光灯”位置而非“自动”位置。

（3）关上所有车门和后舱盖并在整个检测和设置过程中都保持关闭。

（4）准备大灯调节，在运行模式“引导功能”中选择功能“基本设置”→车辆诊断测试器。

提示：通过此程序，大灯达到基本设置。有空气悬架的车辆通过此程序同时可以将底盘调整到空气弹簧正常高度。

2）选择功能或路径

诊断测试仪显示如图 6-47 所示。

（1）按照车辆诊断测试仪显示屏上的说明继续操作。

（2）在程序执行过程中会要求用户调节大灯。

3）调节大灯

（1）大灯调整装置上的水平明暗界线必须接触检测面的分隔线 1。

明暗界线的左侧水平部分与右侧增高部分之间的转折点 2 必须在垂直线上穿过中心标记 3。光束明亮的核心部分必须在垂直线的右侧，如图 6-48 所示。

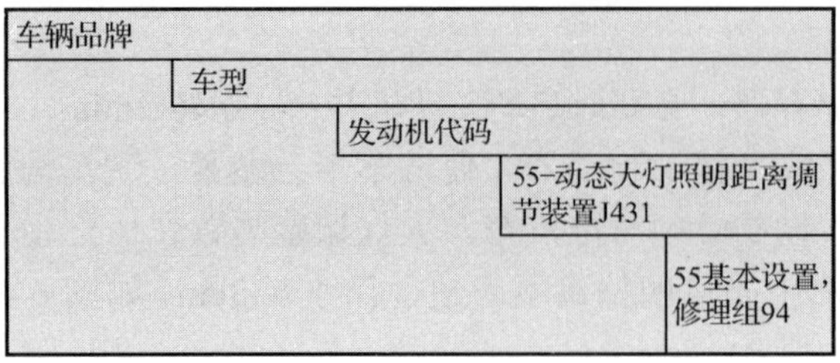

图 6-47　诊断测试仪显示

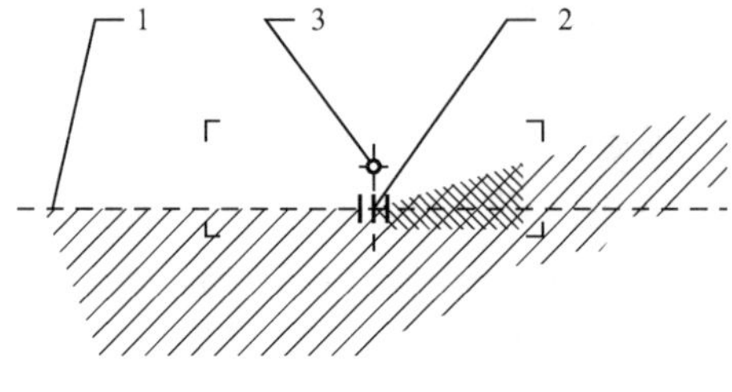

1—分隔线；2—转折点；3—中心标记

图 6-48　大灯调整装置上的水平明暗界线

（2）为便于确定转折点 2，应将大灯左半部分（从行驶方向看）交替盖住几次，然后放开。随后再次检查近光灯。

（3）根据规定调整了近光灯后，远光灯的光束中心必须在中心标记 3 上。

（4）对于原来的带 15° 调整线的检查屏，调整方法同样适用于不带 15° 调整线的检查屏。为了避免调整错误，不需要理会 15°调整线箭头。

（5）操作前舱盖开锁机构时，明暗界线会自动高出正常的近光灯位置，然后从上方重新回到标准位置，如图 6-49 所示。此过程最多持续 5s。

（6）如有调节螺栓，撬出调节螺栓的盖罩以便进行高度调整。

（7）为了调整大灯的高度，先用调节螺栓 2 将明暗界线调节到高过分隔线，如图 6-50 所示。

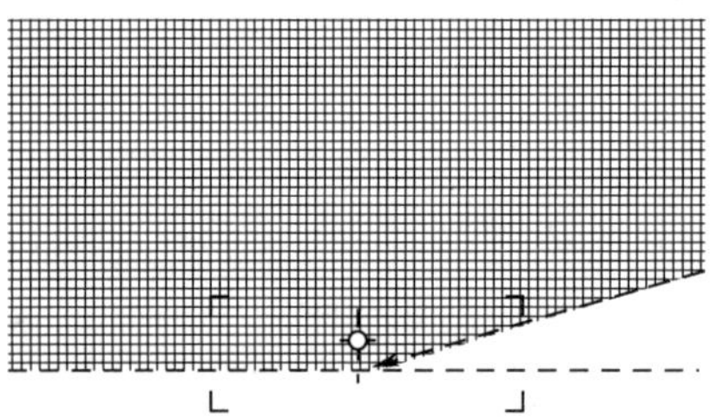

图 6-49　明暗界线会自动高出正常的近光灯位置

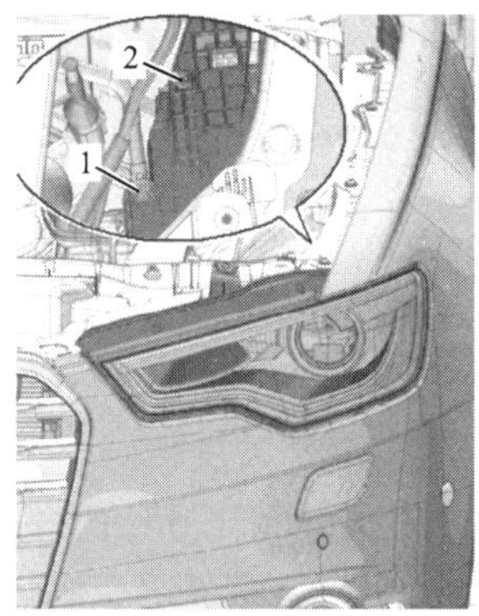

1、2—调节螺栓

图 6-50　调节侧面时转动调节螺栓

（8）然后将明暗界线从上方调节到分隔线上。

（9）调节侧面时转动调节螺栓 1。

提示：右侧大灯的布置镜面对称。成功调节大灯后，重新遵循车辆诊断测试仪显示屏上的说明，以便退出空气弹簧正常高度。

说明：LED 大灯调整步骤与气体放电大灯一样。LED 大灯调整：大灯调整装置必须对准最上方的 LED 灯镜头的中心，如图 6-51 所示。

为了调整大灯的高度，先用调节螺栓 2 将明暗界线调节到高过分隔线。然后将明暗界线从上方调节到分隔线上。调节侧面时转动调节螺栓 1，如图 6-52 所示。

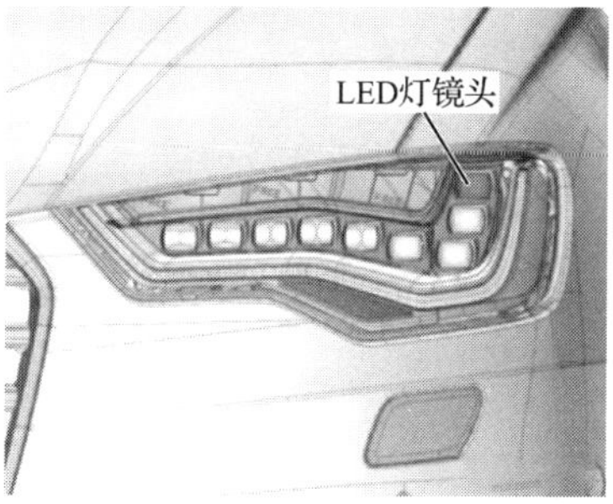

图 6-51 大灯调整装置必须对准最上方的 LED 灯镜头

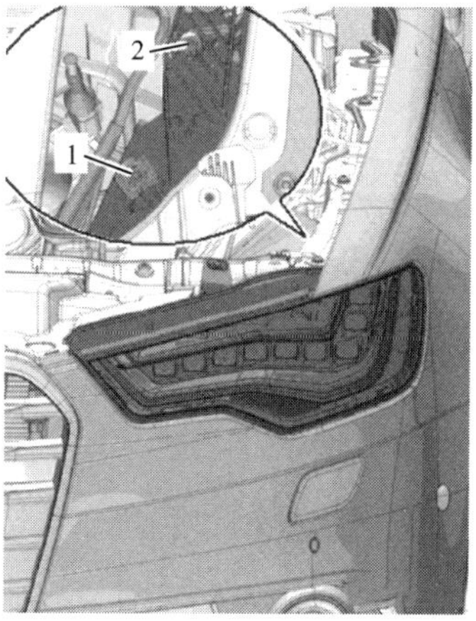

1、2—调节螺栓

图 6-52 调整大灯的高度

089 灯光设定方法

1）奔腾 B70 动态前照灯调平 DHL 系统零点标定方法

在更换动态前照灯调平（Dynamic Headlamp Leveling，DHL）控制器后，需要对 DHL 系统进行零点标定，具体方法如下：

（1）将车辆水平放置，保证车上无人及其他载重物品。

（2）将点火开关置于 ON 位，将灯光开关置于近光挡。

（3）将灯光开关置于超车灯挡（PASS 位），并保持该挡位直至零点标定完成。

（4）在 3s 内按照“ON 位→OFF 位”顺序切换点火开关两次，最后保持在 ON 位，此时零点标定开始，组合仪表上的 DHL 系统故障灯点亮。

（5）若零点标定成功，DHL 系统故障灯亮 2s 后熄灭；若零点标定失败，DHL 系统故障灯保持常亮。

2）广汽丰田凯美瑞轿车 AFS 手工初始化设定程序

当断开蓄电池电缆后，丰田凯美瑞轿车需要对该系统进行初始化设定。对该系统的设定可以使用专用仪器，也可以使用手工的方法。利用手工的方法进行设定前，车辆必须满足以下条件。

（1）车辆以 20km/h 的速度直行至少 100m 以上，以进行转向角度零储存。

（2）自动变速器处于 P 挡或 N 挡位置运转发动机。

（3）前轮必须处于直行的位置。

手工设定方法如下：

（1）按 AFS OFF 开关 8 次，然后等待 2s。

（2）将转向盘向左或向右转动到底，然后按 AFS OFF 开关两次（最后处于 AFS OFF 状态），此时 AFS 指示灯大概亮 2s 后再闪烁。

（3）将转向盘向另一方向转动到底，然后按 AFS OFF 开关两次（最后处于 AFS OFF 状态），AFS 指示灯大概亮 2s，然后再闪烁。

（4）回正转向盘，然后按 AFS OFF 开关两次，AFS 指示灯大概 2s 后熄灭，设定完成。

Chapter 7

第 7 章 电子组合仪表

090 仪表结构及信息识读

多功能仪表显示屏像组合仪表一样用两个夹子卡止在仪表板内。多功能仪表显示屏像组合仪表一样使用一个黑色仪表板，因此处于关闭状态时显示屏显示为黑色。圆形仪表的装饰环位于显示屏上方，带有可通过不同颜色照亮装饰环的光导纤维，如图 7-1 所示。

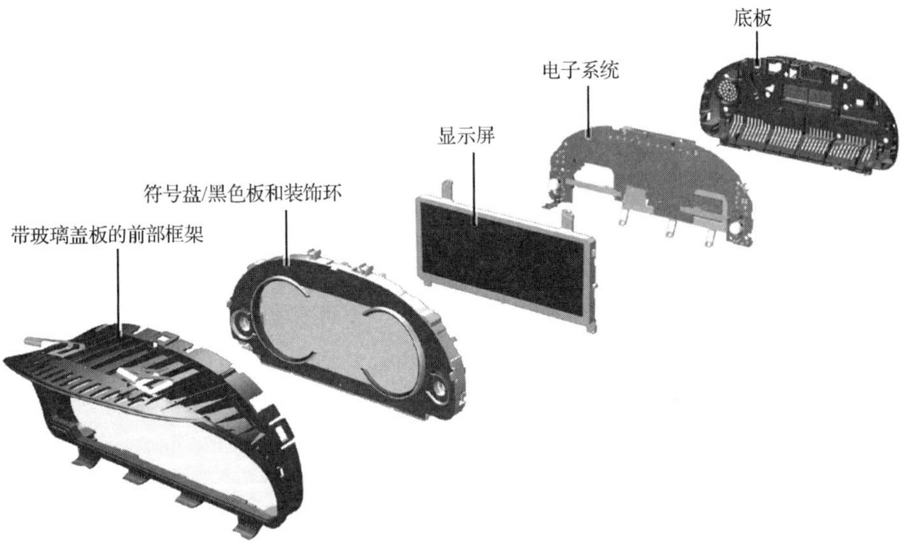

图 7-1 电子仪表的结构

车用组合仪表由仪表、警告灯、指示灯和行车电脑信息显示屏组成，它会显示提醒驾驶员安全驾驶所需的信息，如图 7-2 所示。

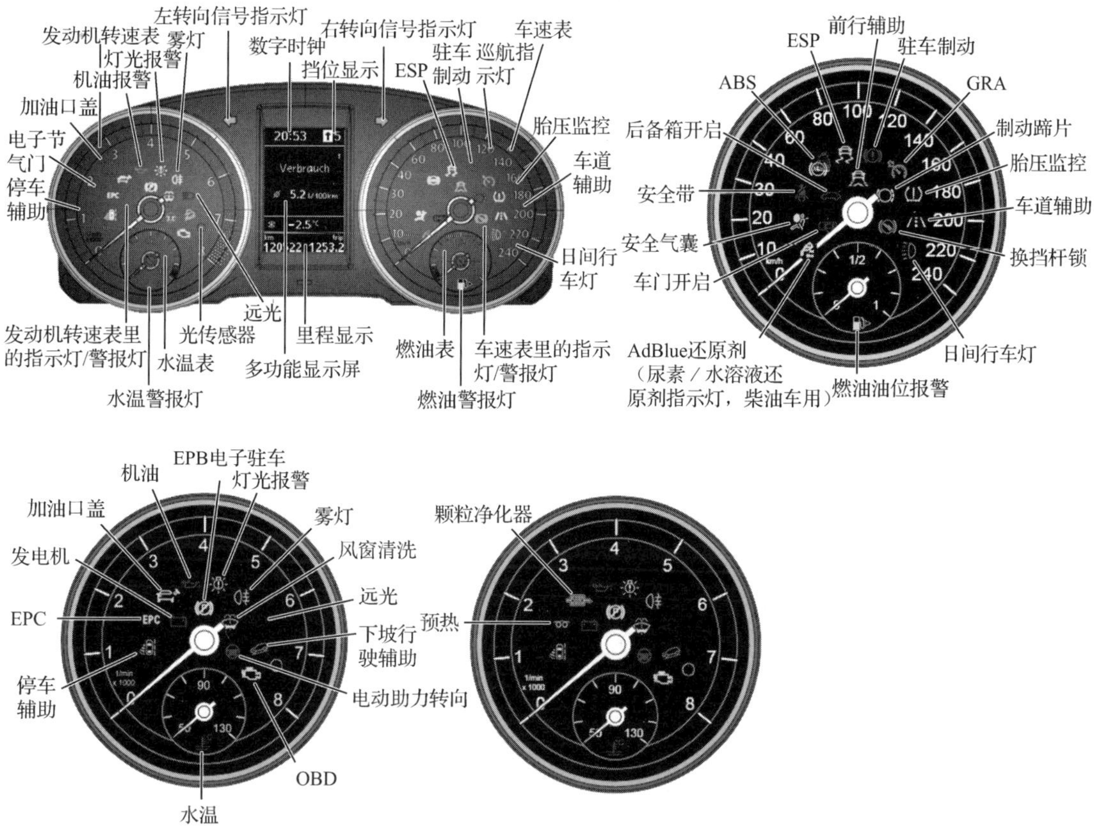

图 7-2　仪表主要的警告灯和指示灯显示的信息

091 电子仪表系统工作原理

汽车电子仪表系统以微处理器为核心，利用来自不同传感器的模拟信号或数字信号通过中央处理器的运算处理，最后电子仪表显示器显示所有信息。汽车电子仪表系统能准确、迅速地处理各种复杂信息，以数字、文字或图形的形式显示出来，并能向驾驶员发出汽车各种工作状态的信号和故障信息。电子仪表系统的基本组成有传感器与开关、电控单元及显示装置，如图 7-3 所示。

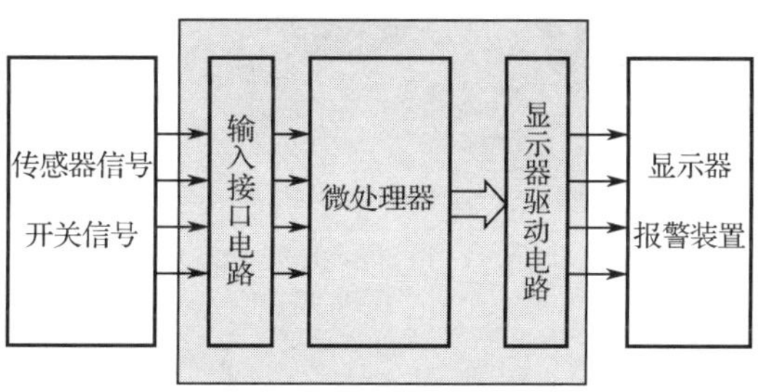

图 7-3　电子仪表系统原理图

（1）传感器与开关。在电子仪表系统中，传感器的作用是将发动机的转速、发动机温度、车速及机油压力等参数转变为电信号并输送给电控单元。常见的有发动机水温、发动机转速、机油压力开关、燃油传感器及车速传感器等。

（2）电控单元。电控单元主要由微处理器、输入接口电路和显示器驱动电路等组成。微处理器对信号进行分析与计算后，输出控制信号，控制相关的显示器或报警装置工作。

（3）显示装置。显示装置用于显示发动机转速、水温、燃油量、车速等信息，同时具有发动机温度过高报警、机油压力过低报警、制动液面过低报警等功能。报警方式有警报灯亮起或闪烁、蜂鸣器响等。

仪表中转速表、车速表、水温表和燃油表都是由步进电动机驱动的。由仪表的微控制器（MCU）控制步进电动机，如图 7-4 所示。

图 7-4　电子仪表内部结构

配合单片机使用的电子组合仪表系统采用步进电动机驱动的仪表指针显示，这种步进电动机式电子组合仪表由 ECU 完成各种被测物理量的采集，经过换算后直接控制步进电动机，再由步进电动机驱动指针，在刻度盘上指示被测物理量，同时辅以被测物理量 LCD 数字显示。

如图 7-5 所示，电子组合仪表系统采用精度极高的步进电动机机芯，步进电动机驱动模拟显示表，集成化芯片驱动所有步进电动机。更为创新的是采用精度极高的步进机芯，它通过两只驱动线圈 Coil、3D 结构上的金属磁轭和定子上的一块永久性两极磁铁来接收电信号，并通过步进电动机内部的传动机构驱动指针，此步进电动机扭矩大、精度高，实现电子仪表的稳定平滑指示，如图 7-6 所示。

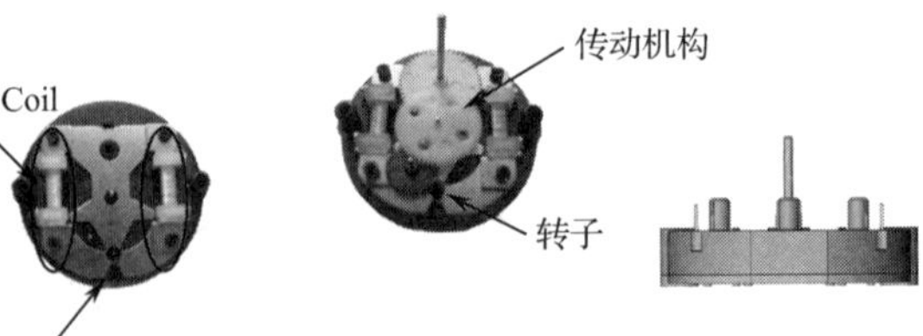

图 7-5　步进电动机机芯

1）电子式发动机转速表

电子式发动机转速表具有较高的精度、灵敏度，并能自动报警，能在高低温、潮湿、振动等各种恶劣条件下可靠工作，因此得到广泛应用。很多发动机转速表还采用真空荧光显示、液晶显示等以图形方式显示发动机速度。其工作原理如图 7-7 所示，正对着飞轮齿圈的转速传感器通过电磁感应将齿圈的转速转化成正弦电压信号。ECU 接收到正弦电压信号，并将其转化成规整的矩形波传给仪表。仪表接收到脉冲信号，驱动步进电动机，指针偏转。

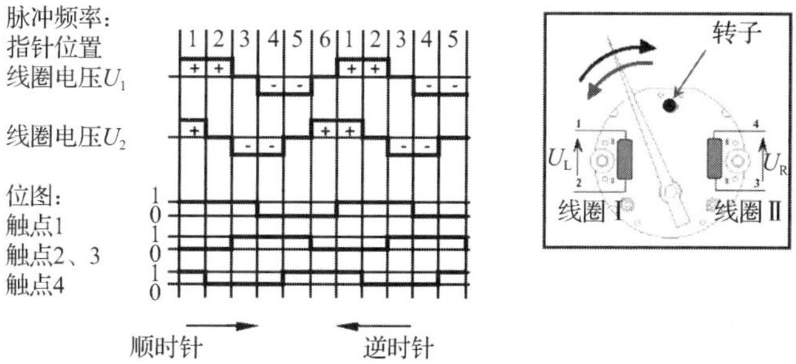

图 7-6　步进电动机驱动的仪表指针显示原理

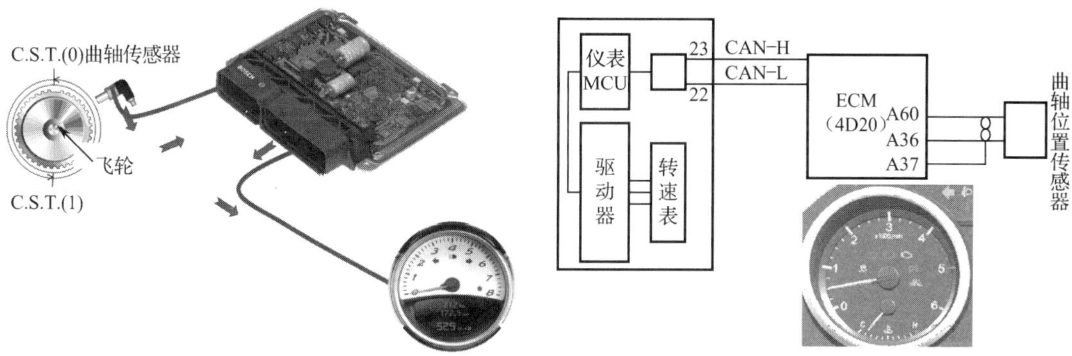

图 7-7　电子式发动机转速表工作原理

2）电子式车速里程表

图 7-8 所示为车速传感器的工作原理图及电子式车速里程表。车速信号取自 ABS/ESP 的 CAN 通信信号，以此累计里程，如图 7-9 所示。

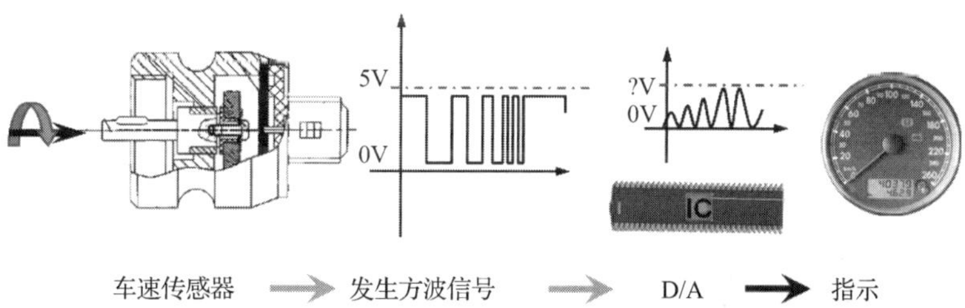

图 7-8　车速传感器的工作原理图及电子式车速里程表

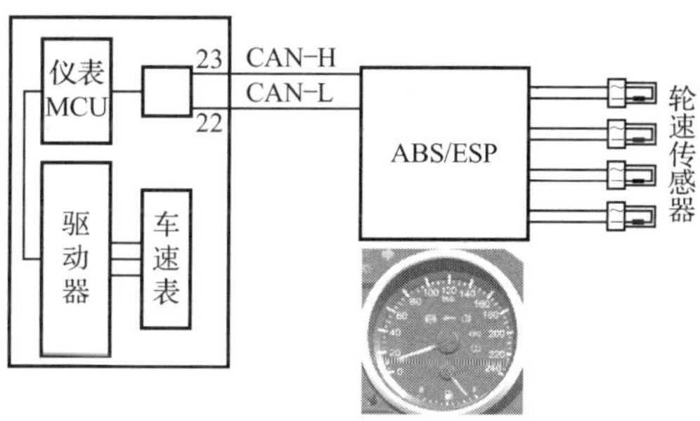

图 7-9　电子式车速表里程电路

（1）变速箱迈速轮将转矩传递给车速传感器。

（2）传感器内部的霍尔元件将转速转化成脉冲信号发送给仪表。

（3）仪表电路将脉冲信号转化成执行器能够识别的正弦波驱动执行器动作。

3）冷却液温度表

冷却液温度传感器通过 ECM 发送过滤后的 CAN 通信信号给仪表，经过仪表 MCU 的处理，由仪表进行水温指示，如图 7-10 所示。水温表的量程为 50～120℃，红区起始线对应温度为 108℃，水温报警点为 108℃，解报点为 103℃，水温表参数如表 7-1 所示。

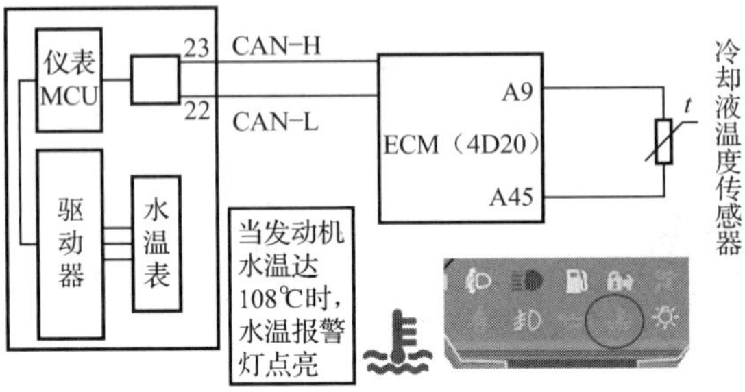

图 7-10　冷却液温度表电路

表 7-1　水温表参数

冷却液温度（℃）	输入电阻（Ω）	指针偏转角度（°）	指示误差（°）	水温表指示
50	304	0	±3	C
80	114.6	50	±3	1/2
105	52.8			
108	39	90	±3	报警起始

冷却液温度传感器一般采用热敏电阻式，其工作原理为负温度系数 *R-T* 关系，即冷却液温度越低，电阻值越高；冷却液温度越高，电阻值越低。冷却液温度传感器一般安装在缸体上，向发动机控制单元提供冷却液温度信息，供发动机管理系统作为燃油修正的依据，同时经由 CAN 总线送到组合仪表 MCU 微控制器处理，经冷却液温度表向驾驶员传递冷却液温度信息或报警，以防因冷却液温度过高而使发动机过热。

4）燃油表

燃油指示除指示液位外，还有燃油报警功能。燃油报警灯的控制方式为：当仪表内的 MCU 接收到燃油液位传感器的报警电阻值时，控制燃油报警灯点亮，如图 7-11 所示。

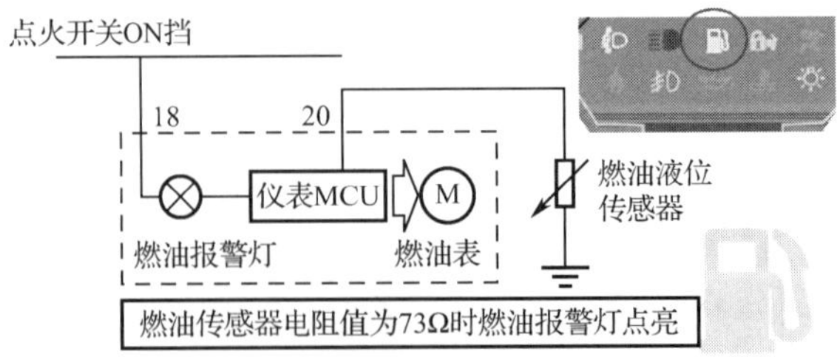

图 7-11　燃油表电路

低燃油报警开点（报警点）：对应阻值 73Ω（8L）；

低燃油报警关点（解报点）：对应阻值 68Ω，如表 7-2 所示。

表 7-2　燃油参数

油位	输入电阻（Ω）	指针偏转角度（°）	指示误差（°）
E	95	0	±3
1/9	73	10（报警）	±2
	68	（解除报警）	
1/2	32.5	50	±3
F	7	100	±3

092 仪表电路分析

1）仪表电源电路

蓄电池正极→SA3 110A→SC13 5A→内部连接线 A167→仪表控制单元 J285 的 T32/4。

点火开关 15→SC2 10A→内部连接线 A20→仪表控制单元 J285 的 T32/23。

油泵电路：来自油泵继电器 87 端子→SC45 15A→地址码 55→燃油泵 G6→搭铁。

远光灯电路：手动变光开关 E4（即超车灯开关、扳动开关、车灯开关的电源经过手动变光开关触点到手动变光开关 T12/12 脚）→SC18 15A→内部连接线 A95，分三路：

- 第一路：左侧远光灯泡 M30。
- 第二路：右侧远光灯泡 M31。
- 第三路：仪表控制单元 J285 的 T32/25（控制仪表远光指示灯 K1 点亮），如图 7-12 所示。

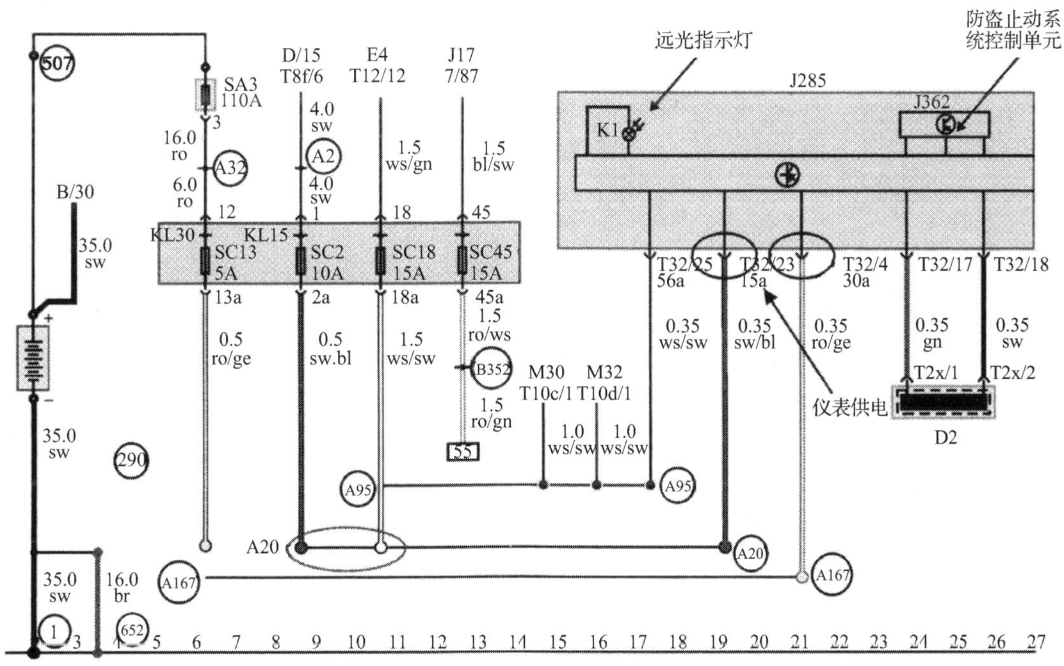

图 7-12　组合仪表供电电路图

2）组合仪表温度、燃油指示电路

仪表 J285 为传感器通用仪表控制单元搭铁；G17 是车外温度传感器，检测车外温度，仪表控制单元接收此信号并控制多功能显示器显示车外温度值。

G32 为冷却液液位传感器，用于检测冷却液是否足够。当冷却液不足时，仪表冷却液温度和冷却液不足显示的指示灯 K28 会点亮。冷却液温度表 G3 受发动机冷却液温度传感器 G62 的控制，G62 将信号传给发动机控制单元，发动机控制单元通过 CAN 到仪表控制单元去控制 G3，当冷却液温度过高时也会点亮 K28 指示灯。

燃油存油量显示传感器 G1 用于检测燃油箱油量；当油量不足时会提醒驾驶员尽快加油，提醒方式不但有显示器警告，还会有声音警报，如图 7-13 所示。

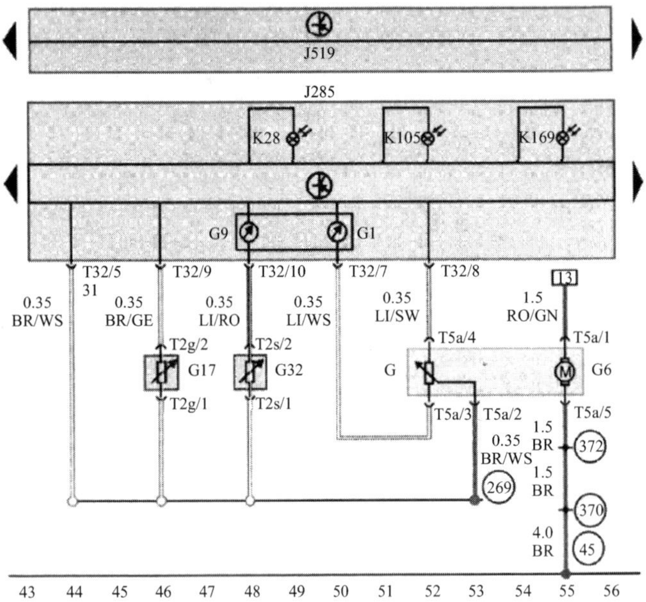

仪表板中控制单元，车外温度传感器，冷却液不足显示传感器，燃油存量显示传感器，燃油泵，冷却液温度和冷却液不足显示的指示灯，燃油储备指示灯，选挡锁指示灯，燃油存量显示，冷却液温度表

G—燃油存量显示传感器；

G1—燃油存量显示；

G3—冷却液温度表；

G6—燃油泵；

G17—车外温度传感器；

G32—冷却液不足显示传感器；

J285—仪表板中控制单元；

J519—车身控制模块，在仪表板左侧下方；

K28—冷却液温度和冷却液不足显示的指示灯；

K105—燃油储备指示灯；

K169—变速杆锁指示灯；

T2g—2芯黑色插头连接；

T2s—2芯黑色插头连接；

T5a—5芯黑色插头连接；

T32—32芯黑色插头连接；

(45)—搭铁点，在仪表板中部空调器右侧支架上；

(269)—仪表板线束中的搭铁连接（传感器搭铁）1；

(370)—主线束中的搭铁连接5；

(372)—主线束中的搭铁连接7

图 7-13 组合仪表电路

3）组合仪表指示灯电路

E18 为后雾灯开关。当打开后雾灯开关时 E18 的 T17/9 通电→左侧后雾灯灯泡 L16→搭铁→仪表控制单元 J285 的 T32/1（控制后雾灯指示灯 K13 点亮）。

G34 左前制动摩擦片磨损传感器安装于左前轮制动片内，当制动片磨损到更换极限时，会点亮仪表制动摩擦片指示灯 K32，从而提醒驾驶员更换制动片。

F34 制动液液位警告信号触点用于检测制动液是否足够，当制动液不足时制动液面过低，F34 触点闭合，制动系统指示灯 K118 点亮，提醒驾驶员检查制动系统，补充制动液，如图 7-14 所示。

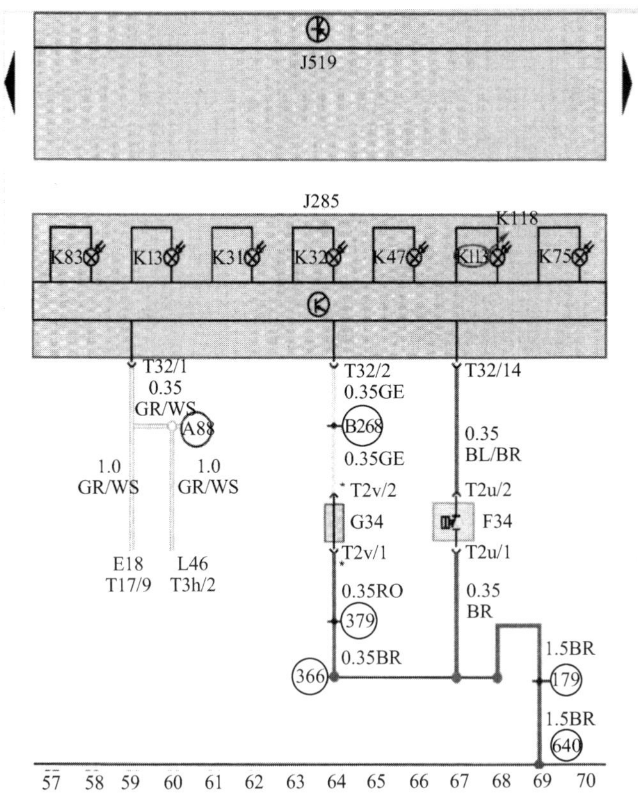

仪表板中控制单元，制动液液体警告信号触点，左前制动摩擦片磨损传感器，GRA指示灯，制动摩擦片指示灯，ABS指示灯，安全气囊指示灯，排气警示灯，后雾灯指示灯，制动系统指示灯

E18—后雾灯开关；
F34—制动液液位警告信号触点；
G34—左前制动摩擦片磨损传感器，在左前车轮内；
J285—仪表板中控制单元；
J519—车身控制模块，在仪表板左侧下方；
K13—后雾灯指示灯；
K31—GRA指示灯；
K32—制动摩擦片指示灯；
K47—ABS指示灯；
K75—安全气囊指示灯；
K83—排气警示灯；
K118—制动系统指示灯；
L46—左侧后雾灯灯泡；
T2u—2芯黑色插头连接；
T2v—2芯黑色插头连接；
T3h—3芯黑色插头连接；
T17—17芯黑色插头连接；
T32—32芯黑色插头连接；
(179)—左前照灯线束中的搭铁连接；
(366)—主线束中的搭铁连接1；
(379)—主线束中的搭铁连接14；
(640)—搭铁点，在左前纵梁顶部中间；
(A88)—仪表板线束中的连接（NSL）；
(B268)—车内线束中连接1（制动摩擦片磨损显示）

* 仅限装备制动片磨损报警的汽车

图 7-14　后雾灯电路

093 仪表的匹配

匹配前先做好以下工作：

（1）连接好 VAS5053 诊断仪。

（2）查询 7 位数密码，并索取查询密码服务站的代码，牢记查询密码的日期。例如，查询到的 7 位密码为 1234567，服务站代码为 7430918。

（3）对 VAS5053 软件进行设置。打开软件，选择系统配置选项，输入服务站代码并保存，如图 7-15、图 7-16 所示。

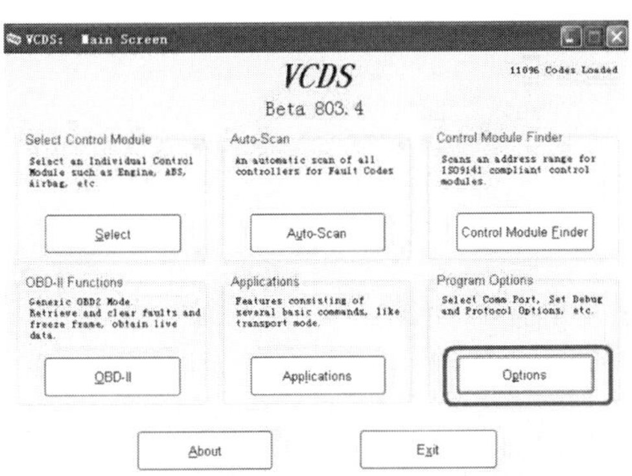

图 7-15　选择系统配置选项

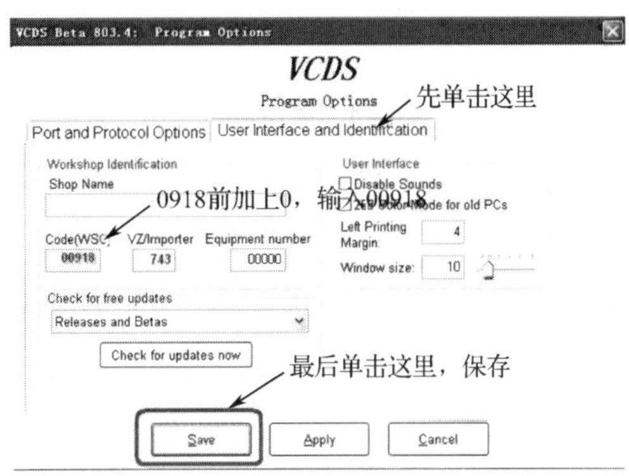

图 7-16　输入服务站代码并保存

（4）打开点火开关后会看见仪表上各种图标在闪烁，打开软件选择 25 单元（防盗）→进入 16（安全访问），输入新仪表上的黑胶覆盖的四位数字，如 5678，就输入 05678→10（匹配调整），输入 50，单击“读取”，这时会看见软件上方的几个框中出现咖啡色的字样，5min 左右会出现一个新的对话框，单击“7 位输入”，输入 7 位密码→单击“OK”按钮，再单击保存，如图 7-17 所示。

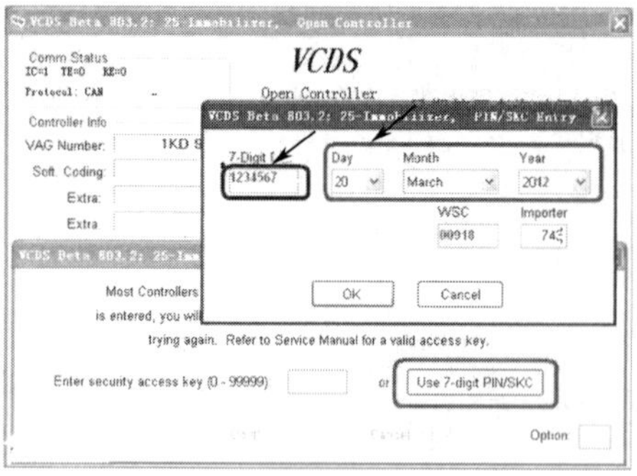

图 7-17 输入密码和时间

（5）选择 25 单元（防盗）→进入 16（安全访问），单击“7 位码”，输入查询到的密码“1234567”，选择正确的密码查询日期后单击“OK”按钮→10（匹配调整）→输入 01，单击“读取”，在新建值中输入随身携带的钥匙数量（如果你只带了一把钥匙，就输入 1），单击保存，在弹出的小对话框上选择“是”，这时仪表上会出现防盗激活字样，接着拔出点火开关上的钥匙，插入第二把钥匙，打开点火开关，等待 3s，钥匙匹配全部完成。

（6）仪表调整。这时仪表上会出现几个故障灯，其中有一个蓝色远光灯标志在闪，这是仪表的工厂模式。

① 关闭工厂模式。

步骤：选择 17（仪表）→10（匹配调整）→输入 22，单击读取，在新建值中输入 0。单击保存，在弹出的对话框中单击“OK”按钮。

② 更改仪表编码。

步骤：选择 17（仪表）→07（重新编码）→输入 0019103，单击“OK”按钮。

094 各车型手工保养灯归零

1）奔驰 S350 车保养灯归零方法

将点火开关置于 I 挡，同时按住转向盘上的“OK”键和拨电话键，仪表盘会出现三行字，选最下边的“ASSYSTPLUS”保养代号，接着按照下列顺序选择“service completed”（保养完成）→“services due”（已到保养日期）→“full services”（整套保养）→“oil quality”（机油质量），保养完成。

2）大众车保养灯归零方法

使用故障检测仪归零方法。

（1）进入 17“仪表系统”，选择“匹配”项目。

（2）将通道 02 改为“00000”。

（3）将通道 42 改为“00150”。

（4）将通道 43 改为“00150”。

（5）将通道 40 改为“00075”，即为 7500km 维护间隔里程。

3）宝马新 7 系轿车机油保养灯复位方法

对于宝马新 7 系轿车，可以通过仪表中的里程表复位按钮复位保养项目，但在下列情况之下才能在车辆中进行复位：不存在检查控制信息；保养范围可用率低于 90%；车载信息必须已经正确调整。

保养范围的复位必须总是在执行完保养措施后执行，复位过程会由于超时或总线端切换而被取消。如果同时需要复位机油保养灯和车辆检查灯，则总是先复位机油保养灯。复位机油保养灯的具体方法如下。

（1）关闭车门，接通点火开关，按压仪表中里程表复位按钮约 10s，直到仪表中显示第一个保养复位项目，如发动机机油、前部和后部制动器、制动液、微尘滤清器、车辆检查、火花塞及根据国家规定要求执行的法定检查，各项目的复位方法相同。

（2）重新短按此按钮可显示下一个保养项目，选择需要复位的保养项目，以发动机机油保养灯为例，如果可以进行，则在组合仪表中显示“可进行复位”。

（3）通过重新按压按钮 3s 启动复位，仪表显示“是否进行复位?”文字确认信息。

（4）按住按钮不动，仪表上通过一个进度条和文本信息“复位正在进行”指示复位状态。

（5）复位成功会显示“成功复位”，并且仪表中会显示下次的保养时间和里程数。

4）2005～2009 款路虎保养灯归零方法

（1）断开点火开关。

（2）按下并按住仪表盘上的按键 A。

（3）接通点火开关至 ON 位。

（4）仪表盘上的“SERVICE”指示灯闪烁 5s，然后持续显示（如该车的保养功能没有设定，则仪表仅显示里程表和行程表信息）。

（5）在 10s 内松开按键 A，仪表盘上显示“OIL”信息。

（6）若要重新设定“OIL”保养灯，则在 10s 内按下按键 A 至少 6s，仪表盘上显示“RESET”信息 5s 后变为显示“INSPECT”信息。

（7）若要跳过“OIL”保养灯归零，则在 10s 内按下按键 A 不超过 5s，仪表盘上显示“INSPECT”信息。

（8）若要退出设定，则在 10s 内不按按键 A 即可。

（9）若要重新设定“INSPECT”保养灯，则在 10s 内按下按键 A 至少 6s，仪表盘上显示“RESET”信息 5s 后变为显示“DATE”信息。

（10）若要跳过“INSPECT”保养灯归零操作，则在 10s 内按下按键 A 不超过 5s，仪表盘上将显示“DATE”信息。

（11）若要退出设定，则在 10s 内不按按键 A 即可。

（12）若要重新设定“DATE”保养灯，则在 10s 内按下按键 A 至少 6s，仪表盘上显示“RESET”5s 后变为显示“END”信息。

（13）若要跳过“DATE”保养灯归零，则在 10s 内按下按键 A 不超过 5s，仪表盘将显示“END”。

（14）若要退出设定，则在 10s 内按下按键 A 不超过 5s 即可。

（15）10s 后显示下次保养的保养类型和时间/距离。

（16）断开点火开关，归零结束。

5）2014 款路虎车保养灯手动归零方法

对于 2014 款路虎车，可以用专用故障检测仪 SDD 执行保养灯归零，部分车型也可以采用手工方法对保养灯归零。

（1）接通点火开关。

（2）打开发动机室盖。

（3）打开驾驶员侧车门，此时维修重置信息将会显示在组合仪表上。

（4）完全踩下加速踏板和制动踏板并保持 60s。

（5）断开点火开关。

（6）再次接通点火开关，然后检查保养灯归零操作是否成功，若未成功，重复上述步骤。

6）雷克萨斯 LS600 轿车保养灯归零方法

对于采用油电混合或缸内直喷发动机的雷克萨斯 LS600 轿车，当多功能仪表盘上出现需要保养喷油器的提示时，可按照下述方法操作。

（1）采用缸内直喷发动机车型保养灯归零方法。

① 启动发动机；②开启示廓灯；③在 20s 内踩下并松开制动踏板 4 次；④关闭示廓灯；⑤在 20s 内踩下并松开制动踏板 4 次；⑥重复步骤②～⑤的操作 1 次；⑦检查保养灯是否熄灭，如未熄灭则需要再次执行上述操作。

（2）采用油电混合发动机车型保养灯归零方法。

① 在不踩制动踏板的情况下，接通点火开关两次（提示：按一键式启动按钮两次才接通点火开关，也就是说需要按动一键式启动开关 4 次，此时点火开关应该处于接通状态，仪表指示灯应处于正常点亮状态）；②踩下制动踏板，将换挡杆从 P 位移动至 N 位 4 次，然后移回至 P 位；③踩下制动踏板，启动发动机；④踩下加速踏板并保持 5s 以上；⑤检查保养灯是否熄灭，如依旧点亮，则重复以上各步骤的操作。

7）奔驰 smart 车保养灯归零方法

（1）接通点火开关（不启动发动机），快速按下仪表左侧的按钮 3 次。

（2）按动转向盘左侧上面的确认键，组合仪表会出现“保养服务”（SERVICE）的提示。

（3）按动转向盘右边的“+、-”键逐一对各选项进行归零操作。

（4）按动转向盘左侧上面的确认键进行确认，组合仪表会显示所有归零操作已成功。

（5）断开点火开关，退出保养灯归零操作。

8）宝马 5 系车更换发动机机油、制动摩擦片等保养重置方法

（1）接通点火开关，但不启动发动机。

（2）长按仪表左下方的复位按钮，如图 7-18 所示，约 8s 后仪表信息中心显示机油复位信息，如图 7-19 所示。

图 7-18 长按仪表左下方的复位按钮

图 7-19 仪表信息中心显示机油复位信息

（3）松开复位按钮，每短按 1 次复位按钮，仪表信息中心切换至下一个复位信息，包括车辆检查、前制动摩擦片、后制动摩擦片、制动液等复位信息。

（4）通过短按复位按钮选择需要复位的项目后，再长按复位按钮，此时会提示“是否进行复位?”，如图 7-20 所示。

（5）松开复位按钮再长按直到仪表信息中心提示复位完成即可。

9）奔腾 B90 保养灯归零方法

该车维护里程间隔为 5000km，从上次维护里程复位开始，若车辆行驶里程超过 4500km，则仪表左侧显示屏上的保养提示灯闪烁，此时可以通过短按组合开关灯光控制手柄端部的 INF0 键查看剩余维护里程，如图 7-21 所示。若保养提示灯不闪烁，即行驶里程不超过 4500km，则无法查看剩余维护里程。当车辆经过维护后，需要对维护里程进行复位（即将维护里程设置为 5000km），具体步骤如下。

图 7-20　仪表信息中心提示“是否进行复位?”

图 7-21　仪表显示的保养提示灯和剩余维护里程

（1）将点火开关置于 OFF 位，按住刮水器控制手柄端部的 MENU 键不放。

（2）将点火开关置于 ON 位，保持按住 MENU 键超过 10s 后松开，此时保养提示灯熄灭，维护里程复位完成。

10）迈腾仪表时钟调整及保养灯归零

时钟调整：如图 7-22 所示，采用组合仪表中的时钟调整按钮，适用于收音机、导航系统和指针式时钟。

（1）按压按钮 ，进入小时或分钟显示模式。

（2）按压单程里程计数器回零按钮 7 0.0 / SET 调整时间。按住该按钮可快速滚动分钟数。

（3）再按一下按钮 ，结束时钟调整，如图 7-22 所示。

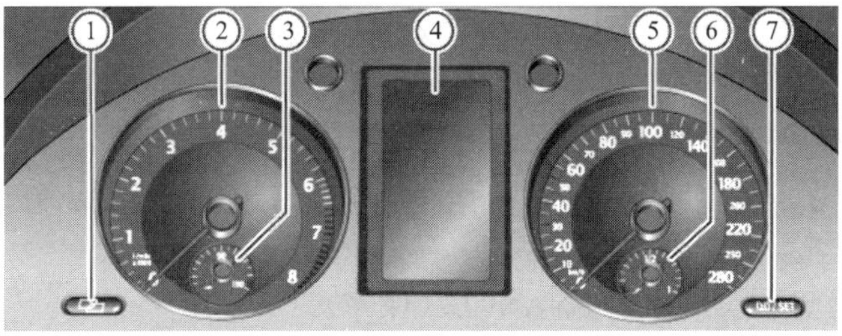

1—时钟调整按钮；2—发动机转速表；3—发动机冷却液温度表；4—组合仪表显示屏；5—燃油表；6—车速表；7—单程里程计数器回零按钮（按压 0.0/SET 按钮即可将单程里程记录器清零）

图 7-22　迈腾 BL7 仪表时钟调整

手工保养归零：

（1）用车窗玻璃刮水器操纵杆上的翘板开关选择“设置”菜单，如图 7-23 所示。

（2）用多功能方向盘上的按键选择“设置”菜单，如图 7-24 所示。

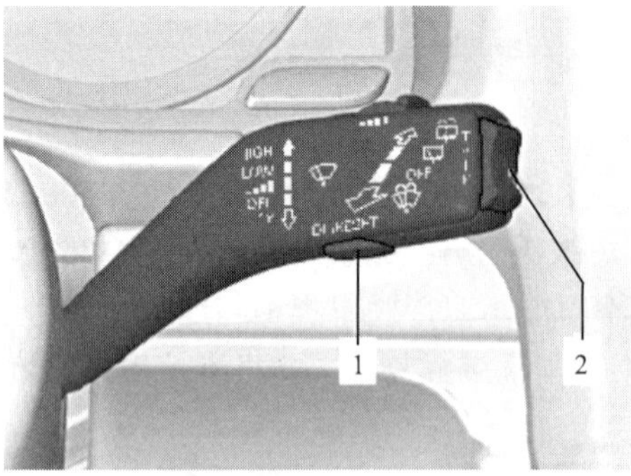

1—确认菜单项；2—切换菜单

图 7-23　玻璃刮水器操纵杆

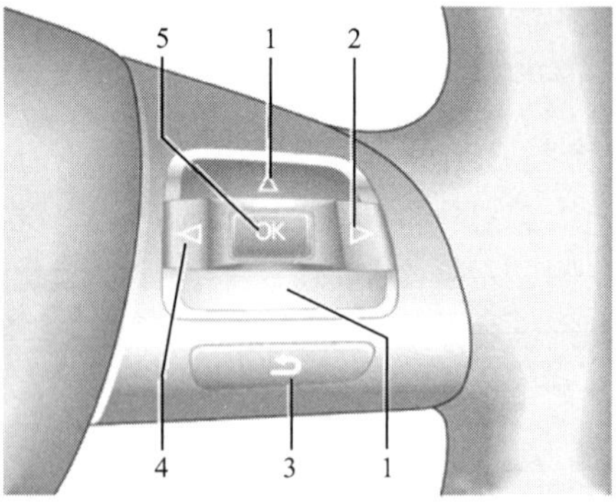

1—菜单向上；2—主菜单前调；3—返回； 4—主菜单后调；5—确认

图 7-24　多功能方向盘按键

（3）在“保养”子菜单中选定“重置”选项，然后按下车窗玻璃刮水器操纵杆上的确认菜单项 1 或多功能方向盘上的确认键 5 来复位保养周期显示。

（4）接下来弹出安全询问，再次按确认键确认。

11）新款捷达保养灯归零

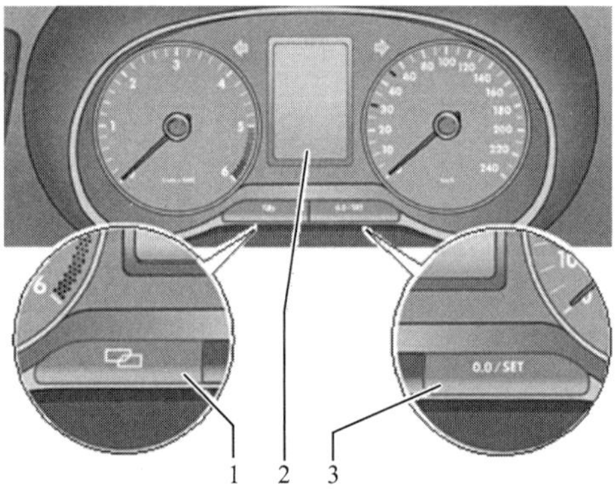

1—时间设置键；2—组合仪表显示屏；

3—保养周期操作按钮

图 7-25　新款捷达仪表

（1）如图 7-25 所示，点火开关关闭时按住保养周期操作按钮 3。

（2）打开点火开关。

（3）松开保养周期操作按钮 3，短按一次时间设置键 1。

（4）保养周期显示处于复位模式状态（若干秒后恢复正常视图）。

12）新天籁轿车保养灯归零

□开关和●开关在设置模式中的使用（位于仪表右边）：□开关——ENTER 确认菜单，●开关——NEXT 选择菜单。

机油保养灯归零：

（1）接通点火开关或启动发动机。

（2）按□开关直至显示警告检查模式。

（3）按●开关直至显示选择其他项。

（4）按●开关直至显示 MAINTENANCE（保养）。

（5）按□开关进入 MAINTENANCE（保养）。

（6）按●开关直至显示 ENGINE OIL（发动机机油）。

（7）按□开关进入 ENGINE OIL（发动机机油），选择此菜单可以设置或更换机油行驶里程。

（8）按●开关直至显示****（****/5000），为行驶里程数（如果不想行驶 5000km 亮保养灯，可以另行设定）。

（9）按□开关，等待显示****变成 0 时发动机机油保养灯归零完成。

（10）如果想更改下次机油保养的里程数，按●开关直至显示 5000（****5000），按●开关增或减，按一下加 500 或减 500（0～30000）。

机油滤清器保养灯归零：

（1）重复机油保养灯归零操作中步骤（1）～（4）或按□开关返回到 MAINTENANCE（保养）。

（2）按●开关直至显示 OIL FILTER（机油滤清器）。

（3）按□开关进入 OIL FILTER（机油滤清器），选择此菜单可以设置或更换机油滤清器行驶里程。

（4）按●开关直至显示****（****/5000）行驶的里程数。

（5）按□开关直至****变成 0，机油滤清器保养灯归零完成。

（6）如果想更改下次保养里程数，按●开关直至显示 5000（****/5000），按●开关增或减，按一下加 500 或减 500（030000）。

13）新君威轿车机油灯复位

（1）在驾驶员信息中心显示“OIL LIFE RESET（重置机油寿命）”。

（2）按住“ENTER”按钮持续至少 1s，“KNOWLEDGED（确认）”显示信息会出现 3s 或直至按下下一个按钮，由此告知系统已经复位。

（3）将点火开关转至 OFF 位。

（4）启动车辆时，如果“CHANGE ENGINE OIL（更换发动机机油）”灯再次点亮并保持点亮，则表明发动机机油寿命系统没有复位，应重复上述复位程序。

特别提醒：雪佛兰克鲁兹轿车机油灯复位的方法和新君威轿车机油灯复位的方法相同。

14）克英朗轿车保养灯工归零

由于别克英朗轿车是全盘套用欧宝 Astra（雅特）轿车，它们的行车控制单元、复位键都一样，所以欧宝雅特轿车的保养灯手工复位方法一样适用于英朗轿车。

（1）压下并保持归零按键“A”，同时踩下制动踏板。

（2）将点火开关置于 ON 位，不要启动车辆。

（3）字符“INSP”将闪现或显示屏闪烁。

（4）继续保持压下归零按键“A”，直到“…”出现在显示屏上。

（5）释放归零按键“A”，松开制动踏板。

（6）将点火开关转回 OFF 状态，归零工作结束。

还有一种原始的归零方式，拔掉蓄电池线，保持断电状态达 5min 以上，即可将行车控制单元大多数临时数据归零，含保养灯归零在内。

15）风标致 307 车保养灯归零

（1）断开点火开关。

（2）按下组合仪表上的单次计程表归零按钮，并保持按下的状态。

（3）接通点火开关。

（4）里程表显示屏开始倒计数，当显示屏显示 00000 时，松开按钮，此时组合仪表显示屏中表示保养操作的扳手指示灯应熄灭。

注意：此操作完成后，如要断开蓄电池，必须将车辆上锁并至少等待 5min，否则归零不会被发动机控制单元记录下来。

16）带有导航系统的上海通用凯迪拉克 CTS 轿车保养灯归零

（1）接通点火开关，按下显示器右上角“OK”提示符旁的多功能按钮，确认更换发动机机油信息，这将从显示器上清除相关信息并复位。

（2）按 1 次位于驾驶员信息中心 DIC 显示器左下方的“PWR/VOL”按钮，接通系统。

（3）按显示器左侧的“INFO”按钮，进入“VEHICLE INFORMATION”（车辆信息）菜单。

（4）转动显示器右下方的“TUNE/SEL”旋钮，直到“ENGINE OIL LIFE”（发动机机油寿命）指示灯点高，然后按一下旋钮选定。

（5）当显示器显示“100% ENGINE OIL LIFE”（100%发动机机油寿命）时，按下显示器右上角“RESET”提示符旁边的多功能按钮，百分比将变为 100%，机油寿命指示器即被归零。如果百分比没有变为 100%，则重复以上步骤。

（6）断开点火开关。

（7）如果启动发动机时更换发动机机油信息在仪表信息中心再次出现，则说明发动机机油寿命系统未被归零，需要重复上述的归零程序。

17）路虎极光车保养灯手动归零方法

对于路虎极光车，可以使用转向盘上右侧的 5 个键（即 4 个方向键和 1 个 OK 键）和转向灯开关尾部的“i”键进行保养灯归零操作，具体方法如下。

（1）接通点火开关，用转向盘右侧的 5 个键调出服务功能菜单中的 VIN 码和报警状态。

（2）选择报警状态按住转向盘右侧 5 个键中的“↓”键和转向灯开关尾部的“i”键，并保持 5s 以上。

（3）启动发动机，保养灯手动归零结束。若清零操作不成功，则重复上述操作。

18）新款宝马 745 轿车保养灯手工归零方法

（1）按住仪表盘上左侧按钮，直到仪表左下方出现相关信息。

（2）按一下仪表盘左上按钮，使左下方的信息滚动，直至出现“retum”信息时，再次按住该按钮，此时仪表盘左上方信息区会出现各种归零项目，如“Brake Oil”等。

（3）翻动选择要归零的项目，再次按仪表盘左上按钮，则该项目手工归零完成。

19）奥迪 A6L、A4L、Q5、Q7 车保养灯归零

用 VCDS 或 VAS6150B 进入 17-仪表系统匹配功能：通道 02-输入 0，保存；通道 55-输入 0，保存；通道 54-输入 90，保存；通道 53-输入 0，保存；通道 52-4 缸发动机输入 50，6 缸发动机输入 70，保存；通道 51-输入 90，保存；通道 50-输入 50，保存；通道 49-输入 90，保存；通道 45-输入 1，保存；通道 44-输入 90，保存；通道 43-输入 150，保存；通道 42-输入 50～150，一般选择 150，保存；通道 41-输入 0，保存；通道 40-输入 0，保存；通道 39-输入 90（只有 6 缸发动机高配车辆才输入），保存。

20）奥迪 Q7 车机油保养灯归零

如果装备了定期保养型仪板表，则可用手动方法重新设定。

（1）压下里程表右下侧三键中中间的保养灯归零按键。

（2）接通点火开关（置于 ON 位）。

（3）“SERVICE”或“SERVICE IN XXXXMI”将出现在液晶显示器上。

（4）释放归零按键。

（5）压下右下侧三键中右边的保养灯设置按键，重新设置显示，并且“SERVICE IN 10000MI”字符将出现在液晶显示器上。

（6）断开点火开关（置于 OFF 位）即可。

095 大众汽车仪表盘上保养提示无法消除

（1）故障现象。一辆大众新款汽车仪表盘上出现小扳手图案并提示“立即进行车况检查”（见图 7-26），经过对仪表盘进行保养复位，仪表盘上的保养提示未能消除。用故障检测仪连接仪表，手动将行驶里程及行驶时间归零，仪表盘上的保养提示仍然无法消除。

（2）故障诊断。接车后，确认故障属实，用故障检测仪 VAS6105B 读取故障代码，无故障代码存储。出现这样的故障现象应该是仪表匹配设置的问题，提示出现该故障必须重新下载并安装“大众品牌光盘 V19.27”系统升级程序，然后进行仪表匹配设置才可以解决。

（3）故障排除。根据提示，登录售后服务网，在“应用系统/系统升级程序”界面重新下载并安装“大众品牌光盘 V19.27”系统升级程序（特别提醒：务必重新下载并安装）。然后用故障检测仪进入自诊断，选择“17-仪表板”，选择“匹配”，再选择“FiX：自上次按里程保养以来的距离”和“牢记：自从上次时间相关检查后经过的时间”选项，将这两项的值都清零，即可消除仪表盘上的保养提示，如图 7-27 所示。特别说明：如果 1.4T 或 1.8T 的大众轿车出现上述问题，也可以采用同样的方法对保养提示进行复位。

图 7-26 仪表盘上的保养提示

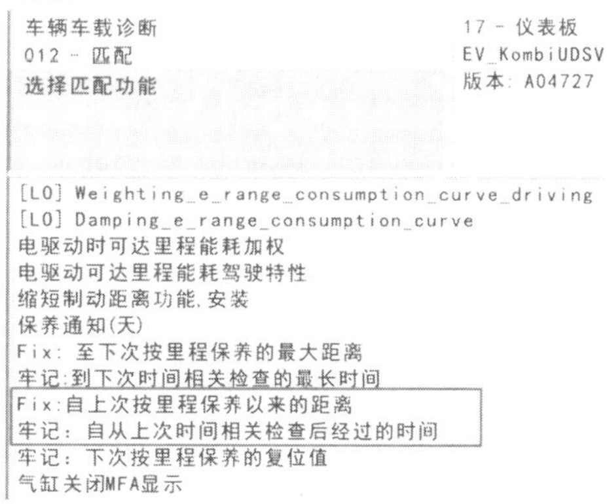

图 7-27 选择匹配功能

Chapter 8

第8章 汽车辅助电器

096 电动刮水器的组成

电动刮水器主要由直流电动机、蜗轮减速机构、拉杆、摆杆、刮水器臂、刮水器片等组成，如图 8-1 所示。一般电动机和蜗轮减速机构结合成一体组成刮水器电动机总成。

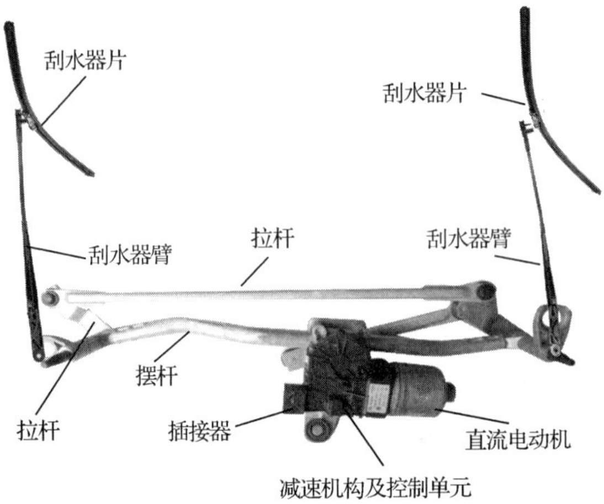

图 8-1 电动刮水器的组成

风窗刮水器电动机的结构风窗刮水器电动机有电磁式和永磁式两种（现在都采用永磁式）。电磁式风窗刮水器电动机的磁极绕有励磁绕组，通电流时产生磁场，而永磁式风窗刮水器电动机的磁极用永久磁铁制成。

永磁式风窗刮水器电动机体积小，质量轻，结构简单，使用广泛。永磁式风窗刮水器电动机的结构如图 8-2 所示，主要由壳体、磁铁总成、电枢、电刷安装板及复位开关、输出齿轮及蜗轮、输出臂等组成。

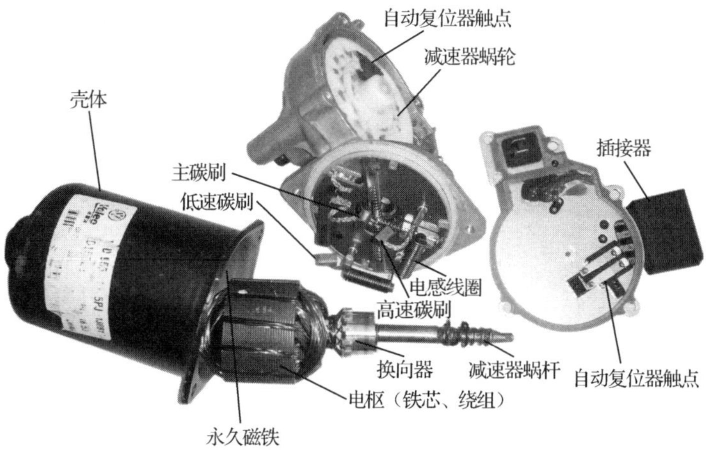

（a）不带控制单元的风窗刮水器电动机

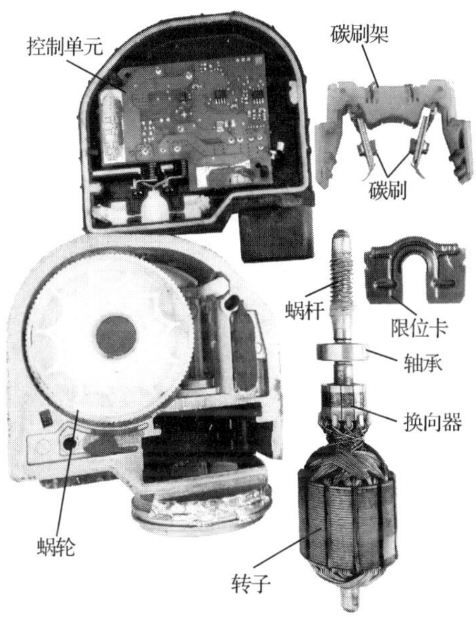

（b）大众带控制单元的风窗刮水器电动机总成

图 8-2　刮水器电动机总成结构图

097 凯越风窗刮水系统电路分析

凯越轿车配备两种风窗刮水系统，分别是无雨量传感器的风窗刮水系统和带雨量传感器的风窗刮水系统。

1）无雨量传感器的风窗刮水系统及清洗系统

无雨量传感器的风窗刮水系统及清洗系统由刮水器电动机、刮水器臂、刮水器片、刮水器/清洗器开关、清洗液泵、清洗液箱、喷水嘴、水管等组成。通过刮水器/清洗器开关可以实现刮水器的高速、低速、间歇、关闭和清洗功能。当刮水器/清洗器开关关闭时，刮水器片可以实现自动复位，通过间歇开关可以实现刮水器动作时间间隔的调节；当风窗刮水系统处于工作状态，且自动空调系统处于自动控制时，空调系统能够自动切换至除雾模式。无雨量传感器的风窗刮水系统及清洗系统控制电路如图 8-3 所示，其控制电路分析如下。

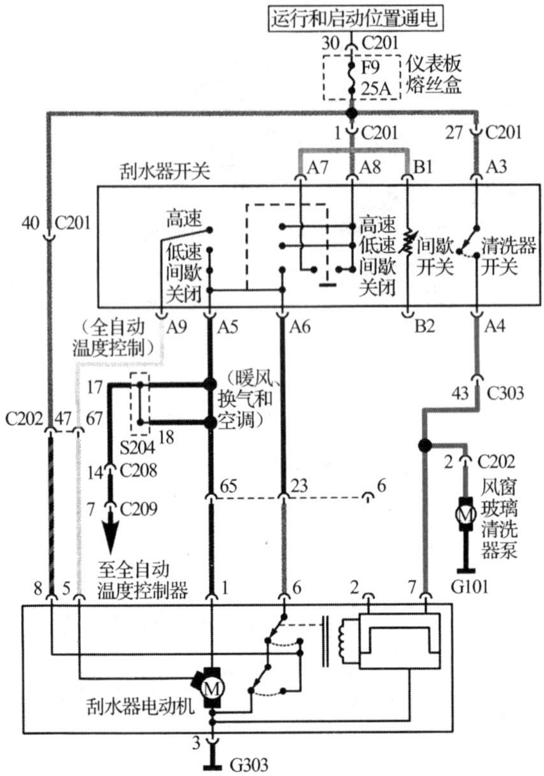

图 8-3　无雨量传感器的风窗刮水系统及清洗系统控制电路

（1）刮水器的高速控制电路。当刮水器/清洗器开关切换至高速位置时，即可实现刮水器的高速动作。刮水器的高速控制电路为：15 号线→导线连接器 C2O1 的端子 30→熔丝 F9→导线连接器 C2O1 的端子 1→刮水器/清洗器开关端子 A8→刮水器/清洗器开关端子 A9→导线连接器 C202 的端子 67→刮水器电动机的端子 5→刮水器电动机→刮水器电动机的端子 3→搭铁点 G303。

（2）刮水器的低速控制电路。当刮水器/清洗器开关切换至低速位置时，即可实现刮水器的低速动作。刮水器的低速控制电路为：15 号线→导线连接器 C201 的端子 30→熔丝 F9→导线连接器 C2O1 的端子 1→刮水器/清洗器开关端子 A8→刮水器/清洗器开关端子 A5→导线连接器 C202 的端子 65→刮水器电动机的端子 1→刮水器电动机→刮水器电动机的端子 3→搭铁点 G303。

（3）刮水器的间歇控制电路。将刮水器开关拨到间歇挡，其 A5-A6 端和 A8-A7 端同时接通，刮水器处于间歇工作状态，供电电源经 F9 熔丝→刮水器开关 A8→刮水器开关端子 A7→开关内的调速电阻→刮水器电动机的端子 2，则电动机总成内部的继电器工作，使电动机总成的 6-8 端在内部定时接通。刮水器电动机的端子 2 输入电压的大小决定着刮水器电动机工作的间歇时间，调整刮水器开关上的间歇时间，电动机的端子 2 的输入电压在 7～12V 间变化。关闭刮水器开关后，其回位过程与低速运转相同。

（4）刮水器片自动复位功能控制电路。当刮水器/清洗器开关切换至关闭位置时，若刮水器片没有复位，则刮水器电动机内的开关Ⅱ从位置 1 切换至位置 2，刮水器电动机将继续动作，直至刮水器片复位。此时刮水器电动机控制电路为：15 号线→导线连接器 C201 的端子 30→熔丝 F9→导线连接器 C201 的端子 40→导线连接器 C202 的端子 47→刮水器电动机端子 8→开关Ⅱ的端子 2→开关 I 的端子 1→刮水器电动机的端子 6→导线连接器 C202 的端子 23→刮水器/清洗器开关端子 A6←刮水器/清洗器开关端子 A5→导线连接器 C202 的端子 65→刮水器电动机端子 1→刮水器电动机→刮水器电动机的端子 3→搭铁点 G303。

（5）清洗器泵控制电路。当刮水器/清洗器开关切换至清洗位置时，清洗器泵动作，同时刮水器动作。清洗器泵控制电路为：15 号线→导线连接器 C201 的端子 30→熔丝 F9→导线连接器 C201 的端子 27→刮水器/清洗器开关端子 A3→刮水器/清洗器开关端子 A4→导线连接器 C202 端子 43→导线连接器 C202 的端子 2→清洗器泵→搭铁点 G101。在清洗器泵动作的同时，刮水器电动机内的间歇控制器通电动作，使开关 I 从位置 1 切换至位置 2，刮水器电动机开始动作。此时，刮水器电动机的控制电路为：15 号线→导线连接器 C201 的端子 30→熔丝 F9→导线连接器 C201 的端子 40→导线连接器 C202 的端子 47→刮水器电动机的端子 8→开关 I 的端子 2→刮水器电动机的端子 6→导线连接器 C202 的端子 23→刮水器/清洗器开关端子 A6→刮水器/清洗器开关端子 A5→导线连接器 C202 的端子 65→刮水器电动机的端子 1→刮水器电动机→刮水器电动机的端子 3→搭铁点 G303。

（6）自动空调控制刮水信号电路。在自动空调系统处于“AUTO”模式，且当自动空调系统控制器接收到刮水信号 1min 后，自动空调系统控制器便自动切换至除雾模式（空调压缩机工作，空气循环处于外循环状态）。此时刮水信号电路为：15 号线→导线连接器 C201 的端子 30→熔丝 F9→导线连接器 C201 的端子 40→导线连接器 C202 的端子 47→刮水器电动机的端子 8→开关Ⅱ的端子 2→开关 I 的端子 1→刮水器电动机的端子 6→导线连接器 C202 的端子 23→刮水器/清洗器开关端子 A6→刮水器/清洗器开关端子 A5→导线连接器 C208 的端子 14→导线连接器 C209 的端子 7→自动空调系统控制器的端子 B7。由于刮水器的动作，使开关Ⅱ有规律地在位置 1 与位置 2 之间切换，刮水信号电压也在 0～12V 之间有规律地变化。在刮水器停止动作 20s 后，自动空调系统回复到原来状态。

2）带雨量传感器的风窗刮水系统及清洗系统

带雨量传感器的风窗刮水系统及清洗系统如图 8-4 所示。除具有常规风窗刮水系统的组成和功能外，它还具有以下特点：刮水器电动机内间歇控制器由原来的 1 个增加为两个，刮水器/清洗器开关的间歇位置由自动位置取代，刮水器/清洗器开关内的间歇开关改为雨量传感器开关，并配置了雨量传感器。雨量传感器安装在前风窗玻璃内侧紧靠后视镜位置。雨量传感器能产生红外线，并以 45° 角照射到前风窗玻璃上。若前风窗玻璃干燥，则被反射回的红外线较多；若前风窗玻璃上有水，则被反射回的红外线较少。被前风窗玻璃反射回的红外线随前风窗玻璃上水的多少相应变化，雨量传感器根据反射回的红外线多少来感知雨量大小。当刮水器/清洗器开关置于“AUTO”位置时，刮水器能根据雨量传感器感知的雨量大小自动改变动作快慢。

在雨刷电动机内有两个控制器，左侧的控制雨刷的高/低速，受雨量传感器 2 脚的控制；右侧的是低速/间歇继电器，受雨量传感器 1 脚的控制，雨量传感器通过 1、2 脚控制刮水器电动机总成内部继电器的搭铁。雨量传感器可自动控制间歇时间长短和刮水时是高速还是低速。雨量传感器 7 脚用于检测回位脉冲，以正确进行间歇控制。

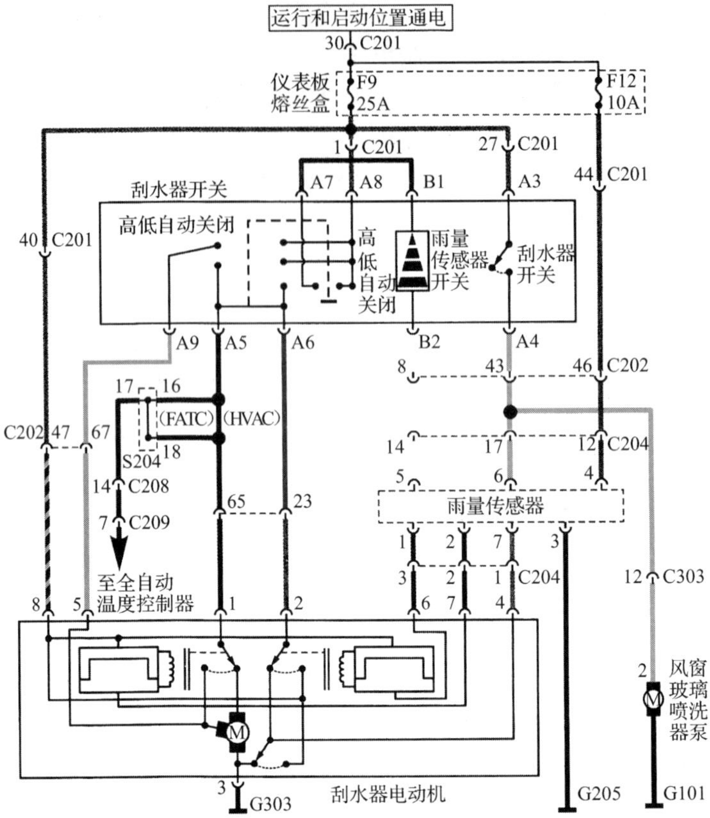

图 8-4　带雨量传感器的风窗刮水系统及清洗系统控制电路

（1）刮水器低速/间歇工作。当雨量传感器控制刮水器电动机低速工作时，其端子 1 接地，刮水器电动机总成内部的右侧继电器工作，触点吸合，则有如下电流通路：15 号线→导线连接器 C201 的端子 30→熔丝 F9→导线连接器 C201 的端子 40→导线连接器 C202 的端子 47→刮水器电动机端子 8→刮水器电动机内部右侧闭合的继电器触点→刮水器电动机的端子 2→刮水器开关端子 A6→刮水器开关端子 A5→刮水器电动机的端子 1→刮水器电动机总成内部左侧常闭触点→刮水器电动机低速端→接地 G303，此时电动机低速运转。雨量传感器端子 1 的工作波形如图 8-5 所示。由图可知，雨量传感器给出一个低电平的触发脉冲后，然后保持高电平，触发脉冲控制右侧的继电器工作，电动机开始运转，然后继电器断开，电动机靠回位通路维持低速旋转；当刮水器电动机旋转一周后，至下一个触发脉冲到来之前是间歇时间，调节敏感度旋钮时，雨量传感器控制刮水器电动机间歇时间的长短。低速工作时，雨量传感器端子 1 的电压在 5.1～10.8V 间变化，雨量传感器端子 1 电压为 5.1V 时，间歇时间最长；为 10.8V 时，间歇时间最短。当间歇时间调至最短时，刮水器电动机启动高速挡。

（2）刮水器高速工作。当雨量传感器感应到雨量足够大，需控制刮水器高速工作时，其 2 端输出低电平，刮水器电动机总成内部左侧继电器工作，内部触点吸合到高速端；与此同时，刮水器电动机总成内部右侧的继电器仍工作，则刮水器工作在高速状态，其电流路径是：15 号线→导线连接器 C201 的端子 30→熔丝 F9→导线连接器 C201 的端子 40→导线连接器 C202 的端子 47→刮水器电动机的端子 8→刮水器电动机内部右侧继电器闭合的触点→刮水器电动机的端子 2→刮水开关端子 A6→刮水开关端子 A5→刮水器电动机的端子 1→刮水器电动机总成内部左侧闭合的继电器触点→刮水器电动机高速端→接地 G303。

（3）回位脉冲检测。雨量传感器只有收到刮水器电动机的回位信息后，才能正确控制间歇时间。刮水器电动机的端子 7 是回位脉冲输出端，将回位信号送到雨量传感器的端子 2，回位脉冲信号波形如图 8-6 所示。图中脉冲的下降沿是回位开始，雨量传感器间歇控制波形图中触发脉冲前沿是电动机旋转开始，至收到回位脉冲是旋转一周时间。回位脉冲至下一个触发脉冲是间歇时间。

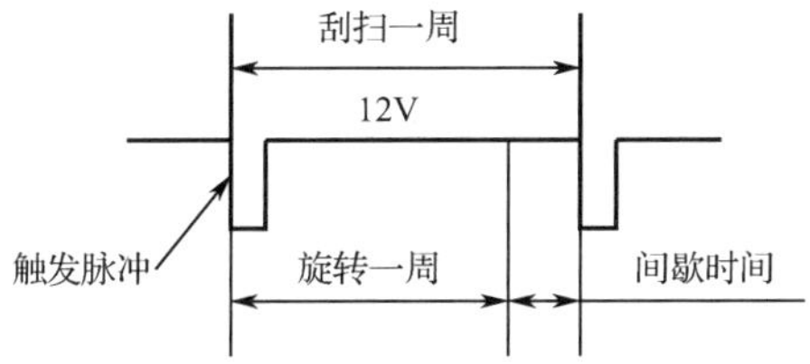

图 8-5　雨量传感器间歇控制波形

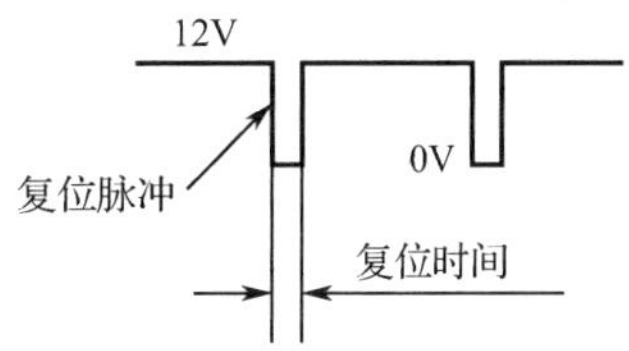

图 8-6　回位脉冲信号波形

（4）自动空调控制。刮水器开关端子 A5 向自动空调控制器 B7 端输出刮水器工作信号，当刮水器电动机工作约 60s 时，如果自动空调处于 AUTO 状态，则自动启动除湿功能。

098 迈腾刮水器电路分析

由图 8-7 可知，迈腾轿车刮水器开关 E22 的挡位请求信号直接传送至转向柱控制模块 J527，然后经过 CAN 线传送至车身控制模块 J519，最后 J519 通过 LIN 线向刮水器电动机控制模块 J400 发出相应的指令，控制刮水器电动机做出相应的动作。J519 接收到洗涤挡请求信号后，控制洗涤器电动机继电器（J729）动作，使洗涤器电动机（V5）工作。

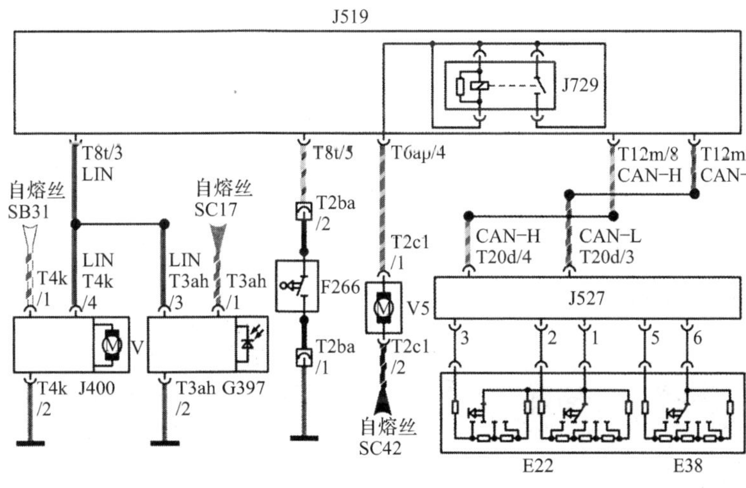

E22—刮水器开关；E38—刮水器间歇运行调节器；F266—发动机室盖接触开关；G397—雨量和光照识别传感器；
J400—刮水器电动机控制模块；J519—车身控制模块；J527—转向柱控制模块；J729—洗涤器电动机继电器；
V—刮水器电动机；V5—洗涤器电动机

图 8-7　迈腾车刮水器控制系统电路

该车还装备了雨量和光照识别传总器（G397，安装在车内后视镜底座上），用于自动刮水器和自动前照灯的控制。图 8-8 所示为该车刮水器控制系统通信网络，其中 ABS 控制模块 J104

向 J519 提供车速信号，作为调节刮水器电动机转速的参考信号；J519 是 LIN 线的主节点，J400 和 G397 均为从节点。

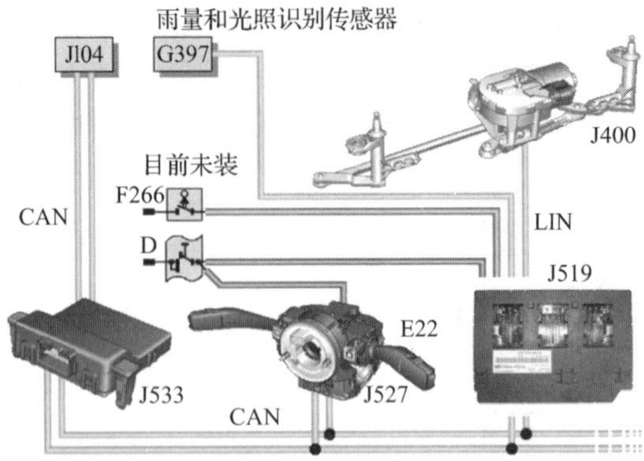

D—点火开关；E22—刮水器开关；F266—发动机室盖接触开关；G397—雨量和光照识别传感器；J104—ABS 控制模块；J400—刮水器电动机控制模块；J519—车身控制模块；J527—转向柱控制模块；J533—网关

图 8-8 迈腾轿车刮水器控制系统通信网络

099 刮水器系统故障分析

（1）故障现象。长城哈弗 H6 打开刮水器开关（自动挡、低速挡、高速挡），刮水器都不工作，但前挡风玻璃洗涤电动机工作正常。

（2）故障分析。根据故障现象，判断故障可能原因为刮水器电动机故障；熔丝、继电器故障；BCM 故障；组合开关故障；线路、插接件故障。读 BCM 故障，有 1 个故障码，如图 8-9 所示，并且故障码无法清除。

读 BCM 数据流（如图 8-10～图 8-12 所示），同时拧动刮水器开关。

故障码

故障码	描述
B102977	前雨刮电机停转

图 8-9 故障码

数据流

数据流名	值
前刮水器-薄雾	激活
前刮水器-自动	未激活
前刮水器-低速	未激活

图 8-10 数据流 1

数据流名	值
前刮水器-薄雾	未激活
前刮水器-自动	激活
前刮水器-低速	未激活

图 8-11 读据流 2

数据流名	值
前刮水器-薄雾	未激活
前刮水器-自动	激活
前刮水器-低速	激活

图 8-12 读据流 3

通过以上数据说明 BCM 接收到了刮水器开关发送的信号，排除了组合开关故障。动作测试前刮水器电源继电器保险盒内有继电器工作声音，但刮水器电动机还是不工作，通过测试，排除了 BCM 故障。

断开刮水器电动机插头，如图 8-13 所示，打开刮水器开关低速挡，用试灯测量插头，只有一根红色的线有电源，而低速挡的绿色线上没有电源，此时虽然无法排除电动机故障，但检测方向重点在电动机供电上面。电路图如图 8-14 所示，前洗涤继电器与前刮水器共用一个 20A 的熔断器，而此车前喷水电动机工作正常，所以通过喷水电动机的工作排除了熔丝的故障。

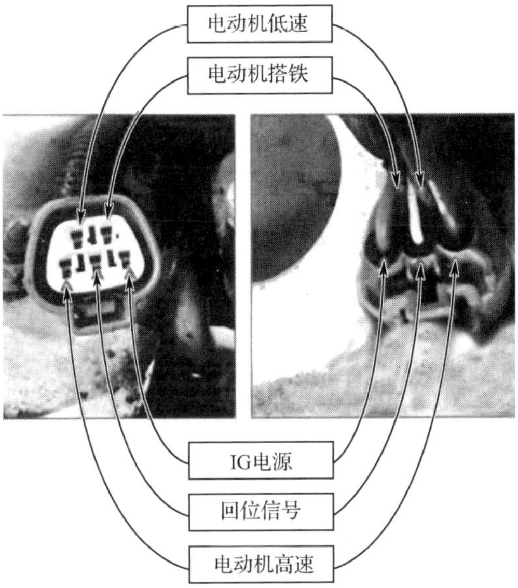

图 8-13　测量刮水器开关接头

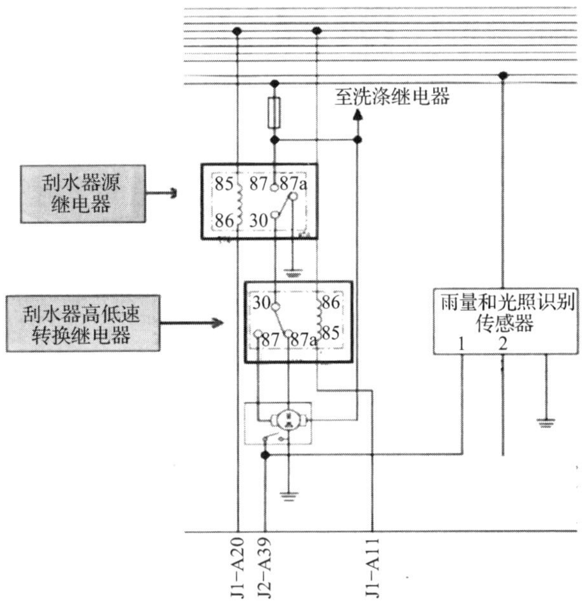

图 8-14　刮水器控制电路

只要刮水器开关接通，不管哪个挡位，BCM 都会控制刮水器电源继电器接通。

只有 BCM 接收到开关的高速挡信号后才控制高低速转换继电器工作。

当高低速转换继电器线圈不工作时，20 号电源触点与低速挡接通；当高低速转换继电器线圈工作时，30 号电源触点与高速挡接通。

在一号保险盒上面找到为刮水器电动机供电的绿色线，当刮水器电源继电器工作时用试灯测试无电源输出。继电器线圈工作正常，触点供电正常，但触点无电源输出，说明故障在继电器触点上面。而继电器与保险盒是一体的，不能单独更换，所以此故障得更换一号保险盒总成。

虽然现在找到了一个故障点，但刮水器电动机和电动机线路是否有故障还没有排除，为了一次性把故障判断准确，还得继续检测。

断开电动机线路与保险盒连接的插头，直接用导线连接电源后给电动机的绿色线供电，此时刮水器电动机工作正常。通过供电测试可以排除刮水器电动机和电动机线路的故障。

（3）故障排除。更换一号保险盒总成，故障排除。

（4）维修检测注意事项。数据流检测时，在数据流里面没有发现前刮水器高速挡的数据流。通过数据流可判断前刮水器高速是否接通，刮水器开关内部电路如图 8-15 所示。

- 当刮水器开关上的 2 号脚与 8 号脚导通时是自动挡。
- 当刮水器开关上的 2、4 号脚与 8 号脚导通时是低速挡。
- 当刮水器开关上的 4 号脚与 8 号脚导通时是高速挡。
- 当开关上的 2、4 号脚与 8 号脚没有导通时是高电位，有 12V 电压。

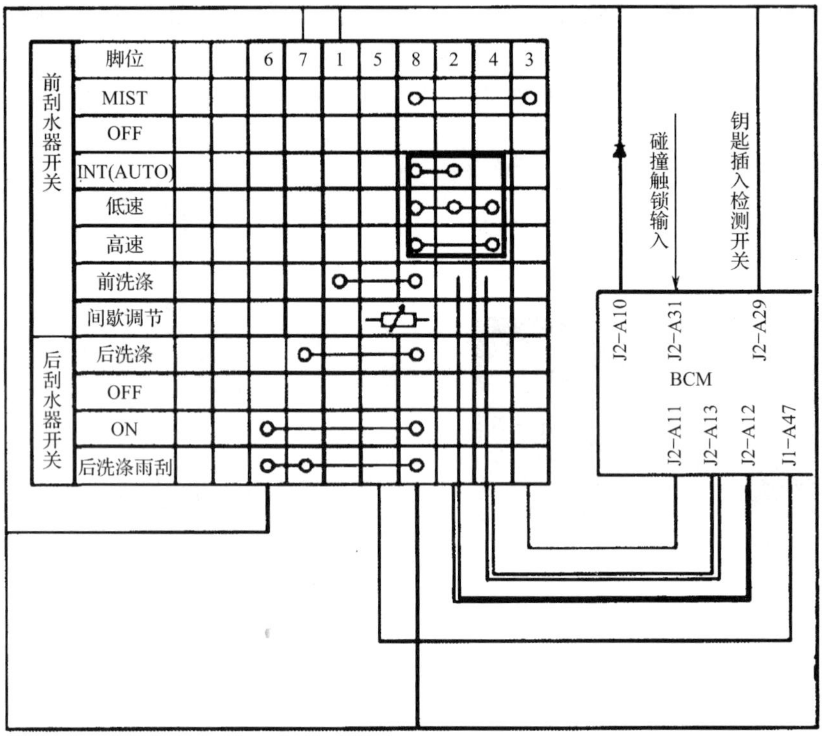

图 8-15　刮水器开关内部电路

100 电动玻璃系统的结构

电动玻璃系统由电动玻璃机械结构、电动玻璃开关、电动玻璃电动机、位置传感器、电动玻璃儿童保护开关、电动玻璃模块等组成，如图 8-16 所示。

电动玻璃机械结构主要由电动玻璃固定器、升降装置和电动玻璃电动机组成。

1）电动玻璃升降装置

如图 8-17 所示，电动玻璃升降装置由螺栓连接到固定器上，升降装置的关键零件是滑块，滑块连接玻璃，同时在滑道上滑动；滑块的变形和磨损将会导致玻璃滑动阻力增大。

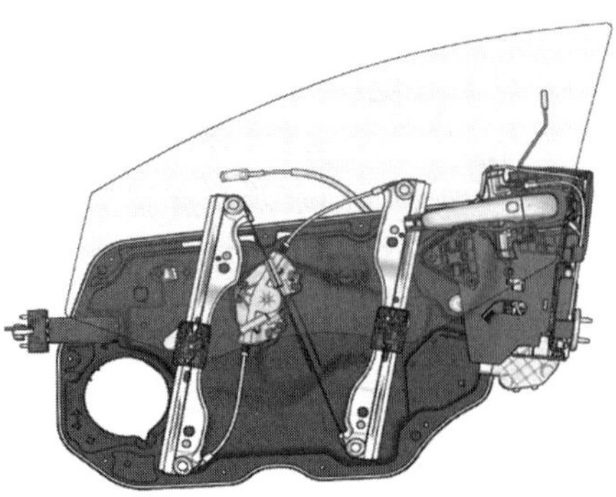

图 8-16　电动玻璃系统组成

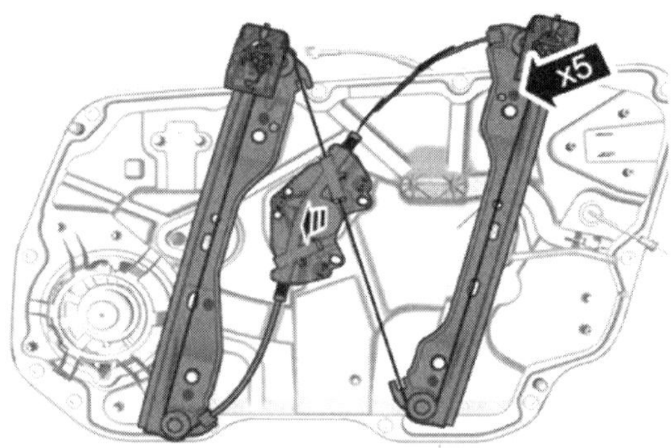

图 8-17　电动玻璃升降装置

2）电动玻璃固定器

固定器由螺栓固定在车门上，部分车辆固定器采用了非金属材料，非金属材料固定器重量较轻。非金属材料固定器的刚性不亚于采用金属材料的电动玻璃固定器，如图 8-18 所示。

3）电动玻璃电动机

电动玻璃电动机是永磁式直流电动机。该直流电动机的转子有正极和负极两条线路。电动玻璃控制模块通过改变两条线路的极性来实现电动机的正转和反转，从而实现电动玻璃的上升和下降，安装位置如图 8-19 所示。

图 8-18　电动玻璃固定器

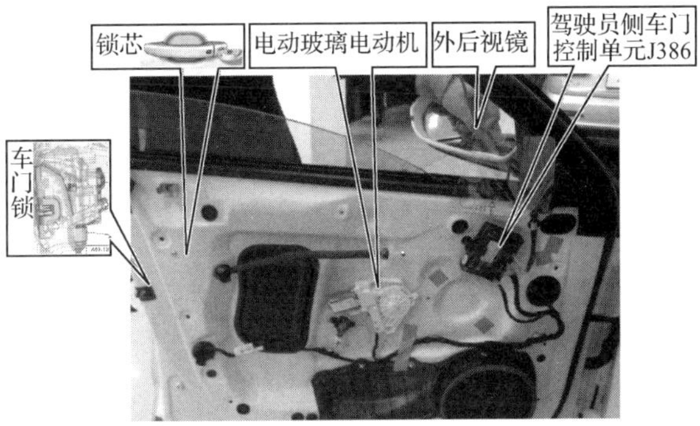

图 8-19　电动玻璃电动机安装位置

如图 8-20 所示，电动玻璃电动机与控制模块为一体安装。电动机由直流电动机、减速装置、控制模块组成，电动机轴上装有一磁轮，磁轮是位置传感器的信号发生轮，位置传感器给控制模块提供电动机的转速和位置信号。

电动玻璃电动机中配有传感器。位置传感器是用来判断电动机的运转位置和转速的，通常称为电动动玻璃电动机位置传感器。

电动玻璃电动机单位置传感器如图 8-21 所示，它安装在控制模块的线路板上，带有磁性的信号发生轮安装在电动玻璃电动机转子轴上。电动机转动就会在位置传感器中产生方形波的脉冲信号，电动玻璃控制模块根据位置传感器的信号判断电动机的位置与转速。

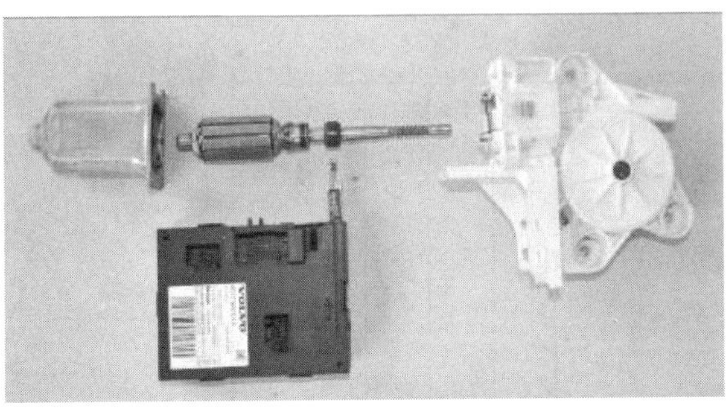

图 8-20　电动机的组成

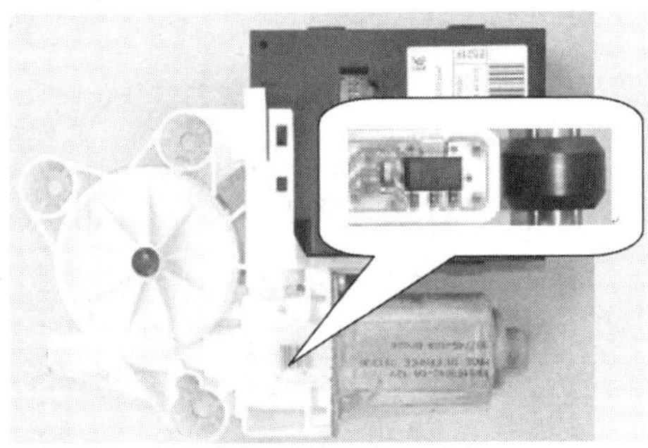

图 8-21　电动玻璃电动机单位置传感器

电动玻璃电动机双位置传感器如图 8-22 所示，车辆电动机内部有两个位置传感器。电动玻璃电动机与控制模块分体安装时，位置传感器安装在电动机一侧。

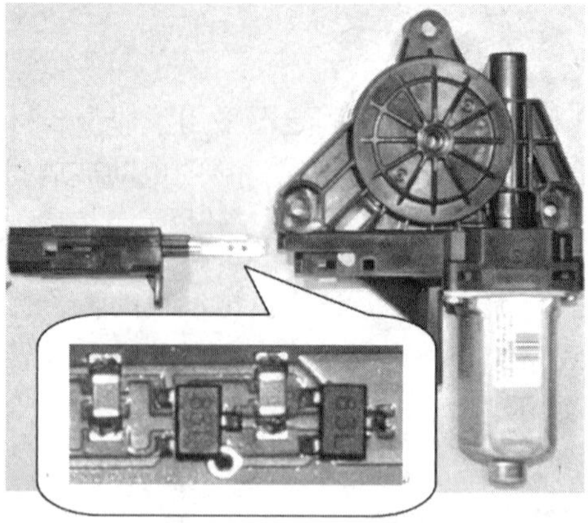

图 8-22　电动玻璃电动机双位置传感器

101 电动车窗电路分析

下面介绍沃尔沃轿车左前门电动车窗检测。

1）左前门电动玻璃开关

开关的 1 号针脚电压由 CEM 提供，是电动玻璃系统激活的信号线，当打开点火开关时，此线的电压为蓄电池电压。图 8-23 中 5 号针脚是开关的接地线，该线通过 DDM 与接地线相连，3 号针脚是 LIN 网络，是 DDM 的开关信号线，用万用表测量电压通常是 7.5V。

2）位置传感器的测量

独立的位置传感器应该有三个针脚，分别是电源、接地和信号。

（1）如图 8-24 所示，电动玻璃电动机有两个位置传感器，只有四根线，分别连接 3、4、5、6 针脚。

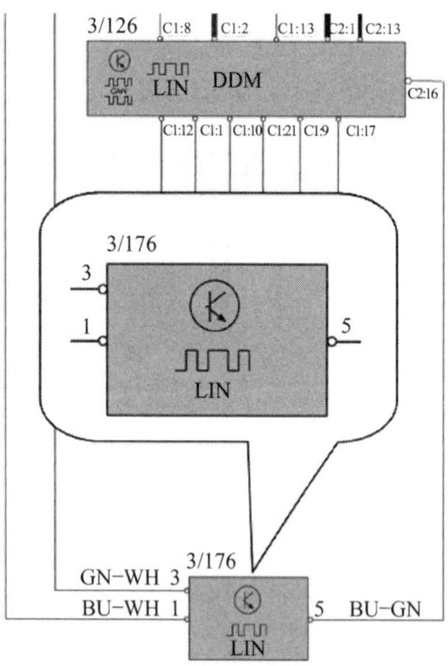

图 8-23　开关信号的输入

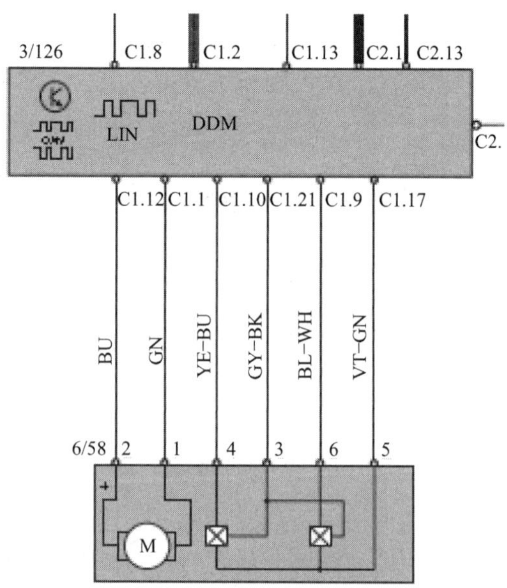

图 8-24　万用表诊断位置传感器

（2）两个传感器共用电源和接地线，还有两个是信号线。

（3）3 号针脚灰黑线是传感器共用电源线，在打开点火开关时，为蓄电池电压 12V；5 号针脚淡紫绿线是传感器共用接地，为 0V。

（4）4 号针脚黄蓝线和 6 号针脚蓝白线为信号线；信号线电压在电动玻璃电动机工作时在 6V 左右；电动玻璃电动机停止工作时，信号线电压根据信号发生轮停止的位置而定，应为 0V 或 12V。

3）遥控器信号输入

遥控器开启或关闭的信号控制电动玻璃模块时通过 CAN 网络获取。这里只诊断电动玻璃控制模块 CAN 线是否正常。

（1）如图 8-25 所示，电动玻璃控制模块 CAN 网络是 C2 插头。

（2）1 号针脚灰橘色线 CAN-H 用万用表测量电压为 2.80V 左右。

（3）13 号针脚淡紫橘色线 CAN-L 用万用表测量电压为 2.30V 左右。

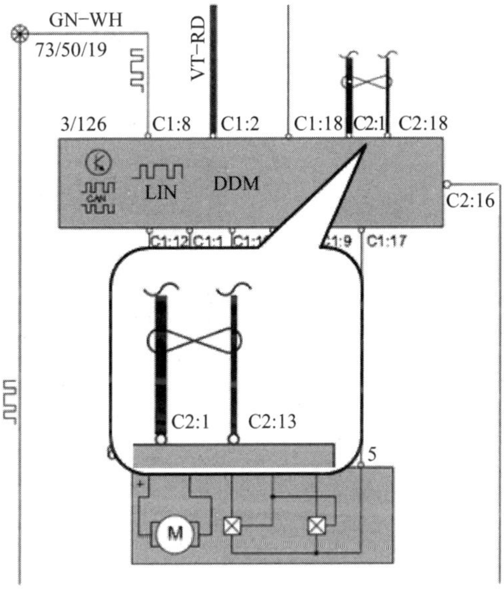

图 8-25　遥控器信号输入

102 电动天窗系统的组成

电动天窗是由电动天窗机械结构、电动天窗开关、电动天窗位置传感器、电动天窗控制模块、电动天窗电动机、天窗组成的，如图 8-26 所示。

1）电动天窗机械结构

电动天窗机械结构包括电动机驱动齿轮、螺旋钢丝轴、滑道等，如图 8-27 所示。天窗电动机驱动两根螺旋钢丝轴，两根螺旋钢丝轴驱动天窗左右滑块，滑块推动天窗在滑道中前后运动。电动天窗通风位置由单独的滑道推动天窗上下动作得到。

2）电动天窗通风位置开启与关闭的驱动滑道

电动天窗通风位置开启与关闭的驱动滑道如图 8-28 所示。它能够实现：

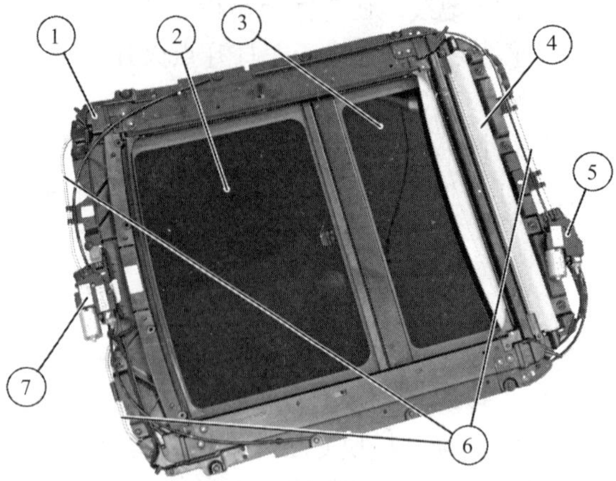

1—框架；2—可开启的玻璃窗；3—固定的玻璃；4—遮阳卷帘；5—电动机
6—缆线的管子；7—电动机，可开启玻璃窗

图 8-26　电动天窗的结构

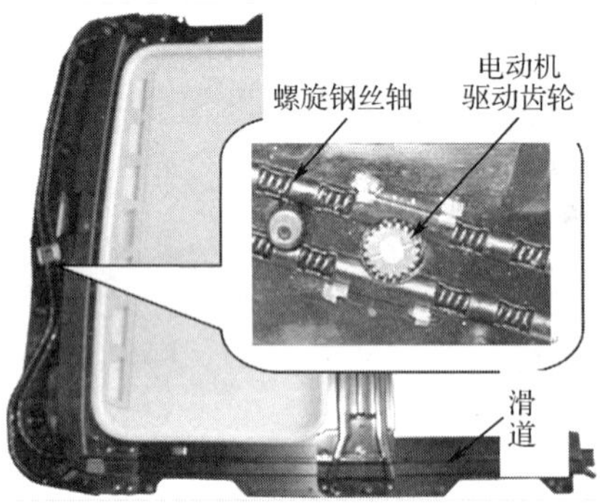

图 8-27　电动天窗开启和关闭的机械结构

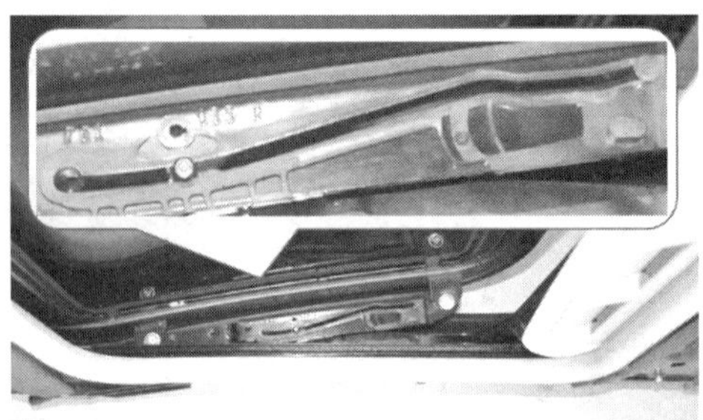

图 8-28　电动天窗通风位置开启与关闭的驱动滑道

（1）通风位置的开启。

（2）通风位置的关闭。

（3）通风位置和滑动位置关闭时的上下摆动。电动天窗关闭时上下摆动，有利于天窗的密封。

3）电动天窗位置传感器

在电动天窗电动机中安装有两个位置传感器，双位置传感器可以感知电动天窗电动机的速度和转动方向，同时还可以在电动天窗滑动开启过程中实现防夹功能，如图 8-29 所示。

（1）双位置传感器安装在控制模块的线路板上。

（2）带有磁性的信号发生轮安装在电动天窗电动机转子轴上。

（3）电动机转动就会在位置传感器中产生方形波的脉冲信号。

（4）两个位置传感器的信号有相位差，能够判别电动天窗电动机的速度和方向。

（5）电动天窗控制模块根据位置传感器的信号判断电动机的工作情况，从而采取不同的控制方式。

4）电动天窗模块

电动天窗模块与电动机集成在一起，电动天窗系统的位置传感器直接集成在控制模块线路板上。电动天窗模块通过 8 个针脚与整车线束相连，如图 8-30 所示。

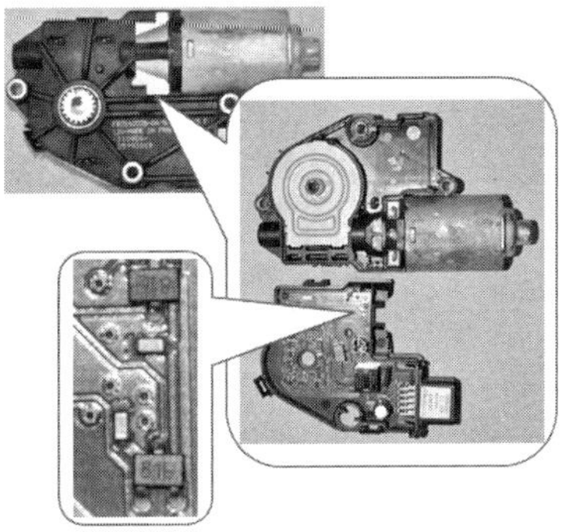

图 8-29　电动天窗位置传感器

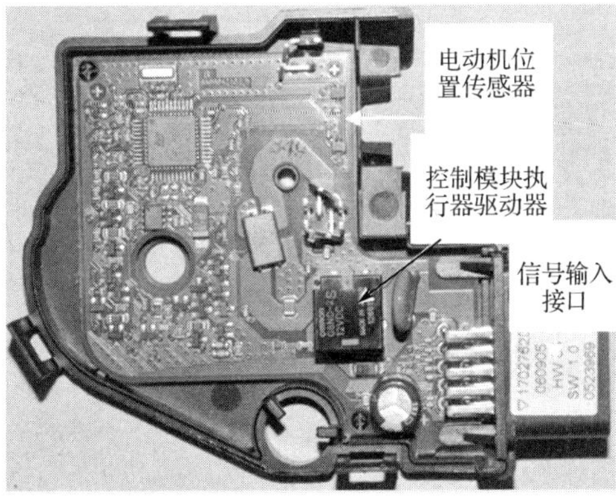

图 8-30　电动天窗模块

5）电动天窗电动机

电动天窗电动机为永磁式直流电动机，电动机有两个碳刷，控制模块是通过改变两个碳刷的正、负极来使电动天窗打开和关闭的。

电动天窗电动机与模块集成为一体，其中包括永磁式直流电动机、减速机构、控制模块，如图 8-31 所示。

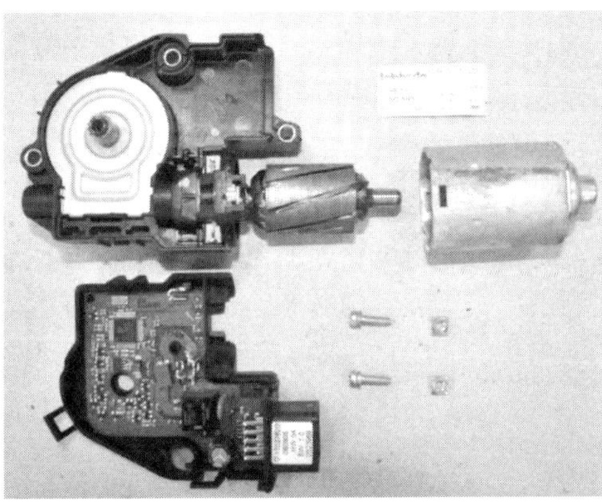

图 8-31　电动天窗电动机

103 大众电动天窗电路分析

电动天窗电路由天窗控制单元 J245、集成顶篷百叶窗电动机 V260 的控制单元 J394 及遮阳卷帘/滑动天窗开关 E437 及 LIN 总线组成。E437 包含了令天窗滑动的电位计（旋转开关）、倾斜上翻开关、强制关闭开关及遮阳帘开启/关闭按钮。全景天窗电路图如图 8-32 所示。

由图 8-32 可知，控制电路为：KL30→熔丝 SC43（25A）→插接器 T6d/1→J245 的 T16i/1 端子，为 J245 供电，T16i/2 端子→插接器 T6d/3→搭铁点 602。KL30→熔丝 SC57（25A）→插

接器 T6d/2→J394 的 T16j/1 端子，为 J394 供电，T16j/2 端子→插接器 T6d/3→搭铁点 602。两者之间除 LIN 总线通信外，还存在一个操作接口连接（T16i→T16j 的白色导线）。

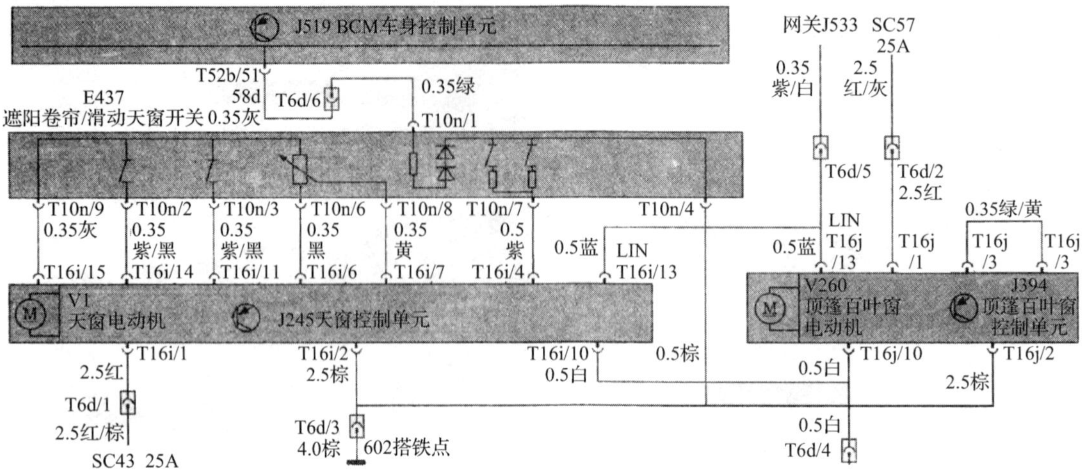

图 8-32 全景天窗电路图

当点火开关 ON 时，J245 与 J394 通过 LIN 总线经网关 J533 从 J519 获得 KL15 电源接通的信息，J245 的 T16i/6 端子输出 5V 电源，加在 E437 内置的电位器上，T16i/5 端子内部搭铁，此时天窗满足工作条件。电位器随旋转开关调制出 0～5V 连续变化的电压信号，每一个电压值对应天窗滑动行程的某一个位置。需要开启天窗时，J245 根据电位器所处的位置信号，控制天窗电动机 V1 工作。点火开关 OFF 后，在前排车门没有开启的情况下，天窗约有 10min 的延时。一旦车门开启，LIN 总线上 KL15 电源关闭信息送达，天窗操作将不再继续。

获取 KL15 电源接通的信息在 J245 数据块 13 组 1 区，LIN 总线状态在 14 组 1 区，LIN 信号在 12 组 2 区，E437 开关位置信号的测量值在 3 组展示。

J245 与 J394 基本设定的操作示意图如图 8-33 所示。车辆行驶时，若天窗开启处于图中“4”的位置，J245 可以根据车速的高低，将天窗开度自动调节到风燥较小的舒适位置上，车速信息的传输途径是：J104→动力系统 CAN 数据总线→J533→LIN 总线→J245。J245 接收到的车速信号在数据块 12 组 3 区中读取。

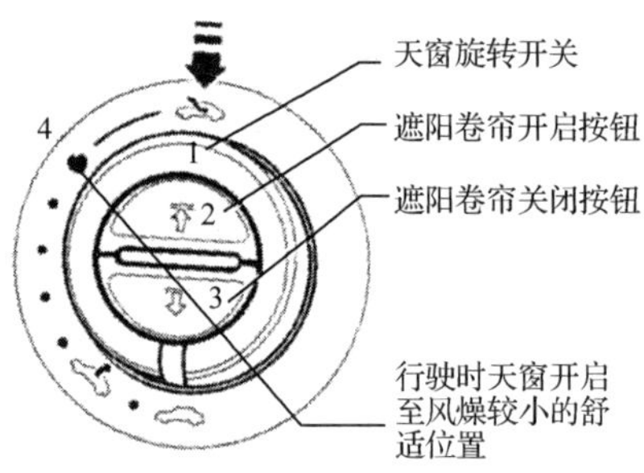

图 8-33 J245 与 J394 基本设定的操作示意图

遮阳卷帘开关控制搭铁，通过接入阻值不同的电阻，在 J245 的 T16i/4 端子上形成两个幅值不等的电位信号，可以体现开启/关闭的请求信息。J394 经操作接口接收由 J245 发出的请求信息，控制顶篷百叶窗电动机 V260 工作。

遥控锁车时，若天窗尚未关闭，长按遥控器锁车键，J245 从 LIN 总线接收到锁车命令，V1 将执行舒适关闭功能。

当 J519 识别到车辆防盗功能启动时，出于安全考虑，J519 取消向 LIN 总线发送 KL15 电源已接通的信息，天窗将被禁用。

J245 诊断地址为 4F（中央电子装置系统 2），采用 4 个字节的长编码，长编码为 50B0500。

更换新的 J245 或 J394 后，应进行基本设定方可正常使用。设定前，旋转开关必须位于天窗关闭位置，具体方法是：点火开关为 ON，向下拉动天窗旋转开关（见图 8-33）并保持，设定过程中天窗向后移动大约 200mm 开始回复，在天窗被再次关闭后设定完成，松开旋转开关。基本设定状态在 1 组 4 区的测量值中可以读到。

J394 基本设定前，遮阳卷帘也应呈关闭状态。接通点火开关，按下遮阳板关闭按钮并保持，遮阳板向后移动约 200mm。当遮阳板被再次关闭后完成设定，松开按钮。

J519 的诊断地址为 09（中央电子装置），采用 30 个字节的长编码，编码值随车辆配置的不同而改变。在实际维修中，由于有了上述系统电路图的帮助，可利用数据块读取信号的输入，还可以利用 DTM 终端元件测试功能，令 BCM 车身控制单元所属的某个执行器动作来检查验证，这样诊断将变得简明和直观。

104 电动后视镜的组成

电动后视镜主要由位置调整电动机、折合电动机、加热线路、镜片、后视镜罩壳等组成，如图 8-34 所示。

1）位置调整电动机

电动后视镜的镜片与位置调整电动机连接，当点火开关在 I 或 II 位置时，可以操控位置调整电动机工作，以调整后视镜的角度。

电动后视镜内有两个调整电动机，分别是上下位置调整电动机和左右位置调整电动机，电动机和位置设定传感器构成一个单元，无法单独更换，如图 8-35 所示。

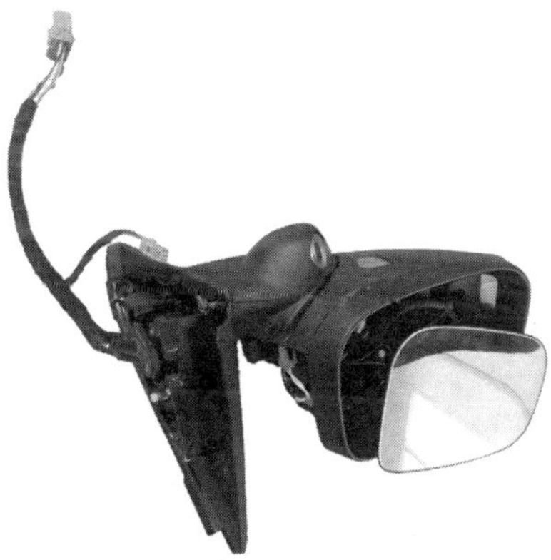

图 8-34　电动后视镜组成

图 8-35　位置调整电动机

2）折合电动机

配置电动折合功能的后视镜，会安装一个折合电动机，以实现后视镜的手动折合功能和自动折合功能。

折合电动机的控制和监测由对应的前车门模块来完成，当执行手动折合或自动折合操作时，折合电动机工作，如图 8-36 所示。

3）加热线路

电动后视镜有用于除霜的加热线路，加热线路设在后视镜玻璃背面。若加热线路有故障，则需要更换整个后视镜玻璃。

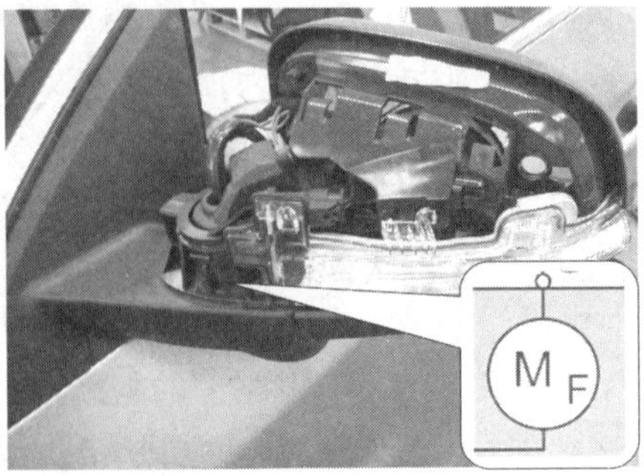

图 8-36　折合电动机

加热线路由前车门模块进行供电和接地控制，自动加热功能由恒温控制模块启动，如图 8-37 所示。

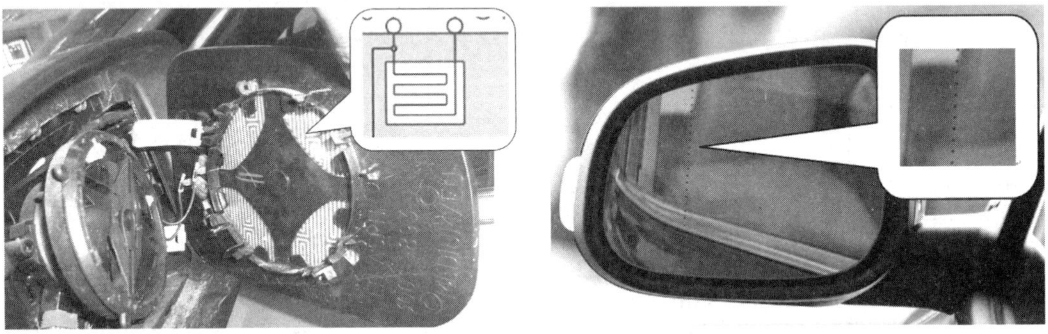

图 8-37　加热线路

4）后视镜位置设定传感器

带有位置记忆功能的电动座椅车型，也具备后视镜位置存储功能。

为了实现这个后视镜的位置存储功能，在每个电动后视镜内部分别设置两个传感器，用于测量后视镜的准确位置。

位置设定传感器有两个，分别检测后视镜的左右和上下位置，如图 8-38 所示。

5）后视镜调整开关

后视镜调整开关由 L 按键、R 按键、加热、折回调整控制开关组成，如图 8-39 所示。操作后视镜调整开关，可以执行后视镜的位置调整和折合控制功能，开关上各按键的功能如表 8-1 所示。

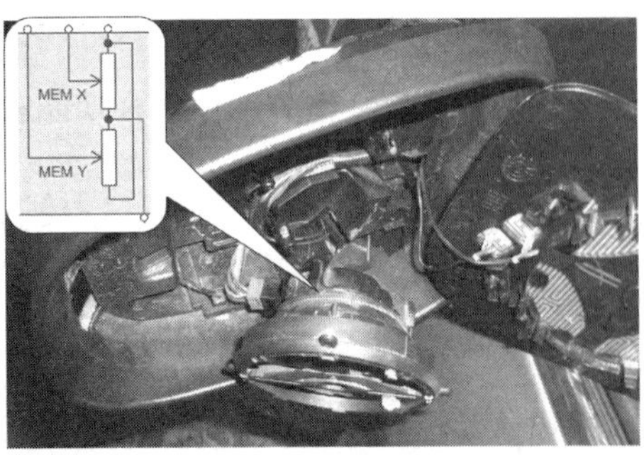

图 8-38　后视镜位置设定传感器

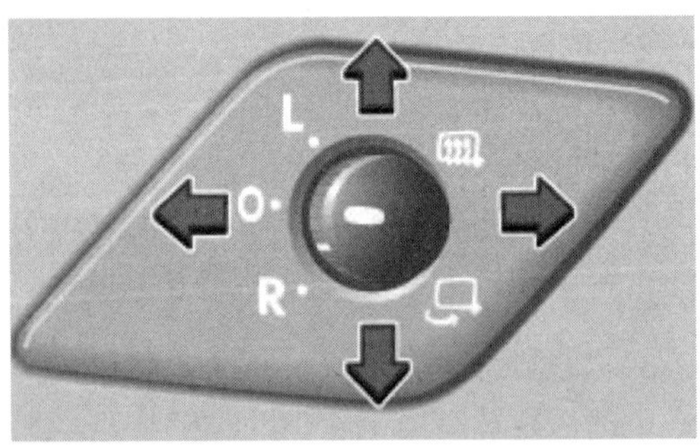

图 8-39　大众电动后视镜调整开关

表 8-1　开关上各按键的功能

	电动收折车外后视镜→⚠
	接通车外后视镜加热装置。只在环境温度低于+20℃时才加热
L	调整左侧车外后视镜，前、后、左、右推动旋钮即可将后视镜调整至合适位置
R	调整右侧车外后视镜，前、后、左、右推动旋钮即可将后视镜调整至合适位置
0	中间位置。打开车外后视镜，关闭车外后视镜加热器，不能调整车外后视镜

105 丰田卡罗拉电动后视镜电路分析

当点火开关处于 ACC 挡时，蓄电池电压经过一系列熔丝，通过外后视镜开关的上/下、左/右的操作，控制后视镜电动机相应动作，从而带动倒车镜上/下或左/右运动。丰田卡罗拉后视镜电路如图 8-40 所示。

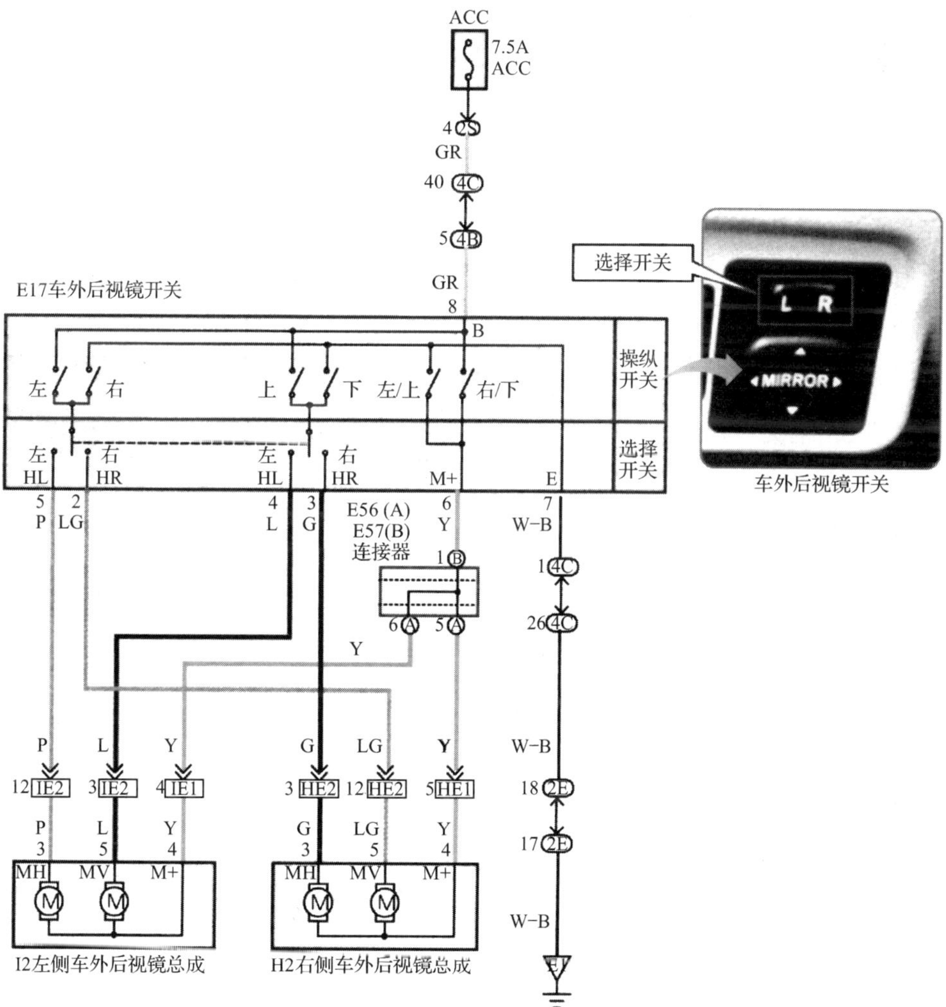

图 8-40　丰田卡罗拉后视镜电路

1）供电电路

经过点火开关 ACC 挡的蓄电池电压→7.5A ACC 熔丝→外后视镜开关端子 8。

2）控制电流方向

（1）左外后视镜的运动。选择外后视镜开关中的选择开关“左”。

当按下车外后视镜开关的操纵开关“上”键时，外后视镜开关端子 8-4 接通、6-7 接通，电流方向为：经过熔丝后的蓄电池电压→外后视镜开关端子 8→外后视镜开关端子 4→左外后视镜电动机端子 5→左外后视镜电动机端子 4→外后视镜开关端子 6→外后视镜开关端子 7→E1 搭铁→蓄电池负极。左外后视镜电动机控制左外后视镜向上运动。

当按下外后视镜开关的操纵开关“下”键时，外后视镜开关端子 8-6 接通、4-7 接通，电流方向为：经过熔丝后的蓄电池电压→外后视镜开关端子 8→外后视镜开关端子 6→左外后视镜电动机端子 4→左外后视镜电动机端子 5→外后视镜开关端子 4→外后视镜开关端子 7→E1 搭铁→蓄电池负极。左外后视镜电动机控制左外后视镜向下运动。

当按下外后视镜开关的操纵开关“左”键时，外后视镜开关端子 8-5 接通、6-7 接通，电流方向为：经过熔丝后的蓄电池电压→外后视镜开关端子 8→外后视镜开关端子 5→左外后视镜电动机端子 3→左外后视镜电动机端子 4→外后视镜开关端子 6→外后视镜开关端子 7→E1 搭铁→蓄电池负极。左外后视镜电动机控制左外后视镜向左运动。

当按下外后视镜开关的操纵开关“右”键时，外后视镜开关端子 8-6 接通、5-7 接通，电流方向为：经过熔丝后的蓄电池电压→外后视镜开关端子 8→外后视镜开关端子 6→左外后视镜电动机端子 4→左外后视镜电动机端子 3→外后视镜开关端子 5→外后视镜开关端子 7→E1 搭铁→蓄电池负极。左外后视镜电动机控制左外后视镜向右运动。

（2）右外后视镜的运动。选择外后视镜开关中的选择开关“右”。

当按下外后视镜开关的操纵开关“上”键时，外后视镜开关端子 8-3 接通、6-7 接通，电流方向为：经过熔丝后的蓄电池电压→外后视镜开关端子 8→外后视镜开关端子 3→右外后视镜电动机端子 3→右外后视镜电动机端子 4→外后视镜开关端子 6→外后视镜开关端子 7→E1 搭铁→蓄电池负极。右外后视镜电动机控制右外后视镜向上运动。

当按下外后视镜开关的操纵开关“下”键时，外后视镜开关端子 8-6 接通、3-7 接通，电流方向为：经过熔丝后的蓄电池电压→外后视镜开关端子 8→外后视镜开关端子 6→右外后视镜电动机端子 4→右外后视镜电动机端子 3→外后视镜开关端子 3→外后视镜开关端子 7→E1 搭铁→蓄电池负极。右外后视镜电动机控制右外后视镜向下运动。

当按下外后视镜开关的操纵开关“左”键时，外后视镜开关端子 8-2 接通、6-7 接通，电流方向为：经过熔丝后的蓄电池电压→外后视镜开关端子 8→外后视镜开关端子 2→右外后视镜电动机端子 5→右外后视镜电动机端子 4→外后视镜开关端子 6→外后视镜开关端子 7→E1 搭铁→蓄电池负极。右外后视镜电动机控制右外后视镜向左运动。

当按下外后视镜开关的操纵开关“右”键时，外后视镜开关端子 8-6 接通、2-7 接通，电流方向为：经过熔丝后的蓄电池电压→外后视镜开关端子 8→外后视镜开关端子 6→右外后视镜电动机端子 4→右外后视镜电动机端子 5→外后视镜开关端子 2→外后视镜开关端子 7→E1 搭铁→蓄电池负极。右外后视镜电动机控制右外后视镜向右运动。

106 电动座椅系统的组成

电动座椅系统由电动座椅机械结构、电动座椅开关、电动座椅电动机、位置传感器、电动座椅模块及座椅组成，驾驶员座椅系统部件如图 8-41 所示。

驾驶员座椅系统具有 8 向位置控制调节功能，即座椅坐垫前部高度调节、座椅坐垫后部高度调节、座椅前后调节、座椅靠背倾斜调节。调节电动机在座椅中的布置如图 8-42 所示。

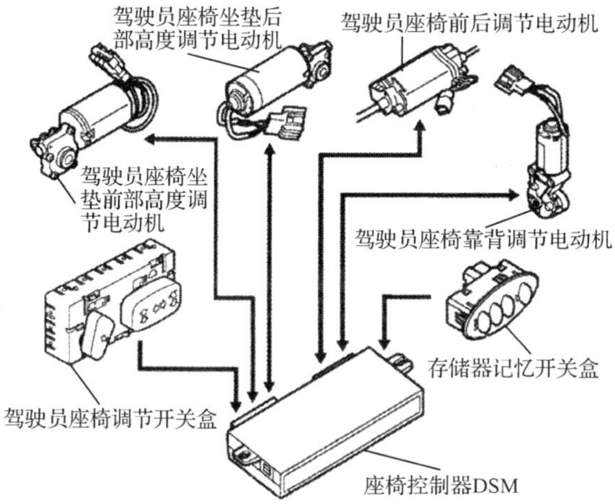

图 8-41　驾驶员座椅系统部件

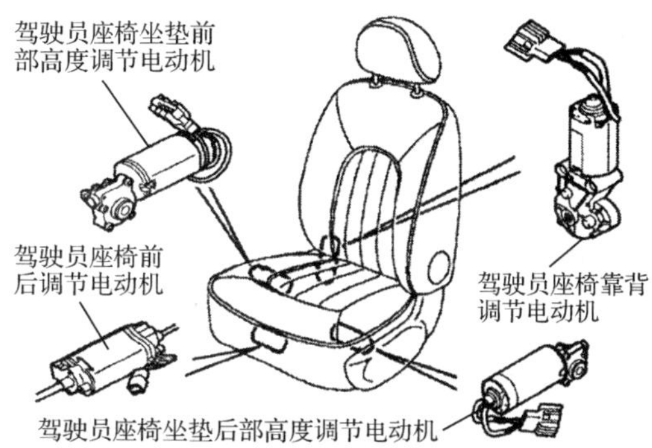

图 8-42　驾驶员座椅调节电动机布置

1）电动座椅机械结构

电动座椅机械结构主要包括滑轨、联动装置、座椅支架，如图 8-43 所示。

（1）座椅支架由螺栓固定在车辆驾驶室地板上。

（2）联动装置由座椅电动机驱动。

（3）座椅前后调节时，座椅在滑轨上移动。

（4）电动座椅机械结构均有独立的零件编号。

2）电动座椅开关

电动座椅开关根据集成方式分为开关与电动座椅控制模块一体式、开关与电动座椅控制模块分体式，如图 8-44 所示。

图 8-43　电动座椅机械结构

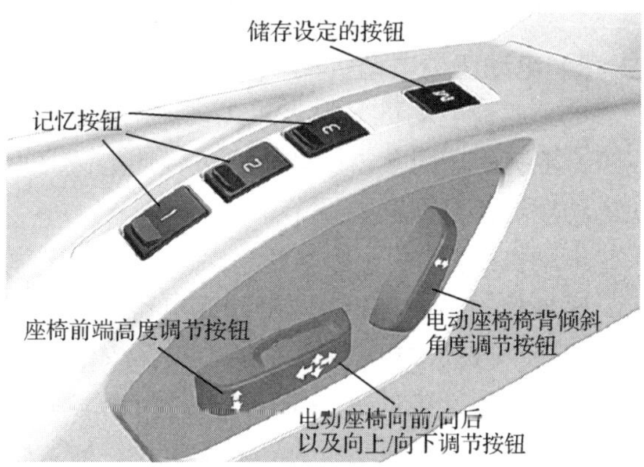

图 8-44　驾驶员侧电动座椅开关

电动座椅的开关各个车型基本相同，一般分为两部分：靠背调节钮、整体及椅垫调节钮。电动座椅位置存储与设定如下：

（1）调节座椅至合适的位置。

（2）用手同时按住记忆键“M”与 1、2、3 任意一个位置键。

（3）松开手后座椅记忆已被储存到用户选择的位置。

设置位置记忆后，可将座椅移动到其他位置，通过按记忆数字键来验证座椅是否移动到设置位置。

3）电动座椅位置传感器

电动座椅电动机中有位置传感器，位置传感器记录座椅的位置信号。

（1）如图 8-45 所示，电动座椅位置传感器安装在控制模块的线路板上。

（2）带有磁性的把轮安装在电动座椅电动机转子轴上。

（3）电动机转动就会在位置传感器中产生方形波的脉冲信号，电动座椅控制模块根据位置传感器的信号判断座椅的实际位置。

4）电动座椅控制模块

通常两个前电动座椅有独立的控制模块，电动座椅控制模块通过 CAN 线进行通信，如图 8-46 所示。

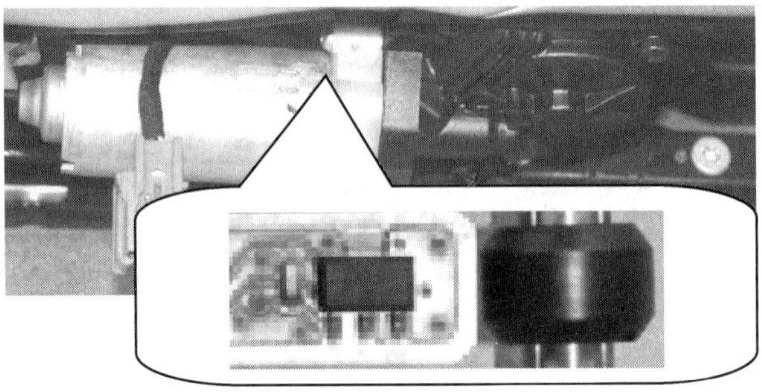

图 8-45　电动座椅位置传感器

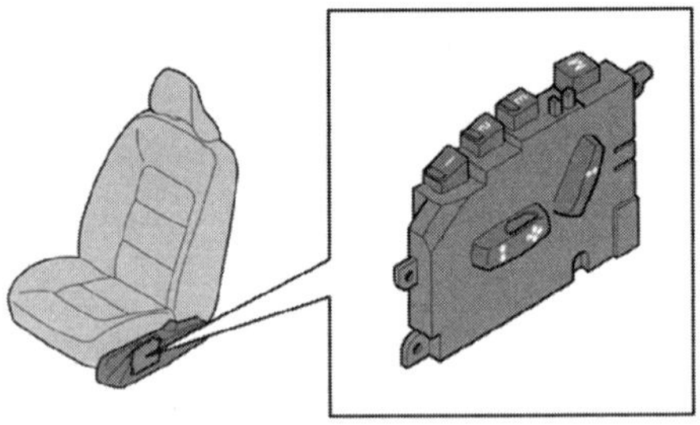

图 8-46　电动座椅控制模块

（1）电动座椅控制模块通过 CAN 线与相关控制模块进行通信。

（2）可使用 VIDA 的参数、启动、编程和进阶功能进行诊断。

（3）对于产生故障码的电动座椅控制系统，可使用故障追踪功能对相关故障进行诊断。

5）电动座椅电动机

电动座椅电动机采用永磁式直流电动机，如图 8-47 所示。直流电动机有正极和负极两条线路，控制比较简单。控制模块可以通过改变两条线路的极性实现电极的正转与反转，从而实现电动座椅各个方向的调节。

电动机控制如下：

座椅控制器 DSM 通过内部继电器的吸合、释放，能够控制电动机中电流的流向，改变电动机的转动方向。电动机转向控制电路如图 8-48 所示。

在系统不上电的状态下，继电器 1 和继电器 2 的触点为自由释放状态，而且搭铁，保护电动机；在车辆处于启动状态，启动机运转时，KLR 不接通蓄电池电源，继电器线圈不通电，这个状态同系统不上电状态；在点火状态，KLR 接通蓄电池，两个继电器受单片机 MCU 控制。

P0.1 和 P0.0 电平为 00 时，开关三极管 Q1 和 Q2 均不导通，继电器不吸合，电动机两端都搭铁，电动机不运转。

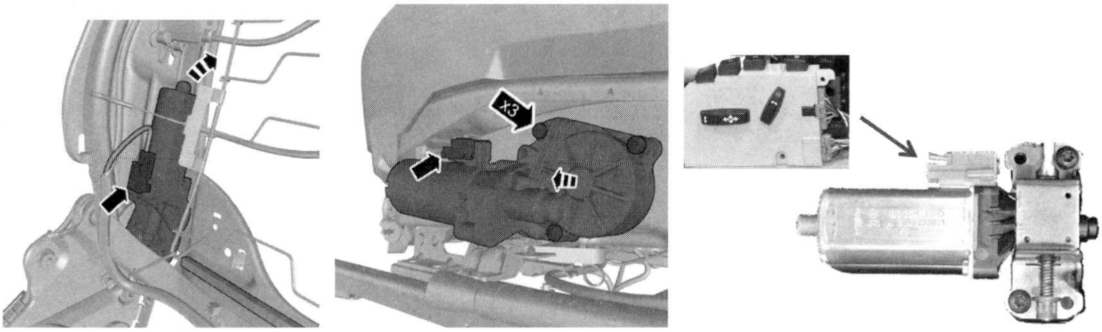

（a）电动座椅靠背电动机　（b）电动座椅高低调节电动机　（c）电动机实物图

图 8-47　电动座椅电动机

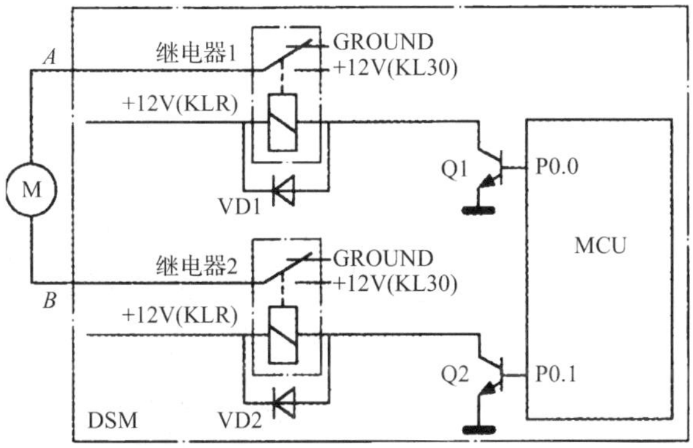

图 8-48　电动机转向控制电路

P0.1 和 P0.0 电平为 10 时，开关三极管 Q2 导通、Q1 截止，继电器 2 吸合，继电器 1 释放，继电器 2 触点接 12V，*B* 点电压为 12V，继电器 1 搭铁，*A* 点电压为 0V，电流由 *B* 流向 *A*，电动机 M 顺时针旋转。

类似的情况，P0.1 和 P0.0 电平为 01 时，开关三极管 Ql 导通、Q2 截止，继电器 1 吸合，继电器 2 释放，继电器 1 触点接 12V，*A* 点电压为 12V，继电器 2 搭铁，*B* 点电压为 0V，电流由 *A* 流向 *B*，电动机 M 逆时针旋转。继电器触点接 KL30 电，可以减轻点火开关的负荷，对点火开关起一定的保护作用。继电器线圈接 KLR 电，能够保证在不使用车辆时，该部分电路不消耗能源，对降低整车静态电流有贡献；还能在启动机运转（此时 KLR 电源线上电压为 0V）时，座椅不动作以保证安全。当然，在软件上也有控制策略来保证在启动机运转时座椅不动作，这样可以起到双重保护的作用。

107　座椅通风系统的组成及工作原理

1）组成

座椅通风系统基本组成包括：座椅通风开关、座椅通风电动机、座椅通风控制模块，如图 8-49 所示。

（1）座椅通风开关。电动座椅通风开关只有一个按键，通过一个按键不同方向和时间的操作可实现座椅通风不同的效果，如图 8-50 所示。

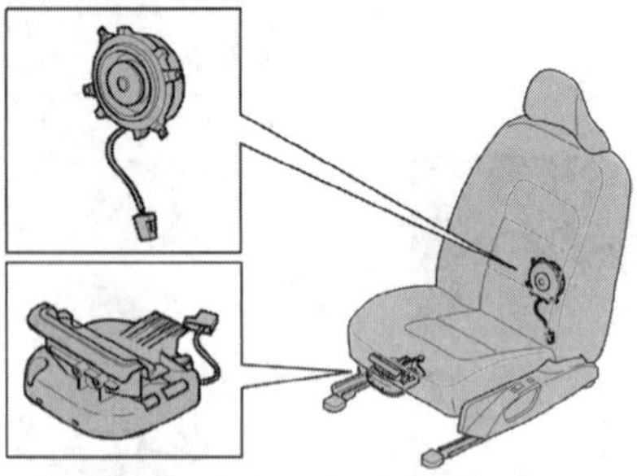

图 8-49 座椅通风系统的组成

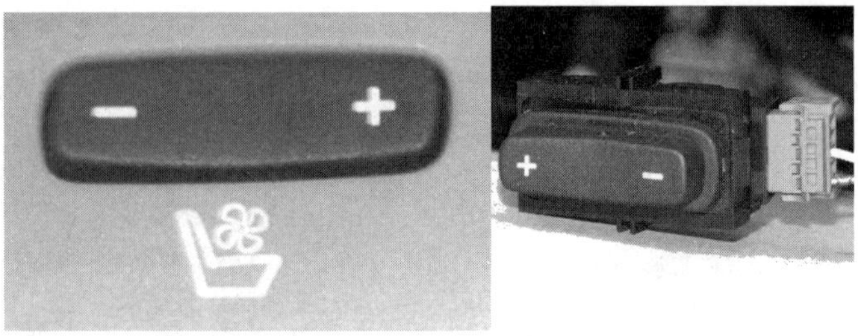

图 8-50 座椅通风开关

电动座椅通风开关与控制模块的连接有两条线，分别为开关电源线和信号线。

（2）座椅通风控制模块。不同车型，座椅通风系统使用的控制模块有所不同，但座椅通风开关、控制模块与通风电动机三者之间的关系基本相同。

座椅通风控制模块接收、处理信号并驱动电动机工作，如图 8-51 所示。

座椅通风控制模块安装在座椅下方；座椅通风与座椅加热系统共享模块。

（3）座椅通风电动机。座椅通风电动机是直流电动机。直流电动机带动风机叶轮旋转。风机是根据离心原理工作的，空气从风机叶轮中心进入，从风机外圈流出，如图 8-52 所示。

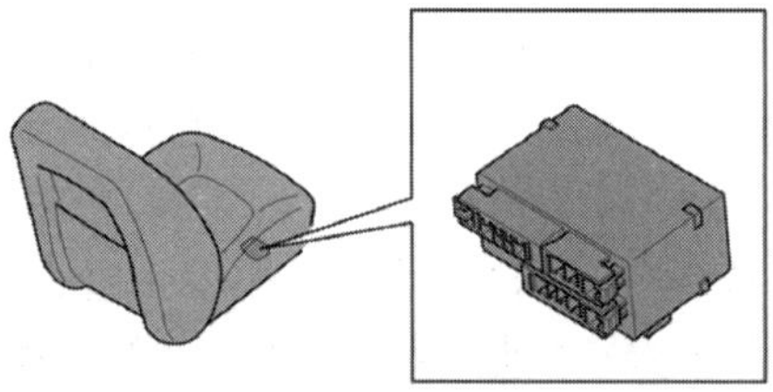

图 8-51 座椅通风模块

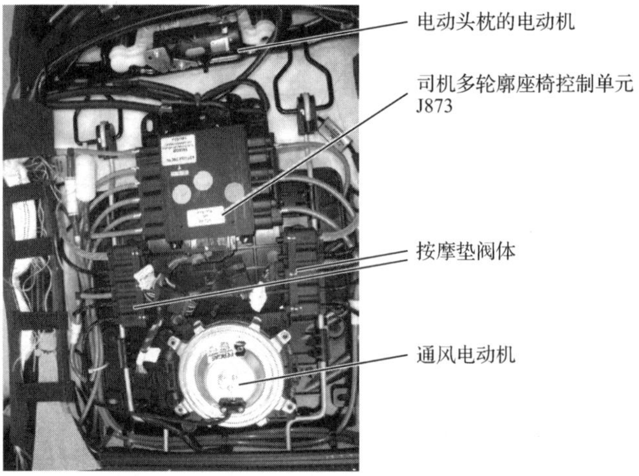

图 8-52 座椅通风电动机

2）座椅通风控制原理

座椅通风控制模块根据输入信号：开关、发动机运转信号完成对座椅通风电动机的驱动，实现座椅通风的功能，如图 8-53 所示。

电动座椅的输出是指座椅通风的电动机驱动，电动座椅控制模块通过集成电路板上的继电器驱动电动机转动和停止。

座椅通风电动机为直流电动机；风机中心朝向座椅表面，实现座椅通风功能，如图 8-54 所示；座椅表面材料有许多小孔，得以形成空气的流动。如座椅通风电动机正、负极线路安装错误，会导致风量减少。

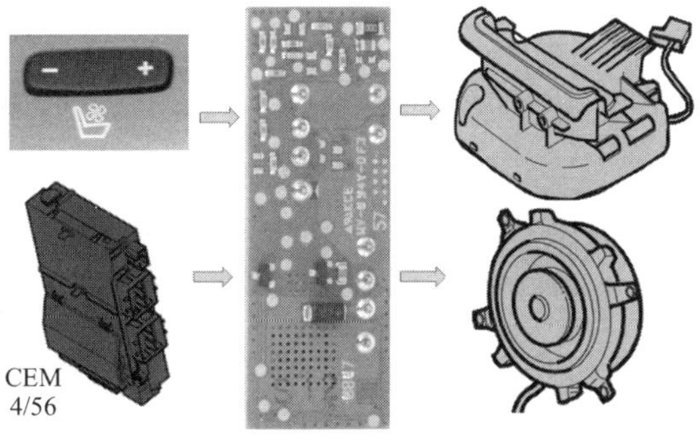

图 8-53　座椅通风控制原理

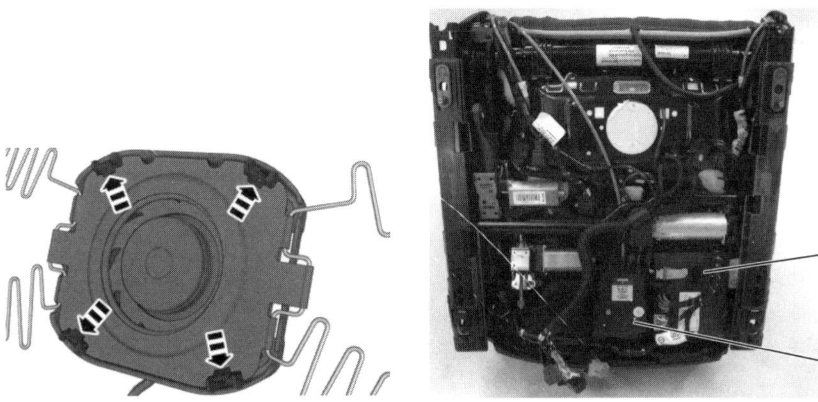

图 8-54　电动座椅通风输出

108 丰田卡罗拉电动座椅电路分析

卡罗拉电动座椅有 6 项电动调节功能和两项腰部支撑调节功能。电动座椅的调节电路如图 8-55 所示。

1）驾驶员座椅的调节电路分析

（1）驾驶员座椅前后滑动。按下座椅向前滑动键时，驾驶员座椅调节开关 C3 的 1-9 脚和 6-4 脚接通，蓄电池电压→30A 乘客座椅熔丝→驾驶员座椅调节开关 1 脚→驾驶员座椅调节开关 9 脚→左前座椅滑动电动机→驾驶员座椅调节开关 6 脚→驾驶员座椅调节开关 4 脚→连接头 L46（A）[C6（B）]的 B4 号端子→L2 搭铁→蓄电池负极。此时，驾驶员座椅向前滑动。

按下座椅向后滑动键时，驾驶员座椅调节开关 C3 的 1-6 脚和 9-4 脚接通，蓄电池电压→30A 乘客座椅熔丝→驾驶员座椅调节开关 1 脚→驾驶员座椅调节开关 6 脚→左前座椅滑动电动机→驾驶员座椅调节开关 9 脚→驾驶员座椅调节开关 4 脚→连接头 L46（A）[C6（B）]的 B4 号端子→L2 搭铁→蓄电池负极。此时，驾驶员座椅向后滑动。

（2）驾驶员座椅前端上下调节。按下座椅前端向上调节键时，驾驶员座椅调节开关 C3 的 1-7 脚和 8-4 脚接通，蓄电池电压→30A 乘客座椅熔丝→驾驶员座椅调节开关 1 脚→驾驶员座椅调节开关 7 脚→左前座椅升降电动机→驾驶员座椅调节开关 8 脚→驾驶员座椅调节开关 4 脚→连接头 L46（A）[C6（B）]的 B4 号端子→L2 搭铁→蓄电池负极。此时，驾驶员座椅前端向上移动。

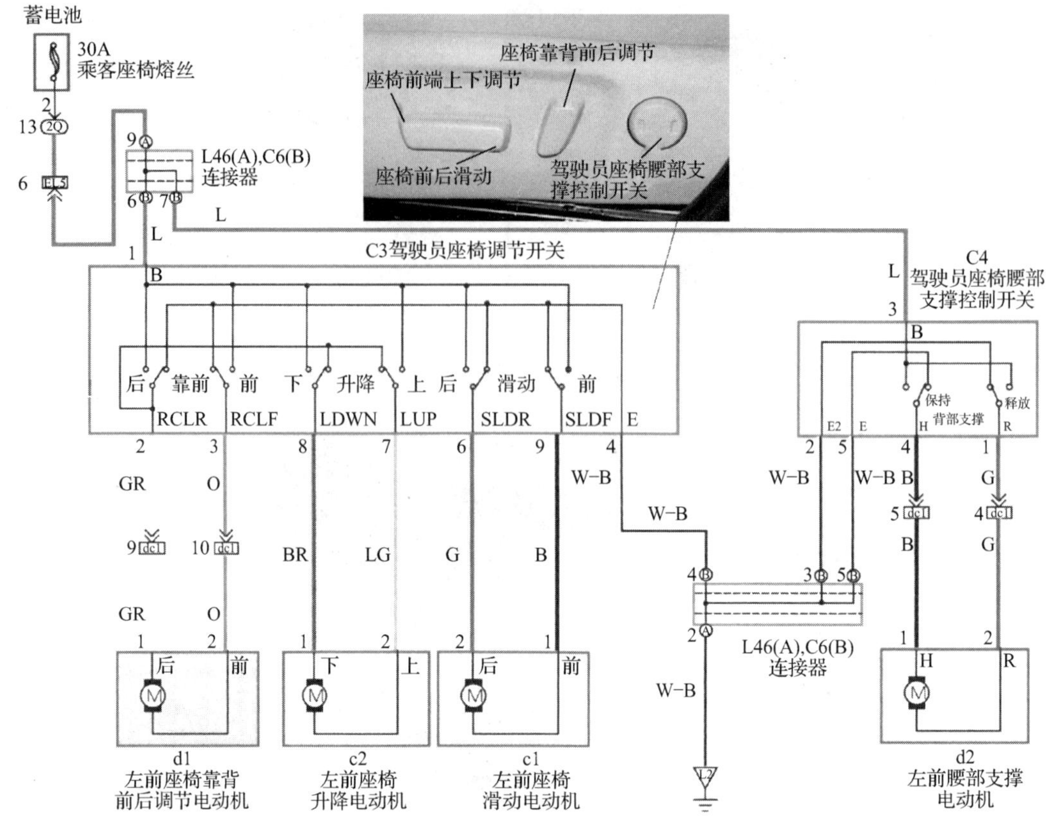

图 8-55 电动座椅的调节电路

按下座椅前端向下调节键时，驾驶员座椅调节开关 C3 的 1-8 脚和 7-4 脚接通，蓄电池电压→30A 乘客座椅熔丝→驾驶员座椅调节开关 1 脚→驾驶员座椅调节开关 8 脚→左前座椅升降电动机→驾驶员座椅调节开关 7 脚→驾驶员座椅调节开关 4 脚→连接头 L46（A）[C6（B）]的 B4 号端子→L2 搭铁→蓄电池负极。此时，驾驶员座椅前端向下移动。

（3）驾驶员座椅靠背前后调节。按下座椅靠背向前调节键时，驾驶员座椅调节开关 C3 的 1-3 脚和 2-4 脚接通，蓄电池电压→30A 乘客座椅熔丝→驾驶员座椅调节开关 1 脚→驾驶员座椅调节开关 3 脚→左前座椅靠背前后调节电动机→驾驶员座椅调节开关 2 脚→驾驶员座椅调节开关 4 脚→连接头 L46（A）[C6（B）]的 B4 号端子→L2 搭铁→蓄电池负极。此时，驾驶员座椅靠背向前移动。

按下座椅靠背向后调节键时，驾驶员座椅调节开关 C3 的 1-2 脚和 3-4 脚接通，蓄电池电压→30A 乘客座椅熔丝→驾驶员座椅调节开关 1 脚→驾驶员座椅调节开关 2 脚→左前座椅靠背前后调节电动机→驾驶员座椅调节开关 3 脚→驾驶员座椅调节开关 4 脚→连接头 L46（A）[C6（B）]的 B4 号端子→L2 搭铁→蓄电池负极。此时，驾驶员座椅靠背向后移动。

2）电动座椅腰部支撑控制电路分析

按下驾驶员座椅腰部支撑控制保持调节键时，驾驶员座椅腰部支撑控制开关的 3-4 脚和 1-2 脚接通。蓄电池电压→30A 乘客座椅熔丝→驾驶员座椅腰部支撑控制开关 3 脚→驾驶员座椅腰部支撑控制开关 4 脚→左前座椅腰部支撑控制电动机→驾驶员座椅腰部支撑控制开关 1 脚→驾驶员座椅腰部支撑控制开关 2 脚→连接头 L46（A）[C6（B）]的 B4 号端子→L2 搭铁→蓄电池负极。此时，驾驶员座椅腰部支撑向前移动。

按下驾驶员座椅腰部支撑控制释放调节键时，驾驶员座椅腰部支撑控制开关的 3-1 脚和 4-5 脚接通。蓄电池电压→30A 乘客座椅熔丝→驾驶员座椅腰部支撑控制开关 3 脚→驾驶员座椅腰部支撑控制开关 1 脚→左前座椅腰部支撑控制电动机→驾驶员座椅腰部支撑控制开关 4 脚→驾驶员座椅腰部支撑控制开关 5 脚→连接头 L46（A）[C6（B）]的 B4 号端子→L2 搭铁→蓄电池负极。此时，驾驶员座椅腰部支撑向后移动。

109 大众中控门锁控制原理

1）迈腾 B7L、大众 CC 等车型电动门锁的控制方式

迈腾 B7L、大众 CC 等车型电动门锁的控制方式如图 8-56 所示。

（1）遥控钥匙可以遥控门锁的开闭。

（2）左前车门（钥匙锁孔）中控开关控制门锁开闭。

（3）驾驶员侧车门上的锁按钮控制门锁开闭。

（4）气囊控制单元在车辆发生碰撞时开启所有车门锁。

由此可知，正常情况下，门锁控制可分为车内控制和车外控制两种方式，车外控制通过“遥控器”或“车门锁孔中控开关”来执行。

迈腾 B7L 车门有两种闭锁状态，即安全锁止状态、锁止状态。两者的区别是：在安全锁止状态下，从车内及车外均无法打开车门；在锁止状态下，车门无法从车外打开，但可以从车内打开。用户可通过观察车门上指示灯的点亮情况，判断门锁的闭锁状态，如图 8-57 所示。

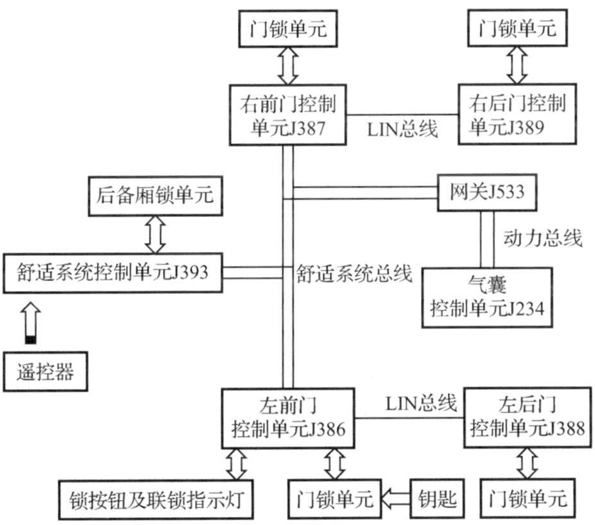

图 8-56　电动门锁的控制方式

图 8-57　中央门锁安全指示灯

红色 LED 指示灯快速闪亮 2s 左右，然后慢速闪亮，表示处于“安全锁止”状态；指示灯持续点亮 30s，表示中内门锁系统有故障，应尽快进行维修。在车外可实现上述两种闭锁状态，即用遥控器或钥匙执行一次上锁，车门就处于“安全锁止”状态；如果连续进行两次上锁，车门则处于“锁止”状态。而在车内通过“锁按钮”锁车，门锁只能处于“锁止”状态。

对维修人员来说，要想准确判断故障，应该了解门锁单元是如何实现两种锁止状态，以及

车门控制单元是如何识别出门锁状态的。

2）门锁单元工作原理

迈腾 B7L 右前门锁单元如图 8-58 所示，右前车门控制单元电路如图 8-59 所示。

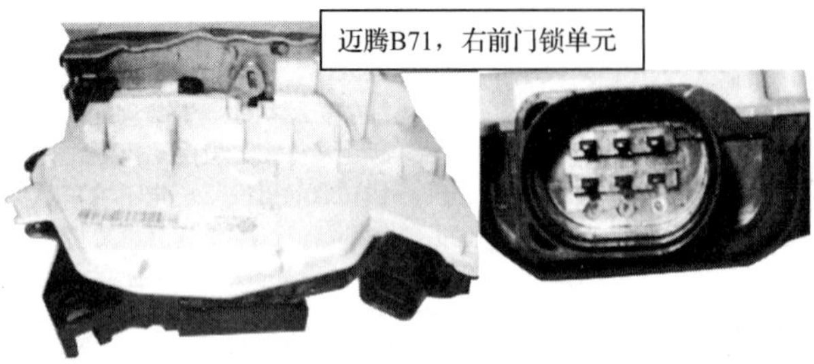

图 8-58　右前门锁单元

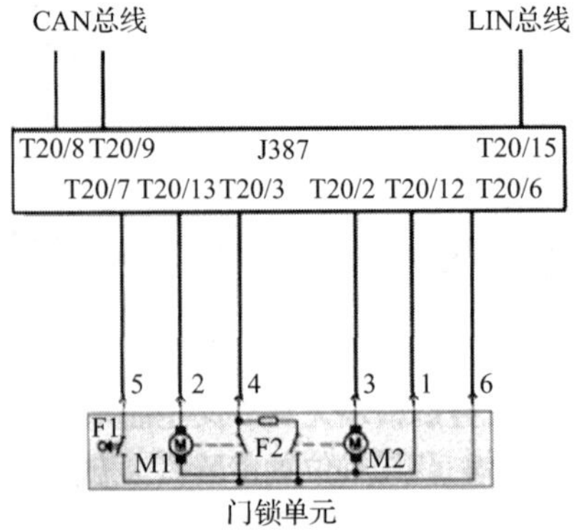

M1—中控锁电动机；M2—安全锁电动机；
F1—车门状态开关；F2—锁状态开关；J387—右前车门控制单元

图 8-59　右前车门控制单元电路

在车外按一下遥控器的上锁键，舒适系统控制单元 J393 通过舒适系统 CAN 总线将“安全锁止”信息发出，右前车门控制单元 J387 检测到该信息后，控制门锁单元的 1 号脚接地，同时给门锁单元 2 号脚及 3 号脚供 12V 电，M1 及 M2 转动，使门锁的机械机构处于“安全锁止”状态。F2 开关断开，此时 4 号脚与信号地线之间的电阻为无穷大。

当两次按动上锁键时，在执行安全锁止操作后，右前车门控制单元 J387 给门锁单元 1 号脚供给+12V 电，3 号脚接地，M2 转动，使门锁机械机构处于“锁止”状态。F2 通过 4 号脚为 J387 提供 179Ω的接地电阻。

当 J387 控制单元收到解锁指令后，给门锁单元 1 号脚供+12V 电，2 号脚和 3 号脚接地，M1 和 M2 转动使门锁机械机构处于解锁状态。F2 通过 4 号脚为 J387 提供 0Ω的接地电阻。

车门控制单元通过 T20/3 号脚与 T20/6 号脚之间的电阻变化，来判断门锁的状态，进而将此信息通过舒适系统 CAN 总线反馈给舒适系统控制单元 J393。如表 8-2 所示为门锁单元控制方式说明。

表 8-2　门锁单元控制方式说明

<table>
<tr><td>门锁单元插脚</td><td>1</td><td>2</td><td>3</td><td>4</td><td>5</td><td>6</td></tr>
<tr><td>定义</td><td>锁电动机公共线</td><td>中控锁电动机</td><td>安全锁电动机</td><td>锁状态信号</td><td>门状态信号</td><td>至控制单元的信号地线</td></tr>
<tr><td>安全锁状态</td><td>–</td><td>+</td><td>+</td><td>4–6 断电阻值∞</td><td>5–6 之间电阻为∞</td><td>0V</td></tr>
<tr><td rowspan="2">非安全锁状态</td><td>–</td><td>+</td><td>+</td><td rowspan="2">4–6 断电阻值 179Ω</td><td rowspan="3">5–6 之间电阻为∞</td><td rowspan="2">0V</td></tr>
<tr><td>+</td><td></td><td>–</td></tr>
<tr><td>非安全锁状态拉动门内扣手后</td><td></td><td></td><td></td><td>4–6 断电阻值 0Ω</td><td>0V</td></tr>
<tr><td>解锁</td><td>+</td><td>–</td><td>–</td><td>4–6 断电阻值 0Ω</td><td>5–6 之间电阻为∞</td><td>0V</td></tr>
<tr><td>车门打开状态</td><td></td><td></td><td></td><td>4–6 断电阻值 0Ω</td><td>5–6 之间电阻为 0Ω</td><td>0V</td></tr>
</table>

110 电动尾门 PTG 的结构及控制原理

新胜达装备了 PTG 系统，因此使用者可以通过操作按钮控制后尾门的自动打开、关闭及扣紧碰锁，使用内部开关或遥控器都可以很容易地进行操作。

1）结构组成

PTG 系统由控制单元、主轴驱动机构、防夹带、电动碰锁、蜂鸣器及 PTG 开关等元件组成，如图 8-60 所示。

（1）主轴驱动机构。PTG 主轴驱动机构取代了传统的空气举升器，其主要作用是通过电动机转动打开和关闭后尾门。因为它是通过电动机打开和关闭后尾门的主要部件，其机械系统与以前的类型（推杆类型）相比更简单，从而降低了故障的发生率。

主轴驱动机构由电动机、行星齿轮、主轴、主轴螺母和弹簧组成，具有质量轻、外表美观、不受温度影响（空气举升器系统正好相反）、使用寿命长（没有气体压力减小这样的缺点）、维修简便及造价低的优点，如图 8-61 所示。

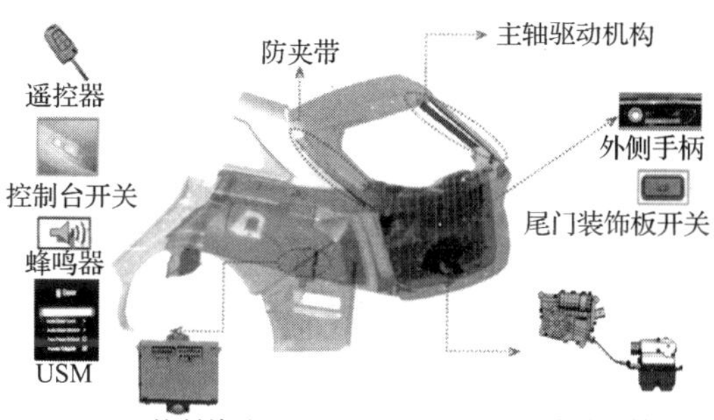

图 8-60 PTG 系统元件

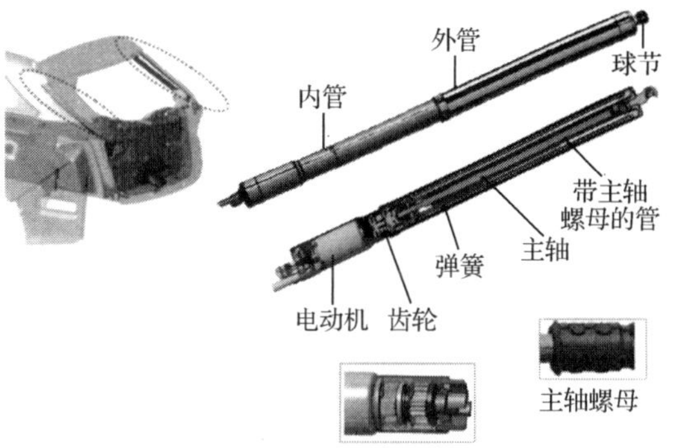

图 8-61 PTG 主轴驱动机构

（2）电动碰锁。电动碰锁的作用是释放闭锁的碰锁，以便打开行李舱门，如图 8-62 所示。在电动碰锁内安装有多个开关，以检测碰锁的闭锁及开锁状态。另外，配备了应急控制杆用于在失效保护状态下手动打开行李舱门。

电动碰锁由碰锁开锁电动机和扣紧电动机组成。当打开行李舱门时，开锁电动机开启碰锁；当关闭行李舱门时，扣紧电动机闭锁碰锁。

① 开锁。开锁时，电动碰锁内部的工作流程是：电动机→涡轮→释放齿轮→释放控制杆→棘爪→捕捉→行李舱门打开，如图 8-63 所示。

② 闭锁。闭锁时，电动碰锁的工作流程是：行李舱门碰锁到达锁环位置→捕捉→棘爪→副闭锁位置→SCA 扣紧→拉线-碰锁→关闭控制杆→扣紧控制杆→捕捉→棘爪→主闭锁位置，如图 8-64 所示。

电动机内部的工作过程如图 8-65 所示，其工作流程是：碰锁副闭锁位置→SCA 电动机→凸轮齿轮→从动齿轮→拉线-SCA→拉线-碰锁→返回到初始位置。

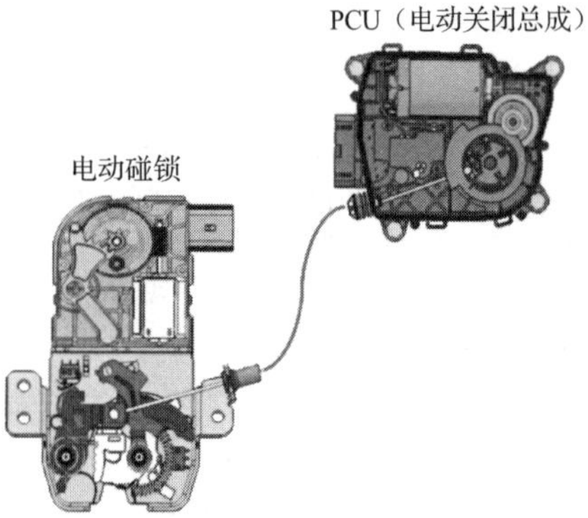

图 8-62 电动碰锁总成

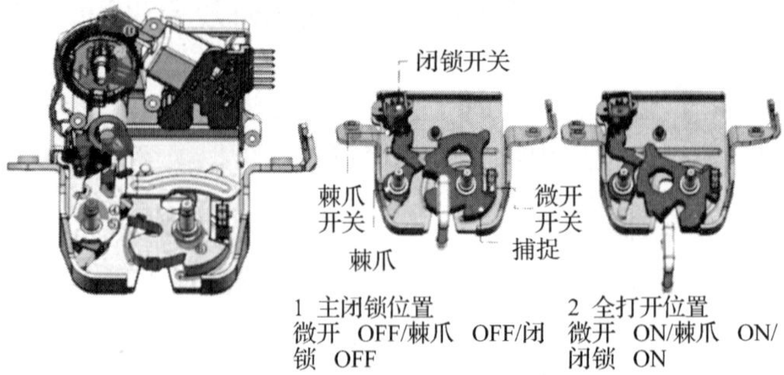

图 8-63 电动碰锁总成打开原理

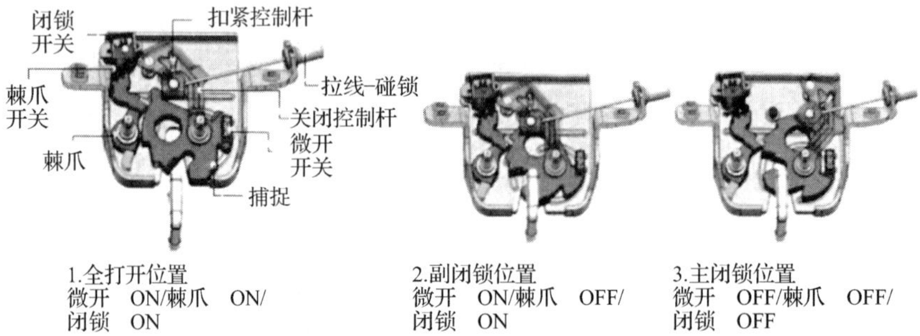

图 8-64 电动碰锁总成关闭原理

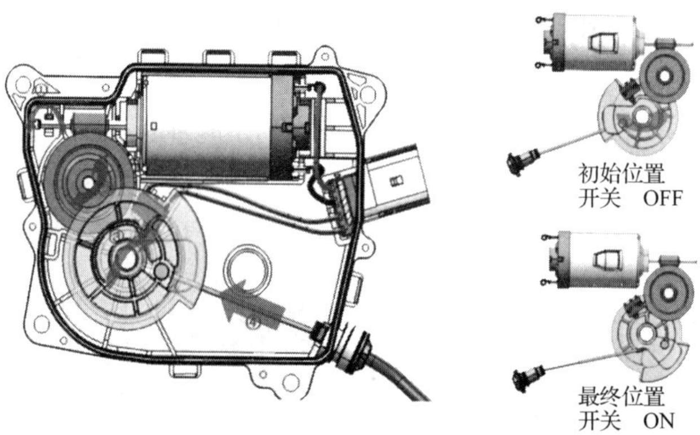

图 8-65 电动碰锁电动机动作示意图

（3）PTG 控制单元。控制单元控制两个执行器（双向 PWM 控制电动机），检测控制电动机霍尔脉冲信号，软关闭电动机控制和通过分析霍尔传感器信号执行防阻碍功能。

（4）防夹带。防夹带安装在尾门的左右两侧，当检测到阻碍或任何使用者身体部分（如手）时，它会传送信号到控制单元，为了保证安全，控制尾门反向操作。

（5）蜂鸣器。当系统控制单元发出警告指令时，蜂鸣器鸣响。

（6）PTG 开关。尾门外侧手柄开关用来打开和关闭尾门（主要使用为打开时），尾门装饰板上的开关用来关闭尾门。当按下遥控器上的尾门按钮 0.5s 以上时，可以打开和关闭尾门。操纵控制台上的开关也可以打开和关闭尾门。

2）控制原理

（1）系统控制示意图。PTG 系统控制示意图如图 8-66 所示。

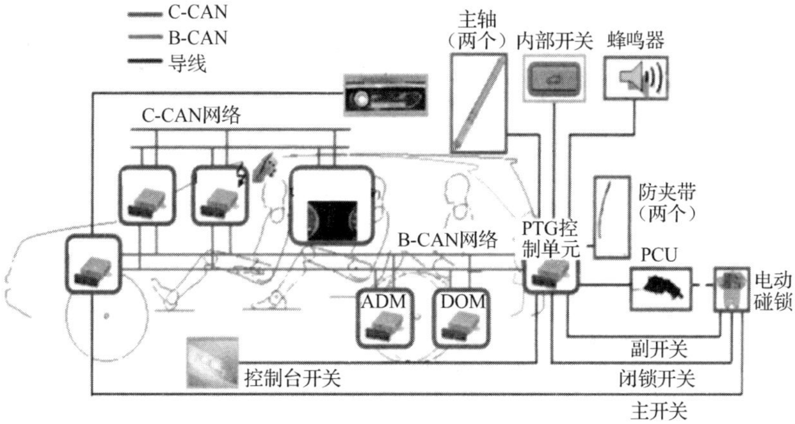

图 8-66　PTG 系统控制示意图

① 打开。装饰板开关或尾门开关→PTG 控制单元→SJB→电动碰锁释放→副开关 ON 信号→PTG 控制单元→主轴驱动机构-打开。

② 关闭。尾门开关→PTG 控制单元→主轴驱动机构-关闭→副开关（从电动碰锁）→PTG 控制单元→主轴驱动机构停止操作信号→扣紧信号至控制单元→扣紧→闭锁开关（尾门关闭）主闭锁开关 ON。

（2）控制单元的信号输入与输出。控制单元的信号输入与输出示意图如图 8-67 所示。

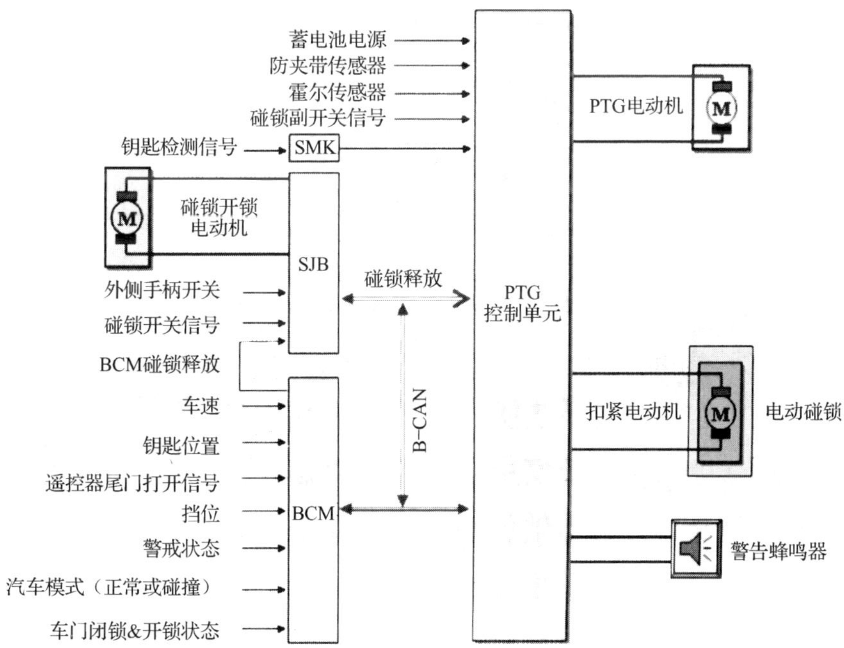

图 8-67　控制单元的信号输入与输出示意图

111 电动滑门PSD的结构及控制原理

马自达5高配车型装备了电动滑门系统，双侧滑门可以自动滑动、开启或关闭。

1）结构组成

电动滑门系统由电动滑门控制单元、电动滑门驱动单元、自动关闭电动机及门锁释放执行器等元件组成，如图8-68所示。

（1）电动滑门控制单元。如图8-69所示，电动滑门控制单元的作用是集中控制滑门及闭锁系统。

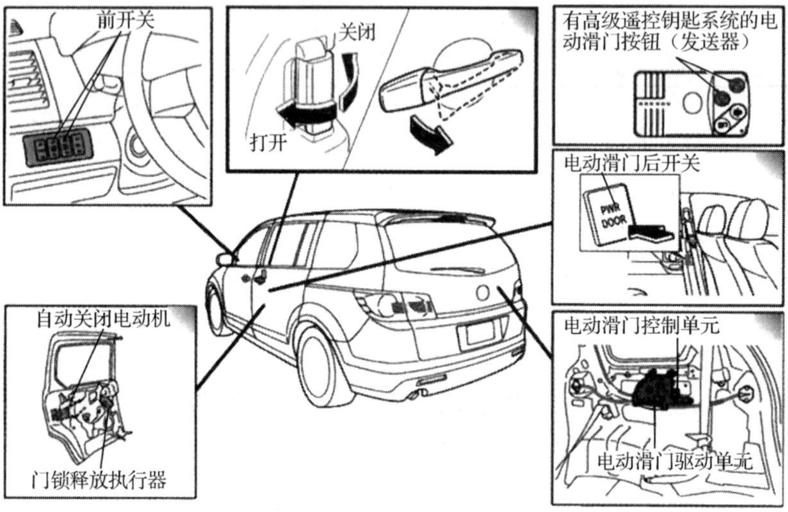

图8-68 电动滑门系统结构组成

图8-69 电动滑门控制单元

（2）电动滑门驱动单元。电动滑门驱动单元由电动机、滑轮、驱动拉索、电磁制动器及离合器等元件组成（见图8-70、图8-71），受电动滑门控制单元控制，驱动车门滑动。

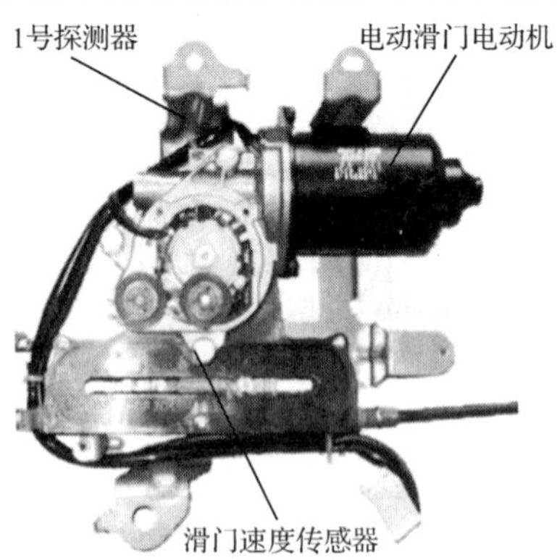

图8-70 电动滑门驱动单元

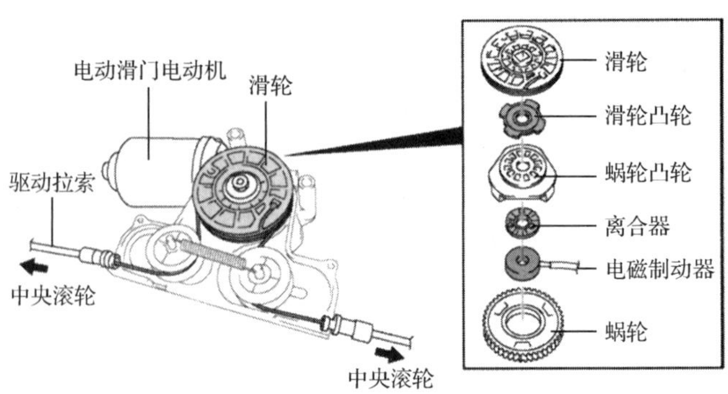

图8-71 电动滑门驱动单元元件的组成

（3）自动关闭电动机。如图8-72所示的自动关闭电动机的作用是根据门锁位置动作使电动滑门关闭。

（4）门锁释放执行器。如图 8-73 所示，在自动开、关滑门之前，门锁释放执行器控制锁钩脱开。

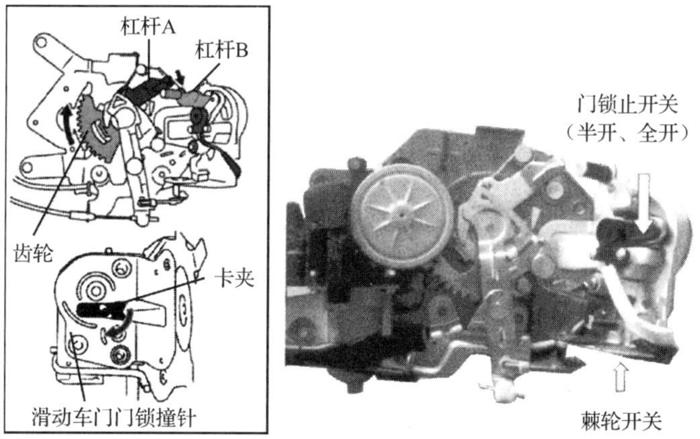

图 8-72　自动关闭电动机

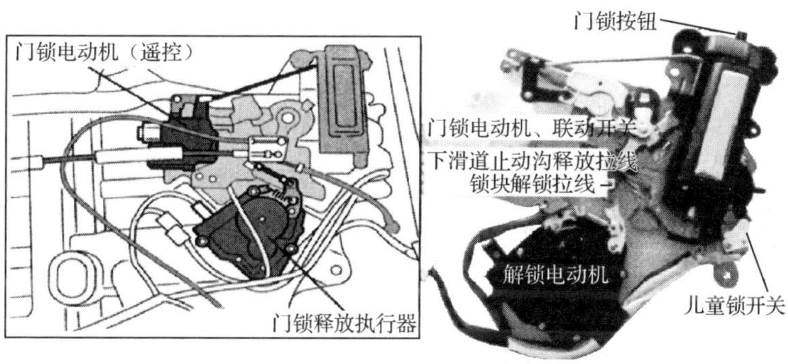

图 8-73　门锁释放执行器

（5）触摸传感器。触摸传感器如图 8-74 所示，用于检测电动滑门和 B 柱之间的障碍物，如果触摸传感器碰到物体并穿过，传感器的电阻值将发生变化。触摸传感器的工作原理如图 8-75 所示。绝缘橡胶因外力变形时，将接触到导电橡胶，电阻值此时将会发生改变。控制单元根据信号电压的变化，感知到有障碍物。

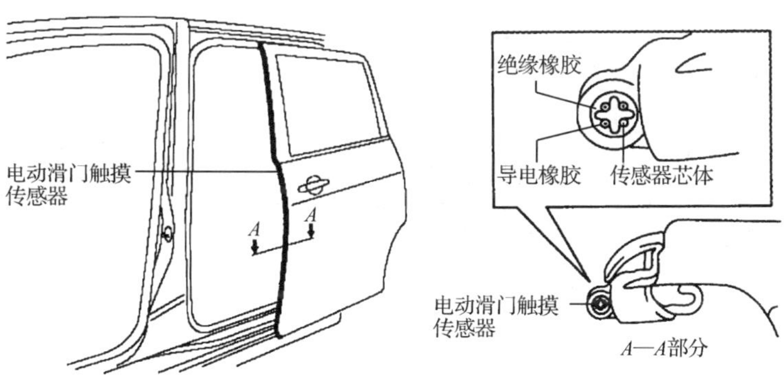

图 8-74　触摸传感器

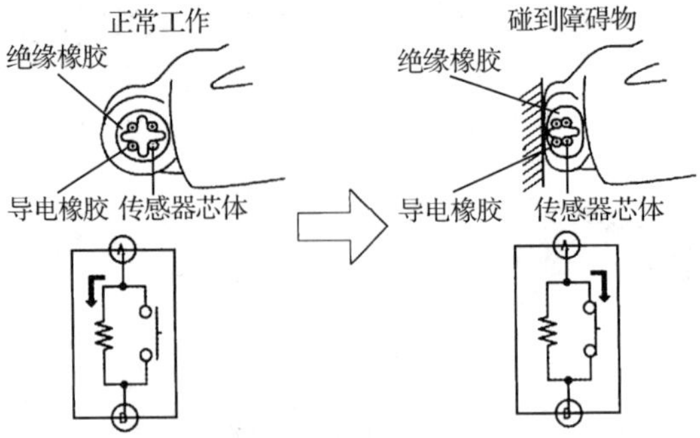

图 8-75　触摸传感器的工作原理

2）控制原理

电动滑门可以通过内、外拉手，前、后控制开关及遥控器滑门按键自动打开或关闭。电动滑门还具备防夹手功能，当车门在滑动过程中遇到障碍物时，会自动返回。当车门滑动到半锁位置（碰上锁钩）后，自动关闭系统控制滑门自动完全关闭。

（1）电路原理图。电动滑门系统电路原理图如图 8-76 所示。

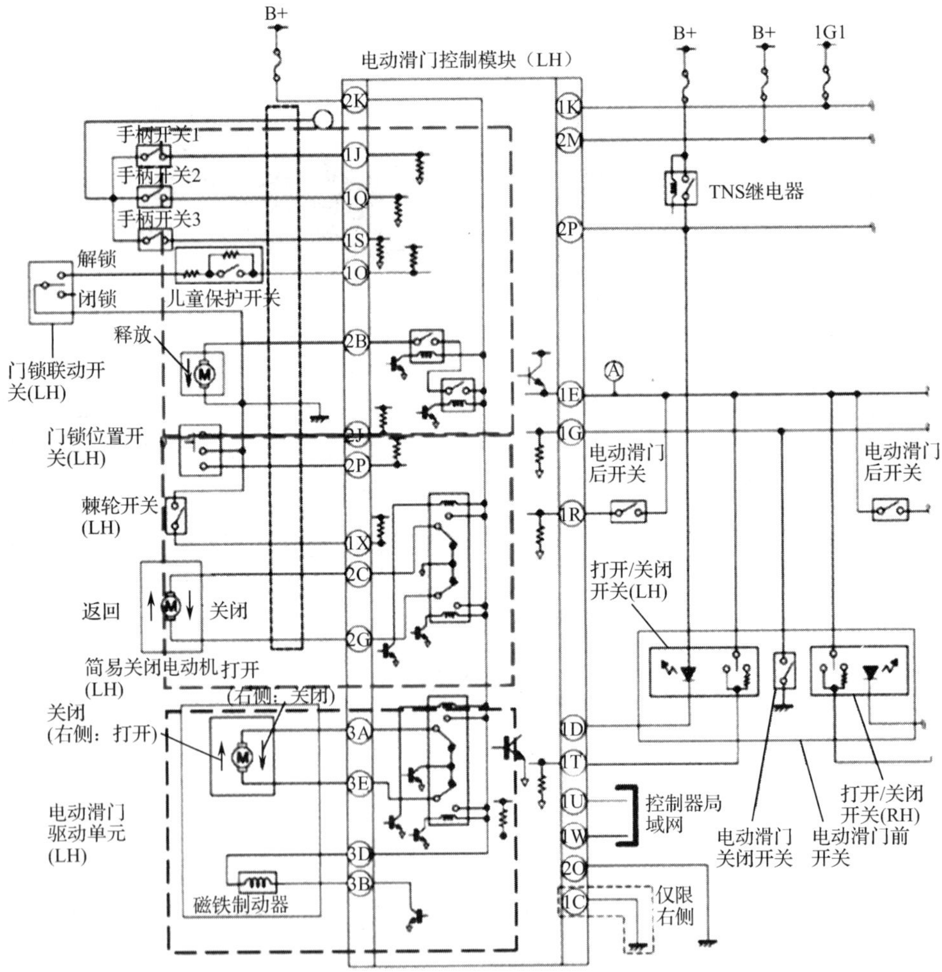

图 8-76　电动滑门系统电路原理图

（2）系统控制原理图。

① 开门。电动滑门系统开门控制原理图如图 8-77 所示。当车门全开时，电动滑门将锁止，以防止滑门移动。此时拉索与内外手柄、门锁释放执行器联动。如图 8-78 所示，操作手柄（或开关）时，拉动拉索松开锁闩，滑门可移动。

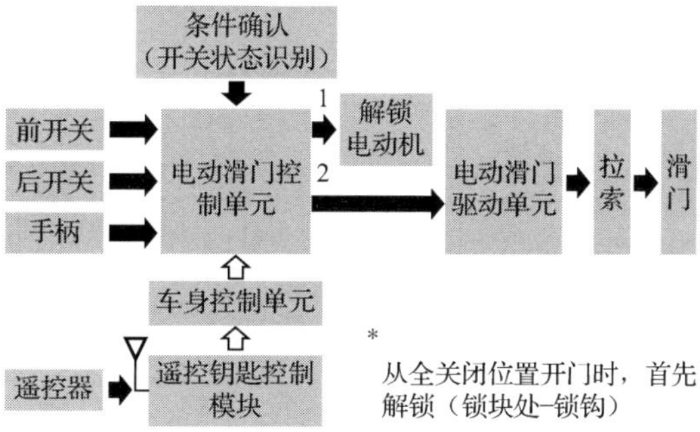

图 8-77　电动滑门系统开门控制原理图

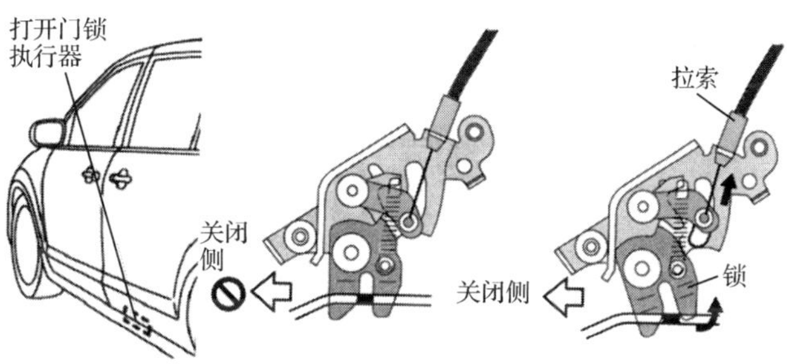

图 8-78　打开门锁执行器

② 关门。电动滑门系统关门控制原理图如图 8-79 所示。

③ 自动关闭。电动滑门系统自动关闭控制原理图如图 8-80 所示。

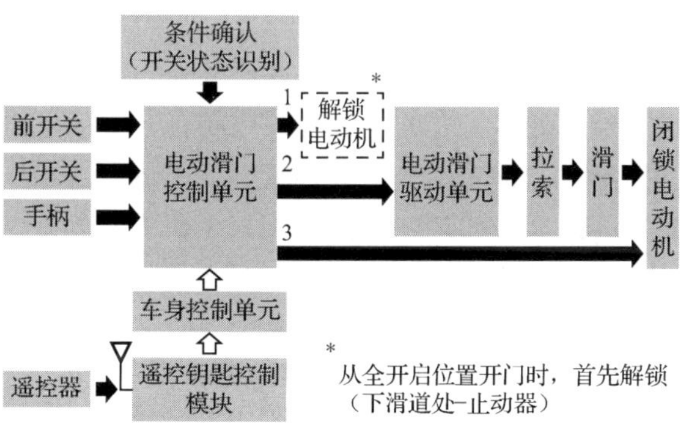

图 8-79　电动滑门系统关门控制原理图

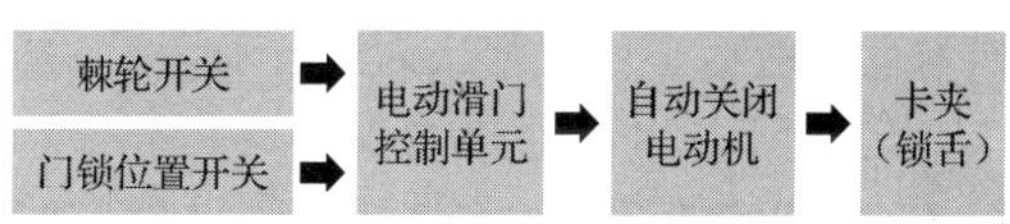

图 8-80　电动滑门系统自动关闭控制原理图

电动滑门自动关闭时，各元件的工作是有顺序的，其锁紧时序图如图 8 81 所示。

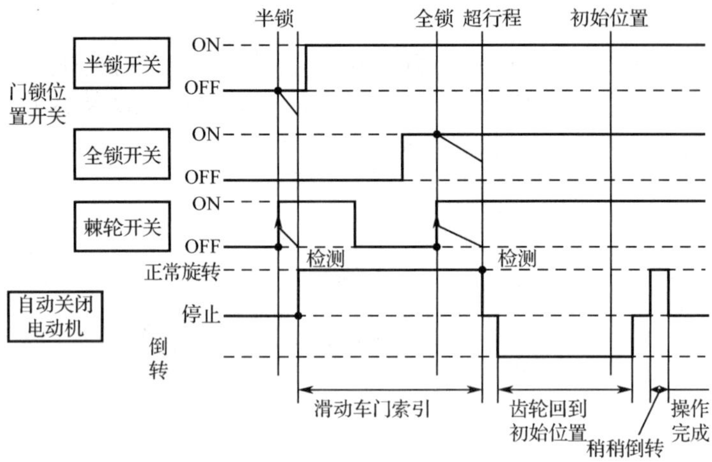

图 8-81　自动锁紧时序图

112 大众门锁控制单元电路分析

J519 探测到点火开关处于 ON 的位置，激活 LIN 总线，从而使操作电动窗升降成为可能。当 J519 检测出车辆防盗系统出现故障时，出于安全考虑，即使点火开关置于 ON 位置，LIN 总线输出也不激活电动窗功能的指令，令电动窗不可操作。所以，电动车窗功能受 J519 的管理与制约。

为左前车门控制单元 J386 供电的是 KL30 总线端电源，来自熔丝 SC30（20A），为右前车门控制单元 J387 供电的是 KL30 总线端电源，来自熔丝 SC31（20A），这是 J386、J387 正常工作的电源保证。

J519 与 J386、J387 之间连接了一条传输速率为 1～20KBps 的 LIN 数据总线（紫/白），用于相互之间的数据通信，J519 是 LIN 总线的主控单元，J386、J387、J388、J389 是从控单元。

左前车门主开关板集成了左前升降开关 E40、右前升降开关 E81、左后升降开关 E55、右后升降开关 E55 及安全锁止开关 E39。E40 与 E81 开关信号输入 J386 均只有一条导线。开关内部电路如图 8-82 所示，J386 根据 E40 与 E81 信号内部串接不同的电阻形成对应的信号电压与信号产生的持续时间，可以识别出自动升降与点动升降的请求。当开关处于下降的位置时触点闭合，一个接地信号（$U_{降}$=0V）发送给 J386；当开关处于上升的位置时触点闭合，串接电阻（在车上实际测量为 220Ω）接入形成的电位 $U_{升}$（在车上左前电动窗开关插接器 T16c/6 端子处，实际测量未操作时约为 12V，当模拟电阻 180Ω接入时，形成的电位为 1.31V，车窗上升）将高于下降信号的零电位，如此 J386 就可能在一信号线上区分出升降请求，信号持续时间长，J386 视为点动请示，反之则认为是自动请示。

左前门电动窗主开关板内设有一个为后车门电控升降电动机供电继电器，该电源取自 KL30 总线端的熔丝 SC29（20A），由 J386 控制接通。其控制过程是：当点火开关置于 ON，LIN 总线激活时，J386 的 T10i/8 端子输出的 12V 电压加在供电继电器的线圈上，电流形成回路产生磁场，继电器常开触点吸合，KL30 总线端的熔丝 SC29→供电继电器常开触点（此时已闭合）→后部车窗升降器锁止开关 E39，为后车门电动窗供电；E39 闭合，后车门电动窗开关上的电源指示灯亮起，表示供电到位。点火开关置于 OFF 后，只要车辆未开启，仍延时一段时间执行电动车窗的点动操作，控制电路如图 8-83、图 8-84 所示。

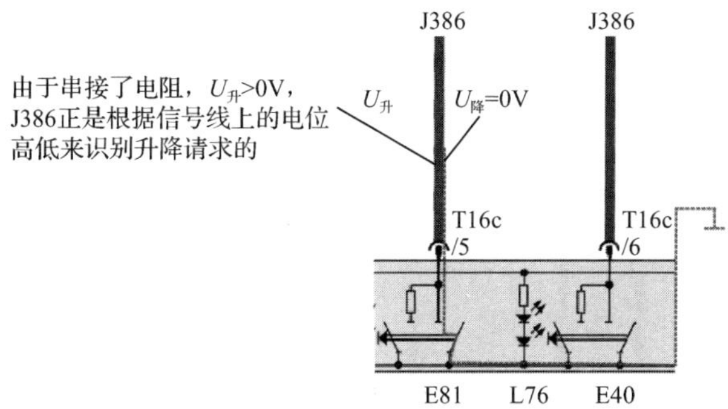

图 8-82　开关内部电路

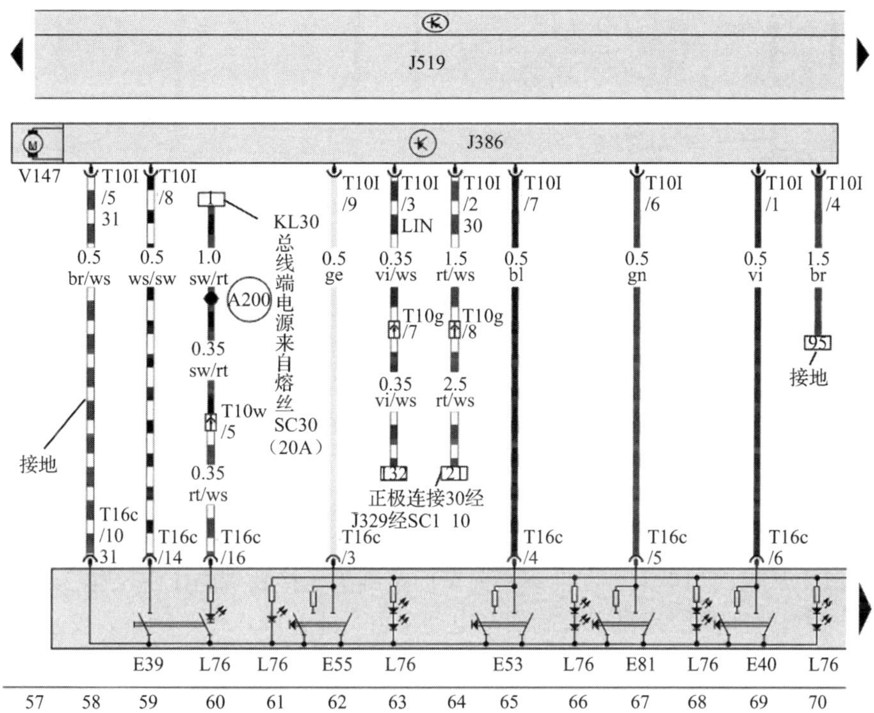

E39—后部车窗升降器锁止开关；E40—左前车窗升降器；E53—驾驶员车门上的左后车窗升降器开关；E55—驾驶员车门上的右后车窗升降器开关；E81—驾驶员车门上的右前车窗升降器开关；J386—驾驶员侧车门控制单元；J519—车载电网控制单元；L76—按钮照明灯泡；T10g—10 芯插头连接；T10l—10 芯插头连接；T10w—10 芯插头连接；T16c—16 芯插头连接；V147—驾驶员侧电动摇窗电动机；A200—正极连接 5（15a），在仪表板导线束中

图 8-83　控制电路一

后部车窗升降器锁止开关 E39 可以切断后面两个门上子开关的单独工作，两前门玻璃升降器都是一个单独的控制单元，利用 LIN 总线与车身控制模块 J519 的通信，两前门玻璃都有一键升降窗（防夹）功能；两后门则很简单，只有一个普通的电动机控制玻璃升降，当锁门或解锁后，继续按住遥控闭（开）锁键，如果两前门玻璃没有关闭（打开），则会自动升起（降低），两后门则无此功能。

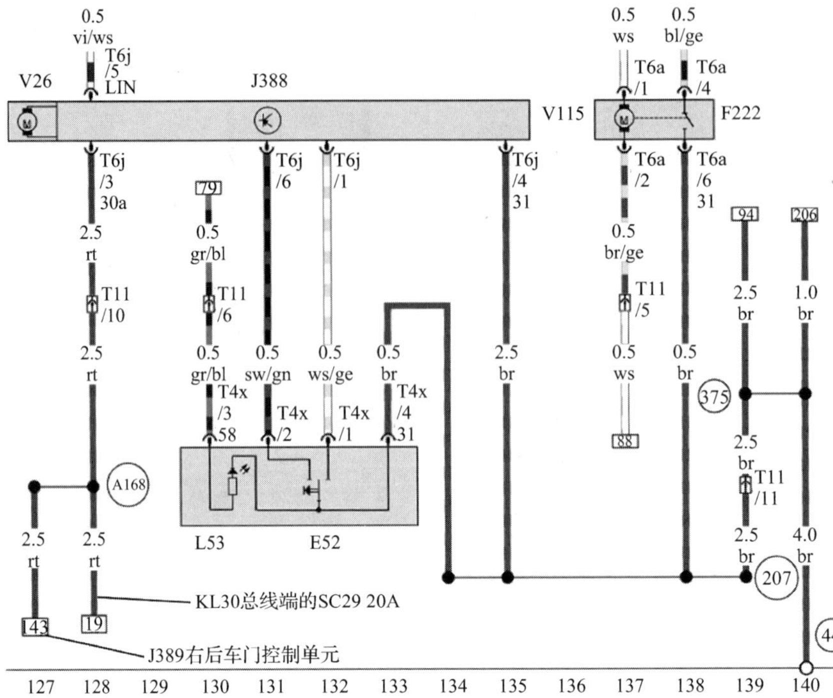

E52—左后车门内的车窗升降器开关；F222—左后中央门锁闭锁单元；J388—左后车门控制单元；

L53—车窗升降器开关照明灯泡；T4x—4 芯插头连接；T6a—6 芯插头连接；T6j—6 芯插头连接；T11—11 芯插头连接；

V26—左后车窗升降器电动机；V115—左后车门中控锁电动机；44—接地点，左侧 A 柱下部 207 接地连接，在左后车门电缆导线束中；

375—接地连接 10，在主导线束中；A168—正极连接 4（30a），在仪表板导线束中

图 8-84 控制电路二

当防盗系统激活后，组合仪表控制单元通过 CAN 数据线向控制单元发送防盗系统激活的信号，控制单元接收到激活信号后，将此信号发送给 LIN 主控制单元，LIN 主控制单元又将此信号发送给 LIN 从属控制单元。左前、右前车门控制单元接收到由 LIN 数据线发送的防盗系统激活的信号后，为了安全起见就控制四个电动车窗不能升降，使车辆进入安全模式。

打开点火开关，防盗系统没有激活时，CAN、LIN 数据线通信正常。按下驾驶员侧车门上的电动车窗升降器开关 E40 时，开关信号发送给驾驶员侧车门控制单元 J386，J386 接收到开关信号以后，控制本车门的车窗升降；按下驾驶员侧车门上的右前电动车窗升降器开关 E81 时，开关信号发送给 J386，J386 接收到开关信号后，通过 LIN 数据线将此信号传输给 BCM 和右前车门控制单元 J387，J387 接收到此信号后控制右前电动车窗的升降。

113 巡航电路分析

帕萨特领驭轿车定速巡航系统功能示意图如图 8-85 所示。

由图可知，组合仪表 J285 集成有网关 J533，图 8-86 所示帕萨特领驭轿车多功能转向盘与组合仪表动力系统数据总线 A-CAN 和舒适系统数据总线 K-CAN 汇集于此，用于传输速率不同总线之间的数据交换。

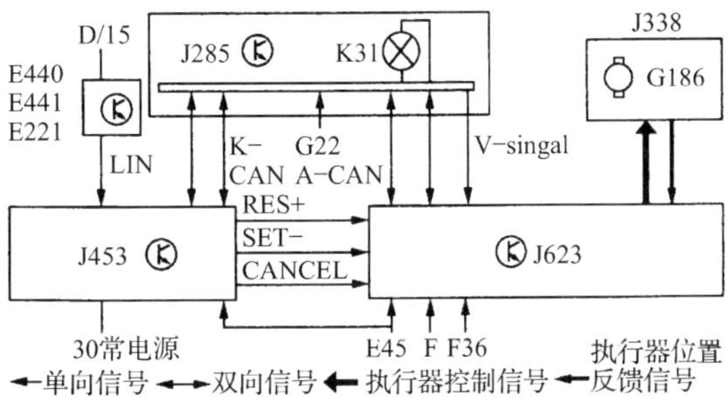

A-CAN—动力系统数据总线（500Kbps）；D/15—点火开关；E45—定速巡航控制主开关；E221—转向盘中的操作单元；E440、E441—多功能转向盘按钮；F—制动灯开关；F36—离合器开关；G22—车速传感器；G186—节气门定位电动机；J623—发动机控制单元；J285—组合仪表；J338—节气门控制单元；J453—多功能转向盘控制单元；K-CAN—舒适系统数据总线（100Kbps）；K31—定速巡航指示灯；LIN—数据总线，传输速率 20Kbps；V-singal—车速信号

图 8-85　帕萨特领驭轿车定速巡航系统功能示意图

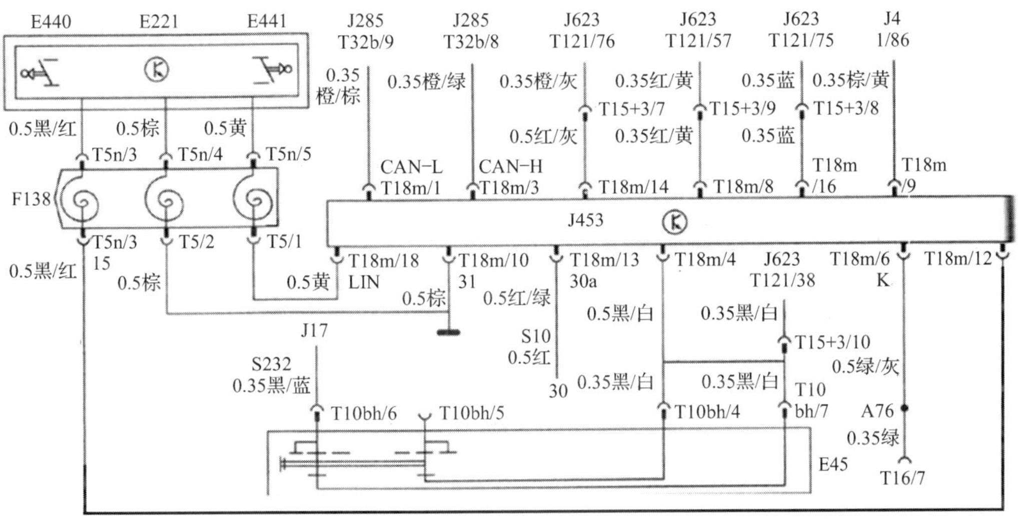

E45—定速巡航控制主开关；E221—多功能转向盘操作单元；E440—多功能转向盘左侧按钮（巡航按钮）；E441—多功能转向盘右侧按钮（音响按钮）；F138—安全气囊螺旋电缆/复位环；J4—喇叭继电器；J17—燃油泵继电器；J623—发动机控制单元；J285—组合仪表；J453—多功能转向盘控制单元；T16—自诊断插座

图 8-86　巡航电路图

作为定速巡航系统的控制器，发动机控制单元 J623 需要相关传感器和开关的信号输入。除了车辆原先已有的车速传感器、节气门位置传感器、制动开关或离合器开关外，还需定速巡航控制主开关 E45 的信号，其他所需的信息则由多功能转向盘控制单元 J453 提供。

J453 采集、处理 E45 及多功能转向盘操作单元 E221 各按钮的开关信息，并将这些信息发送给 J623（用于定速巡航控制，有 3 条专门的导线连接）和组合仪表 J285（通过 K-CAN 总线传输，用于开启或关闭巡航指示灯及娱乐系统方面的控制），J453 还为喇叭继电器输出控制信号。定速巡航控制的执行器由节气门控制单元 J338 承担。

1）多功能转向盘

J453 由 30 号线供电，其路径是 30 号线→熔断丝 S10（5A）→J453 的 T18m/13 端子→T18m/10

端子搭铁。当点火开关 ON 时，舒适系统 K-CAN 数据总线激活，J453 可以从 K-CAN 数据总线获取点火开关 15 号线已接通的信息，从而使 J453 进入工作状态。

2）多功能转向盘操作单元 E221 投入工作的电源条件

E221 由多功能转向盘左侧按钮 E440（用于巡航控制）、右侧按钮 E441（用于收音机导航系统的调节，系统电路图中未画出）和喇叭按钮 H（系统电路图中未画出）构成。

E221 由 J453 端子 T18m/12 端子供电，由于转向盘左右转动的原因，中间需要有一套螺旋电缆连接。这个部件集成在安全气囊螺旋电缆/复位环 F138 内，其路径是 J453 端子 T18m/12 →F138 下方插接器的 T5/3 端子→F138→F138 上方插接器的 T5n/3 端子→E221，搭铁线路径是 E221→F138 上方插接器的 T5n/4 端子→F138→F138 下方插接器的 T5/2 端子→与 J453 的搭铁线并联节点，从而使 E221 满足工作条件。

E221 获得工作条件后，E440、E441 各个按钮和喇叭按钮 H 的信号经传输速率 20Kbps 的 LIN 总线输入 J453，路径是 E221→F138 上方插接器的 T5n/5 端子→F138→F138 下方插接器的 T5/1 端子→J453 的 T18m/18 端子。J453 处理后再向所需信号的控制单元发送，用于收音机调节的信息放在 K-CAN 数据总线上发送，用于巡航控制的信号则通过专门导线传输。J453 是 LIN 总线的主控单元，E221 属从控单元。

3）开关和传感器信息的输入

定速巡航控制系统所需的开关和传感器有定速巡航控制主开关 E45、多功能转向盘左侧按钮 E440、制动灯开关 F、离合器开关 F36（手动挡轿车）、车速传感器 G22、节气门位置传感器 G187 与 G188。

定速巡航控制主开关 E45 取电于燃油泵继电器 J17，与 4 个喷油器同处在熔丝 S232（20 A）下游。当发动机运转时，J17 得电触点闭合，12V 电压通过 E45 向 J623（T121/38 端子）和 J453（T18m/4 端子）发送开关 ON 的信息。

E440 包含了定速巡航系统的 RES+（恢复/加速）、SET-（设定/减速）和 CANCEL（取消）3 个按钮。经 LIN 总线向 J453 输入对应的开关信息，J453 调制后通过 3 条导线向 J623 传输 RES+（T121/75 端子）、SET-（T121/57 端子）和 CANCEL（T121/76 端子）信号，信号以点动形式出现，条件是 E45 开关触点闭合，这个必要条件在读取发动机 66 组测量值时可以得到验证。

车速传感器 G22 检测汽车行驶速度。G22 信号输入组合仪表 J285，J285 处理后，发送到发动机控制单元 J623 及需要车速信号的各个控制单元。

当 J623 识别出巡航车速设定值后，根据行驶阻力的变化，比较当前车辆实际车速与设定目标值的差，调节节气门定位电动机 G186，使节气门的开度与目标车速值相适应，节气门位置传感器 G187 与 G188 则将当前节气门所处的位置反馈回 J623。

一旦 J623 接收到离合器开关 F36 与制动灯开关 F 信号的输入，定速巡航系统即暂时关闭，设定车速被 J623 记忆，供恢复巡航控制时调用。

4）定速巡航控制

定速巡航指示灯 K31 点亮的条件：①定速巡航控制主开关 E45 闭合，即 J453 的 T18m/4 端子与 J623 的 T121/38 端子得到 12V 电压信号；②J623 内置的巡航控制程序激活；③CAN 数据总线通信正常。对帕萨特领驭轿车而言，K31 点亮并不意味着巡航控制已被执行，只是为巡航车速的设定做好了前期准备。

K31 点亮后，车辆速度达到巡航车速下限 30km/h 以上，驾驶员确定目标值，按下 SET-按钮后，系统即以设定车速为控制目标执行巡航运行，右脚无须再操纵加速踏板。超车时，踩下加速踏板车速提高，超车毕松开加速踏板后，车辆回复到设定车速继续等速行驶。此时，按动 SET-按钮可降低设定车速，每按一次按钮，设定车速理论上降低 1.6km/h。

因交通条件的原因制动减速，或踩下离合器踏板，暂时关闭巡航控制后，设定车速被记忆。需要恢复巡航运行时，按下 RES+按钮，系统根据巡航暂时关闭前记忆的设定车速，控制 G186 开大节气门，直到达到巡航车速的目标值。RES+按钮的另一功用是提高设定车速，每按一次按钮，设定车速理论上提高 1.6km/h。

按下 CANCEL 按钮，暂时关闭巡航控制，设定车速被记忆。

当 E45 处于 OFF 的位置时，完全关闭巡航控制，原设定车速的记忆被删除，再次执行巡航运行时需要重新设定。

定速巡航控制属电子节气门的子系统，一旦电子节气门系统出现故障，巡航控制程序将被关闭。

由前述电路分析可知，首先要做的基本检查是观察发动机运行中仪表的定速巡航指示灯 K31 是否点亮，如果点亮，则检查 E440 信号的输入；若未点亮，则需要连接故障诊断仪，进入发动机控制单元 J623，查询控制单元版本，检查巡航控制功能是否开通。发动机控制单元功能菜单界面右侧上方软件版本前的标识 G，表示巡航控制程序激活，如图 8-87 所示。

若巡航控制程序未激活，切换软件的操作方法是：选中 016-访问认可功能选项，单击“下一步”按钮，在弹出的软键盘内输入密码 11463，单击 Q 键确认，退回功能选项菜单界面 9 再次检查巡航功能激活标识 G 应显示。

需要关闭巡航控制时，切换软件的操作方法是：选中 016-访问认可功能选项，单击“下一步”按钮，在弹出的软键盘内输入密码 16167，单击 Q 键确认，退回功能选项菜单界面，再次检查巡航功能激活标识 G 应隐去。

若巡航控制程序已激活，但 K31 仍未点亮，可通过读取 J623 内分布在 66 组 4 区有关巡航控制的测量值（如表 8-3 所示）来判断故障所在。值得注意的是读取测量值时，发动机应处于运转状态，即燃油泵继电器 J17 必须工作。如 4 区不出现 00000011，表明 E45 信号未输入 J623。

表 8-3　正常条件下发动机 66 组 4 区随开关位置不同的示值

开关条件	66 组 4 区数据示值	66 组 3 区（记忆的设定车速）
E45 OFF	00000000	0km/h
E45 ON	00000011	0km/h
E45 ON，SET- ON	00000111	设定车速值
E45 ON，RES+ ON	00001011	恢复设定车速值或提高
F45 ON，CANCEL ON	00000001	关闭前的设定车速值

用图 8-88 所示的方法检查 E45 及 E45 至 J623 间的连接导线，当确认开关损坏时，更换 E45。具体方法是：E45 开关闭合时，用万用表电阻挡测量开关侧插接器 6 号与 7 号端子间应导通，若不导通，更换 E45。或用导线跨接 E45 线束侧插接器 6 号与 7 号端子，模拟 E45 开关的闭合状态，若发动机 66 组 4 区测量值出现 00000011，则更换 E45；若测量值还是 00000000，则检查 E45 至 J623 间的线路。

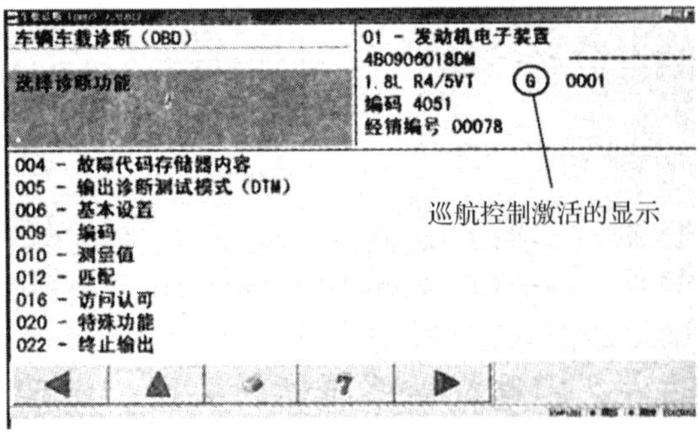

图 8-87　发动机控制单元识别界面

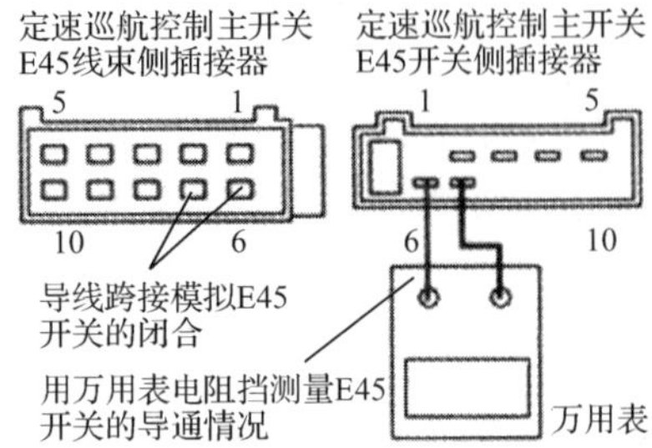

图 8-88　E45 开关线路及开关单体检测示意图

多功能转向盘控制单元 J453 具有 K 线，其诊断地址为 16，控制单元编码为 118。若诊断仪不能进入 J453 查询，则进入数据总线控制单元 J533 查询，读取 132 组 2 区 J533 通信的测量值，如测量值为 0，表明 J453 与数据总线失去通信。

此时，按动喇叭按钮进行判断，如喇叭也不响，表明 J453 未能满足工作条件。检查对 J453 的供电（电源与搭铁线），如供电正常，更换 J453，如喇叭鸣响，检查 K-CAN 数据总线和 K 线。

114 倒车影像系统的组成

倒车影像系统主要由方向盘转角传感器 G85、中央电气控制单元 J519、转向柱控制单元 J527、网关 J533、倒车影像控制单元 J772 和倒车摄像头 R189 等组成，如图 8-89 所示。相比之前基于超声波的系统，在倒车中使用摄像头技术是一个吸引人的补充系统，倒车影像可以装在许多车辆上，它采用广角彩色摄像头和控制单元，能够直观反映车辆后部情况。这个系统的优势在于：增加舒适性、动态指导线能够估计距离、提高停车时的准确性、增加了直接可视区域。

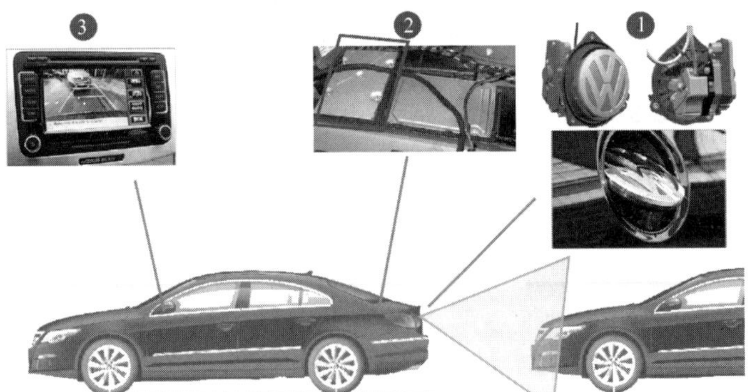

1—倒车摄像头 R189；2—倒车影像控制单元 J772；3—RNS 510 屏幕显示

图 8-89　倒车影像系统

1）倒车影像的两种工作模式

第一种工作模式为垂直停车模式，是指停进垂直于道路的停车位，除了静态指导线外还有动态指导线用来指导车辆，动态指导线显示了在车辆当前转向角度下的车辆实际轨迹；第二种工作模式为平行停车模式，驾驶员在静态指导线的指引下停到平行于道路的停车位中，在这种情况下，停车过程中停车位的大小和相应的转向角度都已经被规定好了，如图 8-90 所示。

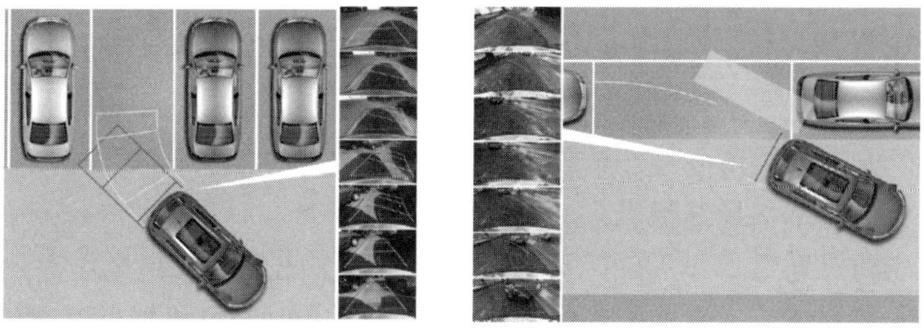

图 8-90 倒车影像两种工作模式

摄像头图像显示在导航屏幕上，或者显示在带有彩色显示屏的收音机屏幕上，系统通过倒挡信号激活或关闭。两种模式之间的转换通过触摸屏幕完成；在 RNS-MFD2 上，通过相应的控制元件转换。关闭倒车影像系统有三种方法：

①退出倒挡（退出倒挡后有 10s 的延迟）；②手动关闭显示屏，也可以按压泊车辅助按钮超过 2s；③向前加速到车速超过 15km/h。如果倒车车速超过 15km/h，显示屏变暗（直至看不清楚）；当倒车车速低于 10km/h 时，倒车摄像头图像再次出现。

2）激活条件

①点火开关（端子 15）打开，如图 8-91 所示；②选挂倒挡；③车速低于 15km/h。

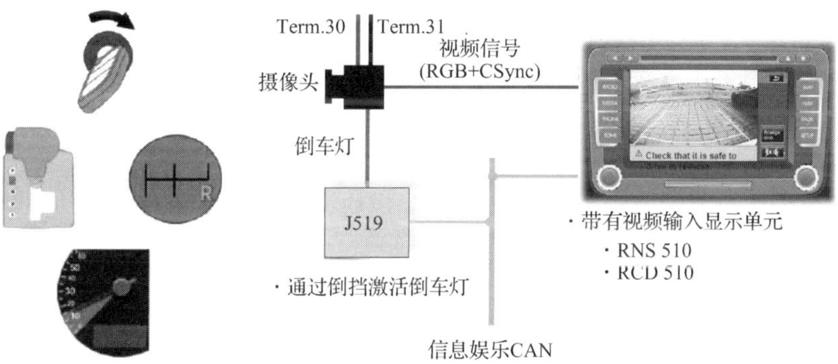

图 8-91 激活条件

3）工作过程

（1）在手动挡车型上，J519 提供倒挡接通信号，选挂倒挡后，保护盖和徽标打开，摄像机在电控下翻出，利用广角镜头拍摄车后区域；未挂倒挡时，倒车摄像机在徽标后面的保护盖内受到了很好的保护，以防止受到雨水、灰尘及干扰等损伤。当摄像机伸出时，无法打开后备厢，如图 8-92 所示。这是因为此时微动开关将“后备厢已打开”信号传递给了车载电源控制单元，车载电源控制单元此情况下（选挂倒挡时）让后备厢无法打开。取消倒挡后，倒车摄像机在 9s 后重新收回。此期间，车后图像依然保持在显示屏上（自动挡车型该信号由变速器控制单元提供）。

（2）收音机导航系统 J503 转换到视频输入模式。

（3）倒车摄像头的视频信号经倒车影像控制单元 J772 处理后（修正图像变形），送到导航

（显示单元）。J772 具备两路视频输入，如果车上安装电视调谐器，系统会按照需求在两个视频输入中绑定一个。

（4）J527 告诉系统哪边转向灯激活，在平行停车模式中，系统会根据转向灯信号来激活显示相应一侧的指导线。如果没有激活转向灯，则显示双侧指导线（此时显示为两条交叉的黄色曲线）。

（5）G85 提供方向盘转角信号，系统按照内部存储的轴向空间参数，计算当前车辆驶过的距离，从而提供黄色动态指导线显示。

倒车影像系统可以通过将车后的障碍物显示到屏幕上来供驾驶员观看，Golf 的倒车影像系统由倒车摄像机和显示屏构成，不需要单独的控制单元，倒车摄像机直接连接到收音机或收音机/导航系统，如图 8-93 所示。

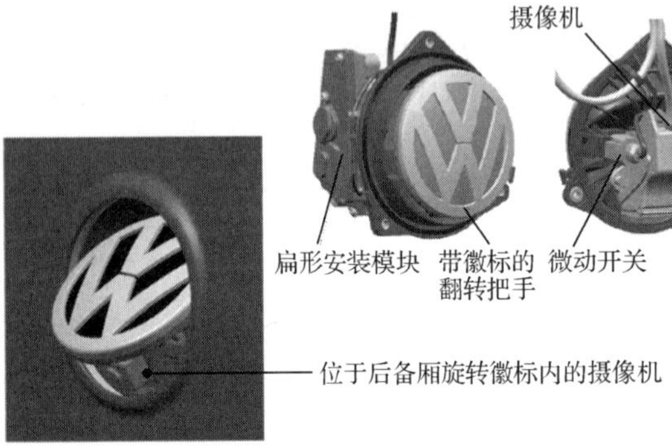

图 8-92　倒车摄像机在徽标后面的保护盖内

图 8-93　倒车时 RNS 510 屏幕显示

115 安全气囊系统的组成

安全气囊系统主要部件有碰撞传感器、气囊模块、导线、指示灯、螺旋线束，如图 8-94 所示。

1）气囊

气囊用聚酰胺织物（如尼龙）制成，内层涂有聚氯丁二烯，用以密闭气体，如图 8-95 所示。在静止状态时，气囊像降落伞未打开时一样折叠成包，安放在气体发生器上部与气囊饰盖之间。气囊开口一侧固定在气囊安装支架上，先用金属垫圈与气囊支架座圈夹紧，然后用铆钉铆接。气囊饰盖表面模压有撕印，以便气囊充气时撕裂饰盖，减小冲出饰盖的阻力。

2）气体发生器

气体发生器又称为充气器，用专用螺栓与螺母固定在转向盘上的气囊支架上，结构如图 8-96 所示。其功用是在点火器引爆点火剂时，产生气体向气囊充气，使气囊膨开。

3）点火器

气囊点火器外包铝箔，安装在气体发生器内部中央位置。

点火器的功用是当 SRS ECU 发出点火指令使电热丝电路接通时，电热丝迅速红热引爆炸药，炸药瞬间爆炸产生热量，药筒内温度和压力急剧升高并冲破药筒，使充气剂（叠氮化钠）受热分解释放氮气充入气囊。

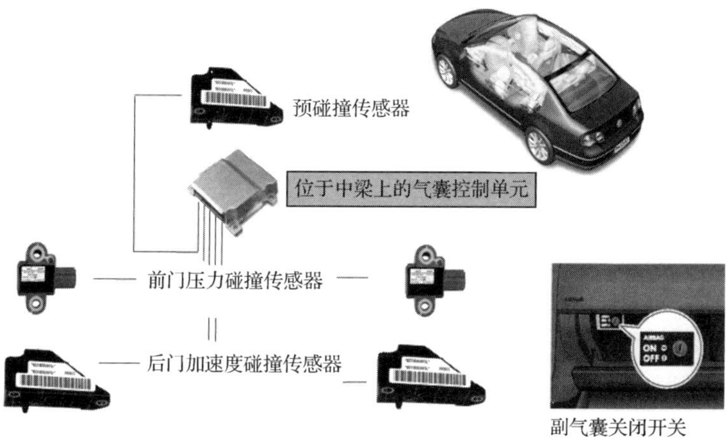

图 8-94　安全气囊系统的组成

图 8-95　安全气囊

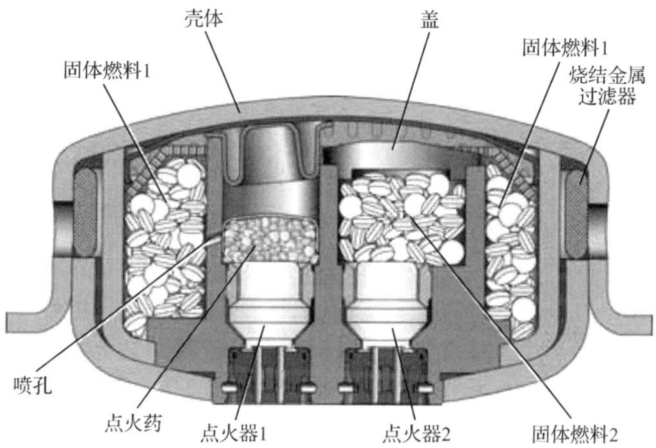

图 8-96　气体发生器的结构

乘员侧气囊组件的结构特点：一是气囊体积比驾驶员侧气囊的体积大（因为气囊距离乘员的距离比距离驾驶员的距离长）；二是气体发生器为长筒形，如图 8-97 所示。

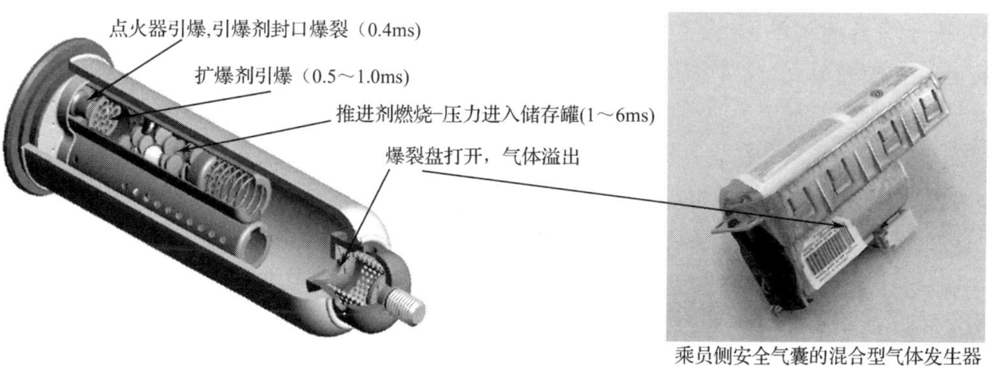

图 8-97　乘员侧安全气囊

4）安全气囊指示灯

安全气囊指示灯又称为 SRS 警告灯，安装在驾驶室仪表盘面膜下面，并在面膜表面相应位置制作有气囊动作图形或由 SRS、AIR BAG、SRS AIRBAG 等字母表示。

SRS 指示灯的功用是指示安全气囊系统功能是否正常。当点火开关拨到“ON”或“ACC”位置后，如果指示灯发亮或闪亮约 6s 后自动熄灭，表示 SRS 功能正常；如果指示灯不亮、一直发亮或在汽车行驶途中突然发亮或闪亮，说明自诊断测试系统发现 SRS 故障，应及时排除。自诊断系统在控制 SRS 指示灯发亮或闪亮的同时，还会将所发现的故障编成代码存储在存储器中。检查或排除 SRS 故障时，首先应使用专用检测仪器或通过特定方式从通信接口（诊断插座）调出故障代码，以便快速查寻与排除故障。

在气囊引爆后，必须更换 SRS ECU 和系统的零部件。

5）螺旋线束

为了保证转向盘具有足够的转动角度而又不致损伤驾驶员侧气囊组件的连接线束，在转向盘与转向柱管之间采用了螺旋线束，即先将线束安装在螺旋形弹簧内，再安放到弹簧壳体内，如图 8-98 所示。

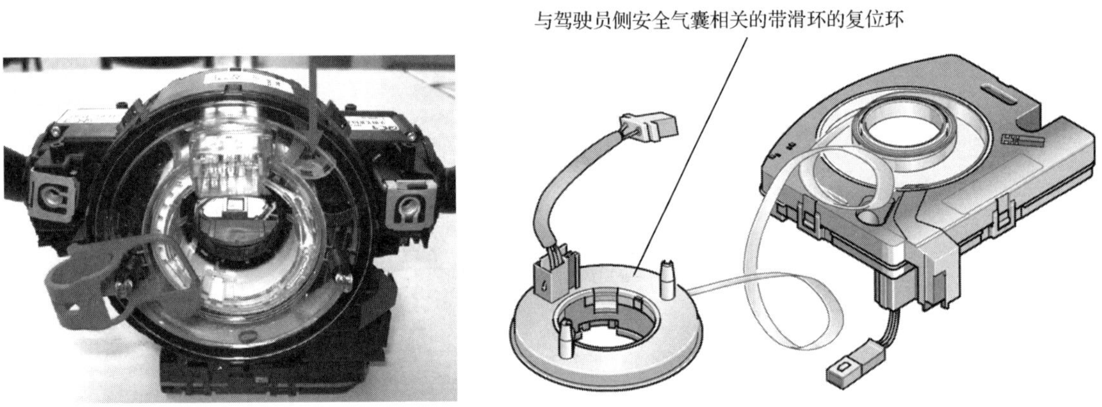

图 8-98 螺旋线束的结构

在选装安全气囊的汽车上，电喇叭线束也安装在螺旋形弹簧内。螺旋形弹簧安装在转向盘与转向柱管之间，安装时应注意其安装位置和方向，否则将会导致转向盘转动角度不足或转向沉重。

6）安全气囊控制单元

安全气囊控制单元 J234 具备两级处理系统，控制气囊分两个级别引爆，可以有效减少气囊对乘员的伤害；控制单元具备前部、侧面、尾部碰撞识别功能；控制单元可以正确释放安全气囊和安全带张紧器，并在发生碰撞时切断蓄电池电路，防止事故升级；控制单元同时对整个气囊系统进行持续监控；在蓄电池电路断开后的 150ms 时间内通过电容器向气囊系统提供独立的电源；控制单元通过故障报警灯显示系统故障，激活安全带提示报警 SBR（Seat Belt Reminder），以提醒司机气囊与安全带系统是否正常，其内部结构如图 8-99 所示。安全气囊控制单元安装位置如图 8-100 所示。

7）前部安全气囊碰撞传感器

前部安全气囊碰撞传感器安装在前部变形区内，如图 8-101 所示，用于接收车辆前部碰撞加速度。控制单元通过其传输的信号来计算碰撞时车辆变形的速度，以此来较早识别事故的严重性。如果是轻微碰撞，则无须引爆气囊；如果事故严重，则需启动乘客安全保护系统。车辆前部发生碰撞时，强烈的信号通过纵梁和前部碰撞传感器传入安全气囊控制单元。

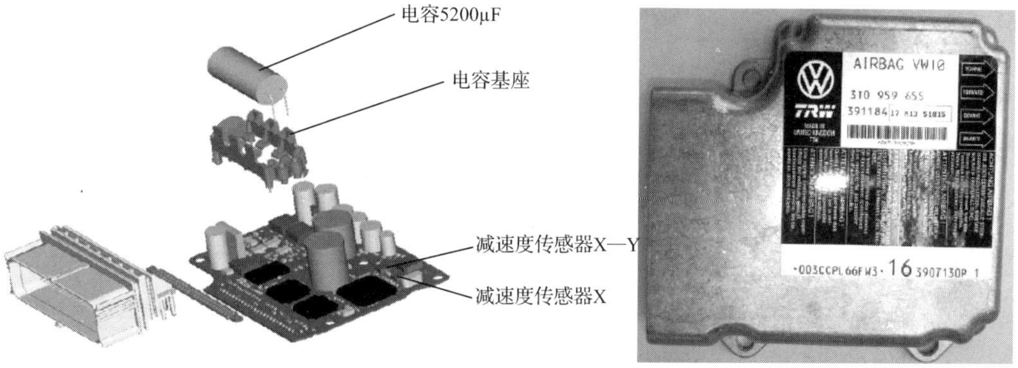

图 8-99　安全气囊控制单元内部结构

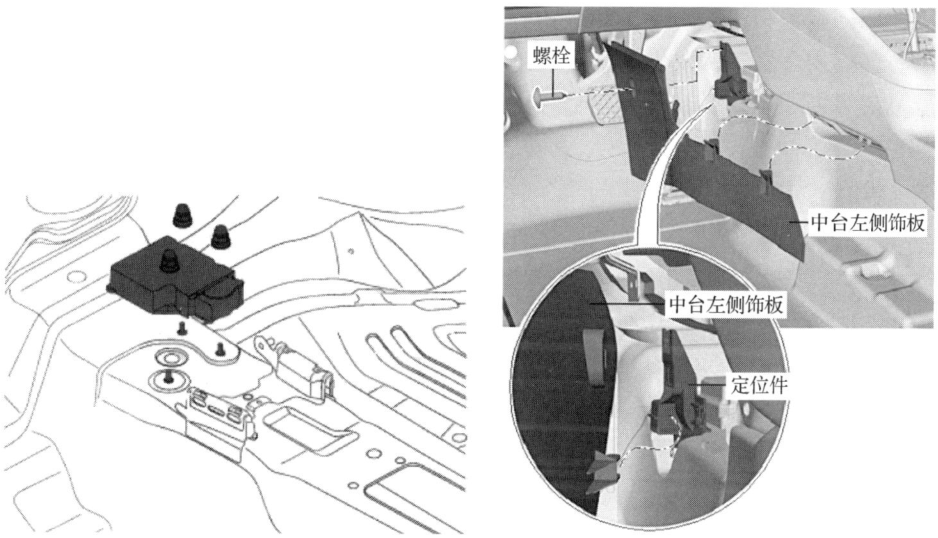

图 8-100　安全气囊控制单元安装位置

8）侧面安全气囊碰撞传感器

侧面安全气囊碰撞传感器是一个压力传感器，一般安装在车门侧面内部或车门侧面底部，如图 8-102 所示。侧面安全气囊碰撞传感器内部由硅酮元件、盖子、启动装置等组成，其结构如图 8-103 所示。

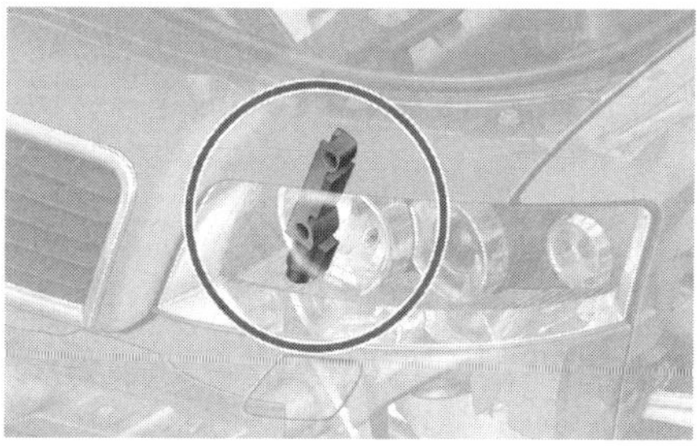

图 8-101　前部安全气囊碰撞传感器安装位置

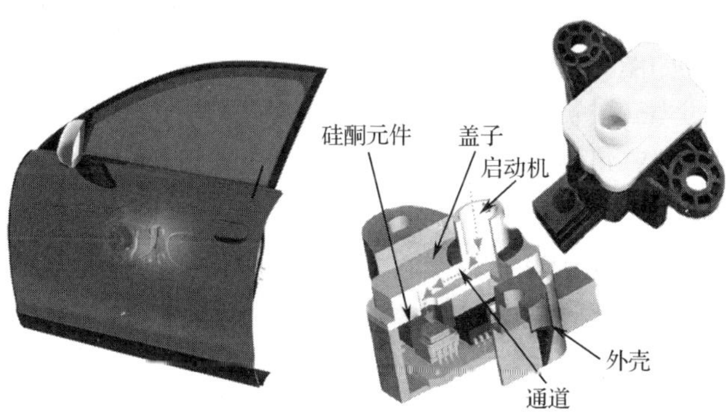

图 8-102　侧面安全气囊碰撞传感器安装位置

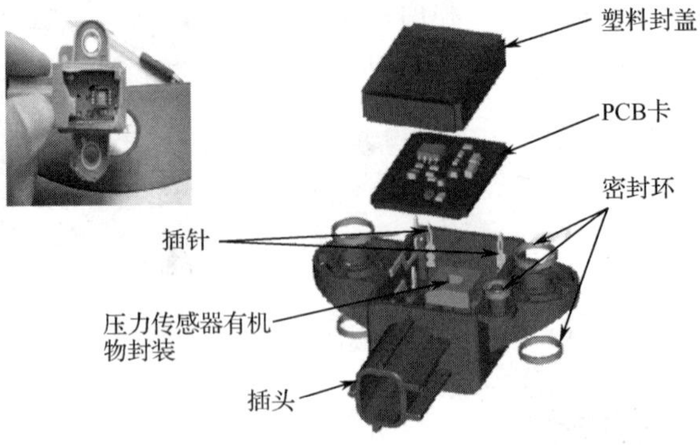

图 8-103　安全气囊碰撞传感器结构图

如图 8-104 所示侧面安全气囊碰撞传感器中设置有 4 个压电元件，4 个压电元件连接成惠斯通电桥结构，给电桥提供电源与搭铁电路，4 个压电元件中两个处于压力影响层，另外两个处于非压力影响层。当车辆发生侧面碰撞时，处于压力影响层的压电元件在压力的作用下产生电压信号，由惠斯通电桥转换成数字信号输出作为传感器的信号。

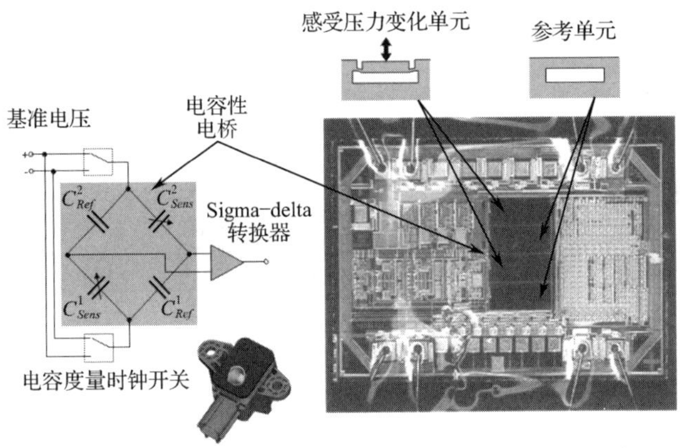

图 8-104　侧面安全气囊碰撞传感器电路结构图

9）安全带使用识别开关

驾驶员及乘客在没有系安全带的情况下发生事故时，其位移与移动的速度会远远大于系好安全带的情况，对驾驶员与乘客的伤害非常大。在这种情况下，安全气囊控制单元会提前引爆气囊，对气囊引爆的时间及气囊引爆的要求都会发生改变，所以安全气囊控制单元必须知道驾驶员与乘客是否系好安全带，这也是安全带使用识别开关的重要性。安全带使用识别开关安装位置如图 8-105 所示。

当驾驶员和副驾驶乘员未系安全带时，安全气囊控制单元的触发门槛将降低，即更为轻微的碰撞都可能引爆安全气囊。在大众检测仪器的 08 读取测量数据块的 03 和 04 通道中若电阻值过大，表示未系安全带，安全带使用识别开关未接通。

如图 8-106 所示，当未系安全带时开关为打开状态，传感器电阻为 R1 和 R2 的电阻之和；当系好安全带以后，开关为闭合状态，电阻为 R1 的电阻。电阻变化会引起传感器的信号电压的改变，从而电控单元根据传感器电压变化就可以判断驾驶员是否已系好安全带。

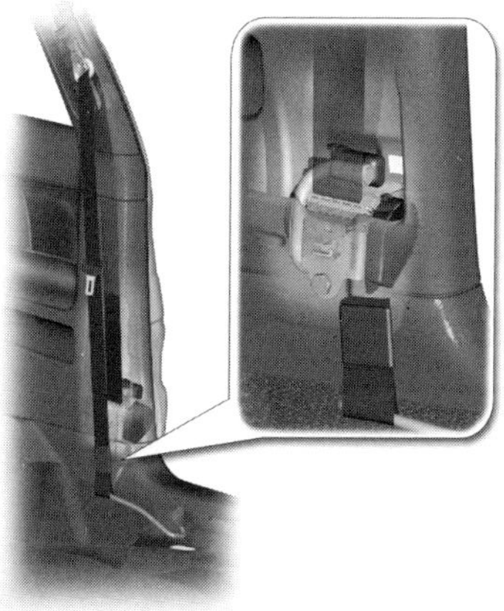

图 8-105　安全带使用识别开关安装位置

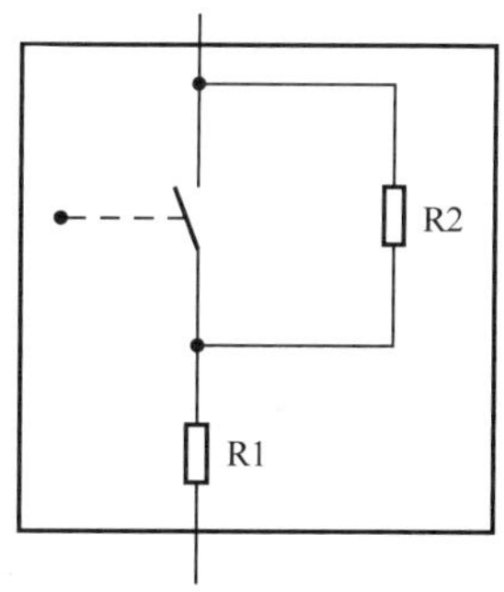

图 8-106　安全带开关电路结构图

10）副驾驶侧安全气囊关闭钥匙开关

很多车型的乘员侧前气囊或叫副驾驶的仪表板上的安全气囊是可以人工关闭的，在人工关闭以后如果车辆发生碰撞事故，副驾驶侧的安全气囊是不会引爆的。这样的好处在于如果副驾驶侧没有人乘坐，发生碰撞事故后可以适当减少维修费用，避免不必要的损失。该开关可以通过钥匙插入以后旋转到 OFF 位置，即为关闭位置，如图 8-107 所示。这个开关内集成了两个电阻电路，控制单元通过每个电路均可单独识别出开关的位置。当开关为 ON 或 OFF 时，因为传感器内触点的位置不同，传感器两端产生不同的电压，从而安全气囊控制单元根据开关两端电压的变化来判断开关的位置，控制副驾驶侧安全气囊的工作状态。如果这个钥匙开关损坏，副驾驶侧安全气囊关闭指示灯就会闪烁。其控制电路如图 8-108 所示。

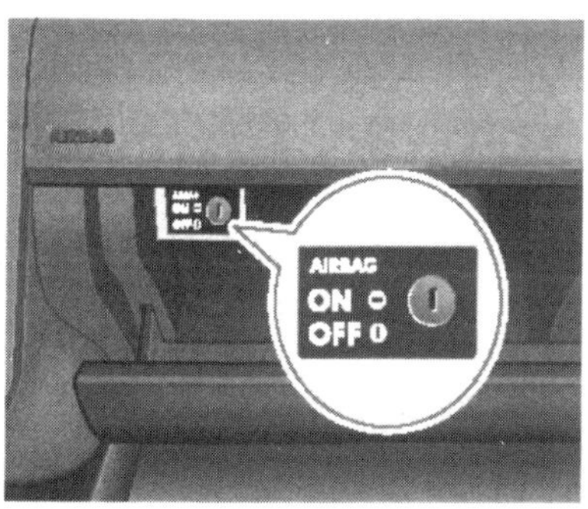

图 8-107　副驾驶侧安全气囊关闭钥匙开关位置

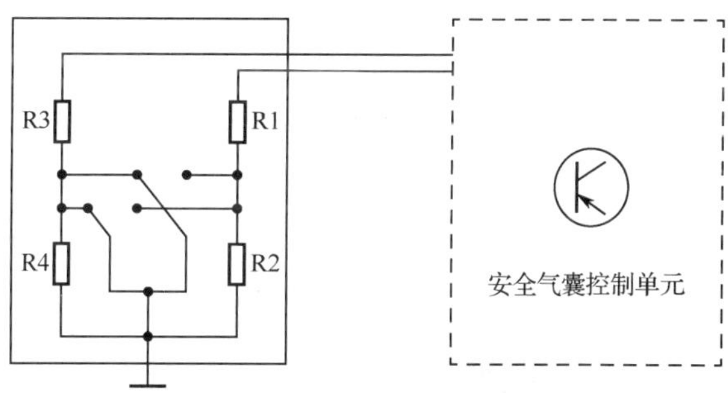

图 8-108　副驾驶侧安全气囊关闭钥匙开关控制电路

11）预张紧式安全带系统

齿轮式安全带张紧机构的工作过程如下：

齿轮式安全带张紧机构的结构如图 8-109 所示，当安全气囊 ECU 向收紧器的触发器发出触发指令时，触发器引爆引药，气体发生器内的气体发生剂受热分解释放大量无毒的氮气，使压力急剧上升。活塞在膨胀气体的推动下迅速在导管内向上运动，同时带动小齿轮旋转，小齿轮带动上齿轮旋转，上齿轮带动啮合架旋转，啮合架带动扭转轴及安全带运动，将安全带收紧。在 8ms 内，能将安全带收紧 10cm，使驾驶员和乘员向前移动距离缩短，从而防止其面部、胸部与方向盘、风挡玻璃或仪表台发生碰撞，工作过程如图 8-110 所示。

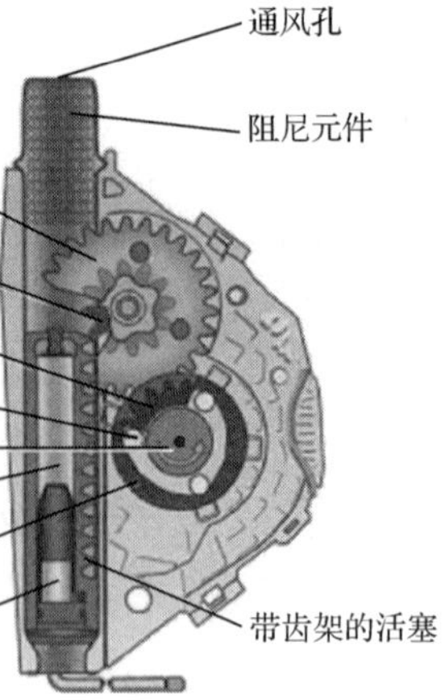

图 8-109 齿轮式安全带张紧机构的结构

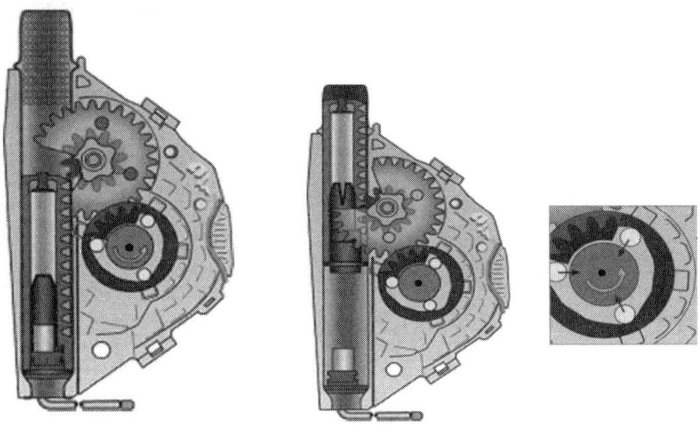

（a）初始位置 （b）工作终了位置

图 8-110 齿轮式安全带张紧机构工作过程

12）碰撞蓄电池切断保护装置

（1）蓄电池保护继电器的作用。蓄电池切断继电器是蓄电池的分离元件，它的任务是在发生撞车事故时切断启动机和发电机，其实物图如图 8-111 所示。

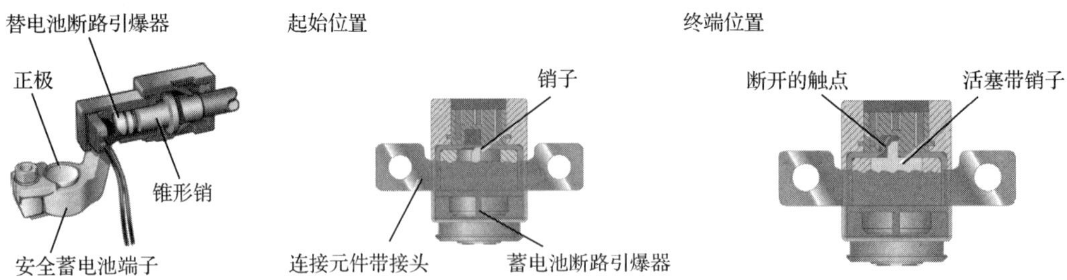

图 8-111 蓄电池切断继电器实物图

（2）安装位置。奥迪 A6 轿车蓄电池切断继电器安装在蓄电池的前方，大众途锐汽车蓄电池断路继电器安装在继电器盒中。

（3）工作过程。如图 8-112 所示为蓄电池断路继电器的电路控制图，图中各元件的说明如表 8-4 所示，蓄电池断路继电器由 3 号端子接收安全气囊的碰撞信号。当车辆发生撞车事故，安全气囊发生引爆时，蓄电池切断继电器接收到相应的电压信号，触发继电器工作，断开图 8-112 中 A 与 B 之间的开关，使蓄电池停止向外界用电器供电。

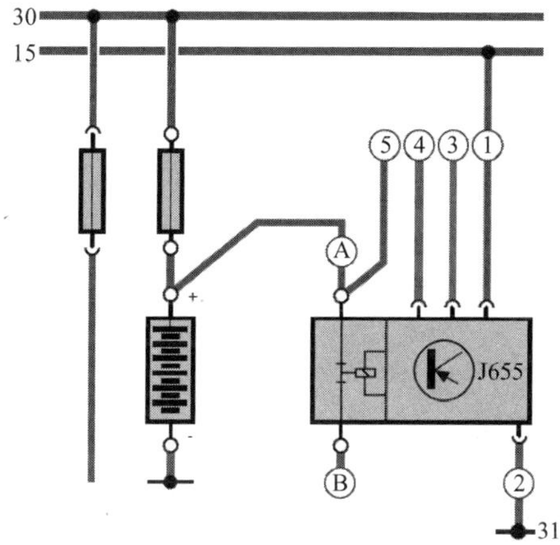

注：J655 为蓄电池管理继电器。

图 8-112　蓄电池断路继电器的电路控制图

表 8-4　蓄电池断路继电器说明表

接线柱	针脚	输入/输出	说明
30，蓄电池	A	输入（螺栓连接）	蓄电池接线柱 30
87	B	输出（螺栓连接）	输出
接线柱 15	1	输入（插接）	正极供电可切断
车搭铁	2	输入（插接）	安全气囊控制单元 J234 搭铁
撞车信号	3	输入（插接）	安全气囊控制单元 J234 撞车信号
诊断	4	输入（插接）	安全气囊控制单元 J234 诊断线

116 空调系统的组成

空调系统主要由压缩机、冷凝器、干燥器、膨胀阀、蒸发器、连接管路等组成，如图 8-113 所示。

1）蒸发器

蒸发器位于靠近驾驶舱的地方。蒸发器从驾驶舱吸收热量传给制冷剂，制冷剂以低压低温雾状液体进入蒸发器，通过蒸发器的管片循环，很像冷却液在发动机散热器中循环的情况，如图 8-114 所示。

在电动风机的作用下，驾驶舱内的热空气流过蒸发器表面，制冷剂吸收热量同时从液体变为气体，之后离开蒸发器，以低压气体的形式进入压缩机。

膨胀阀所释放出来的制冷剂在蒸发器内膨胀，于是蒸发器就急剧冷却下来。冷却的空气中的水分在低于露点温度处会聚集在一起，也就是说冷凝了，产生了冷凝水，于是空气就被“脱水”了（变干燥了)。这就可明显改变车内的温度和空气质量。除了水分要聚集到蒸发器上以外，空气中的悬浮物也会聚集到蒸发器上，因此蒸发器还会“净化”空气。

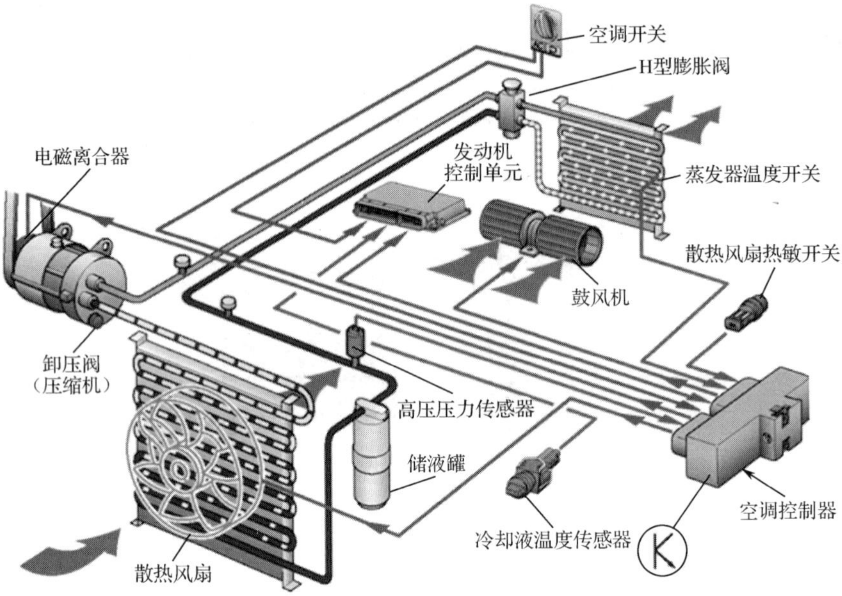

图 8-113　空调系统的组成

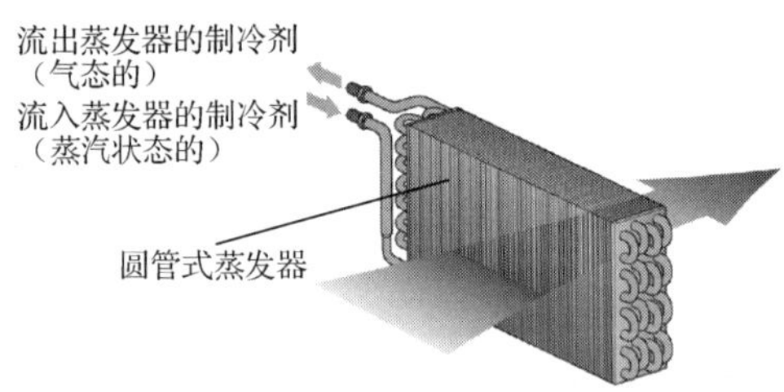

图 8-114　蒸发器

2）冷凝器

冷凝器位于散热器的前面，如图 8-115 所示。冷凝器接收来自压缩机的高温高压制冷剂气体并将其热量传递给外界空气。

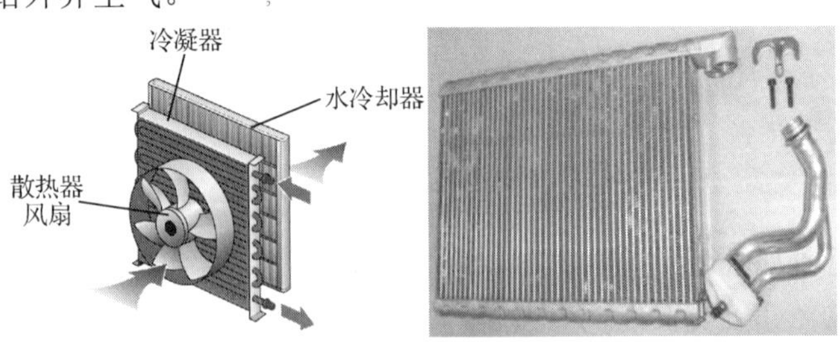

图 8-115　冷凝器

与蒸发器一样，制冷剂也通过一系列管片再冷凝。冷凝器传送的热量越多，蒸发器的冷却效果越好。大容量冷凝器加上高效风扇可以显著降低车内温度。

现在的汽车越来越多地采用一种被称为平行流的冷凝器来替代传统的圆管冷凝器。通过这种新型的结构可使冷凝器的效率得到优化。

3）干燥器

位于空调系统高压侧冷凝器出口附近，干燥器与膨胀阀配合可以过滤液体制冷剂中的水分和异物并作为制冷剂的一个存储区，如图 8-116 所示。

根据干燥器的结构形式，化学干燥剂只能吸收特定量的水分。对于新的车型，干燥器作为可更换的滤芯直接连接在冷凝器上。制冷剂储液罐连同膨胀阀一起作为制冷剂的膨胀罐和存储罐。

在不同的工作条件下（如蒸发器和冷凝器上的热负荷、压缩机的转速不同等），制冷循环管路中流动的制冷剂量也是不同的。为了补偿制冷剂量的这个波动，就在循环管路上安装了制冷剂储液罐。在安装时进入制冷剂回路中的水汽由干燥器经化学反应而清除。根据结构形式的不同，可以吸收 6～12g 水。吸水量取决于温度，温度越低，吸水量就越多。压缩机磨屑、安装时的污物等也会沉淀下来。

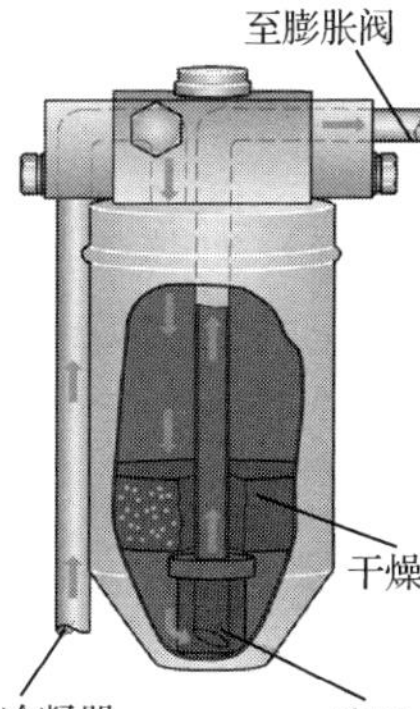

图 8-116　干燥器

工作过程：由冷凝器出来的液态制冷剂流入储液器，在储液器中收集后流过干燥器，再通过立管流向膨胀阀，这样制冷剂内没有任何气泡，并持续不断地流向膨胀阀。

注意：每次打开管路更换部件时，最好将储液器也一同更换；如果系统打开几个小时，则储液器必须更换。否则，不能再吸收系统中的水分，在膨胀阀处造成冰堵。

失效形式：失效后导致膨胀阀堵塞。

4）膨胀阀

膨胀阀用于调节进入蒸发器的制冷剂的流量，安装在蒸发器的外面。

该膨胀阀采用热控制方式进行控制，它的调节元件是热胀盖和球阀。

热胀盖内膜片的一侧充满了一种专用气体，另一侧通过压力平衡孔与蒸发器出口（低压）相连。球阀通过一个推杆来操纵。低压一侧的温度决定了专用气体的压力，也就决定了制冷剂的喷射量，如图 8-117 所示。

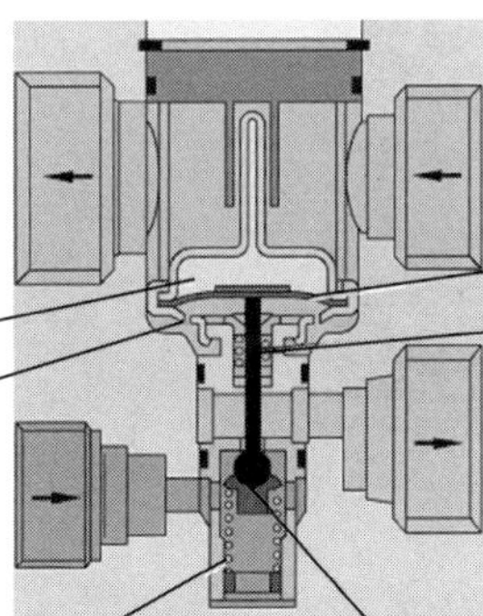

图 8-117　膨胀阀

5）空调管路

同轴管路相当于一种内部热交换器，在同轴管路中，热流体和冷气体流通的区域相互分开，并且流通方向相反，如图 8-118 所示。从冷凝器流出的是高温液态制冷剂，从蒸发器流出的是低温气态制冷剂，两者相遇时，高温液态制冷剂被冷却。

同轴管路末端有两个新的快速连接装置，这两个装置与保养有关。装配和安装时必须按照规定进行。

内部热交换进一步冷却膨胀装置前部的制冷剂，同时进一步加热压缩装置前的制冷剂。这种结构的缺点是：压缩装置进口温度上升，使压缩装置热负荷更高。

快速连接装置：组装管路系统时，需先用制冷剂稍稍润湿两根空调管路，然后将管路插入，直到可以听到卡入的声音或者能感觉到管路确实卡入为止，如图 8-119 所示。

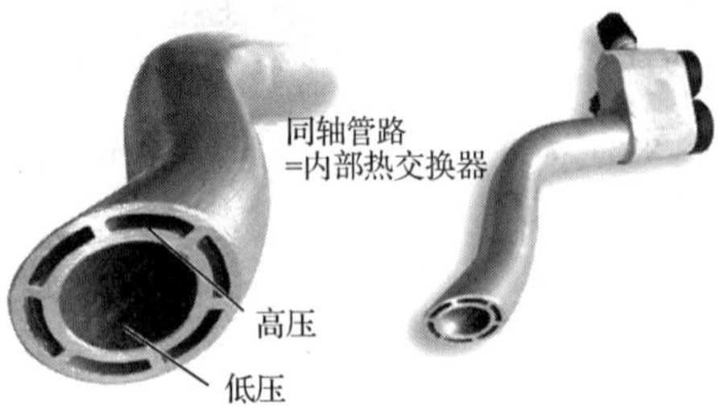

图 8-118　同轴管路断面

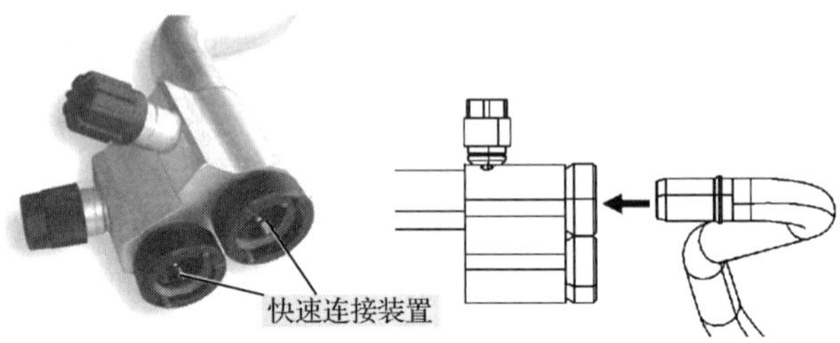

图 8-119　快速连接装置

轻轻朝相反方向拉动管路，即可检查管路是否确实卡入。这时，应能识别或感觉到指示销的存在。注意事项：装配时管路不允许相互转动。

需将相应的分离套管推入快速连接装置中才可以拆卸管路。

现在将管路向内压到底，并将分离套管向内推，直到可以听到或感觉到其完全松开。然后将管路和分离套管一起从壳体中拉出。建议事先用阻尼油喷涂快速连接装置，这样可以大大降低拆卸时的阻力。拆卸时使用两种分离套管 T40149/1 或 T40149/2，如图 8-120 所示。注意事项：拆卸时管路不允许相互转动。

6）节流阀

节流阀是制冷剂循环管路上的一个狭窄点，就在蒸发器的前方，结构如图 8-121 所示。

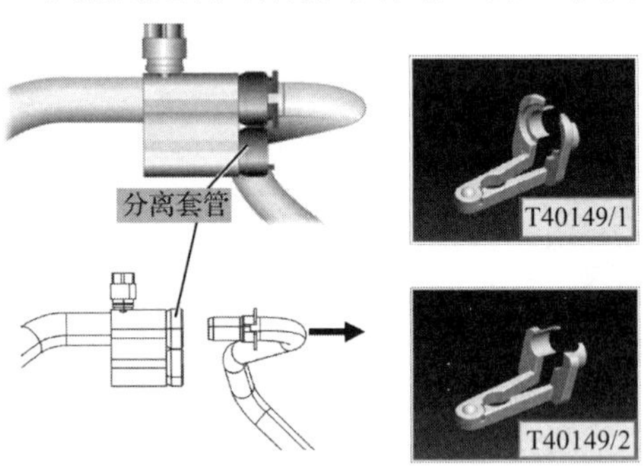

图 8-120　分离快速连接装置

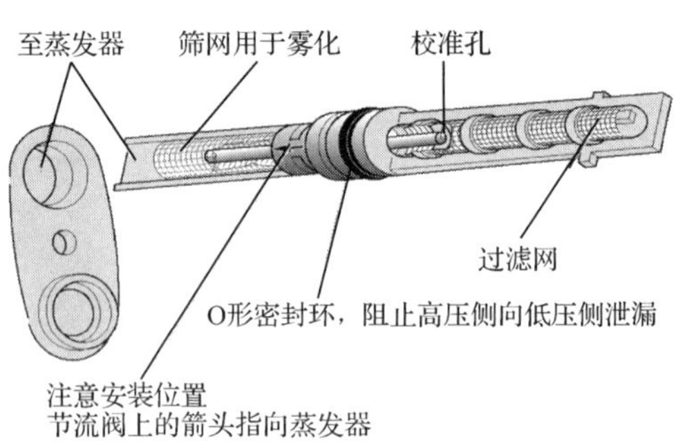

图 8-121　节流阀的结构

这个狭窄点会“降低”制冷剂的流量。节流阀前面（上游）的制冷剂是暖的且处于高压状态，制冷剂流过节流阀后，压力迅速下降，制冷剂变成低压且冷的状态。

因此，节流阀就是制冷剂循环管路中高压侧和低压侧的“分界点”。密封系统可以保证制冷剂只流经节流阀。

117 大众电控可变排量式空调压缩机的结构

传统的汽车空调系统均采用定排量式空调压缩机，它根据蒸发器出风口的温度来控制空调压缩机电磁离合器的接合与分离，从而达到控制制冷效果的目的。这种控制方式除了具有车内温度波动大、系统能耗增加等缺点外，最大的一个缺点是压缩机间歇性地离合会对发动机的正常工作产生干扰，这在较小排量的汽车上表现得比较突出。为了解决这个问题，可变排量式空调压缩机应运而生。现在大众车系已广泛采用电控可变排量式空调压缩机，它可实现压缩排量从无到有的无级调节，从而使车辆更加节油且空调压缩机工作时发动机无冲击。

1）电控可变排量式空调压缩机的组成

电控可变排量式空调压缩机主要由传动轮、壳体、调节电磁阀 N280、压缩腔、斜盘箱、活塞及驱动斜盘等部分组成，如图 8-122、图 8-123 所示。电控可变排量式空调压缩机的驱动与过载保护装置主要由传动轮、花键毂及传动钢片组等组成。花键毂由前、后两块特殊形状的钢板通过铆钉铆接在一起，前、后钢板均伸出 3 个爪，后钢板伸出的 3 个爪上钻有直径约为 4mm 的孔。传动钢片内端通过螺钉与传动轮连接，外端压有直径约 4mm 的凸起，夹持在花键毂前、后两钢板之间，且钢片凸起嵌入后钢板爪孔中，如图 8-124～图 8-127 所示。

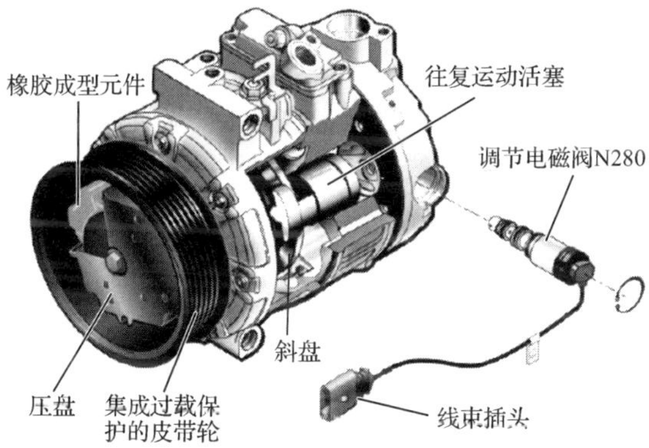

图 8-122　电控可变排量式空调压缩机的外部结构

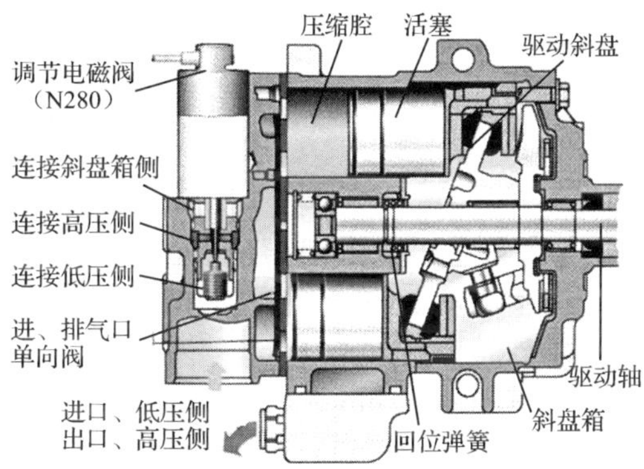

图 8-123　电控可变排量式空调压缩机的内部结构

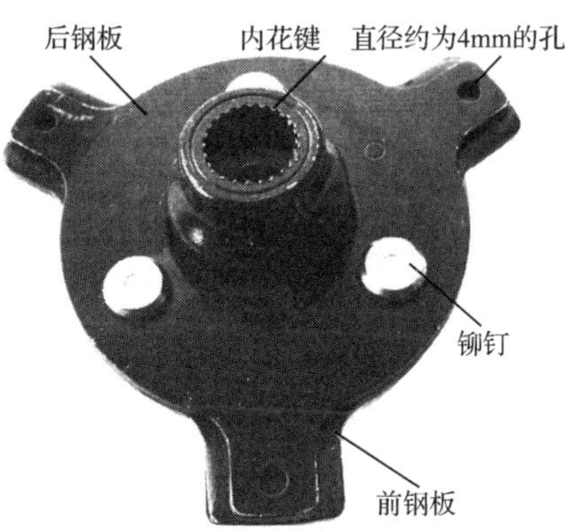

图 8-124　花键毂

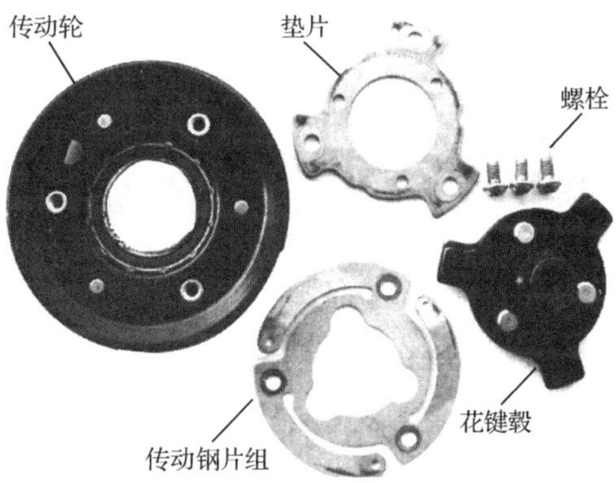

图 8-125　空调压缩机驱动与过载保护装置的组成

图 8-126 空调压缩机主轴与斜盘组件

图 8-127 空调压缩机主轴、斜盘及活塞组件

2）电控可变排量式空调压缩机的特点

电控可变排量式空调压缩机取消了电磁离合器，采用传动轮和驱动轴常连接，但两者之间有集成过载保护装置，如图 8-128 所示。一旦空调压缩机内部发生故障使驱动轴咬死，传动轮就会与驱动轴分离，从而保护传动带不受损坏，进而使发动机可以继续运转。

图 8-128 集成过载保护的传动轮

驱动斜盘控制活塞做往复运动，其倾斜角度的大小决定空调压缩机排量的大小。驱动斜盘的支点设计在驱动斜盘的一侧，它的倾斜角度取决于斜盘箱和压缩腔的压力差。压力差越大，驱动斜盘的倾斜角度就越大，活塞的工作行程就越长，空调压缩机的排量就越大；反之压力差越小，驱动斜盘的倾斜角度就越小，活塞的工作行程就越短，空调压缩机的排量就越小。

3）电控可变排量式空调压缩机的工作原理

如图 8-129 所示，当车内热负荷达到最大值或驾乘人员要求快速制冷（表现为车内温度瞬间调到最低）时，排量调节阀的供电占空比为 100%，排量调节阀阀芯压缩弹簧外伸至行程最大处，此时曲轴箱与吸气腔相通，与排气腔隔绝，曲轴箱压力降到最小值，作用在活塞右侧的压力远高于作用于活塞左侧的压力（等于曲轴箱压力与弹簧力之和），这样弹簧被压缩，斜盘倾角变得最大，活塞行程最大，空调压缩机排量最大，以快速制冷。

当车速升高时，车内热负荷减小，排量调节阀的供电占空比将减小，排量调节阀阀芯外伸行程减小，曲轴箱压力升高，作用在活塞左侧的压力升高，这样弹簧压缩量减小，斜盘倾斜角变小，活塞行程变小，空调压缩机排量降低，以节约燃油。

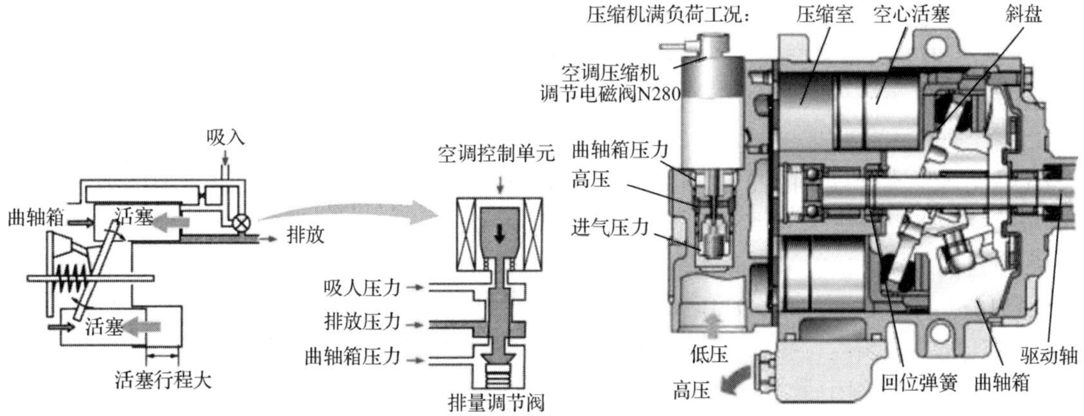

图 8-129　空调压缩机排量最大时的状态

如图 8-130 所示，当车内热负荷降到最小值时，排量调节阀断电，此时占空比为 0，排量调节阀阀芯提升到最高处，此时曲轴箱与排气腔相通，压力升到最大值，作用在活塞左侧和右侧的压力相等，这样弹簧自动伸长，斜盘倾角最小，活塞行程最小，空调压缩机排量最小（接近 0）。

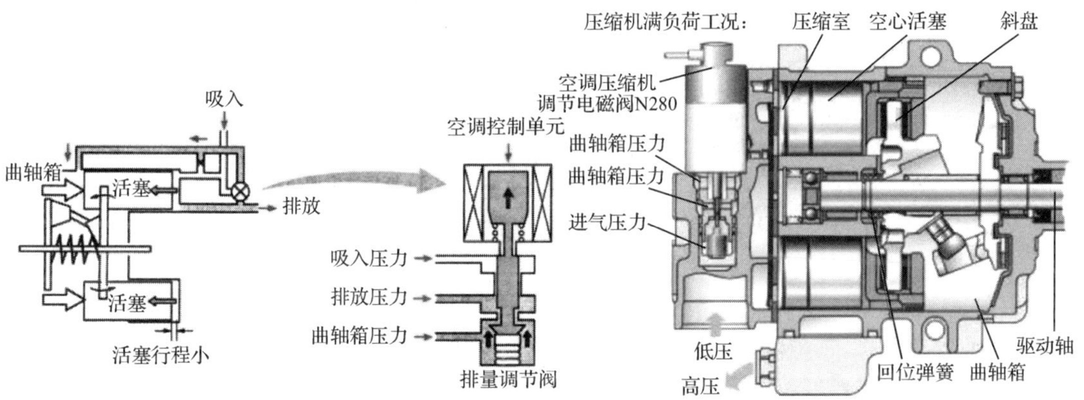

图 8-130　空调压缩机排量最小时的状态

空调控制单元通过 500Hz 的通断频率对 N280 进行控制，属于占空比式控制，对它的供电状况可以通过示波器测量，如图 8-131 所示。空调控制单元接收到空调开关信号和设定温度信号后将同时检测蒸发器出风口温度传感器、制冷系统压力传感器、环境温度传感器及蓄电池电压等信号，然后控制 N280 对空调压缩机排量进行无级调节。

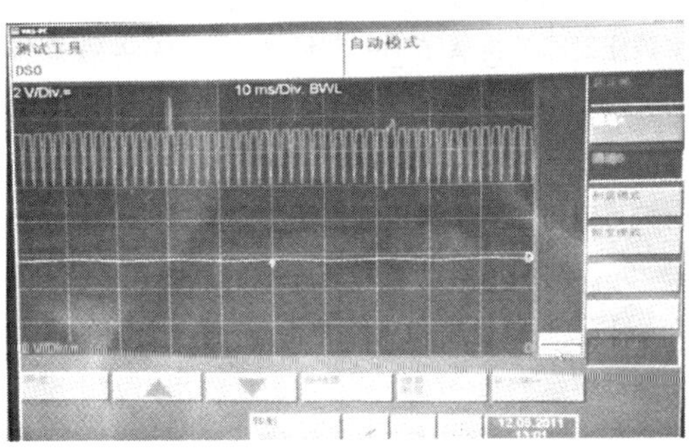

图 8-131　N280 供电状况的测量结果

4）大众可变排量式空调压缩机电磁阀 N280 的功用

压缩机调节电磁阀安装在压缩机后端盖中。阀的固定有两种方式，一是用弹簧锁止垫圈固定，二是用一个内六角螺栓固定。该阀的控制孔连通在压缩机内低压、高压与曲轴箱之间，并且该阀是实现免离合操作的控制执行元件。而控制执行的是空调控制单元，空调控制单元给出调制电流信号驱动该调节阀中的一个挺杆，电流的高低变化决定了调整量。空调控制单元根据车内所设定的温度，接收来自车辆外部温度传感器、车辆内部温度传感器、蒸发器温度传感器及制冷剂压力传感器的信号，对压缩机调节阀进行无级驱动，控制压缩机内低压、高压与曲轴箱压力对压缩机内斜盘倾斜角度进行调节，改变斜盘倾斜位置，从而决定排量及产生的制冷输出。在制冷功能被关闭后，发动机多楔皮带仍驱动压缩机连续运转。压缩机调节阀通过调节压力，控制斜盘倾斜位置改变，制冷剂流量被相应降低至 2%，这样低的流量不能建立工作所需的压力。N280 调节电磁阀的结构如图 8-132 所示。

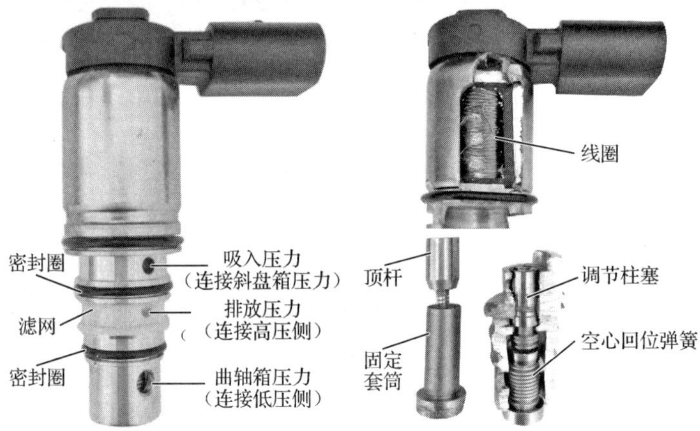

图 8-132 N280 调节电磁阀的结构

118 空调电路分析

该车采用的空调压缩机型号为 SE7PV 16，空调压缩机工作与否由空调压缩机电磁离合器的通电情况决定。如图 8-133 所示，空调压缩机电磁离合器电路由空调控制器、发动机冷却液温度传感器、蒸发器温度开关、车外温度传感器、空调压力开关、空调压缩机电磁离合器继电器、散热器风扇控制器、空调压缩机电磁离合器及发动机控制单元等组成。

正常情况下，当发动机运行，接通 A/C 开关时，空调压缩机电磁离合器吸合，空调压缩机开始工作。当出现以下任意一种情况时，空调压缩机电磁离合器将会被切断，空调压缩机停止工作：环境温度低于-3℃；蒸发器温度低于 1℃；发动机冷却液温度高于 120℃；空调压力高于 3.14MPa 或低于 0.196MPa；发动机转速过低或过高；发动机负荷过大；发动机处于急加速工况。

1）空调控制器 J127

J127 负责接收 A/C 开关、蒸发器温度开关、发动机冷却液温度传感器、车外温度传感器的信号。当 A/C 开关接通、蒸发器温度高于 1℃、发动机冷却液温度传感器低于 120℃、环境温度高于-3℃时，空调控制器端子 T32e/23 输出电源给空调压力开关端子 T4at/2。

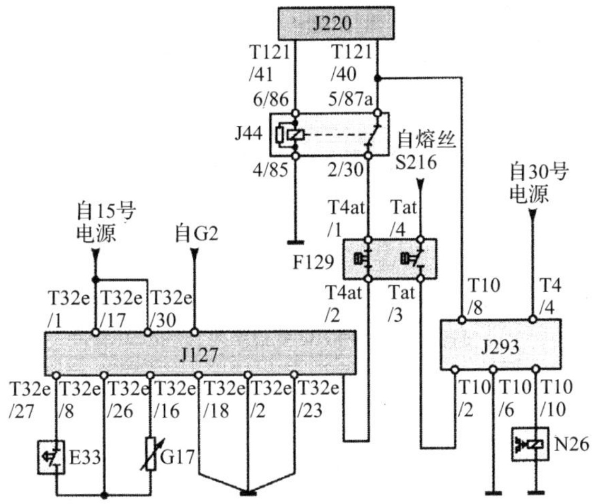

J127—空调控制器；F129—空调压力开关；J44—空调压缩机电磁离合器继电器；

J220—发动机控制单元；J293—散热风扇控制器

图 8-133　空调压缩机电磁离合器控制电路

2）空调压力开关 F129

F129 用于空调压缩机及散热风扇的控制。接通 A/C 开关后，J127 端子 T32e/23 输出电源给 F129 端子 T4at/2，当空调压力正常时（空调压力小于 3.14MPa、大于 6.196MPa），常闭触点保持闭合，电源传输至空调压缩机电磁离合器继电器端子 2/30；当空调压力异常时（空调压力大于 3.14MPa 或小于 0.196MPa），常闭触点断开，电源无法传输至空调压缩机电磁离合器继电器端子 2/30。

3）空调压缩机电磁离合器继电器 J44

J44（147B 继电器）为常闭继电器，安装在蓄电池后方的发动机室熔丝盒内。电源经 J44 端子 5/87a 输出后分两路：一路输送至发动机控制单元 J220 端子 T121/40，为 J220 提供怠速提升请求信号；另一路输送至散热风扇控制器 J293 端子 T10/8，为散热风扇控制器提供空调压缩机工作请求信号。J44 端子 6/86 与 J220 端子 T121/41 相连，当发动机处于紧急运行、大负荷等状态时，J220 将控制 J44 工作，使常闭触点断开。其内部电路如图 8-134 所示。J44 电磁线圈的电源不是 J220 端子 T121/41 提供的，而是 J44 端子 2/30 提供的。

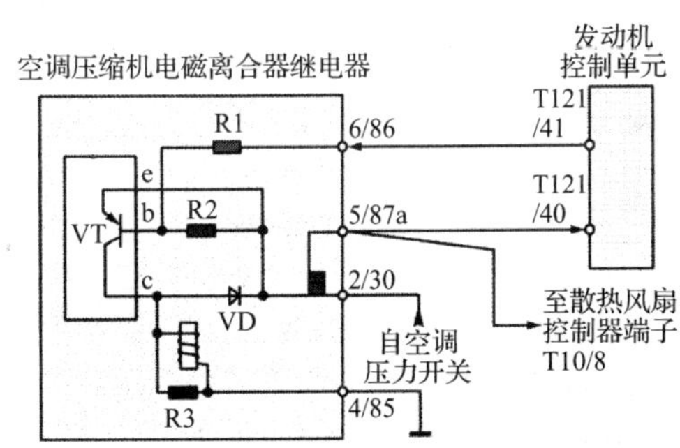

图 8-134　空调压缩机电磁离合器继电器内部电路

（1）未接通 A/C 开关时，由于端子 2/30 电压为 0V，J44 线圈无供电，J44 触点闭合。

（2）接通 A/C 开关后，由于端子 2/30 电压为 12V，端子 6/86 电压为 0V，端子 2/30 通过电阻 R2 分压，三极管 VT 导通（$U_e>U_b$），J44 触点断开，此时散热风扇控制器不接收空调压缩机工作请求信号，空调压缩机不工作。J623 使 J44 端子 6/86 搭铁延时 140ms，用以实现将发动机怠速从 860r/min 提升至 1000r/min。当怠速稳定后，J623 使 J44 端子 6/86 上升为电源电压，三极管 VT 截止（$U_e=U_b$），J44 触点闭合。

发动机数据流 50 组第 3 区显示空调压缩机工作请求信号（A/C 开关信号）与空调压缩机工作状态，经过测试，在不同情况下发动机数据流 50 组第 3 区的显示如表 8-5 所示。

表 8-5 发动机数据流 50 组第 3 区的显示

测 试 条 件	A/C 开关信号	空调压缩机工作状态
未接通 A/C 形状	A/C Low	Compre OFF
接通 A/C 开关	A/C High	Compre ON
断开空调压缩机电磁离合器触点	A/C Low	Compre OFF
拔下 J44	A/C Low	Compre OFF
断开 J44 端子 6/86 与 J220 端子 T121/41 的导丝	A/C High	Compre OFF

4）散热风扇控制电路

如图 8-135 所示，散热风扇控制电路主要由散热风扇控制器 J293、热敏开关 F18、空调压力开关 F129、散热风扇等组成。

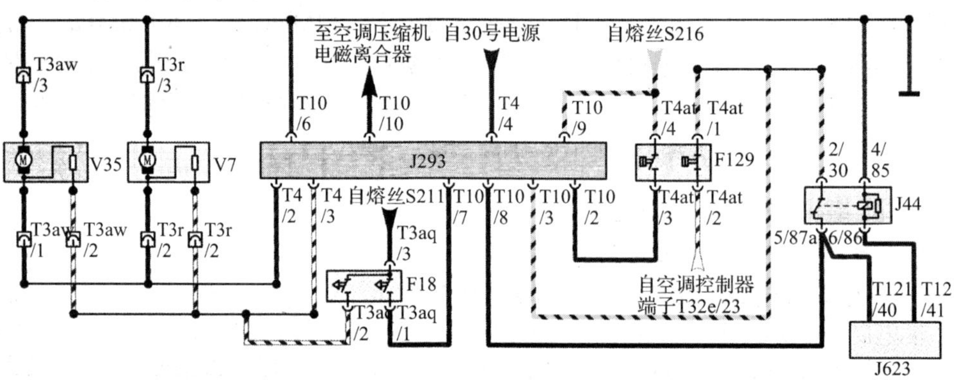

F18—热敏开关；F129—空调压力开关；J44—空调压缩机电磁离合器继电器；J623—发动机控制单元；J293—散热风扇控制器；V35、V7—散热风扇

图 8-135 散热风扇控制电路

J293 内部有 3 个继电器，分别用以控制散热风扇高速运转、散热风扇低速运转和空调压缩机电磁离合器。J293 外围线路主要有 4 类：电源线、搭铁线、输入信号线和输出信号线。J293 各端子的含义及工作条件如表 8-6 所示。

表 8-6 J293 各端子的含义及工作条件

端 子	端 子 类 型	含 义	工 作 条 件
T10/2	输入信号	压力信号	空调压力大于或等于 1.77MPa
T10/3	输入信号	空调信号 1	接通 A/C 开关；环境温度大于-3℃；蒸发器温度高于 3℃；冷却液温度低于 120℃；空调压力正常

续表

端　　子	端 子 类 型	含　　义	工 作 条 件
T10/6	搭铁	搭铁	始终
T10/7	输入信号	热敏开关信号	冷却液温度超过 105℃时
T10/8	输入信号	空调信号 2	满足空调信号 1 的所有条件；发动机处于正常工况
T10/9	输入信号	点火开关信号	接通点火开关
T10/10	输出信号	空调压缩机电磁离合器工作信号	端子 T10/8 供电条件满足；端子 T4/4 供电
T4/2	输出信号	散热风扇高速运转工作信号	端子 T10/2 或 T10/7 两者之一供电条件满足；端子 T10/9 供电条件满足；端子 T4/4 供电
T4/3	输出信号	散热风扇低速运转信号	端子 T10/3 供电条件满足；端子 T4/4 供电
T4/4	电源	电源	蓄电池供电

散热风扇的运转情况取决于 3 个信号：A/C 开关信号、发动机冷却液温度信号及空调压力信号。具体控制策略如下：

（1）当发动机冷却液温度达到 95℃时，热敏开关端子 3 与端子 2 接通，散热风扇端子 2 得到供电，散热风扇低速运转。

（2）当发动机冷却液温度达到 105℃时，热敏开关端子 3 与端子 1 接通，J293 端子 T10/7 接收到电源信号后，给散热风扇端子 1 供电，散热风扇高速运转。

（3）接通 A/C 开关，J293 端子 T10/3 接收到 A/C 开关信号后，给散热风扇端子 2 供电，散热风扇低速运转。

（4）当空调压力达到 1.77MPa 时，J293 端子 T10/2 接收到电源信号后，给散热风扇端子 1 供电，散热风扇高速运转。

5）鼓风机控制电路

如图 8-136 所示，空调控制器根据各传感器或鼓风机开关信号，通过占空比控制鼓风机转速。鼓风机调速模块 N23 各端子的测试结果如表 8-7 所示。

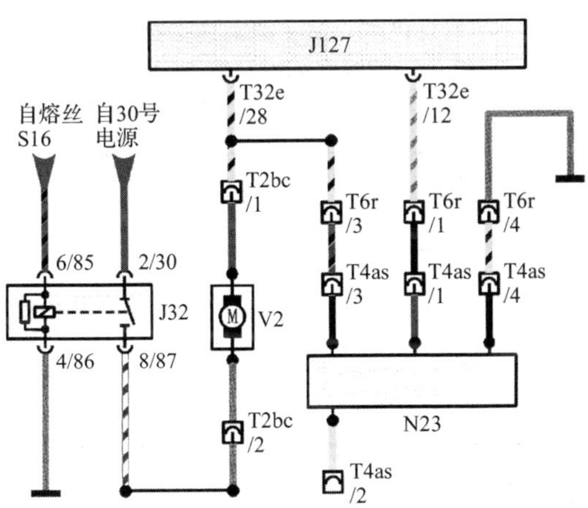

J32—空调控制器继电器；J127—空调控制器； N23—鼓风机调速模块；V2　鼓风机

图 8-136　鼓风机控制电路

表 8-7 鼓风机调速模块 N23 各端子的测试结果

端 子	端子含义	测试条件	测量值
T4as/1	占空比信号	接通点火开关，依次将鼓风机挡位从 OFF 挡调到 7 挡	0V→1.8V→1.86V→1.96V→2.04V→2.37V→2.45V→2.8V
T4as/2	空端子	—	—
T4as/3	鼓风机控制信号	接通点火开关，依次将鼓风机挡位从 OFF 挡调至 7 挡	12V→10.8V→10V→8.9V→6.5V→5.77V→4.8V→2.37V
T4as/4	搭铁	始终	与搭铁间电阻小于 1Ω

6）进气风门控制电路

如图 8-137 所示，空调控制器根据各传感器信号或内外循环开关信号，通过端子 T32e/6 与端子 T32e/22 控制进气风门伺服电动机总成的动作。进气风门伺服电动机总成各端子的测试结果如表 8-8 所示。

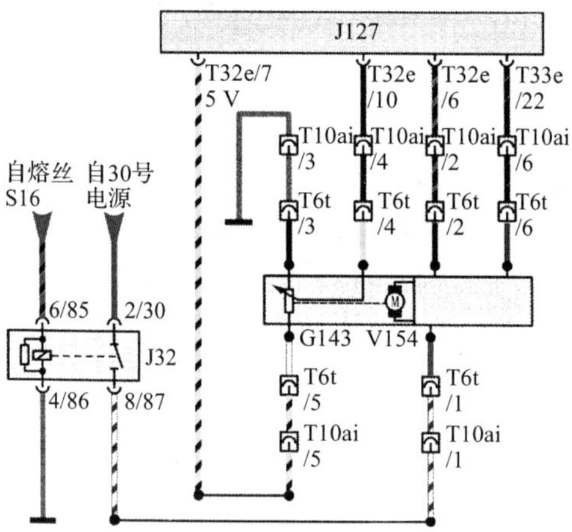

G143—进气风门伺服电动机电位计；J32—空调控制器继电器；J127—空调控制器；V154—进气风门伺服电动机

图 8-137 进气风门控制电路

表 8-8 进气风门伺服电动机总成各端子的测试结果

端 子	端子含义	测试条件	测量值
T6t/1	电动机供电	接通点火开关	12V
T6t/2	内循环切换信号	从外循环切换至内循环	10.5V→0V
T6t/3	搭铁	始终	与搭铁间的电阻小于 1Ω
T6t/4	电位计信号	外循环→部分内循环→内循环	1.22V→2.4V→4.2V
T6t/5	电位计供电	接通点火开关	5V
T6t/6	外循环切换信号	从内循环切换至外循环	10.5V→0V

7）空气混合风门控制电路

如图 8-138 所示，空调控制器根据各传感器信号和设定温度信号，通过端子 T32e/4 与 T32e/20 控制混合风门伺服电动机总成的动作。混合风门伺服电动机总成各端子的测试结果如表 8-9 所示。

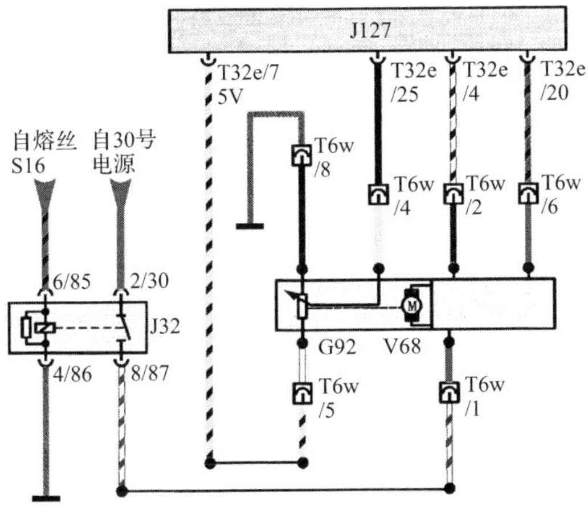

G92—混合风门伺服电动机电位计；J32—空调控制器继电器；J127—空调控制器；V68—混合风门伺服电动机

图 8-138　空气混合风门控制电路

表 8-9　混合风门伺服电动机总成各端子的测试结果

端　　子	端 子 含 义	测 试 条 件	测　量　值
T6w/1	电动机供电	接通点火开关	12V
T6w/2	降温控制信号	温度从最热到最冷	10.5V→0V
T6w/3	搭铁	始终	与搭铁间的电阻小于 1Ω
T6w/4	电位计信号	温度从最热到最冷	1.22V→4.2V
T6w/5	电位计供电	接通点火开关	5V
T6w/6	升温控制信号	温度从最冷到最热	10.5V→0V

8）出风模式风门控制电路

如图 8-139 所示，空调控制器根据各传感器信号和设定温度信号，通过端子 T32e/5 与 T32e/21、端子 T32e/3 与 T32e/19 控制两个出风模式风门伺服电动机总成的动作。出风模式风门伺服电动机总成各端子的测试结果如表 8-10 所示。

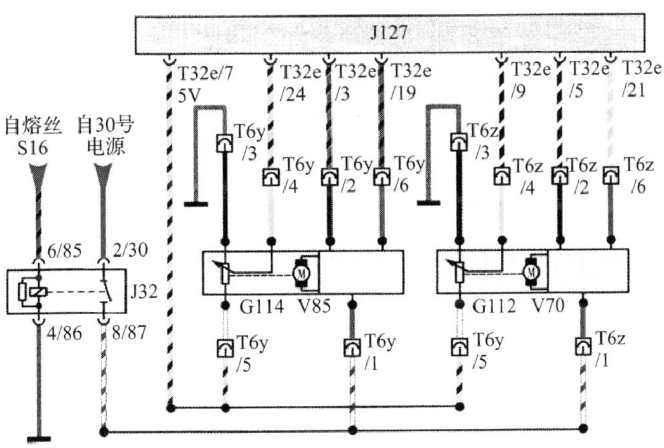

G112—中央风门伺服电动机电位计；G114—脚部/除霜风门电动机电位计；J32—空调控制器继电器；J127—空调控制器；V70—中央风门伺服电动机；V85—脚部/除霜风门电动机

图 8-139　出风模式风门控制电路

表 8-10　出风模式风门伺服电动机总成各端子的测试结果

端 子 号	端 子 含 义	测 试 条 件	测 量 值
T6y/1、T6z/1	电动机供电	接通点火开关	12V
T6z/2	吹脚控制信号	吹胸部→吹脚	10.2V→0V
T6y/2	除霜控制信号	吹脚→除霜	10.2V→0V
T6y/3、T6z/3	搭铁	始终	与搭铁间电阻小于 1Ω
T6z/4	电位计信号	吹胸部→吹脚	3.0V→2.0V→1.5V
T6y/4	电位计信号	吹脚→除霜	1.9V→3.2V
T6y/5、T6z/5	电位计供电	接通点火开关	5V
T6z/6	吹胸部控制信号	吹脚→吹胸部	10.2V→0V
T6y/6	吹脚控制信号	除霜→吹脚	10.2V→0V

119 空调故障分析

1）大众汽车空调故障诊断

若此类空调出现不制冷故障，可按照以下步骤进行诊断。

（1）用手触摸空调低压管，查看低压管有无制冷现象。

若感觉低压管有制冷现象而出风口无冷风，则为冷热风道交换问题；若感觉低压管无制冷现象，则进行下一步骤。

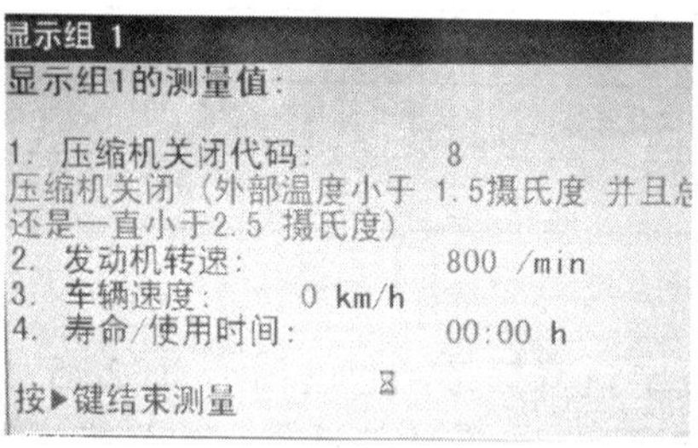

图 8-140　空调压缩机关闭代码

（2）用 VAS6150 进入空调系统查看是否有故障代码。若有故障代码，则先按故障代码进行排除；若无故障代码，则进行下一步骤。

（3）查看空调系统数据流内是否有关于空调压缩机关闭的代码，如图 8-140 所示。若有代码，则根据各代码的含义（见表 8-11）进行排除；若无空调压缩机关闭代码，且各数据又都正常，则进行下一步骤。

表 8-11　压缩机各关闭代码的含义

代　码	含　义
1	系统压力太高，大于 32bar（1bar=100kPa）
2	鼓风机损坏
3	系统压力太低，小于 2bar
5	发动机转速太低
6	处于 ECOM 模式，AC 开关未开
7	鼓风机未开
8	环境温度太低
10	电源电压太低，小于 9.5V
11	发动机冷却液温度太高，高于 115℃
12	发动机或变速器控制单元关闭，检查其控制单元信息

续表

代　码	含　义
14	蒸发器出风口温度低于 1℃
15	蒸发器温度传感器故障
16	风扇未工作

（4）用空调歧管压力表连接高、低压管查看系统压力。若高、低压管的压力均正常，则系统内有空气；若高、低压管的压力均没有达到标准范围，则进行下一步骤。

（5）用示波器测量 N280 的波形。若波形正常，则更换空调压缩机；若无波形或波形不正常，则检查相关线束；若相关线束正常，则更换空调控制单元。

2）速腾汽车空调暖风不热

（1）故障现象。一辆装备半自动空调系统的速腾轿车，行驶里程约为 80000km，出现空调暖风不热，打开暖风后出风口吹出的是自然风。

（2）故障分析。首先用 VAS6150B 检测，发现空调控制单元中无故障代码存储。该车的暖风系统是由空调控制单元、风循环系统、冷却液循环系统组成的。当冷却液温度已经达到正常工作温度后，打开暖风开关，出风口吹出的风为自然风，推断可能的故障原因为空调控制系统故障或冷却液不能流过暖风冷却液箱进行循环。

接着用手触摸检查暖风冷却液箱的进出液管温度，能够明显感觉到暖风液管有烫手现象，进出液口的温差不大。此时可将故障点锁定在暖风风门没有打开，鼓风机吹入的风不能经过暖风冷却液箱。由于此车是半自动空调，其冷热风门控制是空调控制单元将中央出风口温度传感器的温度与空调控制单元中的数据相互比较后，通过控制冷热翻板伺服电动机的动作来调节出风口温度。用 VAS6150B 读取中央出风口温度的数据流，发现中央出风口温度传感器温度为 84℃，如图 8-141 所示，冷却液温度为 83℃，说明此出风口温度数值出现了严重偏差。

分析该车的电路图后，决定先拔下中央出风口温度传感器，观察数据流中的中央出风口温度传感器温度由原来的 84℃变为无任何显示，如图 8-142 所示，并发现此时出风口能够吹出暖风。再次连接该传感器后试验故障依旧。此时可进一步将故障点锁定在该中央出风口温度传感器及其与空调控制单元之间的线路。

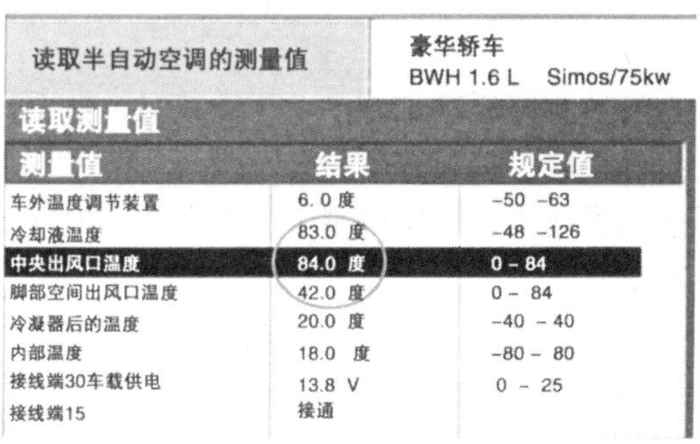

图 8-141　故障车数据流

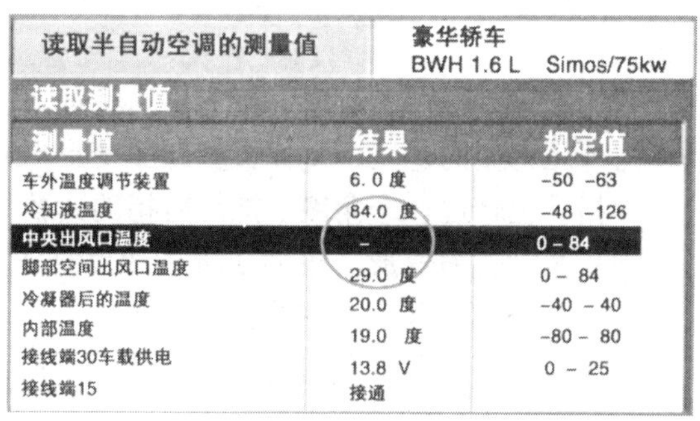

图 8-142　断开中央出风口温度传感器后测得的数据流

根据电路图进行检查，如图 8-143 所示，拆下空调控制单元后测量其端子 T20c/3 与中央出风口温度传感器的端子 2 之间的电阻，为 0.4Ω；测量空调控制单元的端子 T20c/18 与中央出风口温度传感器的端子 1 之间的电阻，为 6.4Ω（标准值应该小于 1.5Ω），说明两条线路无断路现象；接着分别测量中央出风口温度传感器的端子 1、端子 2 与搭铁之间的电阻，为∞，说明两条线路无搭铁短路现象；最后测量中央出风口温度传感器的端子 1 与端子 2 之间的电阻，为∞，说明两条线路无短路现象。此时可确认故障为中央出风口温度传感器的故障。

（3）故障排除。更换中央出风口温度传感器（其位置如图 8-144 所示），故障排除。

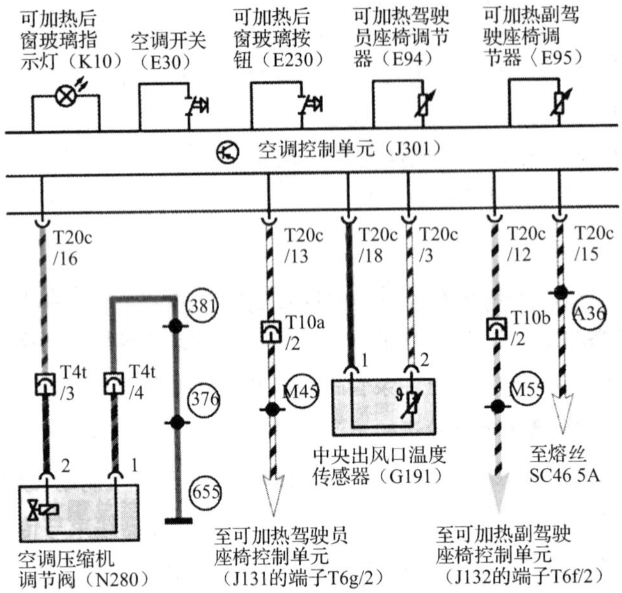

图 8-143　空调控制单元的电路图

图 8-144　中央出风口温度传感器位置

120 空调冷媒加注

1）空调系统抽真空仪器

（1）歧管压力表。歧管压力表是由两个压力表（低压表和高压表）、两个手动阀（高压手动阀和低压手动阀）、三个软管接头（一个接低压工作阀，一个接高压工作阀，一个接制冷剂罐或观察窗、真空泵吸入口）组成的。这些部件都装在表座上，形成一个压力计装置，如图 8-145 所示。

工作原理：压力表是弹簧管式，当具有一定压力的被测工质从接头进入弹簧管时，由于弹簧管内外压力差的作用，使弹簧管膨胀变形，通过拉杆使扇形齿轮转动一个角度，从而带动小齿轮和指针也转过一个角度，指针所指的读数便是所测的压力。如果被测工质压力低于大气压力，则弹簧管收缩变形，压力计所示读数便是真空度。

（2）制冷剂注入阀。在维修时，为了方便，配有制冷剂注入阀，来配套开罐，如图 8-146 所示，而且随所用制冷剂（常用 R12、R134a）注入阀尺寸的不同而有所不同。

制冷剂注入阀的使用方法如下：

① 按逆时针方向旋转注入阀手柄，直至针阀完全缩回。

② 将注入阀装到小型制冷罐上，逆时针方向旋转板状螺母（圆板）直到最高位置，然后将制冷剂注入阀顺时针拧动，直到注入阀嵌入制冷剂密封塞。

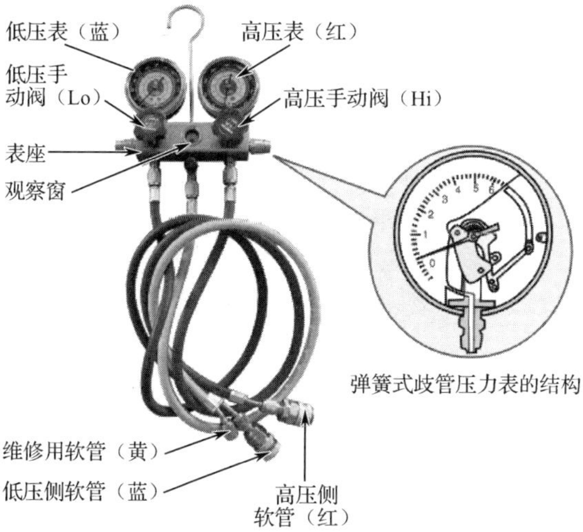

图 8-145　歧管压力表

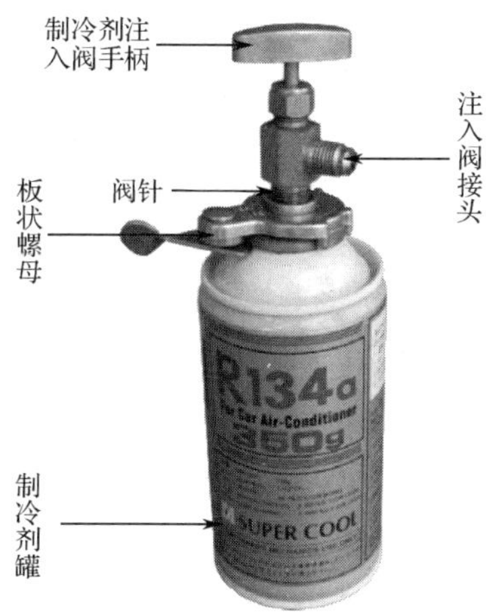

图 8-146　制冷剂注入阀

③ 将板状螺母顺时针旋到底，再将歧管压力表上的中间软管固定在注入阀接头上。

④ 用手充分拧紧板状螺母。

⑤ 顺时针方向旋转手柄，使阀针在小罐上开一个小孔。

⑥ 若要加制冷剂，就顺时针方向旋转手柄，使阀针抬起，同时打开歧管压力表的相应手动阀。

⑦ 若要停止加制冷剂，就顺时针方向旋转手柄，使阀针下落到刚开的小孔里，使小孔封闭，起密封制冷剂作用，同时关闭歧管压力表上的手动阀。

特别注意：使用制冷剂注入阀时，制冷剂注入阀与制冷罐必须要接紧，防止在使用过程中制冷剂喷出伤人。

（3）电子检漏仪。常用电子检漏仪有车握式和箱式两种。在使用中，需注意的一点是，由于制冷剂不同，各电子检漏仪只能单一地检测某一型号的制冷剂泄漏，而不能检测其他品种的制冷剂，所以，在使用前要先阅读相关使用说明书。电子检漏仪如图 8-147 所示。

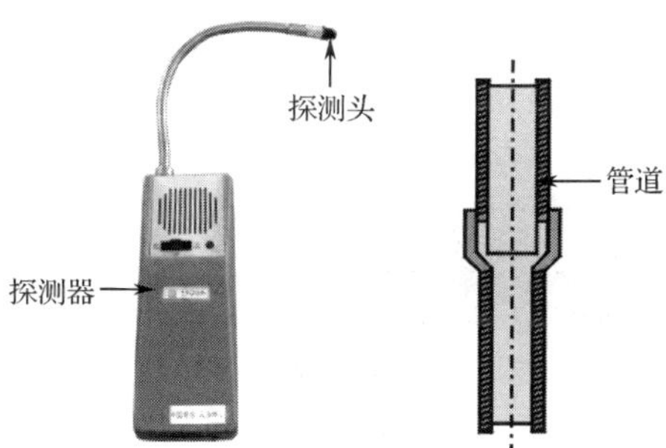

（a）检漏仪外形

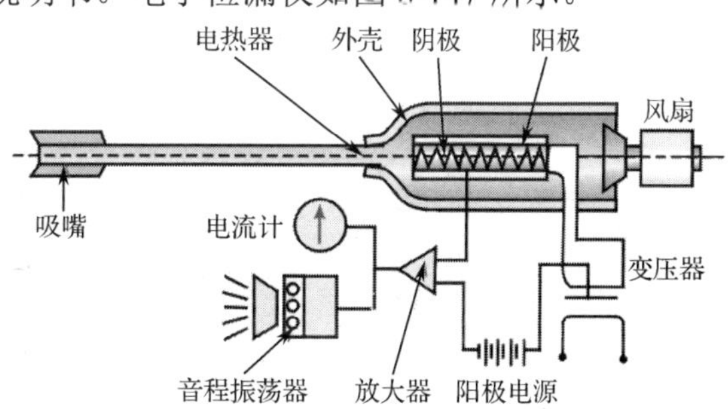

（b）检漏仪结构

图 8-147　电子检漏仪

2）空调系统抽真空

（1）抽真空操作步骤。抽真空是为了排除制冷系统内的空气和水分，它是空调维修中一项极为重要的程序。因为对空调系统进行维修或更换元件时，空气会进入系统，且空气中含有一定的水蒸气，所以要对制冷系统抽真空。抽真空并不能把水分直接抽出制冷系统，而是产生真空后降低了水的沸点，水汽化成蒸汽被抽出制冷系统，所以抽真空时间越长，系统内残余的水分就越少，如图 8-148 所示。真空泵：流量必须大于 18L/min。

（a）抽真空　　（b）真空泵

图 8-148　空调系统抽真空

① 先把歧管压力表高压软管接到空调系统高压维修阀上，再把低压软管接到低压维修阀上，把中间管接到抽真空机上。

② 打开歧管压力表高压手动维修阀与低压手动维修阀，启动真空泵，并观察低压表上的真空表部分，直到将压力抽真空至-80～-100kPa 左右。

③ 关闭歧管压力表上的手动高低压阀，关闭真空泵电源开关，观察真空表压力是否回升。如回升则表示空调系统泄漏，此时应进行检漏和修补；若压力表指针不动，则再打开真空泵，连续抽空 15～30min，使压力表指针稳定。

④ 抽真空完毕后，先关闭歧管压力表高低压手动维修阀，再关闭抽真空机。

注意事项：系统检修完毕后，只有抽完真空才能加注制冷剂，制冷剂罐的连接见制冷剂的充注；在抽真空过程中，如发现压力表一直不动或指针一直不能达到真空度，说明系统有泄漏，应检修。

⑤ 空调系统常用的检漏方法有外观检漏、压力检漏和真空检漏。

通过目视或用手直接触摸来检查制冷系统各接头是否有油泄漏出来，对于比较小的泄漏，可通过检漏仪或肥皂液来检查，如图 8-149 所示；压力检漏有充氮气压力检漏和充制冷剂压力检漏。

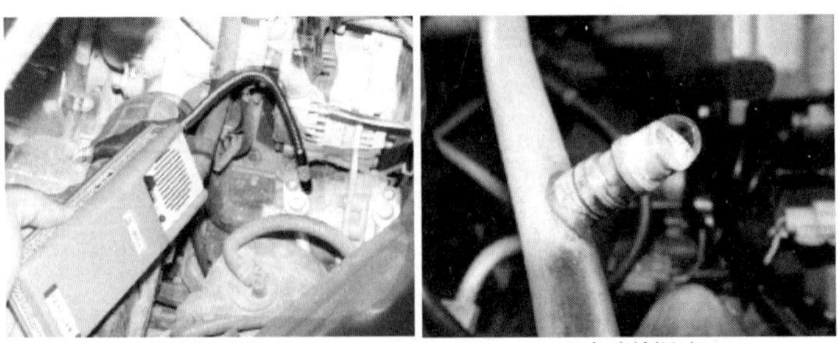

检漏仪检漏法　　肥皂液检漏法

图 8-149　外观检漏

（2）真空法加入冷却机油。

① 按抽真空的方法先对制冷系统抽真空。

② 选用一个有刻度的量筒，盛入比要补充的冷冻润滑油还要多的冷冻润滑油。

③ 将连接在歧管压力表上端的高压软管连接在真空泵的吸气口。

④ 将歧管压力表维修软管（黄色管）插入盛有冷冻润滑油的量筒内（加入量为 20～25ml）。启动真空泵，打开歧管压力计上的手动低压阀，补充的润滑油就从维修软管流经低压软管，从压缩机的低压侧进入压缩机中。当冷冻润滑油量达到规定量时，停止真空泵的抽吸，并关闭手动低压阀。

⑤ 按抽真空法加注冷冻润滑油后再对制冷系统抽真空、加注制冷剂。注意事项：如果更换新的压缩机，其里面已有冷冻机油，不需再加。冷冻机油正常颜色为淡黄色，若系统中的冷冻机油为黑色、棕色等深颜色，则为冷冻机油变质。

⑥ 更换制冷系统元件时冷冻机油的补充量如表 8-12 所示。

表 8-12　更换制冷系统元件时冷冻机油的补充量

更换的零件	冷凝器	蒸发器	储液干燥瓶	制冷剂管路	压缩机
冷冻机油补充量（ml）	40～50	40～50	10～20	10～20	80

3）加注制冷剂

由于制冷剂有液态和气态之分，故制冷剂的充注也有两种充注方法。

（1）高压端充注法（液态制冷剂充注）。特点是安全、快捷，应用于第一次充注，即经检漏抽真空后的系统充注。

操作步骤如下：

① 当系统抽真空后，关闭歧管压力表上的高、低压手动阀。

② 将中间软管的上端与制冷剂罐注入阀的接头连接起来，如图 8-150 所示，打开制冷剂罐开启阀，再拧开歧管压力表中间软管上端的螺母，让气体溢出几秒钟，把空气赶走，然后再拧紧螺母。

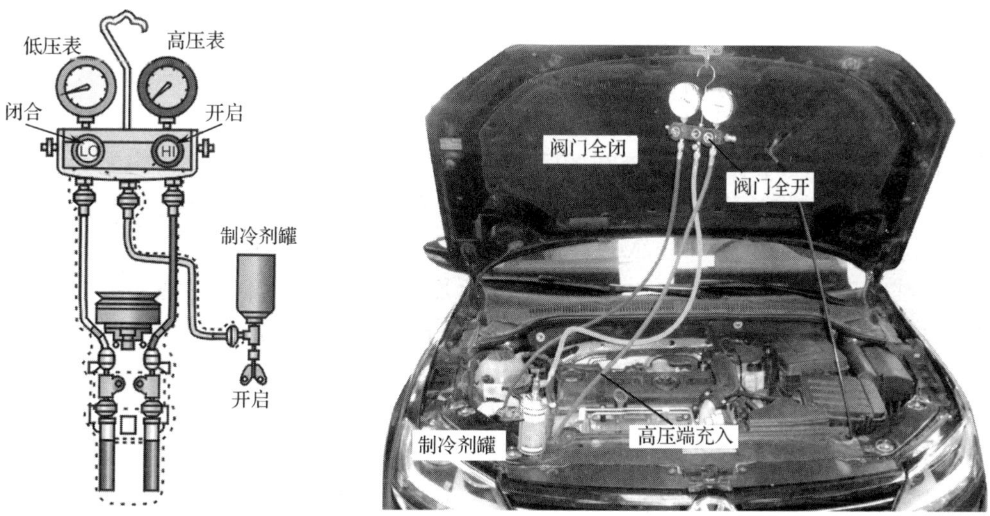

图 8-150　高压端注入制冷剂

③ 打开高压侧手动阀至全开位置，将制冷剂罐倒立，以便从高压侧充注液态制冷剂。

④ 从高压侧注入规定量的液态制冷剂后，关闭制冷剂罐注入阀及歧管压力计上的手动高压阀，然后将仪表卸下。特别要注意，从高压侧向系统充注制冷剂时，发动机处于不启动状态

（压缩机停转），更不可拧开歧管压力表上的手动低压阀，以防止产生液压冲击。

注意事项： 充注时不能启动压缩机，而且制冷剂罐要倒立；禁止在充注时打开低压开关。

（2）低压端充注法（气态制冷剂充注）。通过歧管压力表上的手动低压阀，可向制冷系统的低压侧充注气态制冷剂。特点是充注速度慢，通常在补充制冷剂的情况下使用。

操作步骤如下：

① 如图 8-151 所示，将歧管压力表与压缩机和制冷剂罐连接好。

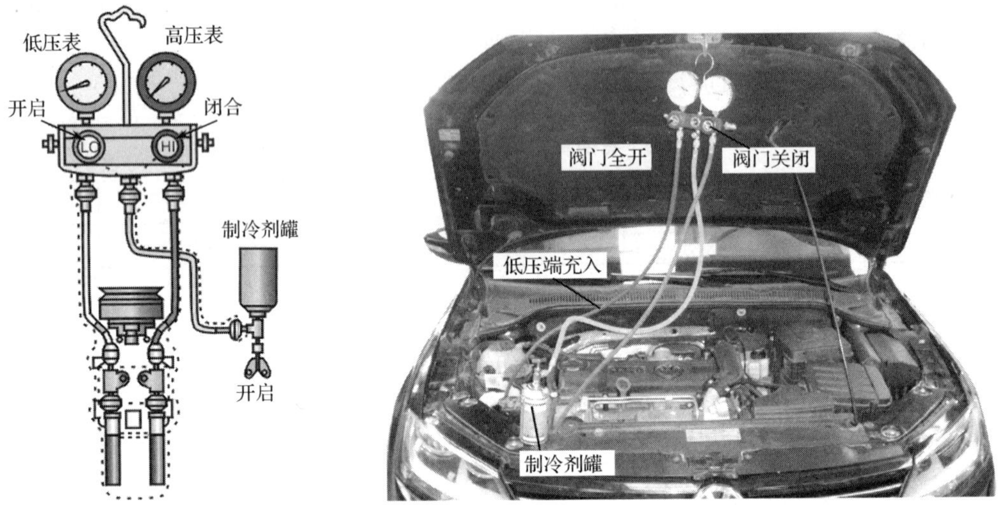

图 8-151 低压端注入制冷剂

② 打开制冷剂罐，拧松中间注入软管在歧管压力表上端的螺母，直到听见有制冷剂蒸汽流动的声音，然后拧紧螺母。目的是排出注入软管中的空气。

③ 打开手动低压阀，让制冷剂进入制冷系统。当系统的压力值达到 0.4MPa 时，关闭手动低压阀。

④ 启动发动机，将空调开关接通，并将风机开关和温控开关都调至最大。

⑤ 再打开歧管压力计上的手动阀，让制冷剂继续进入制冷系统，直至充注量达到规定值。

⑥ 在向系统中充注规定量制冷剂之后从视液玻璃窗处观察，确认系统内无气泡、无过量制冷剂。随后将发动机转速调至 2000r/min，冷风机风量开到最高挡，若气温在 30～35℃，系统内低压侧压力应为 0.147～0.192MPa，高压侧压力应为 1.37～1.67MPa。

⑦ 充注完毕后，关闭歧管压力表上的手动低压阀，关闭装在制冷剂罐上的注入阀，使发动机停止运转，将歧管压力计从压缩机上卸下，卸下时动作要迅速，以免排出过多的制冷剂。

注意事项： 确保制冷剂罐直立，防止制冷剂从负压端进入系统，对压缩机造成损伤；充入到规定量后，关闭低压侧手动阀，再关闭制冷剂注入阀；不要充注过多的制冷剂，否则会引起轴承和传动带的故障。

反侵权盗版声明

电子工业出版社依法对本作品享有专有出版权。任何未经权利人书面许可，复制、销售或通过信息网络传播本作品的行为，歪曲、篡改、剽窃本作品的行为，均违反《中华人民共和国著作权法》，其行为人应承担相应的民事责任和行政责任，构成犯罪的，将被依法追究刑事责任。

为了维护市场秩序，保护权利人的合法权益，我社将依法查处和打击侵权盗版的单位和个人。欢迎社会各界人士积极举报侵权盗版行为，本社将奖励举报有功人员，并保证举报人的信息不被泄露。

举报电话：（010）88254396；（010）88258888
传　　真：（010）88254397
E-mail：　dbqq@phei.com.cn
通信地址：北京市海淀区万寿路 173 信箱
　　　　　电子工业出版社总编办公室
邮　　编：100036